本书为"上海市高校法学高原学科环境资源法建设项目"成果

市民化中的社会问题和法律问题研究

王慧博 著

SHIMINHUA ZHONG DE SHEHUI WENTI
HE FALÜ WENTI YANJIU

知识产权出版社
全国百佳图书出版单位

图书在版编目（CIP）数据

市民化中的社会问题和法律问题研究 / 王慧博著 . —北京：知识产权出版社，2019.6
ISBN 978-7-5130-6032-5

Ⅰ.①市… Ⅱ.①王… Ⅲ.①农民—城市化—研究—中国 Ⅳ.①D422.64

中国版本图书馆 CIP 数据核字（2018）第 296686 号

责任编辑：雷春丽　　　　　　　　　　　责任校对：王　岩
封面设计：韩建文　　　　　　　　　　　责任印制：孙婷婷

市民化中的社会问题和法律问题研究

王慧博　著

出版发行：	知识产权出版社 有限责任公司	网　　址：	http://www.ipph.cn
社　　址：	北京市海淀区气象路 50 号院	邮　　编：	100081
责编电话：	010-82000860 转 8004	责编邮箱：	leichunli@cnipr.com
发行电话：	010-82000860 转 8101/8102	发行传真：	010-82000893/82005070/82000270
印　　刷：	北京虎彩文化传播有限公司	经　　销：	各大网上书店、新华书店及相关专业书店
开　　本：	720mm×1000mm　1/16	印　　张：	22.75
版　　次：	2019 年 6 月第 1 版	印　　次：	2019 年 6 月第 1 次印刷
字　　数：	361 千字	定　　价：	88.00 元
ISBN 978-7-5130-6032-5			

出版权专有　侵权必究
如有印装质量问题，本社负责调换。

目 录

第一章 引 言 ... 1
第一节 我国市民化的背景 ... 1
第二节 失地农民市民化问题凸显 ... 1
第三节 相关概念研究 ... 4
第四节 调查点总体说明 ... 9

第二章 我国东部、中部、西部市民化中的社会问题调查 ... 11
第一节 征地原因调查 ... 11
第二节 征地、拆迁补偿调查 ... 16
第三节 征地过程各主体参与情况调查 ... 24
第四节 就业安置情况调查 ... 34
第五节 社会保障调查 ... 43
第六节 征地前后生活水平、幸福度、身份角色变化调查 ... 50
第七节 征地后失地农民居住情况变化调查 ... 59
第八节 征地后失地农民消费情况变化调查 ... 63
第九节 征地后失地农民行为方式变化调查 ... 67
第十节 征地后失地农民价值观变化调查 ... 74
第十一节 征地后失地农民社会关系变化调查 ... 80
第十二节 征地后失地农民维权意识变化调查 ... 85

第十三节　失地农民对于征地看法的调查······················ 91
第十四节　东部、中部、西部市民化中的社会和法律问题············ 98
第十五节　东部、中部、西部市民化中的影响因素数据分析········· 119

第三章　市民化中的社会问题研究集锦······················ 175
第一节　失地农民市民化研究······························ 175
第二节　农民工市民化研究································ 314
第三节　居村农民市民化研究······························ 330

参考文献··· 348

第一章

引 言

第一节 我国市民化的背景

我国自改革开放以来，城市化快速发展，城市化水平由1979年的18.96%提高到1998年的30.4%，平均每年增长0.62个百分点；2000年以后，我国城市化水平则以每年提高约1个百分点的速度增长，[1] 习近平主席在十九大报告中指出，过去五年中，我们的城市化率平均每年增长了1.2个百分点，2017年我国的城市化率已达到57.35%。麦肯锡全球研究所曾在2008年的研究报告中预测，到2025年我国将有10亿人居住在城市，城市化水平达到73%，[2] 基本完成城市化和现代化。

社会学家英克尔斯曾经指出，现代化的最终归宿在于实现人的现代化。人的现代化是伴随着高度的城市化、"农民的终结"和市民社会的形成而逐渐实现的，而市民化又是人的现代化的最终目的。但是，我国的市民化进程远远落后于城市化进程，在市民化进程中，出现了失地农民市民化问题、农民工市民化问题和居村农民市民化问题。

第二节 失地农民市民化问题凸显

按照世界上每1万城镇人口平均需要不少于1平方米[3]土地的基本要求

---

[1] 中国统计年鉴2012[M/OL].中国国家统计局网[2019-03-26].http://www.stats.gov.cn/tjsj/ndsj/2012/indexch.htm.

[2] 乔依德.中国的城市化：目标、路径和政策[M].上海：格致出版社，2012：32.

[3] 1平方千米=100公顷，1公顷=15亩。

1

以及我国城市化水平每提高 18% 将增加 1270 万城市人口的实际，我国城市化水平每提高 1% 则需要占用耕地约 12.7 万公顷。[1] 从经验数据来看，一般每征用 0.067 公顷（1 亩）耕地，就产生 1.5 个失地农民。据学者推算，目前，我国失地农民人数已超过 6000 万。[2] 同时，按照我国现有的城市化水平和经济发展速度，今后每年仍需征用农地 16.7 万—20 万公顷，预计每年将新增失地农民 375 万—450 万人，至 2020 年失地农民总数就将超过 1 亿人。

在目前的失地农民中，60% 的生活处于十分困难的境地，[3] 有稳定经济收入、没有因失地影响基本生活的只占 30%，[4] 且有 81% 的失地农民对未来生活担忧，其中担忧养老的占 72.8%、担忧经济来源的占 63%、担忧医疗的占 52.6%[5]。2008 年 12 月，中国社会科学院发布的《2009 年中国社会蓝皮书》预测，农民失地引发社会矛盾在困扰中国六大问题中居首位。2008 年 300 多起农村群体性突发事件，有 87 起是因农民失地引发的冲突。调查表明，农民维权重心已从税费负担转到土地纠纷引发农民失地又失业的问题上。据国土资源部的一份资料显示，2008 年上半年群众反映征地纠纷、违法占地问题，占信访接待部门受理总量的 73%，其中 40% 的上访人诉说的是征地纠纷问题，这里面又有 87% 的上访者反映的是征地补偿安置问题。[6] 于建嵘教授在《土地问题已成为农民维权抗争的焦点——关于当前我国农村社会形势的一项专题研究》报告中也指出："中央某媒体近 2 万封群众来信，涉及农村土地争议的占 30.8%；在有关土地争议的上访信中，涉及征地问题的占 60.1%；在对 720 名进京上访农民进行的专项问卷调查中，上访原因涉及土地问题的占有效问卷的 73.2%；在课题组收到的 172 封农民控告信件中，涉及土地问题的

---

[1] 劳动部农民工和被征地农民社会保障综合调研组.被征地农民社会保障综合调研报告[M].北京：劳动和社会保障部农村社会保险司编印资料，2006.
[2] 杨涛，施国庆.我国失地农民问题研究综述[J].南京社会科学，2006（7）.
[3] 中国失地农民 4000 万，有 60% 生活困难[N].新京报，2011-03-10［2011-03-26］.转引自腾讯评论，http://view.news.qq.com/a/20121128/000010.htm.
[4] 中国 4000 万失地农民流荡城市[N].青年参考，2004-04-14.
[5] 中国失地农民 4000 万，有 60% 生活困难[N].新京报，2011-03-10［2011-03-26］.转引自腾讯评论，http://view.news.qq.com/a/20121128/000010.htm.
[6] 苏东海.西部民族地区城市化进程中失地农民问题研究[M].北京：人民出版社，2012：103.

占 63.4%；课题组收集的 130 起农村群体性突发事件中，有 87 起是因土地而发生了警农冲突，占总数的 66.9%。"① 而时任中央财经领导小组办公室副主任、中央农村工作领导小组办公室主任陈锡文也曾在答记者问时提到，当前 80% 的上访都是由于土地的问题而引发的，在有些地方因为农民失去土地而导致上访的数量逐年增加，而且重复上访率非常高。反访的幅度非常难、大。②从地区分布看，失地农民问题已从东部沿海发达地区扩散到中西部地区，近年来上海的耕地面积已从 1989 年的 36.01 万公顷减少到 2011 年的 19.96 万公顷，共减少了 16.05 万公顷（240.75 万亩）土地③；中部河南省近几年的城市化增速高达 1.8 个百分点，每年有近 200 万人由农民转为市民，失地农民数量增长迅速④；西部广西壮族自治区每年也有 150 万人由农民转为市民。⑤

总体而言，这一庞大的社会群体持有城市的"绿卡"，但却缺乏城市的社会和生活基础，缺乏在城市的谋生手段，缺乏城市的认可度，甚至在相当长一段时间不能适应城市的生活习惯，还不是真正意义上的"市民"。同时，他们又失去了土地，农民身份已不复存在，低廉的生活成本已一去不返。失地农民失了业，失去了生活来源，尽管"农转非"之初，有一定数额的安置补助费，但那只是杯水车薪，用一分少一分；更严重的是心理、心态的失衡，找不到生活的支撑点，⑥由此沦为一种"非农非城"的"边缘人"。正如陈锡文所言："农民失去了土地以后，他当不成农民了，而领到的那点补偿金，也当不成市民，既不是农民，又不是市民，只能是社区游民，社会流民。"⑦

---

① 于建嵘.土地问题已成为农民维权抗争的焦点[J].调研世界，2005(3).
② 土地征占引发农民上访比重高，中央提 3 方面措施.http://www.sina.com.cn，2007-01-30.
③ 上海统计年鉴 2012 年 [M/OL] [2019-03-26].http://www.stats-sh.gov.cn/tjnj/tjnj2012.htm.
④ 根据河南统计年鉴 2012 年整理，http://www.ha.stats.gov.cn/hntj/lib/tjnj/2012/indexch.htm，年鉴显示，2010 年河南城市居民数量 4052 万人，河南农村居民数量 6385 万人；2011 年河南城市居民数量 4255 万人，农村居民数量 6234 万人；2010 年河南城市化率 38.8%，2011 年河南城市化率 40.6%。
⑤ 根据广西统计年鉴 2012 年整理，http://www.gxtj.gov.cn/tjsj/tjnj/2012/indexch.htm，年鉴显示，2010 年广西城市居民数量 838 万人，农村居民数量 4229 万人；2011 年广西城市居民数量 1000 万人，农村居民数量 4123 万人。
⑥ 雷寰.北京市郊区城市化进程中失地农民利益问题研究[D].中国农业大学博士学位论文，2005.
⑦ 陈锡文.试析新阶段的农业、农村和农民问题[J].宏观经济研究，2001(11).

失地农民进一步边缘化极易加速聚集公共风险，诱发和放大社会危机，失地农民问题现在已经是"三位一体"的载体：既是社会问题，也是经济问题，更是制度问题。失地农民问题是事关社会稳定及政治、社会、经济协调发展的大问题。[①] 正如沈关宝教授曾在一次学术年会上讲道：失地农民问题就像是生发于现代化、城市化肌体上的一颗肿瘤，若不加重视，不加治疗，它可能会恶化。[②]

今天，我们在快速城市化取得令世界瞩目成就的同时，各种社会问题、法律问题不断增多，维护国家安定团结的社会成本越来越大，到了该反省增长质量、兼顾效率和公平的发展阶段，到了解决市民化问题的发展阶段，否则违反科学规律的发展将会让社会付出同样的代价。正如前联合国助理秘书长沃利·恩道在《城市化的世界》序言中提到："城市化既可能是无可比拟的未来之光明前景所在，也可能是前所未有的灾难凶兆。所以未来社会怎样就取决于我们当今的所作所为。"[③]

第三节　相关概念研究

一、农民

西方马克思主义学者把农民定义为：特定生产关系中的一个阶级，即中世纪的农民阶级。对其含义的理解随着对封建社会及其生产关系的理解不同而异。[④] 1980年版《辞海》对于农民的定义为："直接从事农业生产的劳动者。"而社会学家陆学艺则将农民理解为一种身份象征，"在农村建成人民公社制度以后的相当长时期里，农民首先不被当作一种职业，而是被当成一种与生俱来的、难以改变的身份"。[⑤] 社会学家郑杭生同样将农民看成一种社会身份，

[①] 柏骏.失地农民问题——成因、风险、政策、含义[M].南京：南京大学出版社，2012：2.
[②] 沈关宝，城市化进程中的失地农民问题，上海市社会科学界联合会2005年学术年会发言.
[③] 戴中亮.城市化与失地农民[J].城市问题，2010（1）.
[④] 秦晖.耕耘者言：一个农民学研究者的心路[M].济南：山东教育出版社，1999 // 杨风.对农民市民化的解构与重构[J].贵州师范大学学报，2011（1）.
[⑤] 陆学艺.当代中国社会阶层研究报告[M].北京：社会科学文献出版社，2000：164.

"当前的农民可以认为是追求利益者（在非农产业与就业上）与维持生计者（在农业生产上）的统一体。在内含上，它是一种与城市居民相对称的、历史性的社会身份"。[1] 社会学家李守经、钟涨宝从社会关系的角度分析了农民：在农村地缘关系基础上，通过各种社会联系而组成的农村各类集团、群体及社会组织的农村居民，是农村各类社会关系的承担者和体现者。[2] 在借鉴其他学者对于农民定义的基础上，本书认为我国农民的含义是：从户籍制度上来说，具有农村户口，有自己的承包地，从事农村种植业或养殖业，体现农村社会关系的劳动者。农民既是一种职业分工，又是一种身份象征。

二、失地农民

失地农民从字面意思而言，是指失去土地的农民。失地农民一词最早出现于1994年李励华的《决策者在加快经济发展中的理性把握》文章中，作者指出"开发区热"导致许多农民失去土地，提到"解决今后十年失地农民出路问题已成为当地政府颇为挠头的问题之一"。[3] 真正对失地农民问题的系统研究则是从2000年后新一轮的全国"圈地热"席卷而来，由城市化而引发的失地农民问题浮出水面开始的，学者们对失地农民的生活、农村土地制度、城乡二元管理体制等进行深层次的思考，从不同角度对失地农民给予了相应的定义。社会学家陈映芳教授认为，失地农民是指农民的土地被国家依法征收后而丧失土地的农民，部分失地农民按照相关政策完成了由农业户口向非农业户口的转化，又被称为"农转非人员"。[4] 学者李腊云、王全兴认为，失地农民指的是因非农建设需要占用农村集体的土地从而失去农业用地份额的农民。[5] 刘翠霄认为，失地农民指的是原来拥有土地并以土地收入为主要生活来源的农民，其土地被地方政府或开发商征用后，征用者仅提供给农民

---

[1] 郑杭生.农民市民化：当代中国社会学的重要研究主题[J].甘肃社会科学,2005(4).
[2] 李守经,钟涨宝.农村社会学[M].北京：高等教育出版社,2000:30.
[3] 陈绍军.失地农民和社会保障水平分析与模式重构[M].北京：社会科学文献出版社,2010:5.
[4] 陈映芳.征地与郊区农村的城市化——上海市的调查[M],上海：文汇出版社,2003:149.
[5] 李腊云,王全兴.我国失地农民权益保障研究[M].北京：北京大学出版社,2005:31.

有限的补偿费而无法保障他们长期稳定的生活,这些没有稳定生活来源又失去了土地的农民被称为失地农民。① 潘光辉认为,从概念上看,我国失地农民具有独特的二元性:失地农民已经失去了原来的土地保障,因此,他们不等同于传统意义上的"农民"。但是,失地农民又不是城市的居民,失地农民基本还居住在农村,有的还拥有部分土地,还没有真正被纳入城市居民的管理范畴。②

本书认为,失地农民并不是一个妥当的称呼,称他们为失地农民的时候,也就暗示着他们不是市民,因而不能获得和市民同等的权利,甚至在一些政府领导的潜意识中仍将他们看成农民,也就不会给予他们最低生活保障、养老保障、医疗保障、失业保障等权利。而且,这个称呼也模糊了被征地人员的自我身份定位,误认为自己仍是农民群体的一个类别,不会去争取自己作为市民应该享有的权利,甘受社会排斥,久而久之形成贫困文化,导致"自我脱离",不利于市民观的培育。

到底应该把这个群体称为什么?笔者认为,他们应该被称为城市化新市民,也就是指在我国农村城市化进程中失去了农村承包地,放弃了农业种植、养殖活动,开始从事非农产业的那些居民。之所以称他们为"新"市民,是因为他们的价值观、工作方式以及生活方式等还保留着农村社会关系的一些特点,他们正处于转变成市民的过程之中。简单地说,他们还是不合格的市民,还没有转变成现代意义上的市民。这样的定义并不仅仅是改个名称的问题,关键是城市化新市民这个称呼有助于提高人们的认识。一方面,可以提高城市化进程中那些转变"市民"的"失地农民"的认识,利于他们较快转变角色,并能名正言顺地争取自己和原市民同等的权利;另一方面,可以提高其他人,特别是城市管理者的意识,把他们按照市民看待,给予各类市民保障和福利。

但是,本书为了强调在城市化进程中及土地征用过程中所凸显的问题,暂且把这些城市化新市民称为"失地农民",并不含有任何歧视的含义。

---

① 刘翠霄.中国农民社会保障制度研究[M].北京:法律出版社,2006:28.
② 潘光辉.失地农民社会保障和就业问题研究[M].广州:暨南大学出版社,2009:29.

三、失地农民市民化

卢梭在《社会契约论》中对市民的定义为：市民就是自主活动的个人，即以自己个人的意志，能动地参加政治的人。[①]而市民一词的来源可追溯到古希腊和古罗马。在中世纪以前，市民概念作为一种社会身份具有特权意识色彩。当时拥有了市民身份就等于拥有了一种与众不同的特权。例如，希腊城邦雅典就强调仅城邦人口中的部分人享有市民权，妇女完全被排除在外。[②]所谓的"市民权"主要是指与城市生活相关的种种权利，如居留权、选举权、受教育权、社会福利保障权。[③]因此，受以上概念的启发，本书认为，市民化的过程就是转为市民身份、获取完整市民权利、发展城市生活的各种能力、培育市民价值观念的过程。

国内已有不少学者对"农民市民化"给出了自己的定义。俞忠英认为，农民市民化就是城市化。[④]葛正鹏认为，农民市民化，就是让农民转化为市民的一个过程，最明显的标志是获得所在地的城市户口及相应的社会权利。[⑤]陈映芳认为，农民市民化分为狭义与广义两种。狭义是指农民、外来移民等获得作为城市居民的身份和权利的过程，广义还应包含市民意识的普及以及居民成为城市权利主体的过程。[⑥]郑杭生认为，农民的市民"化"有两项基本的内容：第一，农民群体实现从农民角色集向市民角色集的全面转型；第二，在实现角色转型的同时，通过外部"赋能"与自身增能，适应城市，成为合格的新市民。而从具体的个人层面来看，在这个过程中，农民将实现自身在生活方式、思维方式、生存方式和身份认同等方面的现代性转变。[⑦]文军认为，农民市民化是一项复杂的社会系统工程，它不仅是农民社会身份和职业的一

---

① 李萍.论"公民"概念的本质及其历史[J].吉首大学学报（社会科学版），2002（3）．
② 郑杭生.农民市民化：当代中国社会学的重要研究主题[J].甘肃社会科学，2005（4）．
③ 陈映芳.征地农民的市民化——上海市的调查[J].华东师范大学学报（哲学社会科学版），2003（3）．
④ 俞忠英.用农民市民化扩张内需[J].探索与争鸣，2009（11）．
⑤ 葛正鹏."市民"概念的重构与我国农民市民化道路研究[J].农业经济问题，2006（9）．
⑥ 陈映芳.征地农民的市民化——上海市的调查[J].华东师范大学学报（哲学社会科学版），2003（3）．
⑦ 郑杭生.农民市民化：当代中国社会学的重要研究主题[J].甘肃社会科学，2005（4）．

种转变（非农化），也不仅是农民居住空间的地域转移（城市化），还是一系列角色意识、思想观念、社会权利、行为模式和生产生活方式的变迁，是农民角色群体向市民角色群体的整体转型过程（市民化），更是新市民群体的角色再造过程。[1]

借鉴以上学者的定义，本书认为失地农民市民化就是在城市化进程中，农民因土地征用等外力作用被动失去土地，面临着户籍身份、职业方式和心理认同的全面转换，争取市民权利及保障福利的充分获得，以及在生产方式、生活方式及思想观念的全面适应和转型过程。

四、土地征收与土地征用

2004年，《宪法》第10条第3款修改为，"国家为了公共利益的需要，可以依照法律规定对土地实行征收或者征用并给予补偿"。这是在1982年《宪法》规定"国家为了公共利益的需要，可以依照法律规定对土地实行征用"的基础上作出的修正。这告诉我们土地征收和土地征用是两个不同的概念，它们既有区别又有联系。土地征收是指国家根据公共利益的需要，按照法律规定的权限和程序行使公权力，以补偿为条件，强制取得他人的土地所有权，而他人的土地所有权因征收而消灭。[2] 土地征用是指国家因公共利益事业的需要，按照法律规定的权限和程序，以给予补偿为条件，对他人土地所有权以外的他项权利为利用，待特定公共利益事业目的完成时，仍然将土地归还土地所有人，针对的是他人的土地使用权。[3] 土地征收和土地征用的共同之处在于，都是为了公共利益的需要，都要按照法律规定的权限和程序，都要依法给予补偿，都是国家凭借其公权力对他人的土地权利进行强制性的剥夺，使他人的土地权利因征收或征用而消灭或者终止。[4] 区别之处在于，土地征收的法律后果是土地所有权的改变，土地所有权由农民集体所有变为国家所

---

[1] 文军.农民的"终结"与新市民群体的角色"再造"[J].上海市社会科学界第五届学术年会文集（2007年度）政治·法律·社会学科卷，2007：263.

[2] 梁慧星.中国物权法研究（上）[M].北京：法律出版社，2000：330.

[3] 梁慧星.中国物权法研究（上）[M].北京：法律出版社，2000：330.

[4] 陈广华.土地征用及失地农民入股安置制度研究[M].北京：中国政法大学出版社，2012：2.

有；土地征用的法律后果只是使用权的改变，土地所有权仍然属于农民集体，征用年限到期后需要将土地归还给原农民集体。[①] 由此可见，原来一直使用的"土地征用"概念实际应为"土地征收"，但是由于征收和征用所给予农民补偿、安置的内容并没有实质性变化，因此本书为了称呼相统一，将土地征收及土地征用都统称为土地征用。

第四节 调查点总体说明

本书通过对东部上海、中部河南、西部广西三地市民化问题的调查，反映出三地的征地情况、补偿情况、失地农民就业情况、失地农民保障情况、失地农民市民化融入情况。这些调查内容共同建构，从而反映出了三地不同的失地农民市民化进程。而这三地无论从经济发展水平上还是从城市化进程上都呈现出一种梯度性：东部上海经济处于全国前列，城市化进程在全国开始较早，1990—2006年达到高峰，现在城市化水平已达到88.7%，[②] 农民的市民化转型在经济资源方面已经基本完成了，失地农民转为市民后，目前已经在就业、社会保障、城市融入方面与城市市民毫无差别，但在文化资源、市民意识等方面，仍有较长的路要走；中部河南的经济水平在全国处于中下地位，近十多年来，城市化速度加快，全省每年都会产生20多万的失地农民，失地农民转为城市市民后，在就业、社会保障、城市生活质量等经济资源的获得上与原有市民仍有较大差距；西部广西的经济水平在全国也是处于较后的位置，其城市化进程更是刚刚开始，在征地调查中发现，失地农民多数为部分土地被征用，户籍仍为农民，失地农民尚未迈入市民的门槛。故本调查选择对上海S小区、河南H县、广西GX区的失地农民市民化状况做一个清晰的比较和分析，以便更加全面地了解城市化进程中我国失地农民市民化问题。

本研究主要采取了问卷调查法、深度访谈法和比较研究法。其中，问卷

---

① 孙鹤汀. 征地纠纷的政治学分析[M]. 北京：知识产权出版社，2011：31.
② 牛文元. 2012中国新型城市化报告[M]. 科学出版社，2012：3.

调查法采用等距抽样方法,每隔 5 栋房屋抽取一家。三地共发放 450 份问卷,每地均为 150 份。最后共回收有效问卷 382 份,其中上海 132 份,河南 131 份,广西 119 份。深度访谈法共访谈对象 61 人。其中上海 35 人,包括 29 名失地农民,3 名居委会成员和 3 名城市市民;河南 14 人,包括 10 名失地农民,1 名村委会成员,1 名基层政府代表,1 名开发商代表,1 名城市市民;广西 12 人,包括 9 名失地农民,1 名居委会成员,2 名城市市民。通过比较东部上海、中部河南、西部广西三地失地农民市民化的详细过程,具体展现其中的社会和法律问题。

第二章

我国东部、中部、西部市民化中的社会问题调查

第一节 征地原因调查

一、上海 S 小区征地原因

本书中上海调查点是选在上海市 S 小区，S 小区是当地三个征地、拆迁后的村庄（S1 村、S2 村、S3 村）的安置小区。被调查的对象均来自该 S1、S2、S3 三个村庄。

根据调查，上海 S 小区的居民被征地的主要原因有三个方面：一是被征土地用于造高速公路等基础设施建设（36%），使该小区与上海市区联结更加紧密，加快推进城乡一体化发展；二是被征土地用于地产开发（22%），如建造厂房、商业中心，促进现代化建设和经济发展；三是被征土地用于配合政府要求，建造安置小区，用来安置因为前两种原因失地的农民，以及本来就生活、耕种在安置小区地域上的人口，同时，通过住房建设，在一定程度上达到上海地区城市扩展的目的。

在上述三个征地原因中，最主要的是基础设施建设。据了解，上海市的基础设施建设投资从 2006 年起大幅增加。2006—2010 年，除住宅建设投资之外，每年增加的基础设施建设投资额度都非常大。然而，从上海市国土资源局公布的土地利用计划来看，存在两个问题。第一，土地利用较为滞后。S 小区 2003—2005 年被征用土地，其中有 65.6% 用于基础设施建设，虽然 2005—2007 年的市规划用地重点都是在基础设施建设，然而该计划比例却连续三年都小于征地时公开告知的用途比例。为验证调查点用地

情况是否大致符合上海市用地计划，本书做一简单的假设：规划中的基础设施用地基本达到了预期目标。根据上海市各年基础设施建设用地计划，若调查点用地达到预期目标，则65.6%的比例应大于或等于上海市各年基础设施建设用地计划比例。如果用单总体大样本成数检验，预期目标成数应为0.656。结果发现，2005年和2006年的检验值都小于$Z\alpha$，所以否定原假设，接受备择假设，即2005年和2006年规划用地均未达到预期目标，只有2007年是达到的。换言之，2005年完成征地后，只有2007年的基础建设用地符合了征地预期目标。第二，征地的用途有待考证。一方面，政府信息公开不及时、不到位。除基础设施建设投资外，经营性用地计划也是逐年递增的，无论是用于住宅性建设还是非住宅性建设，都不免让失地农民怀疑：自己的地被征之后，到底是用于设施建设，还是用于商业用途？如果是后者，那么其营利收益中，为何只有很小一部分用于征地安置补偿？即使给予了住房补偿，又为何不能办出房产证？

二、河南H县征地原因

H县地处中原腹地，H县旧城相传为朱襄氏故墟。朱襄氏即为炎帝，是神农氏的第八世接位人，为伏羲之后裔，三皇之一。据史料记载，炎帝登上王位，以陈为都（今H县）。H县面积1048平方千米，人口94万。而常住人口仅10万余。在全国排位十五个标准中属于第十四类县，在全省排位的四个标准中属于第四类县，也就是说属于贫困县。

农民失地情况在H县从1995年就已经开始，当时主要是修建南环路，县城规划要把县城的南部作为以后的发展重点，H县的新城区，所以在南环路两侧各留出200米，分给县直机关，县里号召县直机关全部搬迁至县城南部，例如检察院，就首先响应号召搬至新址。但是由于这些划地配套设施太差，又基本是菜园地，地势低洼，因而很多单位的办公楼或家属楼要么是半拉子工程，要么根本没有开始施工。这一时期的补偿费用是一亩地1万—1.74万元。修路基本是1万元，路两侧的地是1.74万元。这是H县征地的发生期。

第二章 我国东部、中部、西部市民化中的社会问题调查

不久,时任该县县委书记出了"问题",被反贪局的人调查,所以原来的新城区方案遭到流产。而老百姓不忍心看着被征用的那些土地荒在那里(那里原本是菜园地,经济价值较高),又种起了菜,所以当时的矛盾并未激化,直到2006年,当县里把这些地又卖给某酱菜集团进行"开发"时,农民一下子失去了生活来源,这一问题才彻底爆发。

后来,新一任县委书记、县领导决定再次重振H县经济,早日让H县脱下贫困县的帽子,这一任领导的策略是"招商引资",大建工业园区。工业园区主要分布在县城的东、西两侧,东部占地100多亩,西部占地500亩。据说这是两个翅膀,有了这两个工业园区,H县就可以大鹏展翅了。东部工业园区现在已经不存在,因为建好后就没有企业入驻,一直荒着,后来被一南阳人开发做了商贸城,卖点假冒伪劣的日用百货品。西部工业园现在仍然是"门可罗雀"。尽管H县政府为招商引资来的企业制定了近乎赠送土地的优惠政策,但仍仅有寥寥无几的企业入驻巨大的园子。从工业园区的围墙来看,似乎还是有七八家企业的,但是当你进了园子勘察一番后,会发现一家家企业都是铁将军把门,2006年时只有一家即将倒闭的酒厂。当唯一进行生产的酒厂倒闭后,现在终于有了一家服装厂还在生产。领导们说只要有生产的企业,就有希望。这一时期的补偿费用基本维持在1.2万—1.74万元。这可以说是H县征地的发展期。

到了2006年,也就是现任县委书记张某、县长刘某上任以来,圈地正式到来。在2006年时省勘探局在H县发现了一个优质的大煤矿(但何时能够开发,不得而知),所以当新一任县领导上任后,他们可谓信心十足,要在其任职期间将H县由国家贫困县变成省富裕县,可是H县一没有资源(煤资源不知何时开发),二没有企业(只有一些生产手套为主的小型服装加工厂),靠什么能让上级满意,让自己的政绩显赫?唯一的出路就是卖地!只是2007年,国家已经三令五申地强调要保护耕地,打击非法征地,县里如何敢顶风犯案?可不这样就完不成GDP增长任务,就会影响以后的政绩,所以还是怀着"天高皇帝远"的侥幸心理,H县展开了轰轰烈烈的征地运动和城市房屋强拆运动。

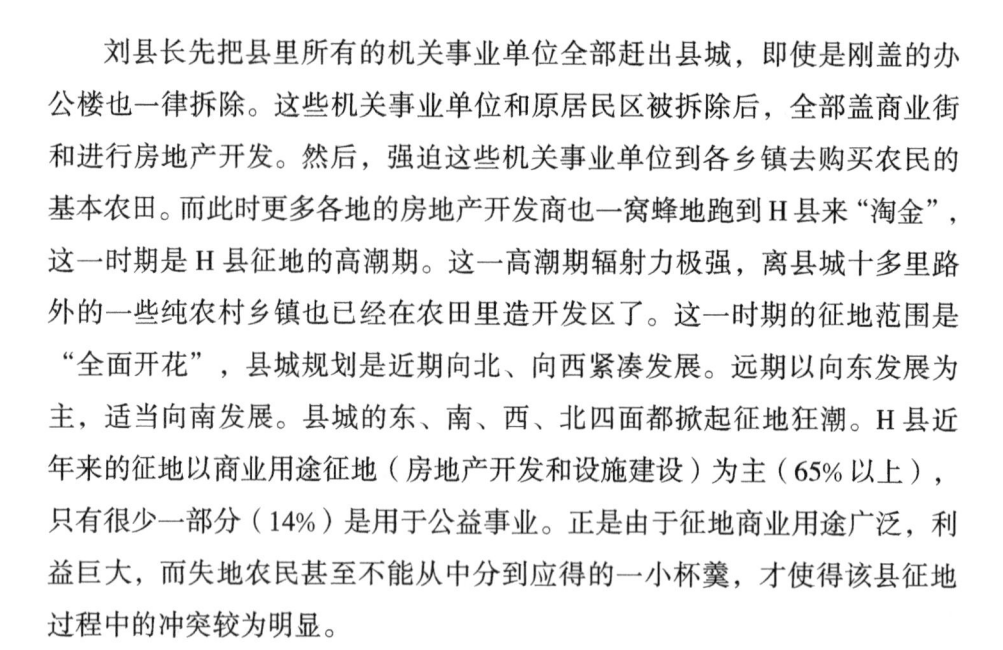

刘县长先把县里所有的机关事业单位全部赶出县城，即使是刚盖的办公楼也一律拆除。这些机关事业单位和原居民区被拆除后，全部盖商业街和进行房地产开发。然后，强迫这些机关事业单位到各乡镇去购买农民的基本农田。而此时更多各地的房地产开发商也一窝蜂地跑到H县来"淘金"，这一时期是H县征地的高潮期。这一高潮期辐射力极强，离县城十多里路外的一些纯农村乡镇也已经在农田里造开发区了。这一时期的征地范围是"全面开花"，县城规划是近期向北、向西紧凑发展。远期以向东发展为主，适当向南发展。县城的东、南、西、北四面都掀起征地狂潮。H县近年来的征地以商业用途征地（房地产开发和设施建设）为主（65%以上），只有很少一部分（14%）是用于公益事业。正是由于征地商业用途广泛，利益巨大，而失地农民甚至不能从中分到应得的一小杯羹，才使得该县征地过程中的冲突较为明显。

三、广西GX区征地原因

广西桂林市GX区位于桂林市南部，属桂林市五城区之一，东与灵川县相连，西与临桂县毗邻，南与阳朔县交界，北与象山区、七星区接壤，行政区域总面积288平方公里，人口近7万人。GX区是1996年年底桂林市区划调整成立的一个新城区。辖雁山镇、柘木镇、大埠乡和草坪回族乡4个乡镇，共37个行政村。该区在以往的农业发展中以养殖业、果树种植业为主，因为养殖业及果树种植业在市场经济中皆属于精品农业类型，故该区农民在征地前生活较为殷实，人均收入在每年2万元左右。根据广西壮族自治区2012年统计年鉴显示，桂林市2011年全年农村居民人均纯收入为6324.8元，比广西壮族自治区全区平均值（5681.2元）高出六百多元。而GX区农民人年均收入又是桂林市农民的3倍多。后来，GX区在桂林总体城市发展规划中，被定位为科教、文化、旅游、休闲的南部组团，担负着建设大学城的重任。GX区从2006年起开始了轰轰烈烈的征地。本次调查点所涉及的5个村庄，其征地原因由四个方面构成，分别是城市扩张（34%）、设施建设（19%）、公益事业建设（14%）以及房地产开发（10%）。

第二章 我国东部、中部、西部市民化中的社会问题调查

本次调查所涉及的5个村庄的征地，无一例外都与大学城中各大高校征地相关，并且经过访谈得知，许多失地农民在被调查时没有很好地厘清和界定城市扩张和公益事业的区别，因此在选择公益事业建设的被访者中，多数也是为了建大学而被征地。大学城的征地运动共分两期，2006—2008年为第一期征地。征地伊始，很多村民觉得非常惋惜，良田被埋没，辛苦经营多年的养殖业被废，不单单对农民个人造成了损失，也对全村的发展有了一定影响。

虽然心中遗憾，但出于国家利益为先的考虑，并且征地是用于该地区教育事业的发展，许多村民还是愿意配合政府工作的。同时，由于第一期征地相对比较规范，各村普遍召开了村民代表会议，公布征地方案及补偿价格，当时是按旱地1.3万元每亩，果园3.6万元每亩，养鸡场、养猪场等按每平方米170元来补偿的。虽然补偿的钱比较少，但是由于做到了相对公开，所以老百姓的意见不是很大，普遍能够接受。总体上来说没有什么意见。

直到2009年，GX区开始了第二期征地。虽然征地原因同第一期一样，但是在工作程序上出现了许多不规范的现象，征地矛盾开始激化。第二期征地时，旱地按4.28万元每亩、果园按5.7万元每亩、水田按4.9万元每亩进行补偿。在征养殖户的养殖棚时，工作组甚至都没有公示征地面积和补偿价格，只是跟养殖户说，先配合征地的养殖户可以得到双倍的补偿金，但具体是多少钱却没有公示，养殖户们最后发现仅按每平方米100元进行补偿，多数养殖户无法接受此价格，征地矛盾由此产生，养殖户拒绝搬迁，地方政府强行征地，养殖户维权无门，选择上访，地方政府将上访者拘留扣压，继而又导致更多人更大规模的上访，征地双方矛盾恶化。直至目前，很多矛盾尚未解决，征地仍在进行中。

该地区另一重要的征地原因是广西园博园的建设需要，既对农民承包的土地实施了征用，又涉及一部分宅基地的征用。除此之外，不少被访者表示，GX区存在大量"多征少用"的现象，公告所宣称的征地数量并不包括一些附带、连带地区也会被一并征用，更有甚者，有些打着有征地公告的旗号征用一些不在政策范围内的土地。

第二节　征地、拆迁补偿调查

一、上海S小区征地、拆迁补偿调查

（一）征地补偿状况

在调查中发现，村民们只知道发给自己的补偿费数量，而对于村或镇留多少比例、留下多少钱，基本上是不知道的。事实上，发给村民的补偿费数量，是与不同的征地年份相关的，征地越早，补偿费相应地要少一些。最少的征地补偿费仅为每亩200元，而最近一次征地（我们所调查的区域都是2004年以前就完成征地的），大家的土地补偿费都是一致的，每亩补偿费为800元，一次性支付。2004年后，失地农民的户口可以实现农转非，获得"镇保"的保障，这时土地征用不再支付这800元补偿费，农民的土地保障换成了镇保保障，而从2011年7月1日开始，镇保与上海市城保（城镇职工社会保障）接轨，失地农民可以根据自己的情况自行选择继续留在镇保体系内还是转到城保体系内。

根据问卷显示，平均而言，每亩土地的补偿费为448.64元。在被调查者对于征地补偿费高低的评价方面，大部分被访者认为土地补偿费偏低，没有村民认为自己获得了高额的补偿费，其中认为补偿费一般的村民占25%，而认为补偿费低的村民达到72%。除了土地补偿费偏低之外，在土地补偿方面，大家认为还有一些不合理的方面，被提到频率较高的有：土地征而不用、补偿费分配不透明、土地被低征高卖等。在征地补偿方面，村民们也提出了自己的期望，在问及何种方式为最好的征地补偿方式时，提到最多的是"提供养老、医疗等方面的社会保险"，有近四成的村民提及，这说明村民在征地前后的变化中，对于未来生活的不安全感和不确定性是占据第一位的。另外两种方式即"安排就业"和"一次性付给足够的钱"，这也说明失地农民对于职业转换同样存在忧虑，希望得到政府的帮助。征地补偿方式中要求另外划地补偿的比例极低，几乎没有，说明当地人在农业和非农业的选择中，倾向于后者。在未退休的人群中，随着年龄越来越大，要求安排就业的比例越来越大。而56岁及以上人群希望安排工作的比例则低很多，相对地，希望提供养老医疗等社会保险的比例在这个年龄段中是最高的。

（二）涉及的房屋拆迁及补偿状况

根据调查可知，S1、S2、S3三个村中9成以上的农户在土地征用的同时，也伴随着房屋的拆迁和安置，只有少数几个生产队在失地的同时，依然住在原来的房屋里。在我们所调查的村庄，村民房屋拆迁后，政府的主要政策是"换公房补差价"，而那些已经有足够住房的，也可以采取"一次性货币补偿"，一次性货币补偿是在自愿放弃公房补差价政策后的替代选择。

结合访谈资料，我们可以更加清晰地了解房屋拆迁的细节。首先，由专业的评估公司，根据房龄、房屋样式、装修程度等指标对老房子的价格进行评估，得出一个老房子的价格，老房子的评估价格不是立即清算支付的。其次，由村民自己上报期望的新房的样式、面积、楼层等信息。在换取新房之前，村民已有的资产是老房子的价格加上每月每平方米8元的安置过渡费，在换取新房时抵扣新房的价格。由于新房的单价高于老房子的单价，所以拆迁安置或者是换取小于老房子面积的新房，或者是由村民补差价。村民们认为新房子的价格还是比较合理的，在不同的拆迁批次，也是相对公平的，老房子估价偏低的时候，新房子价格也低，相反也一样。但是，村民们反映，他们有一个共同的心病，就是新房没有产权，他们多少有些担心。从问卷资料中也可以看到，被调查的家庭中有95%住的是无产权的统一安置房。

（三）补偿费的使用状况

失地农民们拿到补偿费后怎样使用？在问卷调查中，买房、造房、装修房屋，吃、喝等生活费，为家人养老，子女教育这几个选项名列前茅。近几年，S小区的外来人口不断增多，租房需求也日益增加，不少家庭开始发展租房经济，据了解，不少家庭可以用原有住房换购两套公房，一套用于自住，另一套则用于出租。每套住房可以群租给三四个人，每人一个隔间（有时将大的房间隔成两个隔间），每个隔间每月150—300元。经济富裕的村民，还相互攀比自住家庭的装修，有些村民家里装修得富丽堂皇：铺着木地板，高档家具一应俱全，但精神文化贫乏，每月不低的生活消费中，用于提高自身文化修养的支出微乎其微。有些家庭的妇女不去找工作，每月靠征地补偿费和房租过活，平日里靠打麻将消磨时光，每次去调查，均能发现一些妇女穿着睡衣在外打麻将，在村子里也会碰到一些人穿着睡衣走来走去，甚至还有人穿着睡衣去逛街。

除了买房、装修房屋外，为家人养老和子女教育费用也是一笔不小的开支，据村民介绍，"现在，读中学一年的学杂费要两千元，读大学的费用一年至少要七千元"，高额的教育支出使一些家庭为子女的教育早早做了打算。S小区村民只有2.65%的人把补偿费用于投资做生意或找工作，开始时这着实令笔者感到奇怪，本以为上海人已经有了养老、医疗保险，解决了后顾之忧，更敢于冒险。但通过访谈却发现了真实原因。

"我干吗要投资去冒险，我们小老百姓是赢起输不起的，现在我有点储蓄，每月又有房租收入，日子不说小康吧，过得还算可以，我何必去冒那个风险？"

吴某的这番话，让我联想到S小区很多妇女不愿去找工作，恐怕也与房租养懒人有关，城市化过程中造就了一批食利者。这或许因为失地农民长期所从事的小型、分散的小生产活动使他们观念保守、目光短视，比较安于现状，缺乏接受新知识的迫切性，对教育抱有一种厌弃情绪。

二、河南H县征地、拆迁补偿调查

（一）征地补偿状况

调查发现，H县的征地补偿在不同的时间、不同的村庄，补偿费是有差别的，据调查，有的村庄每亩土地的补偿费只有1.74万元，而有的村庄每亩补偿费有2.56万元，还有的村庄补偿费高达每亩10万元。在最近一次征地中，平均每亩地获得的补偿费是21 665.4元。在征地补偿标准是否统一这个问题上，25.8%的被访者并不清楚标准是否统一，在征地过程中往往无法了解其他人家的情况；有38%的被访者表示征地的标准是统一的；36%的被访者认为征地的标准是不统一的。说明六成以上的被征地农民对于征地补偿标准是什么，应该补偿多少等问题并不清楚。

关于对征地补偿的评价，H县的被访者普遍表示有很多不合理的方面，被提到频率较高的三个方面是：土地补偿费用太低（30.6%）、土地被低征高卖（28.9%）、征地后生活无保障（16.72%）。最突出的问题是征地补偿项目太少，征地补偿费太低。河南 H 县的征地补偿项目主要有两项，土地补偿费和青苗补偿费。

在征地补偿方面，村民们也提出了自己的期望，在他们认为最好的征地补偿方式中，提到最多的是"一次性付给足够的钱"，占 35%，另外两种方式即"提供养老、医疗等方面的社会保险"，占 22%，以及"土地出租，每月发放租金和生活费"，占 17%。

与上海相比，河南的征地补偿期望有两个不同点：第一，村民希望一次性付足够钱的比例更高，希望安排工作的比例要低得多。一方面，河南作为内地省份，工业化程度低，就业机会少，失地农民对于从事非农职业的积极性和信心不足；另一方面，当地人更希望能够有一大笔钱解决今后所有的生活问题，而不是希望通过就业维持和改善生活，等、靠、要的思想比较严重。第二，H 县还有近 3% 的村民希望在征地后另外划地给他种，希望继续当农民，这也是与当地工业化程度不强，就业机会较少，同时农民对于土地感情较深，而且农民除了种地没有其他技能，担忧自己无法顺利向非农职业转换等因素相关。

在对年龄和征地补偿方式进行交互分析后，我们发现，在 20 岁以下的青年人中，被认为最好的征地补偿方式是"土地入股分红"；而"一次性付给足够的钱"在各个年龄段中的比例都很高，其中最主要的是 31—50 岁的中年人；对于 50 岁以上，尤其是 60 岁以上的老年人而言，提供养老、医疗等方面的社会保障则是最好的补偿方式，这说明当地失地农民对于失去土地后的忧虑所在，希望政府能够用养老、医疗保险来代替过去世世代代所依靠的土地保障。此外，不少失地农民认为"另外划地补偿"的方式也可以尝试，尤其是一些 60 岁以上的老年人，选择该项的比例比较高，这一点说明年龄越大对土地的感情越深，越希望重新拥有土地。

（二）涉及的房屋拆迁及补偿状况

河南 H 县的征地受访者中，仅有 30.5% 的家庭涉及拆迁，其他家庭仅是土地被征。对拆迁家庭，从问卷资料分析，村民房屋被拆迁后，政府的补偿政策是"一次性货币补偿""换公房补差价"或者"另外给划地自建房屋"，还有部分房屋在拆迁时并没有给予任何补偿。

"一次性货币补偿"是由房屋的补偿费和宅基地的补偿费两部分组成，房屋的补偿费按建筑面积每平方米算，宅基地的补偿费按每亩的征地费算。"另外给划地自建房屋"是指在拆迁后再另外给一处新宅基地，而房屋的补偿还是按照建筑面积每平方米算，这个费用用来让村民在新宅基地上造新房。具体每平方米房子能补偿多少，要根据具体的补偿标准。有部分村民在房屋被拆迁时，政府并没有对其房屋采取任何补偿措施，这一类的房屋多被乡里村里定义为乱搭乱建，一般是村民后来因为家庭人口增加额外建造的，没有宅基地证。这些房屋的拆地迁，直接就算征地的补偿，没有重新划一块宅基地，也没有建筑面积的补偿。

（三）补偿费的使用状况

H县失地农民拿到补偿费后，是如何使用的呢？问卷调查显示，吃喝等生活费（23.81%）、买房造房装修房屋（20.63%）、教育培训（15.08%）等是首先被考虑的用途。然而，值得注意的是，虽然大家首先考虑生活所需，但真正用于吃喝的比例却并非最高的，反而是住房所需（17.38%）和养老（15.85%）的支出更多，只有在满足了这两项需求后，才会考虑增加吃喝等生活费（14.94%）。这正如费孝通先生在《江村经济》中所指出的，传统的农民思想认为，吃可省，喝可略，只有住有所居了，才能满足最基本的生存需求，然后才能考虑如何去提高生活质量。

但是，失地农民的日常生计问题也成了他们失去土地后，最为头疼和迫切需要解决的问题，征地补偿费自然被用于日常生活开支方面。其次，失地农民对于未来的前景比较担忧，世世代代赖以生活、赖以养老的土地突然没有了，今后老了怎么办？一些家庭便把一部分补偿费用储蓄起来，以便将来养老使用。而对于有子女正在读书的家庭来说，子女教育是一笔不小的支出，为了子女的前途，不忍心让子女中途辍学，便将征地补偿费交纳了子女的学杂费，还有一些家庭子女已经到了婚嫁的年龄，特别是有男孩的家庭，担负着为儿子先盖房子才能娶到媳妇的重任（在当地风俗中，如果男方没有新房，基本娶不到媳妇），原本正在发愁如何筹集盖房的钱款，现在有了征地补偿费，便将这笔钱用于了买房造房装修房屋。

三、广西 GX 区征地、拆迁补偿调查

（一）征地补偿状况

广西地区的征地补偿费用，政府规定还是较为清晰的，如果按土地用途来分，情况如下。城市扩建用地：崇信村从 1992 年起，由于城市扩张，货币补偿 55000 元每亩；2004 年房地产开发，补偿 1 万元每人。莫家街村在 1985 年和 1995 年先后两次被政府征地，征地补偿款 1985 年是七八千元每亩，1995 年是三万多元每亩。大河乡莫家地村属于项目开发，建桥：2003 年修桥征用土地，每亩 97300 元。2012 年年底，商业开发用地，补偿标准 17.8 万元每亩。广西园博园用地：承包地每亩补偿 8000 元到 9000 元，宅基地由单位给予 1.5 万元补偿费和 400 元搬家费。学校用地：包括漓江学院、广西师范大学、桂林旅游高等专科学校以及桂林理工大学。学校补偿开价较高，然而到农民手中的仍然较少。漓江学院和广西师范大学一期与二期补偿标准相同，均是旱地 9000 元每亩，水田 130000 元每亩，三期 3 万元每亩，但是三期征地极少。桂林旅游高等专科学校，旱地补偿标准 9000 元每亩，水田补偿标准 1.3 万元每亩，一次征完。桂林理工大学 2007 年征地，货币补偿 1.3 万元每亩，2010 年 4.2 万元每亩。

然而，在调查中发现，村民到手的补偿费用很少，争议较大的主要在大学城建设用地的征地补偿上。根据访谈资料，村民分两期获得的补偿费用如表 2.1 所示。GX 区的征地和补偿中有这样几个争议点。第一，最明显的问题就是，征地补偿中的实施细则十分多。例如，养鸡场的补偿费用，不同的村根据实际情况把补偿费用进行了不同程度的压缩；再如果园，有按树木的棵数计算补偿费用的，也有按果园大小进行补偿的，对于宅基地，还分楼房和瓦房。在批示的补偿和实际付出的费用之间产生的差额则被各级部门截留。第二，有些补偿集中点，如养鸡场，在第二期征地时费用明显下降。据村民表示，他们村最初是大力发展养鸡业的，所以整个村子多数范围都属于养鸡场，对此降低补偿费用，让村民非常不满。第三，征地附带的产品"有去无

回",损失价值很高。"猪拉走了也不补,现在已经拉走八个多月了,刚才说的是现在给我张处理通知书,也没说明补给我多少钱。每头母猪每胎都不少于十个猪崽,每个猪崽满月后可卖至少500元,每年母猪按两胎算,直接经济损失至少1万元。"第四,补偿费大致包括旱地、水地、鸡棚、果园的补偿以及宅基地的拆迁安置费,但是,这些补偿并不像批示所显示的是单一的,而是有条件的,补偿费用与同意征地签约的积极性挂钩。表格中费用有梯度的部分,都或多或少与征用物品的质量、签约的早晚相关联。第五,公共土地费用无故截留,村民分不到一杯羹。"村里面征地把地都量了,但是还有半条公有河,没有量给村民,这半条河有好几千米,是我们村和良丰农场各占一半的一条自然河。当时村里面的人都忘记了,我从南宁回来后就在村民会议上提出为什么不把这条公有河量给我们村民,这也是很大一笔公有钱。但至今这个事情一直搁浅。"

表2.1 大学城建设用地征地补偿费

大学城建设征地补偿		
	第一期	第二期
旱地(元/亩)	9800	42800
水田(元/亩)	13000—8000	49000
养鸡场(较好的村)(元/平方米)	170	100
养鸡场(较差的村)(元/平方米)	50—60	50—60
果园(按棵树计)(元/棵)	10—20	10—20
果园(按范围计)(元/亩)	36000	57000
宅基地(楼房)(元/平方米)	1000	1000
宅基地(瓦房)(元/平方米)	670—871	670—871

总体来看,GX区在征地补偿方面,村民是不满意的。一来由于自己的利益无从得到保障,也没有部门或村干部能够为民代言,村民公共利益损失较大;二来在征地前承诺的安置措施事后不兑现,无论是货币补偿还是就业

安置,导致村民既无流动资金又无工作维系生计,生存困难。

多数人希望能够一次性获得足够的货币补偿(34%),也有不少人希望能够被安排就业(22%),访谈中很多人不止一次提到希望能够获得"反哺式"的就业,征地给了大学城建造后,则希望大学城能够提供就业岗位,如水果摊、维修点,除此之外,希望政府能够在征地后给予养老、医疗保障的也不在少数(18%),还有很少一部分人希望征地也要回归土地,如土地入股分红(5%),政府将土地出租后按月给予失地农民生活费(9%)或者另外划给土地(12%)继续从事农业活动。此外,不同年龄段之间所希望得到的补偿方式在整体上也是有所不同的,60岁以上的老年人乡土情节较重,仍然希望能够回归土地,50—60岁以上的老年人对金钱补偿的要求较高,如一次性货币补偿或者土地出租获得收入,中年人也希望能够回归土地,同时他们对社保的需求高于其他年龄段人群,在未退休人群中,对就业安置的需求从高龄到低龄呈现梯度下降的趋势,这表明年龄越大,其非农化就业越困难。然而,值得关注的是,在GX区的受访者中,无一人表示希望政府提供教育培训等安置措施,可见该地区的失地农民的价值观、市民化都还较欠缺,这一点将在后文进行分析。

(二)涉及的房屋拆迁及补偿状况

GX地区的征地涉及少部分房屋拆迁问题,在所有被访者中只有13个人碰到了房屋拆迁。本次调查一共调查119人,涉及房屋拆迁的仅占10.92%,若进行区间估计可得,该地区总体征地涉及房屋拆迁的比例区间为5.32%—16.52%,基本可以认为该地区征地普遍以土地征用为主,房屋拆迁问题较少。即便如此,也应当对其进行了解。调查得知,该地区部分人的房屋被拆迁后,住房问题由政府统一安置,但这种拆迁安置是换公房补差价,但是,这个差价是完全不能弥补购房所需的,并且所换公房也没有产权。因此,不少人在房屋被拆之后,只能选择在其他宅基地上重新建造房屋,这样能够节省成本,少数经济条件相对较好的可以购买商品房,还有些连自己建房都无力负担的,就只能租房子住了,有些人甚至没地方住。

(三)补偿费的使用状况

从上述结果可知,GX区失地农民获得的补偿是非常少的,因此,补偿费的使用也相当有限。吃喝等生活费的开销就占去了大半（45%左右），再用来买房、造房、装修或者添置家当（21%）之后，就所剩无几了，最后还要减去做生意或者找工作必需的成本（19%左右），真正用于更高层次需求的，例如子女教育、结婚、防止意外看病支出的更是寥寥无几，基本无法实现储蓄的目标。当然，不同年龄段，首要考虑的补偿费使用也会有些区别，除了大家考虑最多的生活费之外，老人考虑看病问题更多；征地费使用比例高的内容是房屋相关支出，尤其是中年人选择该项较多；最后，除了已退休人员之外，找工作或做生意的支出随着年龄的递增而呈现梯度上升，这一点，正好对应了前述分年龄段对政府就业安置需求的趋势。这说明，如果政府能够在征地中更好地安排失地农民就业，那么失地农民相对应的支出就会减少，征地补偿费过低的负面效应也会随之减少，从而产生的一系列连锁反应也会得到改善，例如，生活满意度、消费意愿、价值观念、市民化水平。

其实，GX区的征地矛盾集中在征地补偿费用过低上，所得费用连维持生活都困难，更谈不上补偿费使用的问题，首先解决生存需求，才能考虑其他，然而，该地的补偿费根本就没给予失地农民考虑其他问题的余地，这也难怪该地失地农民的消费理念、价值观等问题不能相应地得到改变。

第三节　征地过程各主体参与情况调查

一、上海S小区征地过程各主体参与情况调查

（一）失地农民

在征地过程中，失地农民的参与程度很低。问卷调查显示，将近九成的失地农民认为村干部不与他们商量征地的相关政策，更多的是把已确定的方案口头告知村民，或发书面通告，甚至还不让村民知道。与征地相关的财务状况，村民更是知之甚少，较清楚征地财务的村民只有5%。在征地补偿费的分配形式（征地补偿费是否涉及镇、村、村民之间的分配问题）这一问题上，认为"补偿分配不透明"的村民所占的比率最高，占到六成以上，他们只知道给自家的补偿费用。

当被问及镇、村集体对土地补偿费每亩扣留的具体比例时，在我们调查的132户家庭中，有130位被访者无法确定，只有2位被调查者回答了这一问题，这更表明了村民对于征地补偿费分配的不知情。相比较而言，村民仅是提前知道了土地什么时候将被征用，提前时间从一个月到一年不等，但大部分村民都是事先就已知道自己要被征地的。

调查发现，在征地过程中，被征地农民的参与程度低，客观原因是征地标准不透明，农民认为"补多少""怎样补"都由"上面"说了算，他们没有参与讨价还价的权利，也只能接受这种补偿，别无他选。对于征地方发布的与征地相关的资料，村民没有相应的途径去接触。

主观原因则是被征地农民对于征地政策不了解，本身的参与意识也比较被动。访谈发现，被访者对于征地以及拆迁的相关政策是极不了解的，他们往往是消极地听取村干部和乡镇开发区的通知，既不了解政策，也缺乏对政策的关心，抱着"只要和别人一样就可以了"的态度。问卷调查的数据显示，对于属于集体所有的土地，仅有15%的人有正确认识，对于同样属于集体所有的宅基地，仅有8%的人有正确认识，事实上，《中华人民共和国土地管理法》（以下简称《土地管理法》）第8条明确规定，农村和城市郊区的土地，除由法律规定属于国家所有的以外，属于农民集体所有；宅基地和自留地、自留山，属于农民集体所有。由此可见，失地农民对征地政策还是知之甚少的。被调查者中只有7%的人认为自己熟悉相关政策，超过六成的被访者表示不熟悉政策，接近三成的人表示"知道一点"，而了解这些政策的最主要途径是村里开会通知，其次是人际的交流，即"别人告诉"，政府宣传只是第三种途径。

因被征地农民不了解政策、基本不参与征地过程，所以失地农民很少主动提出自己的意见，即使小部分村民有一些不同的意见，一般也在村干部的劝说下妥协，或者只是自己发发牢骚，相比之下采取上访手段的还是比较少的，更几乎没有人去找法院。

（二）村干部、镇政府、开发区的关系

根据调查资料，在征地过程中起主导作用的是镇政府和开发区，而村干部仅是配合镇政府和开发区做村民的思想工作,起个上传下达的作用,并不能真正参与到征地政策的制订上,村干部本身起的作用非常有限。在被调查者中,认为村干部作用"较大"或"很大"的只有两成,也就是说超过80%的农户,认识到在征地方案的确定中,村干部的作用是不大的。他们认为,征地和拆迁的相关方案是完全由开发区(乡或镇政府)决定的,村委会一级也没有实际的权限,只是配合开发区做相应的群众工作。征地方案出来后,由村委会通知村民,没有召开动员大会;只有当涉及房屋拆迁问题时,才召开动员大会,由开发区领导主持、村委会干部协调、每户代表参加。会后还有村干部挨家挨户征求拆迁意见,让农户签字同意拆迁。

二、河南H县征地过程各主体参与情况调查

(一)失地农民

在H县的征地过程中,失地农民的参与是缺失的。村民知道要征地的时候,征地的方案和具体规划已经完全确定了,村民没有发表意见的机会,更没有改变方案的余地。问卷调查显示,村民们知道征地的时间是比较晚的,有近三成的失地农民反映是在"被征地当月"才知道自己家土地被征用;提前两三个月、半年、一年知道征地的事的村民各占15%左右;而"建设项目施工当天"才知道征地的事的村民比较少,只有4%左右;与之相对的是,在动土之前,甚至都不知道自己的土地被征用的人比例较高,有20%左右。这说明对于大部分村民来说,没有征地宣传这回事,他们甚至只能在土地征用的当天,被动地接受乡里征地的决定和方案。问卷调查还显示,H县中一半以上的受访者反映,在征地事件上村干部根本不与村民商量,最多也就贴个告示、发个书面通知(29%)或者仅是对他们口头告知一下(33%),而且告知的时间很晚;只有13%的受访者认为征地事件和他们商量,听取他们的意见,而这13%的受访者主要是村干部本身。失地农民表示乡镇政府对于是否征地、如何征地、什么时候征地这些事情都是自己决定的,事先向村民宣传得很少,也不听取村民的意见。即使有一些征地前的宣传动员,这些宣传也是比较粗暴的。"当时乡副乡长带领乡、村干部三十余人,开着一辆宣传

车进入我们村做卖地动员,同时将全村大街小巷的墙头、房屋和电线杆上都贴满了'严厉打击不肯出售土地的不法分子'字样,气焰嚣张,使整个村庄陷入了恐慌状态。"

除此之外,乡镇政府及村委会在财务方面的事宜公开透明度也不高,征地事件关系到每一个家庭的切身利益,大多数人也是很想了解的。然而,调查显示,只有10%的村民表示清楚与征地相关的财务状况;六成以上的村民只是能够知道大体的情况,但并不清楚明细,这就为地方政府资金截留给予了空间;有17%的村民对征地财务的大致情况不了解,但很想知道;而有14%的村民表示对征地财务的事不关心,也没有办法了解到。

在H县征地费的发放还是很及时的,但这种及时,主要还是为了动员更多的村民赶快签约。H县的做法是,一般在征地时,即让村民知道要征地的时候,就给每一户村民都办好了存折,村民们接受了存折就表示同意了征地。在这种情况下,不是征地后什么时候发补偿费的问题,而是村民什么时候愿意接受补偿同意征地的问题。因为村民普遍表示知道征地的消息太晚,征地的方案更没有听取村民的意见,村民的不满也无法获得重视,所以部分村民不愿接受存折。另一个村民不愿意接受存折的原因是,他们对于征地中补偿费的分配持有异议,认为村民的补偿费过低,对乡镇村之间的补偿费分配有异议。从征地补偿费的分配形式来看,认为"补偿分配不透明,村民根本不知道如何分配"的受访者所占的比率最高,占到43%。村民们认为在征地中存在低征高卖的问题,但具体乡镇村各级提留了多少比例,村民们都是道听途说的,具体数据无人知晓。

同上海S小区一样,H县在征地过程中,被征地农民的参与程度很低,客观原因是征地标准不透明,农民认为"补多少""怎样补"都由"上面"说了算,他们没有参与讨价还价的权利,也只能接受这种补偿,别无他选。对于征地方发布的与征地相关的资料,村民没有相应的途径去接触。而主观原因则是失地农民对于征地政策不了解。从问卷调查的数据看,与上海调查点相比,H县被访者中认为自己不熟悉政策的比例更高,达到66%以上,同时,认为自己熟悉相关政策的比例也低于上海,只有3%,比上海低了4个百分点，而这些熟悉征地政策的人又多是村干部及一些上访户。H县失地农民对于征地政策的不了解，也阻碍了其真正参与到征地过程中去，不利于对自己权益的维护。调查显示，H县失地农民了解征地政策的最主要途径是别人告诉（近40%），其次是村里开会宣传（20%），自己学习的有5%。这主要是因为，H县部分村民觉得权益受损严重，便参与了上访，在上访过程中，通过人际交流，村民从别人那里学到了很多政策知识，同时那些有一定知识水平的村民，为了上访的成功也自觉地学习了一些征地政策，但这部分人数量较少。相比之下，上海调查点中村里开会宣传是失地农民了解征地政策的最主要的途径，政府宣传的比例也要更高一些。

（二）村干部、镇政府、开发商的关系

通过问卷调查资料，我们发现在征地事件上，村干部起的作用是有限的。在被调查者中，认为村干部作用"较大"或"很大"的占一半左右，还有一半的失地农民，认为在征地过程中，村干部的作用是不大的。事实上，只有村干部主动联系开发商或用地单位买卖土地时，村干部才发挥主导作用。而在乡镇政府出面的征地事件中，村干部都只是执行上级领导的决定，他们没有单独的权力。在整个征地过程中，主要是乡镇政府与开发商协商决定征地利益的分配，村干部仅是负责将征地方案具体落实下去，并未参与到核心议程中去；但若在征地过程中出现了村民的反抗，则开发商会督促乡镇政府去解决，而乡镇政府又主要委派村干部出面。

在村干部和村民的关系中，我们可以看到村民的被动。但在乡镇和村干部的关系中，我们可以看到村干部权力的有限，村干部并不是村民的代言人，村民对村干部表达不同意见没有任何实质的影响。这也在一定程度上影响了失地农民对征地中基本权益保障与否的主观判断。被调查的征地事件中，我们发现，H县的大部分被调查者认为在征地中他们的基本权益"基本不能"或"完全不能够"保障，这一比例达到45%，认为能够保障基本权益的只占16%。这表明，绝大部分的村民认为自己在征地过程中是权益受损的，是吃了亏的。而当村民认为权益受损后，会寻找一些解决方法，既然找村干部不能为他们带来实际的利益，当他们在权益受损后找村干部的比例也是较低的，找法院也是村民不大愿意采取的方法。一是找法院不一定有用。二是找法院有诉讼费用的问题,"我们没有办法又去了县国土资源局和信访办,他们都说,地是属于我们的,不给我们补贴的话,我们可以通过法律的手段把地要回来,打官司可能要花个几万块钱。这个就麻烦了,地又不是我们四个人的,是我们整个生产队的,每一家都有,打官司的钱也不能由我们几个人来出呀,由于大家都不愿出钱,最后这事就搁在那里"。

在这种情况下,大部分(39%)的村民只能是自己发发牢骚而作罢了。也有想办法解决问题的,除了找村干部理论(26%)外,那些自己感觉权益受损严重、对征地政策有一定了解的村民,在没有其他替代途径的情况下,开始走上征地上访之路,也正因为他们的成功,激励了其他村民的上访,河南H县的受访对象中上访比例高达21%。

H县村民上访,主要围绕着两个主题:一是质疑县乡镇政府在征地中的合法性问题,他们的征地有没有国家关于征地的批文,以及关于征地的方案和具体补偿的做法是否符合国家规定,希望找到自己权益受损的依据,提高自己家土地的补偿费和解决今后生活保障的问题;二是向上级政府反映下级政府在征地过程中的一些违规行为,如暴力殴打村民。虽然有很多人参与了上访,但上访的阻力很大。上访后产生有效结果的也不多,反而可能更加受到损害和排挤。

三、广西GX区征地过程各主体参与情况调查

(一)失地农民

《国土资源部关于进一步做好征地管理工作的通知》强调:征地前要认真做好用地报批前告知、确认、听证工作。征地工作事关农民切身利益,征收农民土地要确保农民的知情权、参与权、申诉权和监督权。[①]然而,在GX区的征地过程中,被征地农民的参与程度缺失最为严重,他们也基本没有渠道维护自己的权益。且不论GX区征地前的确认、听证程序是否开展或严格实施,就连提前告知也做得不够到位。相比于H县,GX区村民得知土地被

---

① http://www.mlr.gov.cn/zwgk/zytz/201007/t20100713_724433.htm[2019-03-26].

征的提前时间总体上更少，在获悉征地消息时基本已经开始了征地拆迁，村民个人的发言权极其微弱。

问卷调查显示，村民们知道征地的时间较晚，有六成以上都是在被征地当月才知道相关事宜，还有不少人（23.5%）在征地前两三个月才知道，提前半年到一年知道征地的，只有一成左右。不仅如此，GX区中近八成的受访者反映在征地事件上，村干部不与村民商量。其中，10%的村民认为整个征地过程中，村干部与村民是完全不商量的；近七成的村民认为村干部与村民基本不商量；28%的人认为征地前最多会发个书面通知，而且通知内容与实际存在较大差异（如"少批多征"现象，这在前文已多次提及），39%的人认为征地前村干部最多就是口头告知一下，而且告知的时间很晚；仅有23%的村民认为村干部会和他们商量征地事件，听取他们的意见，而这23%的受访者中又有不少是村干部。

强行征地行为，在GX区第二期的征地中变得更为突出。地方政府对被强行征地的村民主要采取"特殊情况特殊对待""各个击破"等方法来实施征地。如对于老年人，先达到征地目的，然后才"口头告知"在外工作的其家里的青年人，这种先斩后奏的方法比较普遍。再如对于抵抗征地或拆迁的村民，则采取先拉拢后恐吓的方法达到征地或拆迁目的。

乡镇政府对于是否要征地、如何征地、什么时候征地这些事情都由自己决定，事先向村民宣传得很少，既不公开，也不听证，更不听取村民的意见。对于不积极配合征地的村民，还采取"暴力执法"，态度蛮横，既不考虑村民利益，又对失地农民的诉求置之不理。"看我不同意签字征养猪场，市容局就说我的养猪场属于乱搭乱建，违章建筑，要强拆。属于违章的话，我就一分钱补偿也得不到。我的养猪场什么时候就变成违章建筑了呢？当初YS镇政府号召发展养殖业，让我们带头养殖，当时我还得到了表彰。现在要征我的养猪场，先是叫我把养猪场搬走，我打了报告要求政府另外找块同等面积的地给我继续养猪，但是没有得到回应。"

除了是否征地，村民们没有决定权外，其他相关的内容，例如，村级财务、征地补偿费、征地补偿分配形式等内容的知情权也一概缺失。征地事件

第二章 我国东部、中部、西部市民化中的社会问题调查

关系到每一个家庭的切身利益，问卷调查显示，不少人对村中征地的大体情况并不了解，但又很想知道（29%），大部分村民表示村里会公开大体情况，但是对于明细、相关细则却并不清楚（69%），有的村民（1%）甚至完全不知道征地相关事宜，也并不关心，但这毕竟是少数。

笔者在对 GX 区的调查中发现，该地区的征地补偿费发放还是较为合理的，如果能够积极配合征地工作开展，基本上签订合同之后，很快就会把补偿费打到村民的卡上。不少村民如实说："关于补偿款，只要达成协议，签了之后，钱会立马到位，发放的还是比较及时的。"

因此，该地区的补偿问题，不在于钱款发放的及时性，而在于其他方面。就许多失地农民的本来意愿而言，他们追求的是公平、公正。从征地补偿费的分配形式来看，虽然不少村民认可了补偿费用全部发放给村民（56%），但认为"补偿分配不透明，村民根本不知道如何分配"的比率也是相对较高的，占到32%，这主要是由于，许多村民觉得一期和二期的征地工作差距太大，他们也担心，在征地中存在村干部、乡镇干部"捞取"好处的现象，即使表面上分配形式一样，实际上却并不公平。

虽然 GX 区的村民多数不愿意被征地，也不愿意接受补偿，但因为种种压力，他们认为自己在与地方政府的博弈中是处于弱势的一方，国家政策在地方上始终只是个摆设，因此无论他们是否了解政策，是否知道相关事宜，也无论他们真实意愿如何，最后总是以地方政府期望的结局收场，仅是个"零和博弈"而已，无法实现"双赢"。

同其他两个调查点一样，GX 区在征地过程中，被征地农民的参与程度很低，相比于上海的 S 小区，GX 区的参与度显得更低。这主要是由当地征地标准不透明度造成的，农民认为一切由征地小组说了算，自己根本没有发言权。"（补偿费用）具体是多少元，由当时的工作组说了算。"然而，在强调客观原因的同时，也应当探索失地农民无法保障自己利益的主观原因，如被征地农民对于征地政策不了解。"我不了解村里的财务状况，不了解征地款的收支状况，更加不清楚征地补偿费在政府、村集体和农民之间的分配状况。我不了解整个征地过程，对于国家的征地政策和补偿政策也不是很清

楚，我只记得电视里温家宝说征地要先安置后拆迁。"

从问卷调查的数据看，三个调查点都有一个共同的特点，就是被访者普遍对征地政策不了解，GX区也不例外，被访者中认为自己不熟悉政策的达到60%以上，但是，可能由于在与当地政府对抗的过程中不断了解了相关的征地政策，还有不少上访户在上访过程中，逐渐熟悉了各种征地、补偿政策，因此，该调查点的被访者认为自己熟悉相关政策的比例反而高于上海，上海的被调查者没人认为自己熟悉征地政策，而在GX区则有5%的人表示自己熟悉征地政策。出于对个人利益的维护，除了政府宣传（5.84%）和村里开会宣传政策（46%）之外，他们还会寻找许多不同渠道来了解相关政策，有的甚至还会买书回家，仔细研究（5.84%），当然，也有不少村民了解征地政策的最主要途径是通过别人告诉（16.06%），这部分人自然也就对政策没有详细的了解和关键的把握了。

（二）村干部、乡镇政府的关系

GX区征地过程是由乡镇政府直接参与指挥完成的，村干部则扮演着乡镇政府的嘴和脚，将乡镇政府的征地政策落实下去。GX区征地主要是完成大学城的扩建和园博园建设，商业开发用地很少，这里就忽略掉开发商的征地参与状况。问卷调查显示，在GX区被调查者中，认为村干部作用"较大"或"很大"的村民一共只有13%，有一半以上的村民，认为在征地方案的确定中，村干部的作用不大，无法维护村民的实际利益。在村民眼中，许多村干部只是一个"上级命令执行者"，在征地中的作用很一般（34%），同时，村干部又处于利益链的中间环节，扮演着既要维持村民稳定，又要执行上级命令，同时敛取个人利益的一种尴尬、特殊的角色。事实上，村干部理应发挥更加重要的作用，经统计发现，村干部的作用与失地农民了解政策的程度呈正相关，且在0.01的显著性水平上相关度高达0.402，这说明，如果村干部在征地中发挥的作用越大，对村民了解相关政策就更有利（如表2.2所示）。但是，显然村干部没能为失地农民提供理想的帮助，村民在整个征地过程中十分被动。

表 2.2　GX 区村干部的作用与失地农民对政策了解的相关度

	值	P 值
卡方检验	22.783	0.004**
相依系数	0.402	0.004**

注：** 代表相关。

在调查的征地事件中，我们发现，GX 区的大部分被访者认为在征地中他们的基本权益"基本不能"或"完全不能够"保障，这一比例近八成，其余的也只是觉得个人权益保障程度一般，没有人认为能够基本甚至完全保障自己的权益。然而，尽管权益受损严重，村民也无能力、途径去维权。不少村民认为，无论是何种渠道，都没有办法保障自己的利益，他们无力与地方政府对抗。现如今，如果再次遇到个人权利受损的情况，最多也就自己发发牢骚（55%），还会选择找村干部或者上访的只有 18% 和 22%，会寻求法律帮助的只有 5%。

回顾 GX 区村民曾经的上访维权经历，主要集中在两个方面：一个是对承包土地征用补偿费用提出合理要求无果而实施的上访；二是对宅基地的拆迁补偿问题进行维权。但最终，GX 区村民维权的阻力很大，且收效甚微。

总之，GX 区村民在征地中的参与度很低，一方面，主观上对征地政策的了解有限，当然他们也在通过学习不断积累、了解相关征地拆迁政策；另一方面，由相关主体的客观因素造成的，乡镇政府权力过大，直接参与征地和拆迁过程、变向限制村民维权；村干部又处在一个"非真正代言人"的中间位置，在市场经济条件下容易"见利忘义"，不履行自己应当承担的职责。各种因素的综合，形成了该地区失地农民的种种问题不断凸显、矛盾集中。既然地方政府"权力过盛"，这就为中央政府和地方政府在治理过程中的权力博弈、在城市发展中如何实施对于地方政府的绩效考评提出了难题。

第四节 就业安置情况调查

一、上海S小区失地农民就业安置情况调查

（一）征地前后就业转换

S小区虽然地处上海郊区，但工业化水平较高，在征地之前，大多数成年劳动力，特别是年轻人，已从事非农工作，如在工厂上班、外出打工，从事农业的或者是兼业人口，或者是老年人口。当地人真正靠土地养活自己的情况很少，大部分家庭种田只是为了获得口粮，但若有了多余的粮食或蔬菜也会用来换取收入贴补家用。

问卷调查显示，在被访者中，征地前纯粹务农的仅有50%左右（这部分人的年龄目前主要在50岁以上），其他将近50%的村民从事着小生意、进厂当工人、技术员等非农性的工作，少数人选择在家待着不工作。而征地后，除了少数人还有一些土地继续从事务农工作（3%）以外，从事非农工作的比重和在家待着不工作的比重与征地前比较接近，这说明征地这一事件对于原本就不从事农业工作的人来说影响并不大。而征地前纯粹务农的人口年龄构成主要是40岁以上的中老年人群，征地以后，60岁以上的老年人直接成为退休供养人口，导致退休人口比率急剧上升，而失业人口比率的快速上升，则突出反映出中年失地农民在职业角色转换过程中的不适应。

（二）找工作途径及难易程度

征地后，除极少数人被安置就业外，六成以上的失地农民要靠自己找工作，还有三成的失地农民依靠亲戚、朋友的帮助找到工作，仅有4%左右的人通过职业中介机构去寻找工作。调查显示，上海S小区中基本所有的被访者工作地点都局限于本地，不愿意去外地就业，尚有部分失业者属于自愿性失业。

正是因为失地农民更多地要靠自己找工作，又不愿离开本地就业，所以能否找到合适的工作与个人素质有很大关系。由于S小区失地农民的学历以小学和初中为主，大专及以上学历者仅占5%左右，这就决定了失地

农民的就业并不顺利。在找工作的难度方面，只有8%的被访者认为找工作比较容易，而55%的人认为找工作很难。在一系列与个人相关的工作难找的原因中，被访者认为没有技术、没有文化和年龄偏大是最主要的原因，同时，人际关系网单一匮乏、缺乏就业信息也是比较重要的原因。进一步细化研究还发现，在不同年龄段的人群中，难以找到合适工作的原因又略有不同，30岁以下人群中，就业信息缺乏、对工作挑三拣四、不愿离开本地就业是对他们顺利就业的最大阻碍；41—60岁的人群中，难以找到工作的最主要的原因则是年龄偏大，没有技术和文化，再学习比较困难。即使对于已经找到工作的失地农民来说，认为现有工作"很满意"和"较满意"的仅占三成左右，有近一半的被访者觉得自己的工作只是一般，无所谓满意不满意，还有二成多的失地农民对于自己的工作不满意。调查中，大部分失地农民表示，工作仅是糊口、维持生存而已，要切实提高自己在现代社会的生存能力，抵御各类风险，还需要享受一套和市民待遇相同的社会保障制度。

（三）征地前后工作条件分析

征地后，失地农民的户籍身份已经转为"市民"，尤其是在上海这样城市化水平较高的地区，失地农民对自己的"市民"身份是有一定期望的，在就业方面希望能够找到一份相对"体面"的工作，对工作条件也有所要求。这就与现实情况（失地农民普遍没有技术、没有文化和年龄偏大而难以找到工作）产生了悖论，导致选择与放弃之间的冲突，从而加剧了找工作的难度。

事实上，通过问卷调查，本研究发现，虽然失地农民的身份变了，但其征地前后的劳累程度并没有明显的降低。在征地前后的配对样本检验中，如果失地农民的工作条件改善了，则期望的结果是征地后工作劳累程度中"较累以及很累"的比例能够有所降低，"轻松以及很轻松"的比例有所提高。然而，检验结果却是，虽然从均值上看，的确是征地后的工作劳累程度较低，但若要将这种降低程度推论到总体情况，则无法通过检验。只有工作较轻松的比例，是在征地后有了明显提高的。同时，对于征地前工作就比较轻松的人来说,其土地被征用之前,就可能由于年龄较小、文化水平较高,而已经拥有了一份体面的工作,因此,在表面上通过检验的情况下,仍需对这组配对样本做相关检验,以区分这种轻松程度的提高是否与征地有较为直接的关系。结果发现,工作较为轻松在征地前后并无很大的相关性,相关系数只有0.16(如表2.3所示)。

表2.3 征地前后工作劳累程度、工作环境具有较大差异的配对样本相关检验

	N	相关系数	P值
征地前后工作较轻松	36	0.162	0.345
征地前后工作环境很舒适	36	0.542	0.01***

注:***代表显著相关。

根据这两个结果,可以认为失地农民的工作劳累程度并没有因为征地之后不用种地就有所改善,多数失地农民仍需要为生活辛苦奔波。

(四)地方政府在失地农民就业中的作用

正是看到了失地农民在从农民角色向非农职业角色转化过程中的困难,地方政府采取了种种措施,如安置就业、组织就业培训、提供就业信息,帮助失地农民尽快找到工作,适应新的角色。调查显示,地方政府能够直接给失地农民提供就业岗位的机会较少,仅占1/5,主要是提供就业信息和免费就业培训。针对那些征地后暂时找不到工作的人,政府为其发放就业安置补助费,每月290元,发放两年,帮助失地农民度过职业过渡期。

但是,在调查中却发现一种现象,就是个别二三十多岁的青年失地农民对于找工作挑三拣四,真正的好工作自己干不了,而找不到好工作干脆待在家里不工作,整天游手好闲,成为"三啃"一族(啃父母、啃老婆、啃政府)。对政府推荐的就业岗位比较挑剔,提出了"月收入少于1000元不去,三班倒不去,勤杂工不去,路途远不去,没有双休日不去……"的要求,他们宁愿在家睡大觉、搓麻将,也不去从事脏、累、苦但足以自立的服务型工作,成了"懒惰、怕吃苦、爱面子、图虚荣、无技能"的社会寄生虫。对于这类群体,政府非常头痛。

二、河南 H 县失地农民就业安置情况调查

（一）征地前后就业转换

河南 H 县作为全国的贫困县，也是典型的农业县，经济发展水平低，工业化程度低，在 2000 年左右 H 县第二次征地潮大建工业园区后，全县像样的企业也没有几家，所以我们所调查的村民中，征地前近 60% 人务农，另外有 25% 左右的农民从事体力性的劳动，如建筑工。征地后，除了 7.69% 的村民因为家中还剩余一部分土地，继续从事农业外，有 50% 的村民转而从事体力劳动，成了"临时工人"，同时，还有 25% 左右的人则非自愿地失业了。

（二）找工作途径及难易程度

H 县农民在失去土地后找工作，65% 的人认为很难，仅有 6% 的人认为容易。并且失地农民的亲戚、朋友、熟人多与他们处于同一社会层级上，知识、能力、人际关系网络等具有类似性。因此，失地农民在找工作时，亲戚、朋友、熟人帮忙的较少（38%），即使有帮忙，也大多是介绍进同一家企业从事同样专业化水平较低的劳动，大部分（54%）还是要靠自己的力量去寻找工作，所以失地农民们能否找到合适的工作与个人素质有很大关系，尤其是年龄、职业技能和文化程度。

问卷调查显示，在 H 县失地农民的文化程度中，15% 的人目不识丁，初中以下文化程度的近 70%，具有高中及以上学历的仅有 31%。没有文化使失地农民很难找到工作。调查显示，在一系列与个人相关的原因中，被访者认为没有技术、没有文化和年龄偏大是最主要的找不到工作的原因，同时，没有人际关系也是比较重要的原因。这些与上海失地农民能否找到合适工作的原因是类似的。但不同的是，上海失地农民普遍不愿外出就业，特别是不愿离开上海去外地就业，而河南 H 县情况有所不同，大部分青壮年劳动力都已经外出到沿海各省去打工了，这些出省打工的人群很多并未在我们的调查对象中，基于概率推论，在外地打工的比例是相当高的，青壮年失地农民在失去土地后生计没有着落，外出打工或许是他们唯一的出路。而留在村中的多数是年龄超过 45 岁，家中有老有小，没有技能，外出打工无门的失地农民。

在不同年龄段的人群中，很难找到合适的工作的原因又略有不同，30 岁

以下的青年人难以找到工作的最主要原因是没有技术；31—40岁的中年人则既缺乏技术，又没有文化；40岁以上的中老年人难以找到工作的最主要的原因除了没有技术，更由于年龄偏大使得再学习也比较困难。

从找到工作的人对工作的满意程度方面，我们可以看出失地农民的就业满意度很低。没有人认为就业"很满意"，认为"较满意"的也只占36%，有一半以上的被访者觉得自己对工作"不满意"或"很不满意"，这方面与上海失地农民相比，情况有很大差别，上海的满意度更高一些。此外，这里还有一个与上海不同的地方，现在上海的失地农民在达到退休年龄后（男满60岁，女满55岁）可以享受每月960元的养老金，已不存在退休人口生活保障难的问题，但对于河南H县的失地农民来说，由于相应的养老保障缺失，老年人还需要解决如何去糊口、去生存的问题。

对于如何提高生存能力的看法，该县被访者普遍（44%）认为，要提高自己的生存能力，要找到更加满意的工作，就必须先面对现有的不足，提高自己的文化水平和劳动技能。这一点与上海呈现完全相反的结果，在上海S小区，失地农民认为提高生存能力首先要依靠政府的比例高达90%，而在河南H县，该比例只有43%。相应的，希望靠亲戚朋友帮忙的也不到10%。因此，在H县，人们"自己动手，丰衣足食"的朴素农民思想还是比较浓厚的。

（三）征地前后工作条件分析

通过上述分析发现，H县失地农民对工作地点没有太大要求，比较愿意离开本村、本城，去到其他地方谋求收入更高的工作。因此，虽然他们受限于自身的年龄、文化和技术等难以改变的条件，而使得择业面变窄，但愿意将选择的地区范围扩大，也是能够在一定程度上提高找到工作的概率的，征地之后有时间和精力更多地外出打工，因此他们想象会降低自身的劳累程度。那么，事实是否如想象的一样？通过对比分析可以发现，征地之后，大家的工作劳累程度同样呈现出两极分化的情况，累的更累，轻松的则更轻松。

H县的失地农民工作条件改善并不明显，即便劳累程度有所降低，但工作环境依然如故。虽然征地应该产生很大的变化，但是他们的工作条件改善却与征地没有多大关系。而且，事实上在不同的人中两极分化现象十分明显，这个分布与他们的征地补偿、保障情况、对征地的整体满意度等总体上类似。更重要的是，地方政府在该县的就业安置中没有承担起应尽的责任。这一点既对征地工作产生了影响，也引发了失地农民强烈的不满。

（四）地方政府在失地农民就业中的作用

H县农民在土地被征用之后，就业不顺，很多人遭遇了失业，找到工作的那些人对现有工作的满意程度也是很低的，这一方面与失地农民自身素质和能力有关，另一方面与政府在失地农民就业中没有发挥出应有的作用有关。调查显示，H县近一半的失地农民都认为政府没有对他们提供任何保障措施，只有6%的被访者表示政府组织了就业培训，同样只有6%的失地农民表示政府会为他们提供就业信息，有3%的失地农民表示政府通过政策鼓励他们创业。由此可知，政府在全部的保障措施中，与就业相关的工作只占到了15%。可见H县政府在就业安置工作中所起到的作用是不大的。在访谈中，失地农民普遍反映，地方政府在征地之后几乎没有管过村民就业的事情，村民就业完全由个人解决。

在政府没有相应的就业安置方案和帮助措施的情况下，失地农民就业困难重重。但是，这些失地农民就业不顺也有其自身的很多原因，除了前面提到的无技能、文化水平低、年龄大等原因之外，参加就业培训的积极性也是一个方面。他们中大部分人觉得政府有必要提供免费的就业培训。在政府就业培训缺失的情况下，仅有15%的村民参加过社会上组织的就业培训，有54%的人表示不愿意自己出钱参加社会上的技能培训。虽然H县失地农民生活拮据，首先把钱花在了生活费上，能够用以参加培训的余钱不多，但同时也表明了H县失地农民在提高自身素质方面眼光较为短浅，缺乏主动适应社会的积极性，这也是造成他们就业困难的重要主观原因。

三、广西GX区失地农民就业安置情况调查

（一）征地前后就业转换

GX区地处大学城，并不属于经济中心，故本调查点的经济发展水平相

对于其他区而言较为落后。因此，该地区的失地农民征地前后就业状况相较于上海和河南的调查点呈现两个特点。第一，征地前后的农业从业率是三个调查点中最高的；第二，征地后的非农业从业状况较为分散，而其他两个调查点均有一个明显的集中趋势。

问卷调查显示，GX区征地前务农的人数将近九成，而从事其他行业的则寥寥无几。征地后也有接近20%的被访者仍然从事着与农业相关的工作，近30%的人在征地后处于无业或待业状态，从事建筑类体力劳动或其他体力劳动的人数均在10%以上，从事摆个小摊、做个小买卖等个体户的征地农民人数相对较高，达到20%，在机关事业单位工作的征地农民数量基本为零。征地后，多数人面临着征地即失业的困境，难以应对征地前后的就业转换问题。

（二）找工作途径及难易程度

征地后，GX区的失地农民主要靠自己找工作（近80%）或者通过亲戚、朋友介绍工作（15%），而依靠政府就业的则非常少（2%），并且，大家都对自己的工作不是很满意，不满意和很不满意的比例将近七成，只有6%的被访者对自己的工作比较满意。另外，调查显示，失地农民征地后工作非常难找（近九成），没有任何人觉得找工作很容易。失地农民认为自己没有办法找到好工作的原因仍然无外乎年龄大、文化程度低和没有技术这三方面因素，这一点和其他两个调查点一样。不同的是，S小区被访者受年龄影响较大，H县被访者更希望多一些技能，而GX区则是三方面的制约都非常强烈。另外，GX区本地的经济发展水平比较落后，工作机会也不多，再加上求职者也没有胜任新兴岗位的技能，所以无法将该地区失地农民的失业进行简单的归类。从他们的就业现状看，不少是体力劳动者，其贡献的边际生产率很容易趋近于零，换言之，从一定意义上讲，该地区的失地农民即使有些人有工作，也仍然处于隐性失业的状态中。

究其原因，这种就业状态的出现，既有客观上不可避免的因素，也有失地农民自身主观上难以克服的问题。要改变GX区失地农民就业难的现状，可以从主观和客观两个方面着手。

第一，客观原因。GX区失地农民普遍无技能，非农就业多是从事一些纯粹的体力劳动。调查显示，被访者中，六成的人只会种地，三成多的人除种地外只会一种技术（主要是和农业相关的技术，如养殖），而会两种以上技术的，不到一成。而随着年龄的增长，体力在不断下降，失地农民在就业中越来越受排斥。

第二，主观原因。可以分为学习意愿和就业观念两个方面。

首先，该地区的青年失地农民有着很大的学习空间，要改善自己的就业环境，不能一味寻找客观理由或者归责于当地政府的就业安置不到位。如果客观条件无法改变，至少该地区青年失地农民在提高自身能力的主观意愿上应当体现出显性状态，正如调查结果显示，不少被访者认为，要提高自己的生存技能，最主要的是提高自己的职业技能和学历。这说明，GX区的失地农民在土地被征后，就业观念发生了良性转变，对自身的认知也有所提高。

其次，GX区失地农民的就业观念较为僵化。问卷分析发现，GX区失地农民很少（只有3%）愿意去外地就业，基本上所有的被调查者都表示自己的就业地点离家在半个小时到一个小时的路程之内。如果当地就业机会本来就少，就业技能的缺乏又使得找工作遇到了种种障碍，此时，失地农民在呼吁当地政府强化就业措施的同时，也应适当考虑改变一下自身的就业观念，去外地，至少去不同的区、不同的地级市打工，扩大自己的选择范围而不是局限于本地区、家附近就业。如若不然，就会导致在政府与失地农民间没有调和的余地，使得就业困境难以突破。

（三）征地前后工作条件分析

调查发现，GX区大部分失地农民的工作条件在征地前后没有发生太大改变，甚至有的变得更差了。工作环境的变差是造成失地农民工作满意度降低的重要因素之一，那么，另一个影响因素则是工作劳累程度。大部分失地农民的工作是比征地前劳累程度增强的。

总之，征地前后GX区失地农民的工作条件变化有别于上海、河南两个调查点，上海在征地后失地农民的工作条件呈现集中的改善趋势，河南在征地后失地农民的工作条件呈现明显的两极分化趋势，而广西调查点，征地后则呈现出明显的工作条件变差的趋势。

因此，在研究失地农民相关问题时，不得不把他们的就业问题列入更加重要的位置。一方面，正如前文所述，失地农民自身要提高就业意识，强化自身素质和能力；另一方面，政府应当考虑到征地后村民的种种特殊情况，首先要做到让他们的工作状况和生活水平不能低于原有水平，其次要保证他们的就业向城市化靠拢。既然该市的未来的发展方向是要扩大城市化率并提高第三产业比重，[①]那么就必须以为本地发展作出牺牲和贡献的群体为就业核心，优化就业结构和资源配置，才能更快实现经济欠发达地区的城市化质量。

（四）地方政府在失地农民就业中的作用

地方政府在失地农民就业中所应当扮演的角色是多重性的，包括就业保障的政策扶持者、就业信息的宣传者、就业援助的发起者、就业机会的提供者等。然而，通过实地调查发现，GX 区失地农民的就业状况较差，与当地政府没有发挥出就业安置保障的作用有一定关系。一方面，地方政府在征地后直接给予失地农民就业安置保障的相当少，只有 1% 的人表示征地后政府给予了相关优惠措施以鼓励失地农民自我创业，除此之外，就没有实施过任何保障措施。另一方面，地方政府对于失地农民在就业培训、就业信息提供等就业辅助方面的工作也是十分缺位的。没有就业，失地农民就没有在城市中长久生存之道，更难以提高生活质量，缺乏以后向市民转化的物质基础，影响城市化、市民化的本质特征，甚至成为社会问题的隐患。因此，在失地农民就业转化的过程中，提倡当地政府加以重视、加强就业引导和就业保障，可以多向发达地区学习经验，例如，苏州地区发挥社区的力量，为失地农民提供居家就业等试点探索，[②]当地政府可以结合本地的经济特征、地区特色为失地农民开拓出一条既能解决其就业问题，又适合失地农民自身条件的就业新渠道。

---

① 桂林市十二五规划提出以旅游业为龙头的现代服务业快速发展，实现第三产业增加值 404 亿元，此外还强调城市化建设进程加快。
② 中共苏州市委,苏州市人民政府.关于聚焦富民持续提高城乡居民收入水平的工作意见[OL] [2019-03-26]. http://szs.jsnc.gov.cn/zcfg/dfzcfg/2017/08/01153244024.html.

第五节 社会保障调查

一、上海 S 小区社会保障调查

征地后，S 小区中实现农转非的人口都办理了镇保。只有那些年龄小于 18 周岁，仍在上学的人口，仅进行了农转非，没有办理镇保。

所谓镇保，即小城镇社会保险，简称小城镇社保，是包括养老、医疗、失业和生育保险（将来也要纳入工伤保险）在内"五险合一"的一项综合性社会保障制度，由基本保险的统筹部分和补充保险的个人账户部分组成，其模式可概括为"24%+X"。24%是指基本保险的统筹部分，这部分缴费以上一年度全市职工月平均工资的 60% 为基数，按照 24% 的比例，由用人单位按月足额向社会保险经办机构缴纳。其中，养老、医疗、失业保险分别占 17%、5% 和 2%，生育保险暂不缴费。X 是指补充保险的个人账户部分，由用人单位、从业人员根据经济能力和有关规定自愿参保，其本金和利息全部归个人所有，主要用于补充养老和补充医疗、被征地人员生活补贴以及规定的其他用途。

小城镇社保适用于上海市郊区范围内用人单位和具有本市户籍的从业人员，原已参加上海市农村社会养老保险的用人单位及其从业人员以及经市政府批准的其他人员。根据上海市统计局的统计公报，[1]至 2010 年，参保人数达到 154.58 万人，其中征用地离土农民 96.72 万人，是镇保参加的主要力量。并且从 2011 年 7 月 1 日起，失地农民原来参加的小城镇社保已和上海市城镇职工社会保险（俗称城保）逐步并轨，失地农民可以自主选择留在原有的镇保体系或步入城保体系，失地农民所享受到的社会保障待遇得到进一步提高。

在调查中，失地农民主要谈到了养老保障和医疗保障，对于其他保障均不太清楚。

---

[1] 上海市统计局.2010 年上海市国民经济和社会发展统计公报[R/OL].上海市统计局网站[2019-03-26]. http://www.stats-sh.gov.cn/sjfb/201103/82123.html.

（一）养老保障

S小区的失地农民对于镇保中的养老保障普遍比较满意，尤其是60岁以上的老年人，认为自己的养老水平比征地前要提高很多。实施镇保后，近70%的人养老方式均靠镇保（包括靠政府和国家社会保障）。同样，通过问卷调查发现，征地后，人们最担心的事情或者最迫切需要的保障就是养老保障。虽然不同年龄段的人，考虑的保障点差异较大，但是，无论是50岁以下中青年群体，首先考虑养老和就业；还是50岁以上老年群体，首先考虑养老和医疗，他们考虑的最多的保障就是养老保障。可见，土地征用打破了中国农民几千年来所依靠的土地养老保障，若能够找出一条较好的替代方式，或许征地并不会成为社会问题。

（二）医疗保障

对于医疗保障，失地农民的满意度也较高，认为比过去的农村合作医疗保障水平高，心里的安全感增加。访谈发现，失地农民生了病，多数选择去正规医院治疗，这不仅是医疗防治意识提高了，更是医疗保障让失地农民看得起病，去得起医院。对于医疗保障的各种政策，失地农民也非常关心和清楚。

（三）最低生活保障

因为上海在征地中有效地解决了失地农民的养老和医疗这两项最基本的人权问题（也是失地农民最担忧的问题），所以失地农民对于最低生活保障的需求不强烈，很多人都不清楚这一保障。访谈中发现，如果家庭中因为就业不顺利或家庭内有人生病导致家庭生活困难，可以申请低保，由民政局负责，与征地本身是没有关系的，在调查中没有发现因征地而去申请低保的人数激增现象，也没有发现因征地而需要领取低保的例子。

可以说，上海征地后社会保障政策的基本到位，使失地农民的满意感、对未来生活的安全感、融入城市生活的积极性都有较大的提高。2011年7月1日起，上海镇保与城镇职工社会保障（俗称城保）的接轨，更是为失地农民以后能够享受到与城市市民平等的社会保障待遇，真正成为"市民"，平等地分享城市化的成果，提供了制度条件，可见，上海失地农民市民化的步伐在加快，失地农民已经进入了市民化的初级阶段。

二、河南 H 县社会保障调查

河南 H 县农民被征地拿到土地补偿费后，征地就结束了，政府除了安排个别失地农民享受低保（最低生活保障）以外，没有给失地农民解决养老保险和医疗保险，社会保障严重缺失。调查发现，大多数村民最发愁的是眼下如何解决生计问题，对于相对较遥远的养老问题和医疗问题并未考虑得太多，是抱着一种到时候再说的态度。

（一）养老保障

H 县失地农民的养老保障呈现出制度缺失状态。首先，H 县地方政府并没有为被征地人员统一建立养老保险制度，也并未制订将其纳入新农保或城保的相关政策。90%的被访者都表示自己没有养老保险。其次，多数人目前无心考虑自己的养老问题。问卷调查显示，许多村民现在还面临着很多困难，如除了种地之外没有其他技能，从而生活来源有限，有的甚至无法维持生计，他们现在还顾不上未来养老的问题，这个群体有 21.4%，当然，如果满足了基本的生存需求，就会开始为将来的养老作打算。在考虑了自己养老问题的村民中大部分人（41.7%）表示要靠自己的储蓄或靠子女，只有 1%的村民表示要靠村集体，也有一部分表示靠购买商业保险，这类似于变相地依靠自己储蓄。政府没有为村民提供与征地相关的社会养老保障，所以依靠政府的人也较少，只有不到 8%的人。有些人（22.3%）能够找到好工作的，则会依靠社会养老保险。

（二）医疗保障

H 县失地农民的医疗保障同样存在制度缺失的问题，近八成的人表示自己现在还没有医疗保险。访谈得知，大多数失地农民的医疗状况同征地前没有什么变化，除了个别有稳定工作的人参加了城镇职工社会医疗保险外，绝大部分失地农民没有参加任何医疗保障，小部分失地农民参加了新型农村合作医疗，但参保率不高，[①] 并且由于新型农村合作医疗的保障程度相对较低且报销手续十分烦琐，所以多数失地农民还是小病扛一扛，或是去小诊所打

[①] 河南省 2012 年统计年鉴 26-17. 商丘市 2011 年新农合参保率仅为 6.8%[OL][2019-03-26]. http://www.ha.stats.gov.cn/hntj/lib/tjnj/2012/indexch.htm.

个针,很少有人跑到大医院去医治,新型农村合作医疗的使用率也较低。这里还有一个值得关注的地方,H县农民失去土地以后,可以自愿转为市民或者暂时保留农村户籍,但据调查,大部分失地农民都已转为城市户籍。从就业角度和户籍角度来看,他们已不再是农民,为什么还要参加新型农村合作医疗?在无法参加城镇职工或城镇居民医疗保障的情况下,这其实更是这些"非农非城人"的一种无奈的选择。

(三)最低生活保障

问卷调查显示,征地后大家最迫切需要的保障是最低生活保障,大家觉得目前最大的困难是如何解决基本生活的问题,其次才是养老保障问题。而且,这种需求是有趋同性的,不同的年龄段不存在分歧,大家都最迫切需要最低生活保障。由此可以看出,该县大部分失地农民都生活在贫困边缘,这与该地属于全国贫困县、工业不发达、失地农民就业无门、缺失生活来源等因素有关。

针对这个特点,H县在征地后,地方政府为部分失地农民解决了最低生活保障问题,但是值得注意的是,H县失地农民的贫困是普遍的,而最低生活保障的名额是非常有限的,仅靠这种最低生活保障是无法解决H县失地农民的生活问题的。而且,H县部分失地农民所享受的最低生活保障标准仍然是农村最低生活保障标准,在2008年时仅为每人每月40元,在2013年也仅调整为每人每月150元,①这对于无地、无家庭副业,一切开支都需要购买的"失地农民"来说,这样的最低生活保障标准恐怕还是"难以满足其最低生活需求"的。

三、广西GX区社会保障调查

GX区的部分失地农民在征地前就参加了新农保和新农合,而在征地之后,当地政府并没有给予他们相关市民的社会保障。但相较于河南H县而言,GX区失地农民除了解决好眼下的生计问题外,对将来的保障问题也有所考虑,

---

① 李红. 2013年我省城乡居民最低生活保障"底线"划定[OL]. 商丘纠风在线,2013-4-16[2019-03-26]. http://www.sqjfzx.com/ArticleShow.asp?ArticleId=55277.

尤其是养老保障（42%）和最低生活保障（27%）的诉求较高，另外对政府的就业保障（12%）和子女教育保障（9%）的需求也不在少数。进一步做交互分析后发现，老年人对养老保障的需求更多，青年人则对工作更加渴望，而中年人，因为既没有能力找到更好的工作，又还不到领取养老金的年龄，所以更加需要最低生活保障，归根到底，养老保障和最低生活保障是GX区失地农民最迫切需要的保障制度。同时，通过访谈还了解到，村民们自己是比较愿意为今后的保障做一份投资的，然而无论村民意愿如何，当地政府却始终没有很好地满足他们的要求，在征地后合理回应失地农民的社会保障诉求方面，地方政府的工作是比较欠缺的。

（一）养老保障

GX区失地农民的养老保障需求，既有自行解决的，也有购买新农保的，还有部分人进入城镇养老保障体系，更有大部分失地农民没有任何养老保障。缺少解决失地农民养老保障问题的相关制度，目前呈现出碎片化缺失状态。

GX区仅有少部分失地农民拥有养老保险，这些多是在征地前就已经自行购买的商业养老保险，或是在征地后才开始逐步建立的新型农村养老保险。部分村为失地农民建立的新型农村养老保险，也是以最低标准实施的。按照国务院发布试点的基础档筹资标准，[①]新农保的筹资主体包括：个人缴费，分别为每年100元、200元、300元、400元和500元五个档次，加上集体补助和政府补贴。依据新农保的实施原则，农民个人应当自行选择，集体根据不同的缴费档次给予不同程度的补助，然而在GX区，部分失地农民参加的是个人每年缴费100元的最低档次，并且是统一标准，村民没有选择余地，而村集体也并没有给予补助。

这里有两个值得注意的问题：第一，失地农民在土地被征用之后，理应成为城市人，而且从前文可知，GX区的失地农民基本已没有自留地，其在身份性质上已经是城市人，然而政府并没有及时地帮他们办理户口转移，使

---

① 广西人力资源和社会保障厅引国务院2009年发文《国务院关于开展新型农村社会养老保险试点的指导意见》[OL]［2019-03-26].http://www.gxhrss.gov.cn/189/2012_10_24/189_14531_1351070400437.html.

得他们在身份上仍然是农村人，这也是为什么征地后，部分失地农民参加的养老保险是新型农村养老保险却不是城镇职工或城镇居民养老保险的原因。第二，即使当地建立了新型农村养老保险，被调查者仍然普遍认为，仅这个新农保根本没有办法满足他们被征地后的各项生活需要，失地农民渴望的还是适合其真正居民身份的全套保障制度。

GX区大部分失地农民是没有任何养老保险的，被访者表示十分无奈，不少人都认为，今后的养老问题只能依靠自己的子女（38%）或者还得靠自己（26%）来解决，甚至还有一些中青年失地农民对于养老问题现在并不考虑，一者，由于生活压力大，没有闲钱投资养老保险，不敢考虑太多；再者，出于自己还年轻，以顾好眼前生活为主，保障意识较弱。GX区失地农民中养老保障情况最好者，当数征地后有了一份正规的工作，自己的养老保障需求可以通过工作单位来满足。例如，有些失地农民在征地后进入了大学城工作，一些学校为雇用的失地农民缴纳了城镇养老保险等，这令失地农民较为满意，但他们还是希望能够再提高些单位缴费的比例以减少自己的缴费压力，但这个愿望的实现并不容易。

综观GX区失地农民的养老保险需求，既有自行解决的，也有购买新农保的，还有部分人进入城镇养老保障体系，更有大部分失地农民没有任何养老保障，缺少解决失地农民养老保障问题的相关制度。失地农民养老保障问题的妥善解决最终依靠的还是当地政府，地方政府应当承担起相应职责，解决好失地农民未来的后顾之忧，切实提高失地农民向市民转化的生活质量。

（二）医疗保障

同养老保障一样的是，GX区失地农民参加的医疗保障也是我国针对农村、农民所实施的新型农村合作医疗，并未享受到城镇居民医疗保障制度。从统计中可以看出，失地农民在征地后对于医疗保障的需求没有养老保障和最低生活保障那么强烈。截至2012年，桂林市新农合的参保率达到98.3%，[①] 失地农民对于新农合的缴费及补助政策较为了解。2013年，桂林市对新农合实

---

① 2012年桂林市统计公报[R/OL] [2019-03-26].http://www.gxtj.gov.cn/tjsj/tjgb/201304/t20130419_26290.html.

施细则作出了调整。筹资标准提高到340元，政府补助提高了40元，农民个人年缴费为60元。农民到乡镇卫生院、县级定点医疗机构、地市级及以上定点医疗机构就诊，报销比例分别为90%、70%—75%、60%—65%以及50%—55%，此举旨在引导参合农民就地就诊，就近治疗，使农民的治疗费用能得到较大比例的报销。另外，门诊补助不再设起付线，住院补助封顶线提高到10万元，而且规定乡镇级单次门诊费用不高于35—40元的，按100%补偿；费用高于35—40元的部分，按60%的比例给予补偿。其他特定疾病补助也有所提高。[①] 聊胜于无，新农合的实施，使得失地农民比较愿意去正规医院看病（26%），也减轻了失地农民不少经济负担。

然而，由于相关的实施细则较多，并且办理手续较为麻烦，同时个体（定点）医院也能报销部分医疗费，所以更多的人（41%）表示自己还是要依据病情才会考虑是否去大医院。目前，各地已将失地农民纳入城镇居民医疗保障体系内，让其公正地分享城市化发展成果。

（三）最低生活保障

GX区失地农民的另一项最迫切的保障需求则是最低生活保障，同样，尽管失地农民的生活成本已经与城镇居民相差无几，但失地农民无资格享受城镇居民最低生活保障待遇，只能申请农村居民最低生活保障。但是，调查时却发现，虽然需求迫切，但是真正申领低保的却很少，主要有如下几个原因：第一，申领低保条件严格，许多村民既不了解申领程序又不符合申领条件；第二，有时候即使符合申请条件，但可能会给人"不光彩""没有劳动能力"的印象，在村民看来，这有损自己的"面子"，部分人会主动放弃这一保障权利；第三，申领低保由"村干部"说了算，自己根本轮不上，所以，如果可以自食其力，村民也不愿意申领低保。

因此，要做好当地失地农民在征地后的生活过渡，还需要政府不断完善各项保障制度，例如，扩大对失地农民的最低生活保障申领受益面，避免失地农民因种种政策因素制约而成为边缘人群。

---

① 实施方案详见广西桂林民政官网：http://guilin.mca.gov.cn/article/gzdt/201304/20130400444007.shtml［2019-03-26］.

第六节　征地前后生活水平、幸福度、身份角色变化调查

一、上海S小区征地前后失地农民生活水平、幸福度、身份角色变化调查

（一）征地后生活水平提高了

征地以后，上海多数失地农民的收入比以前增加了，这是因为在征地前只有40%左右的失地农民主要依靠种地、卖粮获得收入，这部分人以老年人居多；近60%的失地农民早已不再靠土地生活，特别是年轻人和中年人，基本都在从事非农工作，对他们来说，土地仅用于解决口粮问题，是附属品。而征地后无论是哪个年龄段的失地农民都基本不再靠种地生活，"打零工、帮工、打杂、捡垃圾"的比例大大提高，另外镇保也成为最主要的收入来源。随着征地补偿的落实和镇保的实施，失地农民的生活水平与原来相比是更上一层楼了。当然，征地后由于无法再种植口粮和蔬菜，搬进新居后水电煤样样都要掏钱，再加上离开农业生产之后文化活动的增加及物价上涨因素，失地农民的年家庭开支比征地前平均增加了1万多元。

虽然花费有所增加，但是收入增加的额度更高。从S小区征地前后家庭平均年收入、年支出变化情况表中可以看出，收入的增加额度比支出的增加额度高出了5200多元，因此，可以大致推断，失地农民征地后的生活是优于征地前的（如表2.4所示）。对此，还可根据调查问卷做进一步研究。

表2.4　S小区征地前后家庭平均年收入、年支出变化情况

（单位：元）

	平均年收入	平均年支出	差　额
征地前	15121.72	9371.78	5749.94
征地后	31972.85	20990.81	10982.04
增加额度	16851.13	11619.03	5232.10

表2.5为S小区征地前后恩格尔系数配对样本检验结果。其中，均值差为征地后恩格尔系数减去征地前恩格尔系数所得的值，R1为食品支出占总支

出的百分比，R2为食品支出占总收入的百分比。首先，S小区的恩格尔系数均值差为负数，很明显，S小区失地农民在征地后的生活水平肯定是高于征地前生活水平的。另外，R1通过检验，R2未通过检验，也就是说，农民的食品支出占总支出的百分比与征地前差异较大，而占总收入的百分比则与征地前没有差别，这是由于，土地被征之后，蔬菜、家禽类食品都要从过去的自产自销变为如今的支出成本。但是，在食品支出增加的同时，R2却没有减小，这说明，征地补偿的部分货币转为镇保后，失地农民的收入反而是增加了，且这个增加幅度比支出成本的增加幅度更大，农民生活得比原来更加轻松。生活水平的提高是上海地区征地满意度较高的主要原因之一。对于失地农民而言，收入相对增加且对消费能力不构成影响外，又有了"镇保"，生活没有了后顾之忧。

表2.5　S小区征地前后恩格尔系数R1、R2配对样本检验表

	均值差	t检验值	自由度	P值
征地前后恩格尔系数R1配对样本检验	−0.09581	−1.197	76	0.235*
征地前后恩格尔系数R2配对样本检验	−0.02458	−0.345	83	0.731

注：*表示相关。

（二）征地后幸福度提高了

征地后，大家摆脱了相对辛苦的农业劳动，平时休闲娱乐的时间增加了，住房环境改善了。在经济收入、工作状况、文化生活、人际关系、住房环境、休闲娱乐、幸福程度等方面都比当农民的时候有了较大的提高。75%以上的被访者认为，他们现在的生活比征地前更加幸福了，特别是对于已经退休的老人来说，可以直接享受到镇保中的养老保险和医疗保险，每月能够领取到960元养老金，生病了可以去正规医院治疗，不用担心付不起医药费，他们的幸福度是最高的。有一小部分人（21%）认为，"说不清楚"是否比征地前幸福了，根据本研究所进行的分层统计得知，这部分人主要是还未退休，没有能够立马享受到"镇保"的群体，因此他们多数存在就业难，缴纳社保费压力大等问题。满意与压力共存，从而无法准确定位自己目前的幸福度。

此外，访谈中的一个问题也可以反映出"幸福度提高了"——"如果让你自由选择征地或不征地，你会怎么做？"绝大多数人回答"选择征地，不愿意再回去务农"。

（三）征地后市民身份认同度不高

调查问卷显示，近七成的被访者认为做市民比做农民好，期待自己也能成为市民。实际上，征地以后，失地农民已经从农业户口变成了非农户口，居住地域从农村分散居住变成了小区集中居住，他们的生活休闲方式、生活环境都发生了变化，在外界看来，他们已经是新市民了。但是，大部分被访者却并不认同自己的市民身份，仅有28%的受访者认为自己已经是市民，这部分人以35岁以内的青年失地农民为主。多数中老年失地农民认为自己还不是真正的市民，或者仅认为自己是处于农民和市民中间的人。追究原因，一方面，他们认为与老市民在待遇上还不统一，镇保和城保存在差距；另一方面，很多失地农民以前就居住在安置小区所在的地域附近，他们认为还是住在农村；此外，还有不少失地农民仍然保留着原有农村的生活方式和生活习惯，例如，在安置楼房门前打上水井，在楼前楼后种上小葱小菜，遇到红白事件则在小区中支锅、搭篷招待，失地农民行为表现是其思想及价值观的一种映射，这说明中老年失地农民对城市中的许多行为规范和价值观念还不够适应，自然不会认同自己的"市民身份"。

然而，调查还发现，失地农民群体与原市民群体（不包括同事和亲戚）还是有所交流的，将他们联结在一起的主要因素是新的邻里关系以及随之产生的社区、社会活动，还有就是共同的兴趣爱好等，社区为这些交流提供了平台。可见，上海的失地农民社区工作做得较为扎实深入，为了促进失地农民与原市民的融合，推动失地农民群体在思想价值观念、心理认同、文明素质多方面的"市民"转化，上海S小区的居委会采取了宣讲会与个别指导相结合的文明教育，经常组织多种形式的文明知识有奖问答，将教育融入活动之中，在潜移默化中提高失地农民的综合素质。同时，利用各种节庆日，组织失地农民与市民共同联欢、共同参与文化活动，有效增强了失地农民市民化的融入度，经过近十年的持续努力，取得了较好的效果。目前，上海失地农民在物质生活上与市民群体相差无几，对于市民行为规范逐步接受，形成了一定的市民价值观念，尽管失地农民群体对于自身的"市民身份"认同度还不高，但本书认为，上海失地农民已普遍步入了市民化初级阶段。

二、河南H县征地前后失地农民生活水平、幸福度、身份角色变化调查

（一）征地后生活水平降低了

调查发现，征地完成后，H县失地农民绝大多数家庭的收入开支发生了根本性的变化，在征地之前，种地（近50%）加上养猪等副业（10%）有着稳定的收入来源，而种菜种粮使他们的消费开支很低；但是征地后，与土地相关的稳定收入突然中断了，却找不到合适的非农性工作来补贴生活，大部分人（52%）是以打零工为生，即使是找到工作的那些失地农民，也纷纷反映没有征地前收入高，生活困苦。

就业无门的同时，却是生活消费成本的急剧上升，粮、菜、煤等都要花钱，统计显示，H县失地农民征地后的恩格尔系数为0.645，而河南省农村居民总体恩格尔系数只有0.36。[1] 可见，H县失地农民普遍生活在极度贫困的状态下。他们的生活甚至不如征地前的水平，失地农民的平均年收入只比征地前增加了500多元，而平均年支出却比征地前增加了将近3400元。和征地前相比，他们的年积蓄要少了将近2900元，生活水平有很大的下降。恩格尔系数的配对样本检验再次证明了这个事实（如表2.6和表2.7所示）。

表2.6 H县征地前后受访者家庭平均年收入、年支出变化情况

（单位：元）

	家庭平均年收入	家庭平均年支出	差额
征地前	19522.9008	10800.7634	8722.1374
征地后	20031.0078	14172.8682	5858.1396
增加额度	508.107	3372.1048	-2863.9978

---

[1] 河南省城镇化进程与消费发展研究（二）[OL]．[2019-03-26]．http://www.ha.stats.gov.cn/hntj/ztlm/jjlps/zhuantiyanjiu/webinfo/2013/03/1363334617023546.htm．

表 2.7　H 县征地前后失地农民恩格尔系数配对样本检验

	均值差	t 检验值	自由度	P 值
征地前后恩格尔系数 R1 配对样本检验	−0.01438	−0.261	128	0.795
征地前后恩格尔系数 R2 配对样本检验	0.11096	1.438	128	0.153

首先，R1 均值差为负值，R2 均值差为正值，故单从恩格尔系数均值差上看，并不能体现出该地区失地农民的生活水平到底比征地前好还是差，但可以从侧面有所反映。

一方面，R1 未通过检验，这个结果可以说明 H 县的失地农民在开支上并没有与征地前有太大差异，这主要取决于两个因素。第一，失地农民在征地时尚有一些粮食储存，或者房前屋后还有少量的自留地，虽然自留地的产出所获得的经济效益很少，但至少在短期内仍然能够满足失地农民自己的消耗所需，因此，他们的食品支出并未显著增加，当然这个并非是主要因素，从访谈中就可以获知。"以前产的麦子还有一些，暂时还不用买吃的，但这几袋麦子一吃光，光吃的费用就是一大笔，恐怕拉三轮车的钱根本不够用。"第二，在土地被征用后，农民一贯的勤俭思想促使他们更加节省，生活成本在短期内并未显著增加，两者综合，使得征地前后 R1 差别不大。

另一方面，R2 虽也未通过检验，这主要是因为青壮年失地农民长期在外打工，真正收入高的并未成为调查对象，但检验值为 0.153，即将为 0，几乎可以证明农民在食品支出没有增加的情况下，收入在土地被征用之后大大减少了，调查中，很多农民也反映他们没有技能，无法在市场上找到合适的工作，即使找到了，交了保险费，再抵消掉路费之后，剩余可支配收入也并没有明显的增加。

问卷资料显示，只有极少数受访者认为自己的生活水平在本村属于中上等，这与部分有文化的村民拥有较好的职业有关。大部分人认为征地后自家的生活水平下降了，认为处于"中等"和"中上等"的比率比征地前减少了许多，而同时，认为属于"中下等"和"下等"的家庭数量明显增加，很多人希望政府能重新还给他们土地,让他们继续当农民。基于生活水平的大幅下降,很多被访者无奈地表现出了他们对未来生活的担忧以及缺乏信心的态度。

(二)征地后幸福度降低了

征地后,H县失地农民在经济收入、工作状况、人际关系、幸福程度等方面都有所下降。对于"征地前后村里发生了哪些明显的变化"这一问题的回答中,穷人多了、邻里关系疏远了、社会治安差了、环境变差了比较突出。对于"征地后与征地前幸福度变化"的调查中,近四成的被访者认为,他们生活得没有征地前幸福了,只有12%的人认为生活更加幸福了,还有一半多的人对这一问题无法作出准确的判断。"我想念以前当农民的日子,那时候生活比现在要好。"这些变化都与上海征地的情况正好相反。H县失地农民在征地后幸福度下降的主要原因还是失地农民征地后收入减少、开支增大、就业无着落、社会保障缺失、村中良田房屋原貌被破坏、邻里关系恶化等一系列变化的综合反映。

(三)征地后市民身份认同度不高

生活水平的下降使得失地农民普遍幸福感降低,这影响到他们对于自己市民身份的认同度。

征地以后,只要村民愿意,可以从农业户口变成非农户口,是可以具备理论上成为城市人的条件的。但是,有了一纸户口,并不等于就真正成了市民。

在H县的调查区域,因征地时大部分失地农民还没有完成房屋的拆迁,他们还居住在原来的地方,原来的房子里,与上海的集中式小区安置居住不同,H县失地农民还是分散化居住,文化和娱乐生活也没有比征地前有任何变化。并且因为该区域本来工业化程度就低,农村人长期以来与城市人接触也不多,对城市生活方式的认同程度也很低。从失地农民对市民的认同上看,有35%的被访者认为做农民比做市民好,只有24%的人认为做市民更好,还有四成多的人对这个问题说不清楚。

而那些本来就从事非农工作的村民,同样对于自己市民身份的认同度很低,他们认为自己离市民还很遥远。在他们看来,要成为一个真正的市民,就必须拥有一些必备的条件,例如,要有城市户口,要在城镇有住房,同时还要有稳定的收入。如果不考虑条件的先后,从总量上看,要有稳定的收入是被选次数最多的,而现在的受访者多数不符合这个条件,所以他们不认为自己是市民,甚至有的村民表示还不能适应没有土地的生活。被访者不仅认为自己还不算市民,而且他们与原市民(不包括同事和亲戚)的交往也是非常少的,不愿意与市民交往的比例有26%之多,比上海的这一比例高了整整20个百分点。即使偶有接触,他们与原市民交往的最主要的原因还是"由于新的邻里关系"(46%),其次是在交易过程中所产生的不可避免的接触(20%),近七成是出于被动地交流,当然,也有15%的被访者愿意出于共同的兴趣爱好而与原市民交往。由此可见,H县的失地农民并非完全地不开化,他们不愿意与原市民交往,主要还是因为现在的生活状况窘迫,处于两难境地,无财力也无闲心去考虑人际关系的拓展。

三、广西GX区征地前后失地农民生活水平、幸福度、身份角色变化调查

(一)征地后生活水平降低了

调查发现,GX区失地农民的生活水平在征地后是有所下降的。征地前,失地农民的主要收入来源是种地、养殖和打零工;而征地后,失地农民的主要收入来源是打零工和做生意两项,分别为30%和20%,占到了总人数的一半;继续从事养殖业或领取低保的接近于0;其他收入来源,如自留地种植、租金收入、亲戚资助等都不多,且分布较为均匀;而依靠稳定工资收入(包括退休金)维持生活的,则只有5%左右。可见,失地农民的收入来源发生了巨大改变。从原先稳定的种地收入,到现在零散的打工收入。如果说,农民种地还能依靠经验推断应该种什么作物,那么,打零工的选择权则在雇主一方,其可变性和不稳定性增强了。另外,对于失地农民而言,他们从事的所谓做生意也大多是摆个小摊之类的小本买卖,收入有限。"回来以后主要在国道边摆个水果摊,每年大概收入有2万—3万元,就是够吃饭,维持基本的生活。"

如果打零工和做生意的收入能够高于种地收入并且高于多出来的支出成本，那也能够提高失地农民的生活水平。然而，调查结果却恰恰相反。首先从收入上来看，征地后的年平均收入更高，要比征地前高5200多元，但是，再将视角转向年平均支出可以发现，征地后的年平均支出比征地前多了5650多元，因此，相比之下，失地农民表面上的收入是提高了，然而平均每年的结余却是减少的，减少程度平均在450元左右，再加上物价的上涨水平[①]超过了工资上涨水平的可接受范围，因此，笔者做了这样的假设：减少450元的结余在经济较落后的地区，尤其是农村地区，极大地降低了失地农民的生活水平。现在，要验证此假设是否正确，仍需要进一步比较失地农民征地前后的恩格尔系数，以判定这一结论是否具有推论意义。

从表2.8和表2.9可知，R1（食品支出占总支出的百分比）的增加额度是能够在0.001的显著性水平下通过检验的，也就是说，食品的支出是GX区失地农民支出的主要增加部分，而R2（食品支出占总收入的百分比）的增加额度则不能通过检验，这说明，该地区失地农民的生活水平在征地前后是有差异的，而且这种差异主要是由于支出的增加而改变的，并非由于收入的减少而产生。另外，再看他们征地前后的两个恩格尔系数，征地前为0.3765，征地后却一下子变为了0.4963，生活水平从小康降低到了温饱边缘。

表2.8 征地前后年平均收入、支出对比

（单位：元）

	平均年收入	平均年支出	差额
征地前	21797.44	11436.84	10360.6
征地后	27000.09	17090.52	9909.57
增加额度	5202.65	5653.68	-451.03

---

① 根据《2012年桂林市国民经济和社会发展统计公报》显示，当年居民消费价格指数上涨3.5%，其中食品价格上涨3.8%。http://www.gxtj.gov.cn/tjsj/tjgb/201304/t20130419_26290.html［2019-03-26］.

表 2.9　征地前后恩格尔系数配对样本检验

	征地前后恩格尔系数	均值	t 检验值	自由度	P 值
R1 差	征地后恩格尔系数 1 − 征地前恩格尔系数 1	0.12299	6.093	110	0.000***
R2 差	征地后恩格尔系数 2 − 征地前恩格尔系数 2	9.10679	1.011	110	0.314
	征地前 1=0.3765 征地后 1=0.4963				

注：***表示显著相关。

因此，对于 GX 区失地农民征地后的生活水平，可以得出这样的结论：他们的生活水平在征地后下降了，并且，主要是由于食品支出的增加而降低。访谈中不少被调查者纷纷表示，征地后的生活几乎陷入僵局，比征地前差了很多。

（二）征地后幸福度降低了

征地后，GX 区失地农民总体的幸福度是不高的。认为自己比征地之前更加幸福的人只有不到两成，甚至有些失地农民认为一次性拿了点补偿款，幸福度就增加了，这种短视效应在文化程度较低的失地农民群体中占一定比例。"我觉得征地后比征地前幸福，因为一次性的补偿给家里带来了一笔不小的钱财。"而认为自己没有征地之前幸福的人则接近四成，这是在调查的三类地区中（上海、河南、广西）幸福度最低的。

在访谈中我们发现，其实，失地农民对于生活并没有过高的要求，他们只是希望政府能够给予自己合理、公正的补偿，能够关心他们的切身利益，关心他们将来的生活而已。许多失地农民表示，如果能够解决他们的社会保障和就业问题，很多人愿意将土地贡献给国家使用，要提高他们的幸福度并不难，只要能够让他们分享城市化、现代化的进步成果，让他们完整地享受到城市人的各项福利措施，让他们的生活水平日益得到提高就足够了。

（三）征地后市民身份认同度不高

GX 区失地农民的市民身份认同度是不高的。有 16% 的被访者认为做农民好，有31%的被访者认为做市民好，但是还有53%的被访者对这一问题"说不清"，大部分人对市民身份认同模糊。一方面，当地失地农民在户籍上并未实现农转非，尚未获得市民身份的"通行证"；另一方面，在当地失地农民眼中，要成为真正的市民，除了要有城市户口外，还要具备稳定的收入、完善的社会福利以及在城镇里有住房这些必要条件。不同于其他调查点，在GX区失地农民判定市民身份时，这四个条件几乎是并列存在的。也正是出于这个原因，大部分人还不认为自己是市民，有的人觉得自己仍然是农民（29%），有的虽然觉得自己不是农民了，可是又算不上市民（29%），只有三成左右的被访者认为自己已经是市民了。

此外，GX区失地农民与原市民交往的有限性和浅表性，也影响着其对市民身份的认同度。GX区失地农民与市民之间的交往，最主要的原因还是出于简单的陌生人买卖关系，这对于失地农民熟悉城市生活、融入城市生活和认同其市民身份是非常不利的。可见，若能够及时转换他们的户籍身份，加大对失地农民居住社区中公共服务和社会福利的投入，促进失地农民与原市民之间的沟通交往，必然会促进其对城市社会的融入，清晰化他们的身份认同，早日实现失地农民市民化的目标。

第七节 征地后失地农民居住情况变化调查

一、征地后上海S小区失地农民居住情况变化调查

2009年11月19日的《中国青年报》报道，八成中国被调查者认为"幸福和房子有关系"，其中69.9%的人认为"幸福的家庭至少要有一套房"。[①] 同样，住房也是失地农民最重要的财产之一，居住情况的变化，影响着失地农民的幸福度。上海S小区失地农民在征地后，居住质量普遍提升。目前，S小区的居民大部分都是征地以后由政府安排集中居住在本小区的，住房基本上都经过了简单装修（87%），个别还进行了精装修（9%）。失地农民对于现在的居住条件和居住环境表现出了较高的满意度。75%的受访者认为现在

---

① 王聪聪.《蜗居》引网友热议，八成人认为幸福与房子有关[N].中国青年报，2009-11-19.

的住房条件比过去要好。一方面，现在的住房比过去干净卫生（42%），并且有了天然气之后也不用再烧柴、烧煤了（43%）；另一方面，过去住在农村，为了种地，常常要储备天然化肥，卫生间都在室外，并且是最简陋的旱厕，臭气熏天，现在住进了公寓房，就再也不用为这些问题所困扰（10%），自然也就更加满意当下的居住环境了。此外，失地农民由原来的分散居住到现在安置小区集中居住，居住环境发生了较大改变，当地政府对于小区的管理投入了很大的成本，调研时观测到该小区绿化、艺术景观、健身器材、保安巡逻、物业管理等一应俱全，与一般市民小区差别不大。有82%的受访者认为居住环境比征地前改善了，80%左右的受访者认为小区的治安也比以前好了。

当然，也有不少人反映目前居住情况存在的不满意之处。其中最大的问题就是没有房产证。原来的住房是有价有权的宅基地，征地之后，却换成了有价无实的安置房，政府在征地前都承诺会给予房屋办理产权证，然而，七八年过去了，连最基本的保障交易的所谓"大产证"都未能办出，更别提关系到切身利益的"产权证"了，失地农民普遍担心，这样的一来一去会造成严重的资产流失，心中多有不安。作为对抗，上海S小区的失地农民拒绝缴纳物业管理费。没有物业管理费，物业公司就无法生存，但当地政府为了维护安置小区的稳定，就将物业公司供养起来，每月进行全额补贴。同时，将失地农民所居住的无产权房与对待缴纳物业管理费的态度进行相关分析发现，其斯皮尔曼等级相关系数达到0.81，相关性很高。因此，要提高失地农民的满意度，需要考虑失地农民的实际需求，办出房产证。其次，房屋质量问题，也是失地农民普遍不太满意的地方，很多房屋都有漏水、下沉、墙壁渗水、层高较低等情况。另外，无论是老年人还是青年人，都有不少受访者（30.59%）认为现在的居住地出行不便，周围的商场、便利店等配套设施不完善，有些必需品不能及时购买，对生活有一定影响。此外，还有些失地农民，特别是中老年失地农民还难以改变原有的生活习惯和生活方式，有很强的恋旧情结，如喜欢储藏旧物对原有的农具、旧家具舍不得丢弃（笔者入户调查时，发现不少家庭客厅里还堆放着空的大水缸、农具、旧家具等）。因此，在搬来小区之后，许多失地农民都为现在的住房没有院子（10.59%）、没有地方堆放杂物（10.59%）感到烦恼。

二、征地后河南 H 县失地农民居住情况变化调查

由于 H 县失地农民的住房大多数并未拆迁，因而大部分失地农民在征地前后的居住情况没有什么变化，仍在原来的村子里分散居住。但当部分失地农民的住房被拆迁后，其居住情况主要分为两类，一类是换地自己造房（35%），另一类则是自己租房（35%），也有很少一部分（16%）有能力自己购房，但最终都是分散居住的，只有 7% 的居民可以享受到政府统一安置的住房。调查显示，H 县大部分失地农民（62%）的住房都是没有装修过的，即使偶尔有人装修过，也较为简单（35%），只有 3% 的被访者表示自己的家里是精装修过的，而这 3% 又多是征地前就有稳定职业的人。正因如此，认为在征地后自己的居住情况改善的人并不多，只有 15%，大部分人都觉得自己的居住条件、居住环境、治安环境等和过去没什么两样。这种情况与 H 县失地农民仍然分散居住，政府难以集中管理、难以统一配置绿化、艺术景观和保安等有很大关系。但是在旁观者的眼里，还是有很多失地农民的居住情况不如以前。"你看农民失地后，有的房子也被扒了，就在路边搭个棚，你看那两边都是（指给我看），这不是贫民窟是什么。"

征地后，失地农民对现有住房最满意的地方就是不用再烧柴了，当然，因不种地也无柴可烧了，住房更加干净、卫生了；最不满意的地方则是"任何东西都得出去买，要缴纳物业费、开销太大等"。关于对待缴纳物业费的态度，村民们各持己见，认为该缴和不该缴的比例相当，认为不该缴的稍微多了 8 个百分点。调查发现，很多失地农民并不是没有缴纳物业费的意识，而且与上海调查点不同，H 县被访者也不是计较房产证的落实与否，主要还是由于经济实力不够。征地后生活上的拮据，本来就已经在食品和住房上负担了很大一笔费用，还要突然增加出一笔物业费，他们认为实在无力承担。这与他们原先住在宅基地上没有任何成本的情况产生了很大的反差，所以没有办法适应，认为不应该缴纳物业费。

三、征地后广西 GX 区失地农民居住情况变化调查

尽管在 GX 区的征地安置中存在许多不合理的方面，但是就住房问题而言，失地农民还是表现出了相对满意的态度，这主要是由于居住的外部环境得到了改善。GX 区的失地农民中仅有小部分人住房比较困难（10%），主要是靠租房子住。大部分人目前的住房类型主要集中在用自己的宅基地重新建造房屋（47%）以及无产权的统一安置房（32%）两种类型。由于被调查者的经济状况多数维持在较低水平，且该地区失地农民的恩格尔系数为 0.496，只能算是温饱。经济收入在解决口粮问题后结余不多，所以对于房屋的装修问题，大家普遍没有很高要求，近七成的人都只是简单装修一下，甚至还有 26% 的被访者表示自己的房屋是没有装修过的。

虽然不注重装修，但居住条件的改善还是明显的，大部分失地农民对于征地后住房条件的改善状况普遍比较认可。首先，居住环境得到了全面改善，只有一成多的人认为居住不如以前，多数人（56%）表示居住环境比征地前更好了。其次，居住地的治安环境有了较大提高，有 33% 的人表示居住地的治安环境变好了，但是仍然有不少人觉得治安环境不如从前(18%)。这说明，要提高 GX 区失地农民对居住条件的满意度，还要在治安方面进一步加强管理。

除了居住的外部环境有所变化外，住房的内部环境的变化也让失地农民有些不适应。一方面，他们对现在的住房变得更加干净（45%），并且不用再烧柴或烧煤（30%）表示很满意；另一方面，搬了新居后，任何东西都得买、地方小又没有院子，杂物没地方放等，这让大部分人感到很难适应。

失地农民不仅在生活习惯方面一时难以改变，还对现代的管理模式较难认同，在 GX 区失地农民眼里，53% 的人认为物业管理费是不应该缴纳的。他们认为，自己的房子自己管理，根本不需要外来的什么物业去管理，自然也就不存在缴纳物业费的问题，甚至在他们看来，这一问题显得非常多余和好笑。

第八节 征地后失地农民消费情况变化调查

一、征地后上海 S 小区失地农民消费情况变化调查

消费方式可在一定程度上代表市民化的生活方式。上海 S 小区失地农民的生活水平都有普遍提高,其消费情况与征地前相比,出现了哪些变化呢?

最明显的变化是,失地农民的消费能力增强了。多数受访者表示自己现在不像过去那么省吃俭用了,虽然还是属于比较节约的(半数左右),但已经会考虑在满足自己基本的生存需求之外如何提高生活品质了,会考虑买一些现代化的家用电器、耗材等,甚至个别青年人还比较浪费。例如,访谈时遇到一位 30 多岁的女性,她表示自己非常浪费,声称自己经常换手机,其家中电器多数是进口品牌……家电拥有情况的调查显示,S 小区失地农民在所购置的家电、交通工具中,除了照相机、影碟机、电脑、摩托车和小汽车之外,几乎其他家电(像电视机、电冰箱、洗衣机、微波炉、热水器、空调、电话等)都已经普及。其中,自行车属于被现代化交通工具替代了的物品,因此选择比例较少,而影碟机的拥有比例较少,是由于有些家庭因为有了电脑就不需要多备一套影碟机了。可见,随着 S 小区失地农民生活水平的提高,其消费能力也显著增强了。但是在购物标准上,失地农民普遍认为首先考虑的因素是该物品是否实用(70% 以上)或者价格是否便宜(近 30%),没有任何人只会追求品位、档次。而当遇到自己很喜欢的东西时,失地农民也不会经常购买,而是根据自己的喜好程度,偶尔(50%)会购买一点,尤其是一些老年人,他们认为不到万不得已时(近四成)是不会购买的。此外,几乎所有的被访者都表示,当家里有客人来时,宁愿在家做饭招待也不会花钱出去吃。一部分原因是觉得自己做饭比较节省,出去吃既没营养又昂贵,一般中老年人普遍持这种观点;另一部分原因是在家招待比较温馨,氛围较好,并且他们也习惯了征地之前的那种聚会方式,青年人更看重这一点。可以看出,对消费方式起决定作用的因素仍然是经济基础,而原有的生活习惯则对消费方式起重要影响作用。

二、征地后河南H县失地农民消费情况变化调查

随着经济的增长,河南省的消费环境也在大幅改善,根据《河南经济蓝皮书》的报告,河南省2012年乡村市场实现零售额1893.89亿元,增长16.1%,高于城镇0.5个百分点。[①] 调查点所在的商丘市,2012年全年社会消费品零售总额也实现了增长,除了年末增长幅度较大之外,其余月份均涨势平稳(如图2.1所示)。可以说,河南省市民的总体消费水平上涨,购买力增强,居中部六省第一位。然而,城乡消费差异依然较大,农民衣着和娱乐支出在所有支出项目中仅排在第五位和第七位。[②]

(单位:亿元)

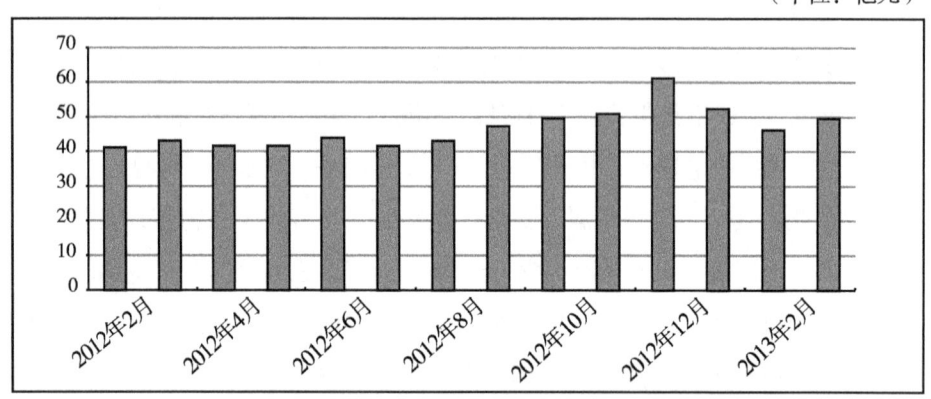

图2.1 商丘市2012—2013年年初社会消费品零售总额变化

事实上,城镇化速度的加快,对各类居民的消费都有一定的影响,一系列的数据都表明了失地农民的消费支出在增长,虽然增势缓慢,但对城镇化的消费效应不可忽视。然而,依据社会消费品零售总额进行判断时必然会产生一个问题:总额的上涨,到底是由于居民的生活必需品(如食品)更多了,还是他们的购买力确实增强了呢?调查发现,是前者的作用更大,居民的购买力及购买意愿并没有显著的提高。相比于河南省整体的农村居

---

① 《河南经济蓝皮书》之《2012—2013年河南省消费品市场形势分析与展望》[OL][2019-03-27].http://www.ha.stats.gov.cn/hntj/ztlm/jjlps/fenxiyuce/webinfo/2013/03/1361930211884952.htm.
② 国家统计局商丘调查队.2012年商丘市国民经济和社会发展[OL][2013-03-13].http://www.ha.stats.gov.cn/hntj/ztlm/jjlps/zhuantiyanjiu/webinfo/2013/03/1363334617023546.htm.

民恩格尔系数（0.36）而言，H县失地农民0.61的恩格尔系数R1值，除了食品支出外，还要负担住房成本，实在无力购买其他的消费品。H县失地农民总的消费态度还是比较节约的，72%的受访者都认为自己比较节约或非常节约，只有4%的人认为自己比较浪费或非常浪费。

在消费能力不足的情况下，该县的耐用消费品拥有率也较低，大部分失地农民所拥有的家电都属于现代生活最基本的必需品，如彩电（90%）、洗衣机（84.62%）、电话（41.54%）。其中，彩电、洗衣机的拥有率较高，这与国家大力推行的家电三下乡活动有着密切联系，而电话则是现代通讯必备的工具。可见，真正出于喜欢而拥有的电器，在被访者中是很少的。其他的一些家电、耐用品等，选择的比例都不高，但是也有特例，个别被访者甚至还有小汽车。

此外，对于H县失地农民来说，大部分人买东西的时候还是以价格、实用为主（分别占35%和57%），并且不到万不得已的时候（56%）不会购买，如有需要，也只是偶尔（38%）会购买自己喜欢的东西，很少有人去追求档次和品味（8%），或者经常购买自己喜欢的东西（6%）。

一般情况下，如果失地农民遇到家里需要请客招待，85%的受访者表示会选择在家招待，只有15%的人选择花钱出去吃，但是这15%的比例，却远远高于上海调查点的5%。同样地，购买物品时追求档次的比例也比上海调查点还高。就这两点，一方面可以说明H县失地农民的消费意识有所增强，另一方面说明中原文化中的"面子"心理较为严重。有时候自卑也会导致好面子。如宋真宗认为"澶渊之盟"让他的自尊心受到了极大的伤害，他在对手面前感到自卑，于是，他一口气把"五岳"都封禅了，以此来维护他的脸面。[①]可以看出，有些人明明在别人面前感到自卑，但他们又不愿意让其他人看低自己，于是，只能用所谓的面子来聊以自慰。鲁迅先生笔下的阿Q也是如此，他在赵老爷面前唯唯诺诺、自卑得很，但是他被打之后，总是用"老子打儿子"

---

① 赵昌平.中国人的爱面子心理,中华心理教育网[OL][2012-06-28].http://www.xinli110.com/rjjw/xl/201206/304242.html.

来努力维持可怜的自尊。[①]部分失地农民在特定的情况下,会选择"打肿脸充胖子"的方式来塑造自己的形象。此外,在访谈中还有失地农民质疑那些拥有奢侈品、高档品,且经常花钱出去吃饭的人是否在征地中得了"好处"。

三、征地后广西 GX 区失地农民消费情况变化调查

GX 区失地农民在土地被征用之后生活水平不如以前,同样影响到他们的消费状况,GX 区失地农民的恩格尔系数为 0.496,只能维持温饱生活,其消费意愿不强。一方面,沿袭了过去农民实用主义的消费理念;另一方面,由于受到现实条件的约束,变得更为节俭。调查得知,该地区没有人在消费上比较浪费,9% 的人认为自己非常节约,48% 的人认为自己比较节约。所以,买东西的时候也没有人会追求品位和档次,主要还是以实用为第一考虑(72%),经济条件相对较差的,还会把价格便宜作为首要标准(28%)。在碰到自己喜欢的物品时,人们普遍会综合考虑这两个因素,不到万不得已就不买(24%)或者偶尔购买(70%),只有很少的人(6%)会经常购买自己中意的东西。

相比于其他两个调查点,GX 区的耐用家电拥有比例显得很低。在普通家电中,拥有比例最高的是彩电(87.9%)、洗衣机(81.8%)、冰箱(78.8%),另外,出于现代通讯的需要,各家电话的拥有比例也较高(78.8%),除此之外,其他的家电在 GX 区村民家里的分布则较为平均,各家会依据不同的需求而购买不同家电。该地区的耐用家电没有一项是超过 90% 的,在拥有比例较高的物品中,多数是政府提供补偿的家电下乡产品,由于有政府的补贴和优惠政策,其拥有率与村民的实际消费意愿和购买力就没有了直接的相关性。追根究底,村民们之所以没有强烈的消费意愿,最主要的原因还是物质生活水平较低。此外,调查显示,当失地农民家里来了客人需要招待时,84.8% 的受访者表示会选择"在家招待",只有 15.2% 的人选择"花钱出去吃",但是这 15.2% 的比例,已高于上海和河南调查点的比例。部分失地农民因"面子"

---

① 赵昌平.中国人的爱面子心理,中华心理教育网[OL][2012-06-28].http://www.xinli110.com/rjjw/xl/201206/304242.html.

心理所进行的额外消费以及在外进行的"人情往来",在他们看来也是一笔不小的开支。

第九节 征地后失地农民行为方式变化调查

一、征地后上海S小区失地农民行为方式的变化调查

(一)意识形态上的转变

芝加哥学派的代表人物路易斯·沃思认为,"市民化"意味着从农村生活方式向城市生活方式发展、质变的全过程。失地农民的行为方式正是这一过程的生动展现。人的行为是人脑意识的产物,因而人的行为方式的转变离不开意识形态的转变。失地农民在市民化过程中,存在对市民行为准则、城市现代理念、城市生活方式等各方面的认同变化。

第一,对市民行为准则、环保意识等规范能够逐步接受并基本遵守。上海的城市生活、社区生活要求市民遵守"七不"规范,爱护小区环境。据了解,S小区的失地农民基本能够逐步接受并遵守这些规则和要求。对于"七不"规范,不了解或者无法遵守的人不到10%,大多数人认为应该接受并慢慢适应。并且,经过居委会多年的引导、教育,失地农民的环保意识较为强烈,据统计,94%受访者都能够将垃圾按要求放到指定位置,对于不爱护社区环境的人,大家(近九成)都是十分厌恶的。"我们这里现在破坏环境的人不多……现在小区环境好啊。"

第二,城市现代理念的初步形成,如时间观念、消费观念、婚姻观念。较为明显的变化是失地农民对城市时间观念的适应,如三餐定时,基本上所有的人都能够适应这种变化,仅有5%的人认为还不太习惯。再如对于"迟到"的界定,只有不到三成的人对是否迟到表示无所谓,但大部分人都觉得迟到10分钟到半个小时左右是可以理解的,还有8%的人认为延后1分钟都算迟到。

由于中国农民几千年以来一直是先储蓄,再消费,因而失地农民在消费观念上还是比较勤俭、节约的,多数人对于新型的消费方式不敢尝试,

以贷款消费为例，赞成的人还不到15%，但赞成的人一般已经实施了贷款消费行为。再以婚姻观念为例，单从频次分布表上看，任何年龄段的人，都倾向认为"面对婚姻问题，应当首先考虑孩子的利益，尽量不要离婚"。而深入研究发现，对待离婚的态度在不同年龄中是有差别的（如表2.10所示）。虚无假设P=0.02，P＜0.05，也就是说在95%以上的情况下，各年龄段对离婚的看法是不同的。细究原因，这个不同点主要集中在40—60岁。并非年轻人更加容易接受新观念，认为感情破裂就可以离婚，而是在中老年群体中，传统婚姻观念中的"凑合婚姻""面子婚姻""家族婚姻"观念在逐渐淡化，大家更认为婚姻是关系个人幸福的大事，不太愿意干涉别人的婚姻问题，能劝则劝，不能劝则退出，毕竟清官难断家务事，任其自己解决。

可以看出，失地农民的理念、意识形态等都在向"市民"转变，然而，这种转变才刚刚起步。转变的过程也需要政府、社会、社区、社团等各类组织的共同参与，特别是社区更需要发挥出"润物细无声"的潜移默化的影响作用和积极倡导的引领作用，让失地农民更快地适应并融入城市的新生活。

表2.10　不同年龄段对离婚的态度

	21—30岁	31—40岁	41—50岁	51—60岁	60岁以上
不干涉	1	0	6	4	3
感情破裂就可以离婚	0	4	3	1	2
会劝她"从一而终"，尽量不离婚	0	1	2	7	10
会劝她"从孩子利益"出发，尽量不离婚	3	7	4	11	16
不知道	0	0	1	0	0
卡方=35.44，P=0.02*					

注：*表示相关。

（二）休闲娱乐上的转变

失地农民户口转为市民后，在较长一段时间里仍延续着原有的农村生活方式。笔者调查发现，在S小区里人们经常把小区内的道路当作自家的晒场和后院，在上面堆放杂物，甚至搭建违章建筑；把小区里的树木当成自家的晾衣架，在树木之间扯根绳子解决全家老小衣物晾晒的问题；把原本是公共的花埔、草地当作自留地，种上各类蔬菜。农村那种宅前屋后的菜地，在失地农民居住的城市小区里一片片"复活"了。甚至还有人在阳台上搭起了鸡窝、羊圈，试图还原以往的家庭养殖业。

再如对S小区失地农民的空闲时间相关调查发现，被征地之后，失地农民的闲暇时间从原来的每天2小时左右增加到了每天4小时以上。一部分原因是受访者征地前务农，而征地后则到了退休年龄。更重要的原因则是土地征用后，不用干农活，着实减少了工作时间。闲暇之余，失地农民用于打发时间最多的前四项娱乐活动（多选题）为"看电视"占24.04%、家务劳动（或带小孩）占15.35%、"钓鱼"占14.58%、"闲聊"占12.53%。这一调查表明了失地农民在空闲时间的利用上虽然仍然与城市生活方式有一定差距，精神文化生活比较贫乏，喜欢读书看报的也较少，但是已经带有了一些城市人的色彩。

对于失地农民而言，休闲场所较少和没有休闲的习惯，是影响他们休闲娱乐方式转变的重要原因。大家都觉得，如果可以增加一些社交活动和看电影、看戏等娱乐消遣场所，则不仅有利于其提高休闲娱乐的层次，更有利于他们与原市民的接触和沟通。在这方面，上海S小区的居委会已作出很多努力，尽量让失地农民的业余生活丰富多彩起来，例如，由居委会牵头组办了舞蹈队、编织队、腰鼓队、网花学习班、剪纸等兴趣班；建起了社区文化活动中心，开辟出专门的录像室、电视室、棋牌室；逢年过节举办联欢会或游戏活动，促进社区内各类居民之间的交往。在多方力量的帮助下，失地农民的行为正渐渐向市民靠拢，市民化已进入初级阶段。

二、征地后河南 H 县失地农民行为方式的变化调查

（一）意识形态上的转变

从单一指标上看，河南省的城镇化水平相对较低，2011 年只有 40.6%，低于全国平均水平 10.7 个百分点。[①] 不仅土地城镇化水平低，人口的城镇化水平也不高。征地后，H 县失地农民的行为方式虽也开始改变，但离"市民化"道路仍有很长一段距离。

首先，对于市民行为准则、环保意识等规则能够逐步接受并基本遵守。失地农民的意识正在向"市民"靠拢。正如市民社会是一个充满规范并且市民应该自觉遵守的社会。H 县失地农民对于城市生活的新规范，如不横穿马路、不乱扔垃圾，普遍能够接受，并且愿意慢慢适应（50%），甚至有些人已经遵守得很好（19%），只有 31% 的人对规则不了解或者无法改变旧习惯。31% 的比例显然远远高于上海调查点 8% 的比例，却也能看出被访者正在努力让自己适应现代生活。在自己生活的小区中，人们的集体观念也比较强烈，有保护环境的意识，近七成的人都能够按要求放置垃圾，只有 11% 的人认为小区里的人都是乱扔垃圾的。同时，这些乱扔垃圾的人普遍不受欢迎（65%）。然而，不同于上海调查点，H 县的失地农民对环境的冷漠程度相对较高。对不爱护环境的人，依然有 35% 的人持着"事不关己高高挂起"的态度，觉得他们是否乱扔垃圾与自己无关，对他们的行为好坏也表示很无所谓。

可见，H 县失地农民的意识正在向"市民"靠拢的过程中，需要社会的帮助和引导，对一些固化了的意识也需要社会、政府、社团等多种途径对他们关注并逐步引导改变。

但是，在部分城市现代理念的形成方面，H 县的失地农民尚无法很好地接受并遵守。例如，在日常生活方面，从农民变成了市民，用餐时间变得固定了，这种改变，对 H 县的被访者来说并不习惯（26%），只有 18% 的人表示比较习惯或非常习惯，这些人，也多是在外务工的农民工，在征地前就已经能够适应这种用餐习惯。更多的人还是觉得，无论是主动也好，被动也罢，

[①] 国家统计局商丘调查队.2012 年商丘市国民经济和社会发展[OL] [2013-03-13].http://www.ha.stats.gov.cn/hntj/ztlm/jjlps/zhuantiyanjiu/webinfo/2013/03/1363334617023546.htm.

都要慢慢习惯用餐时间的改变,目前对于固定时间的作息,只能说习惯程度一般(56%)。

在H县的调查过程中还发现,该县被访者对他人的要求较严。例如,在"失地农民对于迟到的界定"中有一半的人认为可以接受的迟到时间只有10分钟,其中,有些连一分钟的容忍度都没有。还有三成的人,最多也就只能容忍半个小时的等待。在现代化的消费观念上,H县被访者的接受度也较低。例如,贷款消费,只有10%的人表示比较赞同,还不是非常赞同,其余的都不太认可。

最后,对于反映城市现代理念的另一重要问题——婚姻观念方面,老年人普遍会劝朋友,尤其是女性朋友,为孩子着想而不要离婚,态度较为保守。对于中年人来说,态度较为分散,有的认为没有感情就可以离婚,持这种态度的被访者,既有草率的一面,也有现代观念存在的一面,当然,也有很大一部分人会劝别人考虑到孩子而不要离婚。对于20—30岁的青年人,态度则更加开放,几乎所有的被访者都表示,夫妻之间没有感情了就可以离婚。总之,在婚姻观念方面,人们的态度随着年龄的增长而越加保守。

(二)休闲娱乐上的转变

H县征地后,并没有进行大规模的房屋拆迁,因而大多数失地农民仍然居住在原来的房屋中,除了不能再种地、不能再发展家庭养殖等副业外,其余的行为方式、生活方式等并未发生太大的改变,用失地农民的话来说,他们仍然是没有土地的农民。正因如此,很多人在接受访谈的时候更多的是叙述他们征地中的矛盾和冲突,对于向市民转化、意识形态、休闲娱乐等问题谈及得非常少,只能从他们的问卷中了解该县失地农民在休闲娱乐方式上的变化。

问卷调查显示,征地后,失地农民的休闲时间普遍减少了。每天拥有2小时以下或者2—4小时闲暇时间的比例略为增加,而每天4—8小时甚至8小时以上时间处于闲暇的比例则明显下降了,这一点同上海地区调查点呈现完全相反的趋势。这主要有两个原因:其一,上海调查点的居民,征地后很多人由原来的务农转为退休状态且享受镇保,生活无忧,而H县的居民,土地被征后即使是60多岁的老年人,为了糊口也要出去找工作。其二,H县的失地农民劳动力人口居多，这在前几部分已有介绍。征地后，不能种地了，就要出去找工作打工，维持原有的生活水平。相较于原来种地的作息时间，闲暇确实少了许多。

在这点仅有的闲暇内，人们打发时间的娱乐活动也较少。对于"你平时的空闲时间主要花在什么地方"这一问题的回答中，24.24%的人选择闲聊，17.42%的人选择看电视，16.29%的人选择家务劳动。像城市居民常见的玩电脑、听音乐、体育活动、文艺活动等休闲方式所占的比例总体不足10%。其实，并非失地农民本身不愿意参加娱乐活动，最主要还是没有时间（46%）参加娱乐活动。除此之外，没有心情、没有钱以及生活的地方没有足够的娱乐设施也是较为主要的原因。

如果可以的话，失地农民也希望能够在社区中多增加一些娱乐场所，尤其是免费的公共设施，例如，体育活动点（32%）、现代化的娱乐场所（25%），再如电影放映厅（19%）、读书看报的阅览室（17%）。然而事实上，H县很多村庄虽然已经并入了城镇的街道，名义上也成立了居民委员会，但实际上，居委会形同虚设，居委会的委员们不是选举产生的，而是原来村委会班子换了块牌子以后继承的，居委会没有发挥任何作用，没有开展过任何活动，在失地农民市民化过程中没有发挥出帮助"新市民"、促进新老市民不断融合的关键作用。

总体来讲，H县失地农民的闲暇时间变少了，由于生计无法落实，没有时间也没有心情再娱乐了，再加上社区的娱乐设施又少，即使他们想要在闲暇时更多地参与社区活动也是不太可能的。因此，在失地农民市民化的过程中，社区需要作出更多努力来影响和引导失地农民，以促进他们更快地融入城市生活。

三、征地后广西GX区失地农民行为方式的变化调查

（一）意识形态上的转变

GX区失地农民对市民行为准则、环保意识等规范的接受程度呈现两极分化的现象。

在行为规范方面，有33%的人能够很好地遵守城市规章制度，这一比例比上海调查点的28%还要高，另外还有27%的人愿意慢慢适应，但同时，以前的老习惯一时无法改变的也比较多，高达27%，甚至有些人对社会规范不了解，更谈不上能否遵守（13%）。同样的，当被问及自己居住的小区垃圾放置情况时，人们的遵守程度也呈现两极趋势，55%的受访者能够合理放置垃圾，但仍有10%的人会乱扔垃圾，没有垃圾定点放置的意识。由于人们对个人及社会行为规范的遵守程度不同，他们对待"不爱护社区环境的人"也持不同的态度。40%的受访者对不爱护环境的人表现出讨厌的情绪，而大部分人（60%）对"不爱护环境的人"则表现出"无所谓或不关我的事"的冷漠态度。

GX区失地农民对部分城市现代理念方面，尚不能很好地接受。如在个人习惯方面，有60%的受访者比较习惯于三餐定时的做法，但还有40%的人对这一市民生活习惯不太适应。此两者比例虽有高低，但从总体上看则呈分化趋势。

在时间观念方面，GX区失地农民的普遍特点是，对时间的要求较为松散，大部分人（62%）对"迟到"不太在乎，只有三成左右的人对迟到有着严格的界定。美国社会学家英克尔斯曾指出现代人的重要特质之一，便是守时、惜时、讲求办事效率，可见要从失地农民转化为现代化的市民还有很长一段路要走。

在对城市新潮消费理念方面，GX区失地农民的态度则有着较为集中的趋势。以贷款消费为例，将近一半的人没有明确态度，而在有确定答案的被调查者中，多数人又表示不理解、不赞成，能够接受这种新潮消费方式的只有4%。

在对"离婚"的看法方面，失地农民的态度在不同的年龄段会有所不同。老年人更考虑小孩的家庭作用，会劝母亲为孩子着想不要离婚，青年人则较为开放，认为没有感情就可以离婚，而中年人对于婚姻则各有各的看法，分布比较离散。

（二）休闲娱乐上的转变

GX 区失地农民的休闲娱乐方式较为单调，大多都是闲聊、打牌、打麻将或看电视，而选择在空闲时读书、看报、参加培训提升个人能力的休闲方式与体育健身、种花养草、社会交往等增强体魄、陶冶情操的休闲方式均不足 3%。而且，GX 区失地农民在休闲娱乐的目的方面与上海调查点也有很大不同，他们不单纯是为了放松、娱乐，有不少人参与娱乐活动，更多的是因为没有工作、没有活儿干，无奈地去打发时间。"如果有事做的话，有钱挣，谁愿意打牌来消磨时间？"

在影响 GX 区失地农民休闲方式选择的因素中，最主要的原因是没有心情参与休闲活动（32%），同时没有时间也是一个重要的因素（26%）。征地后大家的娱乐时间变少了，除了少部分征地后退休或失业的人每天休闲时间达到 8 个小时以上外，只要仍在工作的，休闲时间越来越少的比例则不断上升。同时，休闲设施不足也在一定程度上影响了 GX 区失地农民的休闲方式选择（13%）。不少被访者希望自己的居住地能够增加相应的娱乐设施，尤其是消遣娱乐场所（48%），如棋牌室；建立几所能够满足精神生活需求的电影院、放映厅（19%）和社交场所（18%），也是失地农民们比较渴望的。

第十节 征地后失地农民价值观变化调查

一、征地后上海 S 小区失地农民价值观的变化调查

环境的改变会对成年人的价值观产生一定的影响。失地农民在土地被征用了以后，其居住环境、收入消费环境、人际环境、劳动环境等都发生了变化，同时，调查中的受访者又是 20 岁以上人群，因此本书初步假定，失地农民在土地被征用之后的价值观会有一定的改变。那么，事实是否如此？

由于前文已经说明失地农民生活的客观环境发生了变化，因而本研究对其征地后的态度进行了问卷调查，以了解他们是否产生了主观认识上的变化。态度与价值观互为因果的辩证关系，两者相互支持，同时，态度最重要的功

能又是表达价值观,①因此,只要失地农民对于各种客观事物的态度是有变化的,就可以认为失地农民的价值观在征地后有所改变,并可以继续研究其改变的情况以及当前失地农民的主流价值观。

首先,本研究向失地农民调查了他们对于一些较为常见的"城市文化特征"的态度和看法。在所列项中,接受度最高的前三位是:人情关系淡漠(不到25%),城市中流动性强、不够稳定(超过20%)以及开放的男女关系(将近20%)。对于前两者,被访者的前后态度都比较一致,而对于开放的男女关系,在调查中却发现,同一个人,在问卷调查和访谈中所反映出的态度差异较大,有些失地农民在问卷中会勾选这一选项,认为城市中开放的男女关系还是可以接受的,但在访谈中则会流露出完全相反的态度。深入研究会发现,这是由于许多被访者认为可接受的城市文化特征,是他们认为"当发生在别人身上时,自己对他们的选择表示理解",但若发生在自己身上,如让自己变得冷漠、让自己变得更加开放时,他们是无法接受的。换言之,失地农民对待城市化的态度在改变,但是其自身的行为准则依然还带有很强烈的传统观念。"一些新的城市里的生活方式还是能够接受的,但是像男女关系太开放这种我还是不能接受的。"

其次,本研究还调查了他们对于个人发展问题的态度和看法。在被问到什么是影响个人发展最重要的因素时,半数以上的受访者都觉得"个人的勤奋工作和能力"最能影响个人的发展。既然认为个人能力最能影响个人的发展,失地农民自然就愿意学习更多新知识、新技能。调查显示,80%以上的人都愿意接受新观点,然而,很多人却表示,虽然需要学习也愿意学习新技能,可是由于种种因素,如年龄、原有知识水平、接受能力等各方面的限制,自己最终没有能力继续深造、学习更多东西(72%),只有不到三成的人,能够实现学习目标。

虽然失地农民个人的学习能力不强,但是他们的态度还是很积极的,近九成的受访者希望自己的子女可以受到高等教育。在子女的教育投资上也舍得下本钱,对子女教育的投入占总支出的比例,少则10%以上,多则50%左右。

---

① 乐国安.社会心理学[M].北京:中国人民大学出版社,2009:192.

通过对 S 小区的调查发现，失地农民的价值观有所改变。要促进失地农民的进一步"市民化"，就必须改变发展态度。在失地农民中，可以考虑借助操作性条件反射机制。[①] 首先给予其有效培训，让他们通过考核，再深入培训，循序渐进，通过激励等作用，提高失地农民尤其是青年失地农民的自信，通过良性循环，促进他们的学习意愿并真正达到技能培训的目的。

二、征地后河南 H 县失地农民价值观的变化调查

土地被征用以后，失地农民的经济收入、消费状况、人际关系、工作生活方式等都发生了变化，这些变化会影响到失地农民对待客观事物的态度甚至价值观的改变。本研究对这一改变进行了一些调查。

首先，本研究向失地农民调查了他们对于一些较为常见的"城市文化特征"的态度和看法。调查发现，新的城市文化特征中，接受度最高的就是人情关系的淡漠（34%—35%），这与他们在征地中遇到的冲突和邻里之间实际变化有密切联系。另外，由于在寻找工作中遇到各种瓶颈，导致他们对社会激烈的竞争和快节奏的生活还有些不适应，接受度分别为 16% 和 15%。对于城市中开放的男女关系，大家的接受度并不低，超过了 15%，关于这点前文已有论述，而其他的一些文化特征，如城市中的流动性强、生活不够稳定，以及前文提到的像固定三餐时间等一些城市生活习惯，大家的接受度均只有 10% 左右甚至更低。可见，H 县失地农民的价值观有所改变，对于部分"城市文化特征"能够接受，但是较为被动，由于征地的巨变使得很多冲突和矛盾显性化、剧烈化，例如，失地农民和地方政府之间的零和博弈使失地农民对政府的信任度降低，邻里关系的变化使他们感觉到城市的冷漠，与城市市民享受不同的公共福利待遇使他们感觉到来自城市的排斥……最终他们被动接受一些新事物、新观念，他们更认为这种接受是一种无奈的选择。

其次，本研究还调查了他们对于个人发展问题的态度和看法。调查显示，在面对新观点的时候，虽然有 61% 的人愿意接受，只有 6% 的人不愿意接受，

---

① 乐国安. 社会心理学[M]，北京：中国人民大学出版社，2009：193. 希尔苏姆认为，借助操作性条件反射机制可以有效地使态度发生改变。

但仍有33%的被访者表示他们从未想过这些问题。可以看出，大部分失地农民对于个人的发展持积极态度，但还有相当数量的失地农民，对于已经变化的环境，其思想观念却表现出麻木的状态，这需要政府、社区做更多的工作，让他们从行动到思想都能够适应环境的变化，变被动为主动，才能更好地融入城市社会。

在"影响个人发展的最重要因素"的调查结果中，同样显示了H县失地农民对于个人发展的积极态度。H县失地农民认为，个人要实现良好的发展，首先就是要有知识（41%），他们坚信知识改变命运，其次是个人要勤奋工作和提高能力（33%），最后，他们觉得运气和命运也有一定的作用（14%）。但无论如何，一个人不能选择出生，所以还是知识和勤奋最重要。因此，较多人（51%）表示自己需要学习更多新技能，然而，其中仅有10%的人是既有学习意愿，又有能力学习到新知识的，更多的人（将近四成）是没有办法实现学习目标的。这对他们来说，既有年龄的限制，也有文化水平的限制。基于此，他们普遍希望自己的子女能够发展得比自己好，一半以上的人都希望子女能够上大学，甚至有为数不少的人（23%以上）希望自己的子女能够读研究生或者出国，只有11%的被访者认为子女可以不用读书。11%的比例说高不高，说低也不低，可以说，在面对子女教育的问题上，被访者也同对征地的总体满意度一样，呈现两极分化的态度。但是当涉及子女教育投入的时候，家长们却并不含糊，教育投入比例在10%以下的只有12.6%，如果考虑到老年人或部分青年人没有子女教育投入、部分被访者家庭条件处在贫困边缘，那么这一比例相对于认为"子女不读书也罢"的比例而言，已经是很少的了。可以说，被访者并非不愿意在孩子教育上花钱，而是要看有没有钱花，最终还是取决于自己的经济实力。既然调查显示大部分的人都认为知识很重要，并且自己也需要学习新技能却无法学会，又希望子女能够前途光明，他们自然是较愿意在子女教育上投入成本的。

三、征地后广西GX区失地农民价值观的变化调查

通过对被访者的生活水平、消费理念、行为方式的调查和分析，已经可

以确定 GX 区失地农民对待客观事物的态度上发生了许多改变。征地之后，食品支出增加，每年结余减少，因此消费受到制约，征地搬了新居之后，又接触到了一些新的行为规范，需要慢慢适应和改变。换言之，失地农民的价值观念同样也随着征地的发生而产生了一定的变化。最为直接的态度转变体现在两个方面：一是对城市中的文化特征的容忍度增强，二是失地农民对提高个人能力更加重视。

失去土地后，虽然许多人户口仍未实现农转非，但是没有了地，需要找工作维持生计，同时支出增加，整个生活方式已经步入城市的轨道。在这个过程中，必然会面临适应城市文化新特征的问题。对此，调查显示，在 GX 区失地农民中，城市文化特征的接受度较低，对于人情关系冷漠、开放的男女关系、较强的流动性、激烈的竞争以及紧张快节奏的生活都比较难以接受，这五项内容的被提及概率分别都在 15% 以上，且不可接受度都达到了 35% 以上，尤其对于"城市人情关系冷漠""城市激烈的竞争关系"的不可接受度则接近 50%，只有一些生活习惯（如遵守城市规则、不乱扔垃圾、一日三餐定时）还能渐渐适应。

虽然城市文化特征较难被接受，但通过征地后的找工作经历，使失地农民发现了自身学历、能力上的不足，对于个人发展持较为积极的态度，愿意为提升自我而适当地投入，固有的农民思维方式开始有所改变。认识到从农民转变为市民，需要增强自己各方面的素质才能适应社会的需求，更快地融入城市。这些素质包括个人的勤奋和努力（58%）、知识（13%）以及外界的帮助等。

一方面，该地区失地农民对影响个人发展的因素与征地中的实际感受有着密切联系。例如，与领导干部没有"关系"的人，在获得补偿费用、就业安置方面都不如有"关系"的人。"这是村干部来安排的，他安排谁就是谁啊，他有这权力啊。征地后，跟大队干部有关系的，就安排在学校工地上干活，没关系的就外出打苦工。"另一方面，失地农民在征地后的就业中面临了许多阻碍，困难重重，因此发现了学历、知识和能力的重要性。"我大儿子初中毕业后读了两年数控专业，到我朋友那里没做多久，就跑回家宁愿在家里跟我一起养猪……现在大儿子开始后悔没有多读书了。"

经历了征地中与政府的摩擦以及找工作的阻碍，GX 区失地农民了解到个人能力的重要性。因此，大部分人愿意接受新的观点（一半以上），不愿意接受新观点的人不到一成。相应地，态度决定了行为的有效性，愿意接受新观点的，具有更加积极的学习动力，因此觉得自己需要学习新技能、能够学会新技能的比例也会相对较高；相反，不愿意接受新观点或者没有考虑过这个问题的被访者，则多数根本学不了新技能。调查中显示的卡方值与 P 值可证明：态度对学习效果的作用是能够通过统计检验的。这也是为什么当失地农民自己无力提升知识和能力的时候，会坚定地供子女上学，希望他们有更高的学历。

调查发现，被访者普遍希望子女能够上大学（61%），甚至还有不少人希望子女可以读研或者出国留学（30%），而认为"不用读书或者初中毕业即可，只要能够赚钱"的，在征地之后持有这种观点的不到一成。因此，被访者对子女的教育投入也是在经济可接受范围内尽可能提高的，比例为 11%—50% 不等。"我是希望两个儿子能够读书的，只要他们能考得上，我就一直供他们读书。"但是，进一步分析发现，并非对子女期望越高的，教育投入就会越高，通过继续分析，可知 P 值 =0.201，即使在 0.05 的显著性水平下也不能通过检验（如表 2.11 所示）。本研究推断，这与当地居民本来就生活在温饱水平，食品支出又占去了他们总支出的 49.7%，家庭节余所剩不多有关。

总之，通过上述分析可以看出，GX 区失地农民的价值观分为对外界和对自我两种：对待外界，如一些城市文化新特征方面的接受度较低，价值观较为保守；对待自我，他们意识到了自身的不足，需要学习、愿意学习并且愿意为提升自我而投入的意愿增强了，固有的农民式的思维方式有了较大改变。

表 2.11　对子女的期望与教育投入比例的级序相关检验

G 值	渐进标准误差	P 值
0.363	0.256	0.201

第十一节　征地后失地农民社会关系变化调查

一、征地后上海 S 小区失地农民社会关系的变化调查

（一）亲缘关系、业缘关系变化不大

土地的失去使农民的生产和生活方式发生了显著变化，推动着失地农民社会关系网络的变化。通过访谈我们了解到很多失地农民的亲缘关系变化不大，失地前后大体保持了原有的状况，也就是说他们还维持着如格兰诺维特所说的"强关系"。而大多数失地农民在征地前就有工作，因而征地也并未影响到其业缘关系的变化，多数人都表示征地前后与亲戚、同事的关系没有多大差别。

（二）原有的地缘关系四分五裂，现有的地缘关系正在逐步形成

在回答"你平时交往最多的人"这一问题时，排名首位的为"现在的邻居"占 53.17%。同时，社区居委会发挥了重要的作用，满足了失地农民多方面的需求，降低了失地农民对原有地缘关系变化的感知，也为失地农民社会网络的发展创造了良好的环境，使他们在市民化过程中获得更多的来自地缘关系中的资源，从而为失地农民市民化的顺利推进提供社会性保障。

（三）征地后失地农民人际交往方式分析

心理学家阿特金森认为，影响人们社会交往的动机有两种：亲和需要与亲密需要。[1] 失地农民的人际交往充分地体现了这个特点。调查显示，六成以上的受访者认为和周围人的交往主要是为了获得情感支持。当然，也有很大一部分人是为了获得人际关系报酬，如获取信息、获得指导并提升自己，失地农民之间的交往以主动交往为主。但是，失地农民和原"市民"的交往，却主要（近 50%）是由于新的邻里关系，是一种被动型的交往，只有 20% 左右的人，是出于相同的兴趣爱好而与原"市民"进行主动的沟通交流。

同时，失地农民在人际交往方式上还保留浓厚的"乡土"气息。调查显示，

---

[1] 乐国安.社会心理学[M].北京：中国人民大学出版社，2009：263.

在回答"你经常采用怎样的交往方式"时，40%的受访者平时通过串门与周围人保持联系，只有30%的受访者会通过电话交流，还有个别人采用网络交往。一方面，受年龄的影响，有些老年人不太习惯使用现代化的媒介；另一方面，无论是青年人还是老年人，有的会考虑较高的电话费成本而选择其他替代交往方式。但失地农民在交往方式上已经呈现初步的城市化、现代化特征。

失地农民在人际交往方式上与市民有一定差异，并不完全取决于其本身的失地农民身份以及接受新事物的能力，相当程度上也取决于其消费观念。在一贯勤俭、节约的消费观念下，失地农民会更多地考虑通过各种渠道来节约成本，交往方式就是其中一种。

二、征地后河南 H 县失地农民社会关系的变化调查

征地后，H 县失地农民的社会关系网络发生了较大的变化。问卷调查显示，征地之后，失地农民交往最多的仍然是以地缘为联系的"邻居"，该比例占总人数的一半左右，接着才是以血缘和业缘为联系的"亲戚"和"同学、同事"，分别占总人数的"22%"和"18%"。据了解，H 县并没有大规模的房屋拆迁，所以"现在的邻居"多数还是"原村里人"，前后没有太大的变化。但因征地事件的发生，使邻里出现了不同的态度，邻里关系出现了一定的分化。而亲缘关系和业缘关系变化不大，但也已经出现弱化和强化的趋势。

（一）亲缘关系变化不大，但已呈现弱化趋势；业缘关系开始发展

H 县的失地农民的亲戚一般多是农民，生活状况都差不多，土地被征用后亲戚之间的关系仍基本维持原来的水平。

从访谈中可以看出，征地之后，很多失地农民并没有察觉到自己的亲缘关系发生了改变，而事实上，失地农民亲缘间的关系较之以前已经呈现弱化趋势。尽管有80%以上的人认为自己与亲戚的关系在征地前后没有明显差别，多数人（73%左右）还觉得自己与邻居、朋友间的关系也没有因为征地而有多大改变，但是再观察受访者征地前后的串门次数，则明显有了差别，认为

自己与亲戚间的串门次数减少了的比例（20.61%）几乎达到了认为自己与亲戚关系不如以前的比例（5.38%）的四倍，在邻居、朋友间的该比例差距也分别有两倍和三倍之多。如此看来，尽管在调查时，失地农民的亲缘关系与征地前没有太大区别，然而长久之后，原来固有的密切联系将会随着时间的推移而有弱化的趋势。

H县失地农民在征地前将近60%都是从事农业工作的，所以业缘关系基本不存在。征地后，近四分之一的人又处在失业状态，还有一大半的人以打零工为生，流动性强，很少有机会发展业缘关系。尽管如此，该县受访者的业缘关系已然出现了强化的趋势。问卷调查显示，在H县，失地农民选择"同事"作为"平时交往最多的人"的比例为18%，在所有选项中位列第三。可见，虽然失地农民普遍保留着农民的交往思想，但是征地的事实，已经迫使他们步入城市的社群，开始建立新的人际关系。失地农民的业缘关系网络是推动其市民化的关键力量，这在现实中已经呈现一定的雏形。

（二）地缘关系变化巨大

随着土地的被征用，原有的建立在情感联系基础上的地缘关系发生了剧烈的变化。虽然从问卷上看，大家（73.64%）觉得自己和邻居之间的关系没什么变化，但是邻里之间串门次数减少的比例却高达23.08%，该数字比亲戚、朋友间的相关数字都要高。更重要的是，很多村民在访谈中反映，邻里关系没有征地前和谐了，一方面是征地中出现的一些防范、纠纷，另一方面是大家的收入都有所下降，出现斤斤计较的心理。

征地后新的利益关系冲击着原有的地缘联系，使原来情感性非常强的关系受到了冲击，表现出工具性倾向的增强。正如台湾心理学家黄光国认为，中国人有三种关系：一种是叫情感型关系，一种是工具型关系，一种是混合型关系。情感型关系是以情感为纽带而联结起来的，工具型关系是为了实现某种目的而以资源的交换为纽带而联结起来的，混合型关系是前两种关系的融合，也就是既有情感型关系又有工具型关系。失地农民与亲戚邻居的关系在征地前以情感型关系为主，征地后这种关系发生着变化，有些失地农民为了得到维持生计所需要的资源甚至会牺牲自己的情感联系，使得原有的情感型关系逐渐转变为混合型关系乃至工具型关系。这种变化既受到市场经济大环境的影响，同时也受到微观环境中利益关系的影响。它给失地农民带来眼前益处的同时也带来潜在的负面影响，一定程度上破坏了他们原有的社会资本。这种状况的恶化使得邻里关系的原有功能逐渐失去，失地农民从中获得的社会和情感性支持也随之减少，这势必会影响到他们的市民化，给他们向城市市民角色转变的过程带来阻碍。

（三）征地后失地农民人际交往方式分析

物质基础决定上层建筑。正是由于 H 县的征地过程产生了冲突，人们的交往目的也因此出现了分化，从而使得人际交往的功利因素增多。希望通过人际交往获取信息的人不在少数（35%），只有 34% 的人是出于获得情感支持的目的而与他人交往的。这个比例连上海调查点（69%）的一半都不到。这一点再次证明了 H 县的失地农民人际交往目的正在从情感型关系逐渐地转变为混合型关系。

调查显示，H 县失地农民的人际交往方式也出现了变化，部分人（33%）现在是用电话与人沟通的，同串门的比例几乎是相当的，另外还有 4% 的人已经开始习惯用网络实现沟通交流的目的，带有强烈的城市化、现代化色彩，而在过去，则主要是通过串门或者在路上遇见的方式联系。如 50 岁以上的老年人，他们的行为方式就比较难以改变，因此大多数还是更愿意通过串门、偶遇等习以为常的方式进行人际交往，这与 50 岁以下人群有一定差别。相对来说，年纪较轻的人更容易接受新的交往和行为方式。

然而，失地农民作为"新市民"不可避免地要与"原市民"交往，其交往方式和交往内容也会在一定程度上影响到失地农民市民化的进程。调查发现，在征地之前，农民与市民的关系大多为买卖交易关系，有的甚至不接触，但是征地之后，失地农民开始与市民一起参与一些活动（6%），并发现了共同的兴趣爱好（15%），也开始接受了一些市民的想法和行为，这对于失地农民的市民化进程是有积极推动作用的，然而，从辩证的角度看，小市民的工具型交往关系、斤斤计较的处事原则等也正浸入失地农民的思维中。这更要求社区的综合服务、素质引导工作要匹配甚至领先失地农民的市民化进程，正确引导"新市民"的各项思维观念。当然，目前大部分失地农民还不太愿意与"原市民"交往，也不认同自己的市民身份。这点同上海市的结果如出一辙，主要是失地农民觉得自己的生活、经济水平还不够好，自己的社会地位与市民还有差距。可见，失地农民的市民化首先需要有物质基础作为保障，然后才能逐步潜移默化地在思维观念上变被动为主动，形成良性循环。

三、征地后广西 GX 区失地农民社会关系的变化调查

GX 区的征地给村民们带来了不小的压力，在此过程中也表现出了人情冷暖。从整体上看，该地区失地农民的人际交往比过去更加冷漠了，进一步区分社会关系的变化，主要体现在地缘关系的变化上，而亲缘、业缘关系则较过去变化不大。

（一）亲缘关系、业缘关系变化不大

问卷调查显示，亲戚、朋友间的交往密切度与征地前并无太大差别，即便串门次数有所减少，整体上也并不影响他们的相互交往。而 GX 区失地农民征地前后，大部分人都是务农，故业缘关系变化不大。

（二）地缘关系更为松散化

与其他调查点不同，GX 区是征地前后务农比例都最高的调查点，对于该地区失地农民来说，朋友大多都是曾经的邻居，而曾经和现在的邻居却未必都是自己的朋友。在他们看来，朋友之间的交往变化是不大的，但是邻居间的交往则不如过去。

在 GX 区，邻居间关系变差、串门次数减少的比例是三个地区中最高的。通过访谈了解到，其实这种关系的变化主要还是由征地引起的，其中原因错综复杂，失地农民之间的地缘关系更为松散化。然而，被访者普遍表示，现在交往最多的人仍然是亲戚（57.6%）和邻居（36.4%）。和谐的城市地缘关系促进失地农民更快地适应并融入城市生活，无论失地农民是在统一安置的小区集中居住还是通过宅基地上建造新房分散居住，市民化实现的过程总是需要通过在社区中的人际交往来实现的。因此，在征地矛盾较为突出而经济

发展水平又相对落后的地区，如何摆脱失地农民在征地中所带来的人际交往上的阴影，重新整合失地农民间新的邻里关系，需要重点关注。

（三）征地后失地农民人际交往方式分析

GX 区失地农民人际交往的目的主要是满足亲情和生活需要。根据调查显示，被访者中有近八成都表示，自己与人交往是为了获得情感支持，这种支持的需求有不少来源于对生活的孤独感和无助感。但是，失地农民交往的人群划分得很清楚，同本村人交往比较自然，更多的是为了满足情感需求；而与原市民的交往则主要还是一种陌生人之间的简单经济交往关系，仅有 26% 的被访者是出于共同的兴趣爱好与原市民交往。

在交往方式方面，偶遇攀谈（39%）和上门串门（33%）是 GX 失地农民比较习惯的交往方式，按年龄分层，老年人更偏向于偶遇攀谈的交往方式，中年人则更习惯上门串门或在约定时间和地点见面的交往方式。这也与老年人主要是休闲交往，目的性不强；而中年人则是更有目的性的交往有一定关系。

第十二节 征地后失地农民维权意识变化调查

一、征地后上海 S 小区失地农民维权意识变化调查

法律体系的完善、社会保障的建立推动着人类社会的进步。作为社会化的产物，人类的文明水平与此两者有着密切联系。随着"无形的城市化建设"的发展，个人的维权意识也在逐步增强。[①] 同样，在失地农民转变为市民的过程中，其维权意识的改变也贯穿始终。调查显示，S 小区的失地农民，其维权意识在征地中和在个人工作中表现出不同的特点。

在土地征用中，失地农民的"生存伦理"和"从众心理"使大部分人自愿放弃维权。调查发现，在土地征用过程中，当认为自身基本权益受到损害时，一半以上的失地农民都会选择"发发牢骚，得过且过"，即使有

---

① 中国经济网. 居民维权意识逐渐兴起 中国城市化进程真正开始[N/OL]. 中国经营报，2006-10-21，[2018-01-18]. http://www.ce.cn/xwzx/gnsz/gdxw/200610/21/t20061021_9066034.shtml.

人想要解决问题,也多是找村干部或者上访。几乎没有人愿意通过法律途径来解决问题。

大家都认为,征地过程中权益受损并非自己一个人的事情,一方面,靠自己一个人维权也无法实现目的,最多在征地补偿费用上靠谈判可以多争取一些,对维护权利并无多大作用;另一方面,自己也没必要为了大部分人都存在的利益受损问题而强出头,大家都相信,该解决的问题政府早晚会解决。这体现出农民特有的"生存伦理"[①]。他们认为,作为统治者的社会精英有义务和责任保护子民的生存,不需要自己努力去争取。此外,许多受访者表示,自己同意土地被征的决定,很大程度上取决于周围人的态度,有一种从众心理。

然而,在涉及个人工作、个人收入或其他明确的个人利益时,失地农民的维权意识就较为强烈了。例如,在工作权利受到侵害时,有将近一半的人会向上级部门反映或求助法律,选择认命的较少(12%),即便如此,通过发牢骚口头抗议的比例依然较高,也有将近四成。

此外,本研究对不同年龄段、性别、收入群体、征地年限以及补偿费用,是否对其征地维权和工作维权有一定的差别进行比较。结果(如表2.12所示)表明,与征地相关的假设在征地维权方面并无太大差异,尤其是征地补偿费用不同,并没有使居民在征地维权意识上有很大差别。很少有人因为自己的征地补偿费较低而需要维权。相反,在工作维权上,征地年限不同的失地农民,其维权意识有所差别。这主要是由于不同的征地年限,就业形势不同,在就业问题上的冲突发生程度也不同。此外,与个人因素相关的假设则证明在不同因素下,失地农民的就业维权方式有很大差别,尤其是性别上的差异较大,

---

① 1976年,美国著名社会学家詹姆斯·C.斯科特在《农民的道义经济学:东南亚的反叛与生存》一书中全面阐释了农民所特有的"生存伦理",农民的"生存伦理"考虑的是"以生存为中心"的基本原则,而不是追求需求的满足和利益的最大化。对于农民来说,他们所关注的首先是自身的生存,即"我干多少活,才能挣到我已习惯得到的钱来满足习惯的生活需求",而并不关心多干活能带来多大的利益。斯科特指出,生存伦理不仅是农民的行动逻辑,而且是他们对统治者作出政治和道德评价的原则,对于负担的轻重或对于"剥削"的认定,农民的标准不是"被拿走了多少",而是在缴纳地租之后"还剩下多少",是否足以维持家庭的生存。

在女性中选择认命、自我安慰的比例远远高于男性。

综合比较征地和就业两种不同方向维权意识,一个是集体维权,一个是个人维权。集体维权因为"集体行动的逻辑"中的"搭便车行为"而变得更难,而个人维权因有明确的成本和受益对象,故维权意识更为强烈。可见,失地农民虽然有一定的维护自我利益的想法和愿望,但有鉴于传统的"生存伦理"学历、社会关系、对政策的了解有限、法律知识的浅显等多方因素,他们在集体和个人利益方面的维权意识、维权方式、维权渠道上,都需要得到引导和帮助。

表 2.12 征地、就业维权方式在不同征地年限、
征地补偿费、性别、收入、年龄间的差异分析

被征地年限差异		
	征地	就业
方差检验 F 值	1.173	2.526
方差检验 P 值	0.302	0.003**
方差齐性检验 P 值	0	0.025*
征地补偿费差异		
	征地	就业
方差检验 F 值	1.272	1.114
方差检验 P 值	0.197	0.339
方差齐性检验 P 值	0.005	0.061
性别差异		
	征地	就业
卡方检验卡方值	12.007	0.694
卡方检验 P 值	0.017*	0.875
收入差异		
	征地	就业
方差检验 F 值	0.705	1.152

续表

方差检验 P 值	0.881	0.292
方差齐性检验 P 值	0.069	0.001
年龄差异		
	征地	就业
卡方检验卡方值	11.298	24.194
卡方检验 P 值	0.938	0.062

注：* 表示在 0.1 水平差异显著，** 表示在 0.01 水平差异显著，*** 表示在 0.001 水平差异显著。

二、征地后河南 H 县失地农民维权意识变化调查

维权意识，是作为一个行为主体，能够保护自身合法权益的意识。调查显示，H 县失地农民有一定的维权意识，但在征地维权和工作维权时又表现出不同的特点。

H 县失地农民征地维权意识较为强烈，主要表现为个人的"合法抗争"维权，并未形成集体维权。当失地农民被问及"征地过程中的基本权益受到损害时的解决办法"时，选择口头抗议的比例为 42%，选择寻求村干部解决问题的占 27%，而选择上访和找法院的比例也达到 22% 和 9%。这一调查结果与上海地区有很大区别，上海 S 小区失地农民对这一问题的回答中，有 52% 的人选择"口头抗议"，25% 的人选择"找村干部"，而仅有 15% 的人选择"上访"和 1% 的人选择"找法院"。这主要是因为上海地区为失地农民较好地解决了生活保障问题，而上海地区工业发达，工业化、城市化同步进行，失地农民的就业问题并不突出，征地后足以维持家庭的生存甚至发展，失地农民的行为更符合农民的"生存伦理"和中国的"无讼"传统。而 H 县的征地过程不仅土地补偿费太低，而且就业安置和社会保障严重缺失，这让失地农民同时遭受眼下生活无着落的生存困境和未来生活无出路的发展困境，使他们的生活无以为继，这严重违背了农民的"生存

第二章 我国东部、中部、西部市民化中的社会问题调查

伦理",部分失地农民便在一些"上访精英"的示范效应下,走上了上访或法律诉讼的维权之路。"我这几年真的去上访了,到商丘、到省里、到国务院,哪次不是前有堵截,后有追兵的,没有一次顺利,我们都是半夜三更起床去赶车的。"

访谈发现,H县失地农民的维权抗争(无论是上访还是找法院)都是坚持"合法抗争"的斗争模式。所谓"合法抗争",是以法律和政策为依据的抗争,其特点是运用中央的政策和国家的法律来对抗基层政府的土政策及打压行为。这种反抗形式是一种公开的、准制度化的形式,农民通过诉求上级政府和法律的权威来对抗基层干部的曲解、滥权和枉法行为,捍卫自己的人格尊严,进行利益的抗争。[①]

但是,地方政府对于失地农民的维权行为非常敏感,往往采取严厉打压。不少官员在打压行为中表现出来的泼皮无赖、残酷无情,则是其非常恶劣的政治德行使然。打压的主要方式有:威胁吓唬;造谣污名;找碴为难;抄家清产;雇佣黑手;栽赃入罪。其中,以后三种手段最为恶劣。[②]因H县失地农民维权抗争均是个人维权,并未形成集体行动,所以即使通过上访等方式进行利益表达,一般情况下在行动上也不会表现得过于执拗,可能在几番上访无果后就只好偃旗息鼓,忍气吞声了。[③]

失地农民在经历了各种不顺利的维权抗争后,十分渴望通过法律和制度的完善来保护他们这些弱势群体。如果这一问题持续不能解决,则会造成社会不稳定。

相较于征地维权,失地农民在工作中的维权意识则显得不那么强烈。在对于"工作中权利受到侵害时的处理方法"问题的回答时,选择口头抗议或者认命的人高达72%,而向上级部门反映或求助法律的比例则只有24%,与征地中的维权意识形成了高度反差。一方面,征地前受访者的职业多数是务农,一部分打零工;另一方面,征地后则主要是打零工,流动性很强,且相

---

① 应星. "气"与中国乡村集体行动的再生产[J]. 开放时代, 2007(11).
② 应星. "气"与中国乡村集体行动的再生产[J]. 开放时代, 2007(11).
③ 应星. "气"与中国乡村集体行动的再生产[J]. 开放时代, 2007(11).

对分散，多数人认为没有必要维权较真，干得不顺心就直接走人，维权意识也相对弱化。

此外，调查还发现，征地年限对人们在就业维权方式上有显著影响。这主要是由于征地较早的，政府采取安置就业政策，且征地后转成城市户口，拥有一份稳定的工作及与城市市民相同的社会保障，当时人们的工作、生活没有后顾之忧，就业冲突较少。而2000年以后，尤其是2006年开始大规模征地以后，政府一律采取"货币化"安置，人们就业无门，就算找到了工作，也较为不稳定，就业维权量相对上升。

个体的性别因素在就业维权方式上没有多大差异，但是在征地维权方式上有很大差异，且女性征地维权意识较低。例如，在征地问题上，"找村干部"理论的男女比例相当，然而，如果要涉及更高层次的沟通交涉，如上访或者找法院，则男性比例（31.7%和10%）要明显高于女性比例（10.9%和7.8%），女性在面对利益损害的时候，选择发发牢骚，自认倒霉的几乎占到了受访者的一半（48.4%）。可见，H县失地农民，女性的维权意识是普遍不如男性的。这与该县失地农民在征地前长期从事农业劳动，男尊女卑的保守思想不无关联。

三、征地后广西GX区失地农民维权意识变化调查

我们对GX区失地农民的维权意识变化从征地维权和工作维权两个方面来分析。

在征地前，失地农民的维权意识还是比较强烈的，他们希望能够保护自己多年经营的心血和劳动成果，不仅出于维护个人利益的目的，还出于保护当地农业、畜牧业的善意。但征地后，多数被访者都表示不会再想什么维权问题了，对"基本权益受到损害时的解决办法"这一问题的回答，主要是自己发发牢骚（55%），而找村干部解决问题或者上访的比例都不多（占20%左右），只有个别人（5%）会通过法院尝试解决问题。起初，人们会通过村干部表达想法。可后来，不少被访者通过不公平的安置补偿判断村干部在征地中"得到了好处"，村干部不值得信赖或者找村干部根

本不能解决问题，便通过上访去表达利益诉求，但每一次上访都被"连哄带骗"带回了村，或者在与当地政府的博弈中被"零和"了，便只能放弃个人利益，通过发牢骚来表达自己的不满。而通过法院去表达利益诉求，则是成本较大，时间较长，而且过程复杂，个人要为集体行为埋单，多数人不愿走诉讼道路。

关于失地农民在工作中的维权意识。当被问及"怎样维护自己工作中受损的权益"时，被访者表现出了更强烈的维权意识和法律意识，有45%的人会向上级部门反映或求助法律。同时，不同性别间也存在不同的维权意识，认命不吭声的主要是女性，男性则会选择口头发牢骚抗议，而主要的维权途径，寻求上级部门或者求助法律也是集中于男性群体。

对不同收入群体作比较，以失地农民征地后的收入均值为界限，考量收入在均值以上的群体是否与收入在均值以下的群体在维权意识上存在差异。结果显示，无论是在工作中还是在征地问题上，失地农民的维权意识并不会因为收入的高低而产生态度和意识上的差异。

这说明GX区失地农民不像上海或河南调查点的被访者，他们在维权中的集中趋势并不明显，不会因为收入、维权目的等影响自己的维权意识。这就说明，该地区的被访者在维权上受外界影响因素较大而受自我影响因素较小。这也是他们在行为方式、社会关系、意识形态改变等问题上具有较强的被动性的原因之一。

第十三节 失地农民对于征地看法的调查

一、上海S小区失地农民对于征地的看法

在上海的S小区，尽管失地农民对于征地的一些细节存在质疑，对于征地或拆迁的补偿还有一些不满意的地方，但总体来说，S小区失地农民的征地满意度较高（如表2.13所示）。

表2.13 失地农民对征地的总体满意度测评汇总表

	得分	人数	百分比		得分	人数	百分比
	−14	1	1.35%		1	1	1.35%
	−9	1	1.35%		2	4	5.41%
	−8	1	1.35%		3	5	6.76%
	−7	2	2.70%		4	3	4.05%
0分以下（均值：−3.91）	−6	3	4.05%		5	3	4.05%
	−5	3	4.05%	0分以上（均值：8.08）4.05% 1.35% 2.70%	6	4	5.41%
	−4	2	2.70%		7	2	2.70%
	−3	2	2.70%		8	7	9.46%
	−2	4	5.41%		9	5	6.76%
	−1	4	5.41%		10	1	1.35%
合计	−104	23	31.08%		11	5	6.76%
					12	3	4.05%
	—				13	3	4.05%
					17	1	1.35%
					18	2	2.07%
0分	0	1	1.35%		21	1	1.00%
合计	0	1	1.35%	合计	404	50	67.22%

根据满意度测评，单项最低分−2分，最高2分，共12项，因此总分区间为[−24, 24]。经测算、汇总，有近七成的人得分大于0，也就是处于比较满意和很满意的水平上。除去极值后，0分以下平均得分为−3.91分，0分以上平均得分为8.08分，该部分比例也较大（如图2.2所示），以此可以证明，S小区的失地农民对征地总体满意度较好，虽然离极值有一点距离，但有鉴于各种政策的利好，例如，有镇保、一次性补偿金、过渡安置费、住房安置，使得该小区失地农民在得知土地要被征用时都比较积极。问卷调查显示，大部分（64%）的被访者愿意土地被征用，不愿意土地被征用的只有20%左右。大家愿意被征地的最主要的三个原因是：征地后有养老和

医疗保障、种地收入太低、城市人生活质量高。特别是老年人,他们原来是务农的主要劳动力,但随着年龄的增长已不再适合从事农业劳动,征地后,享受了镇保,养老和医疗问题都解决了,没有了后顾之忧,他们对于征地的满意度是最高的。

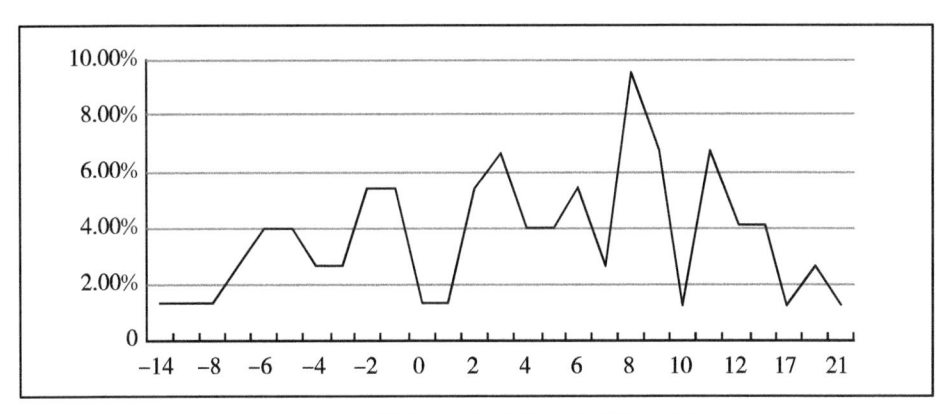

图2.2 征地满意度测评值及对应受访者比例

二、河南H县失地农民对于征地的看法

H县失地农民对征地的态度体现出了较为强烈的不满(如表2.14所示)。

根据满意度测评,单项最低分 -2 分,最高分 2 分,共 12 项,因此总分区间为 [-24, 24]。经测算、汇总,0 分以上的比例仅为 15.45%,恰好 0 分的只有 3 个人,有 82.11% 的失地农民总体得分低于 0 分,比上海市的整体情况中得分 0 分以上的比例绝对值还高,满意度之低显而易见。

此外,从高分组和低分组对比看,得分最低 -16 分,最高 19 分,差异有 35 分之多,且低分组的均值为 -8.21,其绝对值高于高分组的均值 5.11。可见,H县失地农民对征地的满意度存在极大的两极分化现象。

尽管有部分人整体上表示对征地工作满意,但总的趋势集中在 -12 分,该比例在 12% 以上(如图2.3所示),从折线图中观察,两极分化就凸显得更为清晰了。意愿决定态度,H县的征地满意度如此低,与他们不愿意土地被征用是密切相关的(如表2.15所示)。方差齐性检验在 0.01 的置信度下通过检验,整体 P 值又小于 0.001,总体而言,征地满意度与被征地意愿在 0.01 的显著性水平下是有关联的，不同的被征地意愿，他们的满意度差别也较大。

表 2.14　H 县失地农民征地满意度得分汇总表

	得分	人数	百分比		得分	人数	百分比
0 分以下（均值：-8.21）	-16	2	1.63%	0 分	0	3	2.44%
	-15	1	0.81%	合计	0	3	2.44%
	-14	2	1.63%				
	-13	2	1.63%				
	-12	15	12.20%				
	-11	9	7.32%				
	-10	11	8.94%	0 分以上（均值：5.11）	1	3	2.44%
	-9	7	5.69%		2	2	1.63%
	-8	9	7.32%		3	2	1.63%
	-7	10	8.13%		4	3	2.44%
	-6	5	4.07%		5	1	0.81%
	-5	9	7.32%		6	2	1.63%
	-4	10	8.13%		7	1	0.81%
	-3	3	2.44%		8	2	1.63%
	-2	4	3.25%		10	1	0.81%
	-1	2	1.63%		11	2	1.63%
合计	-829	101	82.11%	合计	97	19	15.45%

相对来说，乡镇政府管理者、村干部对征地表现出了极大的支持。然而失地农民则态度较保守。很多受访者都表示 H 县失地农民社会保障缺失，加上企业少，就业无门路，离开了种地大家就很难维持生计，很多人都希望政府不要征地，继续让他们当农民。尽管有些农民外出打工，或者从事其他非农的工作，但他们没有把地荒掉，他们认为外出打工是暂时的，种地才是长期的出路，是

子孙后代的保障。问卷资料显示，河南H县农民普遍不愿意土地被征用，该比例高达74%。在表示无所谓的受访者中，有些由于失败的上访经历，也不愿再过多表达自己的真实意愿。他们不愿意土地被征用的最主要的原因（多选题）是：征地补偿太低（77.95%）、今后生活无保障（76.38%）、就业太难（36.22%），并且很多人（34.65%）无法及时转变角色，适应城市新生活等。

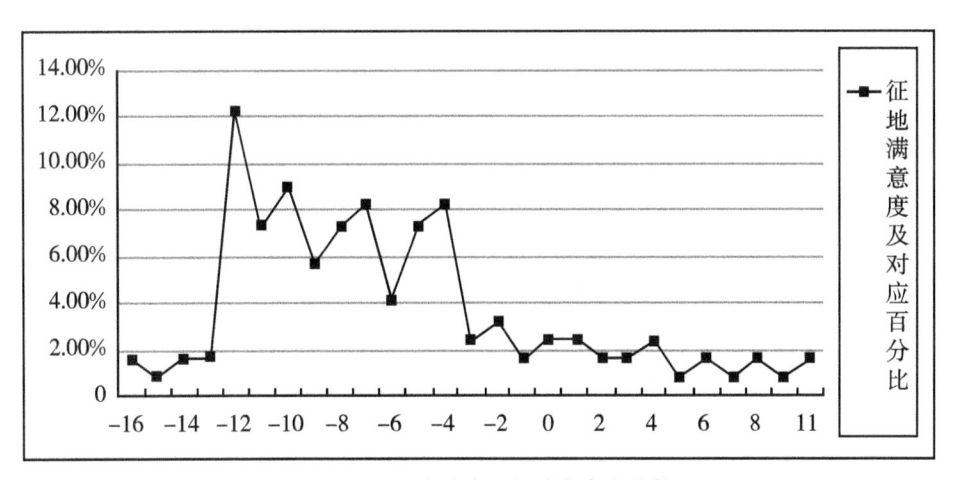

图2.3　H县失地农民征地满意度趋势

当然，村民们也表示，他们不是一味地反对征地，如果国家有了真正的需要、有了正式批文要征地，并且征地后能给予老百姓长期的生活保障，他们也是愿意征地的。他们认为政策性的征地本身是为了发展，是好的，是下面的政府官员腐败，没有办好征地的事。

表2.15　H县失地农民被征地意愿与征地满意度方差分析表

	平方和	自由度	均方差	F值	显著性
组间	751.42	2	375.71	12.371	0**
组内	3644.287	120	30.369	—	—
总数	4395.707	122	—	—	—
方差齐性检验 P=0.01**					

注：** 表示显著。

三、广西 GX 区失地农民对于征地的看法

相比于其他两个调查点，GX 区的失地农民对征地的总体满意度是最低的，且趋势非常明显（如表 2.16 和图 2.4 所示）。

表 2.16　失地农民对征地的总体满意度测评汇总表（GX 区）

	得分	人数	百分比		得分	人数	百分比
0 分以下	−23	1	1.80%	0 分以上	0	2	3.60%
	−22	1	1.80%		1	1	1.80%
	−15	1	1.80%		2	2	3.60%
	−14	1	1.80%		4	1	1.80%
	−13	4	7.30%		7	1	1.80%
	−12	2	3.60%		8	1	1.80%
	−11	5	9.10%	—	—	—	—
	−10	5	9.10%	合计	平均分	累计百分比
	−9	5	9.10%	>0	−405	−8.62	85.5%
	−8	3	5.50%	=0	0	0	3.60%
	−7	3	5.50%	<0	24	4	10.8%
	−6	4	7.30%	—	—	—	—
	−5	1	1.80%	—	—	—	—
	−4	6	10.90%	—	—	—	—
	−3	1	1.80%	—	—	—	—
	−1	4	7.30%	—	—	—	—

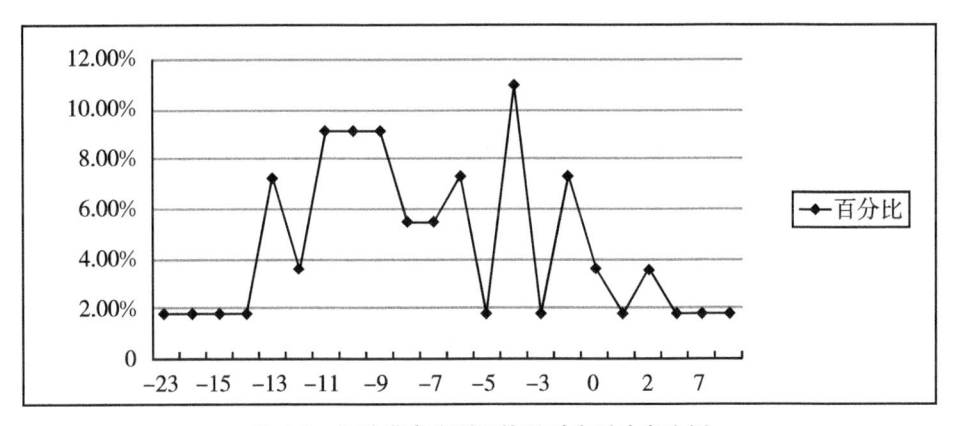

图 2.4　征地满意度测评值及对应受访者比例

不同于上海和河南调查点的情况，GX 区的征地满意度不仅总分为负分，且单从极值上看，低分组的平均分只有 -8.62 分，河南调查点也才 -8.21 分，同时，在 [-24, 24] 的区间中，有不少比例靠近最低值。在得分为正的被访者中，最高分也就 8 分，平均分只有 4 分，仍然接近于 0。再从总体趋势上看，85.5% 的被访者都对征地表达出了强烈的不满，只有 10.8% 的人总体满意度达到 0 分以上，趋势十分集中，基本上在 -13 分到 -4 分之间，没有什么异议，而不像河南调查点呈现出的两极分化现象，在 GX 区，失地农民对征地不满可以说是一种集体一致态度。

换言之，失地农民的个人想法、主观原因在本调查点中体现得并不明显，既然是趋同的想法，说明客观原因扮演着更加重要的角色。如同前文所分析的，政府对失地农民的补偿、安置、保障、就业等存在较为严重的问题，导致他们的购买力、消费力都很低，闲暇少，生活幸福感也低，自然而然的，整体的征地满意度也很低。因此，近九成的被访者是不愿意自己的土地被征用的，可以说，在 GX 区，村民的征地意愿与他们反映出的征地满意度有着一定的相关性，也即愿意被征地的都是满意度较高的村民，而不愿被征地的基本上都是满意度较低的村民（如表 2.17 所示）。

GX 区失地农民除了在征地总体态度上趋势相同之外，他们不愿意自己土地被征用的原因也较为集中：一是征地后就业困难（15.92%）和今后生活没有保障（35.92%）；二是许多被访者担心今后土地还会升值（13.06%），而现如今的补偿费已经很低了，一旦将来土地真的升值，自己的损失就更大（31.84%）。

表 2.17　H 县失地农民被征地意愿与征地满意度方差分析表

	平方和	自由度	均方	F 值	显著性
组间	329.923	2	164.961	5.064	0.01
组内	1693.786	52	32.573	—	—
总数	2023.709	54	—	—	—

针对这两个问题，当地政府至少应当承担起自己的职能，按照国土资源部的规定，若能为失地农民建立较完善的保障制度并适度地允许其参与土地收益，则该地区的征地矛盾将更容易调和，整体的满意度也会随之得到提高。

第十四节　东部、中部、西部市民化中的社会和法律问题

一、地方政府在征地目的上未能严格遵守"公共利益"的要求

《宪法》第 10 条第 3 款规定："国家为了公共利益的需要，可以依照法律规定对土地实行征收或者征用并给予补偿。"可见，征用土地的范围仅限于"公益性"用地。但是国家对于什么是"公益性"用地并未加以限定，因而，在实践中，导致了"公共利益"范围的无限扩大，各类开发区建设、工商业发展、招商引资等经济行为纷纷搭乘"公共利益"这一快车，甚至各类楼堂馆所也打着"公共利益"的旗号大规模征用农民集体所有土地。调查中也发现，无论是东部的上海市、中部的河南省，还是西部的广西壮族自治区，地方政府在征地的范围上都是较宽泛的。房地产开发、商业、工厂、高速公路建设开发和城市扩张是地方政府征地的主要目的，累计比例达到 76.1%，而真正用于公共利益的征地仅占了一成多。由于征地权的滥用和征地范围过于宽泛，1996—2008 年，我国耕地面积共减少 1.25 亿亩。特别是 1999—2003 年，4 年间耕地面积减少 0.87 亿亩。2003 年，耕地面积减少量达到顶峰，全国耕地净减少 3806.08 万亩。从 2004 年开始，减少趋势有所平缓，到 2008 年共

减少 0.11 亿亩。到 2008 年年底全国耕地面积为 18.26 亿亩，人均耕地面积仅为 1.37 亩，不足世界平均水平的 40%。① 国土资源部公布的 2012 年上半年土地违法查处情况显示，半年内共发生 2.9 万件土地违法行为，且新的违法用地面积逐月上升。② 截至 2012 年年底，我国耕地保有量更减至 18.2476 亿亩，净减少 49 万亩。③ 照这个速度下去，我国在 2008 年 10 月，中共十七届三中全会中明确提出的"坚持最严格的耕地保护制度，层层落实责任，坚决守住 18 亿亩耕地红线"的任务将面临巨大挑战。

二、征地过程不透明，导致失地农民的土地知情权、参与权和处分权严重匮乏

失地农民的土地知情权、参与权和处分权，是指失地农民在国家或地方政府征用土地的过程中，当土地原有的性质、用途、所有权等发生改变时，作为土地的所有者、直接使用者和土地承包者享有知晓土地流向、用途、价格，甚至有权决定土地是否能够被征用等问题的权利。④ 同时，作为土地的直接使用者和所有者，有权利参与土地买卖，有权利就土地价格、土地用途、房屋拆迁、就业安置、养老保险、未来发展、社会保障等问题与政府、企业等土地使用者进行协商、谈判。⑤ 但在实际征地过程中，失地农民根本不可能参与这些谈判过程，失地农民的土地知情权、参与权和处分权严重匮乏。调查显示，东部、中部、西部三省在征地过程中，都没有真正地向农民征求意见，没有召开村民大会，没有严格执行"两公告、一登记"（实施征地方案公告，补偿安置方案协调公告，地上物财产统一登记）程序，连征地协议书上的签字，也多是由村干部"代签"。农民只是被简单告知哪些地块要被征用，目的是

---

① 段玉婉,刘用,杨翠红.中国耕地面积变化及分区域面板数据建模分析[J].统计与决策,2012（3）.

② 陈芳,叶锋,潘林青.征地改革提速,土地"红利"如何惠及于农[OL].新华网,2013-01-26 [2018-01-18].http://news.xinhuanet.com/politics/2013-01/26/c_114510885.htm.

③ 王直板.2011 年我国耕地保有量净减少 49 万亩[OL].世界工厂现代农业网[2018-01-18]. http://info.gongchang.com/a/nongye-2012-12-13-476869.html.

④ 苏东海.西部民族地区城市化进程中失地农民问题研究[M].北京：人民出版社,2012：91.

⑤ 苏东海.西部民族地区城市化进程中失地农民问题研究[M].北京：人民出版社,2012：91.

什么，他们能得到多少补偿。这种告知都是口头的，而不是书面的。是单方面强加给农民的，确切地说，这种口头告知只是一种要求失地农民在一定时间范围内做好征地准备的最后通牒。问卷调查显示，对于大部分失地农民来说，没有征地宣传这回事，他们甚至只能在土地征用的当月或当天，被动地接受乡镇征地的决定和方案，村民没有发表意见的机会，更没有改变方案的余地。"之前，我们根本不知道征地这件事，大队干部（村里干部）从来没有通知过我们征地的事，直到我们家的地被圈起来，用石灰粉画了一个大圈，我们才知道我们的地要被用来造沙沙花园了，这时，村干部才告诉我们，卖地钱在存折上，存折放在村委会，要我们去拿，不拿的话什么也没有。"

三省中将近八成的失地农民认为村干部不与他们商量征地的相关政策，更多的是把已确定的方案口头告知村民，或发书面通告，甚至还不让村民知道。与征地相关的财务状况，村民更是知之甚少，较清楚征地财务事务的村民不到一成，甚至在广西壮族自治区调查点中，几乎没有人清楚相关征地财务信息。而在征地补偿费的分配形式（征地补偿费是否涉及镇、村、村民之间的分配）这一问题上，三成以上的人根本不知道征地补偿费是如何分配的，在上海地区，这一比例甚至高达61.1%。"对于村里的财务状况，我觉得现在一塌糊涂。以前每年村里的财务都要公开一次，现在都不算账了。对于征地款的收支状况，老百姓怎么可能知道？我也不清楚征地补偿费在镇政府、村集体和农民之间是怎样分配的。这个分配方案是不会跟我们说的，我们村原来的村主任现在已经被抓了，检察院查出来他贪了600万元，他如果什么都和我们说的话，他怎么可能现在被抓呢？"

被征地农民的知情权、参与权和土地处分权的匮乏，客观原因是征地过程不透明造成的，在现行体制下，国家征地面对的是集体，而不是农民个人，农民不能参与征地条件谈判，有权去谈条件的只是集体，而实际上的集体常常是几个乡村权力人物，能不能完成征地任务，是乡村权力人物能不能继续居于权力位置的条件。[①]乡村权力人物为了自己的利益，当然要把失地农民排斥在谈判桌之外。农民认为"补多少""怎样补"都由"上面"说了算，

---

① 周其仁.慝卖爷田不心痛[N].21世纪经济报道，2002-07-22.

他们没有参与讨价还价的权利，只能接受这种补偿，别无他选。对于征地方发布的征地相关的资料，村民没有相应的途径接触到。而主观原因则是被征地农民对于征地政策不了解，本身的参与意识也比较被动。访谈发现，被访者对于征地以及拆迁的相关政策是极不了解的，他们往往是消极地听取村干部和乡镇政府的通知，既不了解政策，也缺乏对政策的关心，抱着"只要和别人一样就可以了"的态度。被调查者中上海仅有7%的人认为自己熟悉相关政策，河南和广西仅有3%—5%的人熟悉征地相关政策，三省中均有超过六成的被访者表示不熟悉政策，接近三成的人表示"知道一点"，而了解这些政策的主要途径为别人告诉，自然大部分失地农民就不能对政策有关键的把握和对其权利进行合理维护了。"我不怎么理解整个征地过程，对于国家的征地政策和补偿政策我是清楚的，但知道有什么用啊，我让两个儿子买与征地政策相关的书籍，我还送给征地的领导看，有什么用啊？还不是没有按照国家的征地政策'先安置后征地'的原则来办事。"

三、失地农民的申诉权匮乏，缺乏可行的司法救济途径

失地农民的申诉权是指当征地过程中出现了违法或者政府工作人员失职行为，致使失地农民本人或其亲属的合法权益受到损害时，有权利向有关国家机关申述理由或利用司法途径，提出改正或撤销决定、判决或赔偿损失的请求，以保护自己的合法权益。调查显示，三省失地农民"对征地政策不满意或感到基本权益受到损害时"，解决途径最主要的是"自己发发牢骚"，其次是找村干部理论一番或上访，很少有人采取"找法院"等司法途径来维护自己的权益，失地农民的申诉权严重匮乏。其实，这是失地农民在考虑维权途径时，所采取的低风险的策略，力求不冒险或少冒险，以较低的成本和代价、较大的胜算，通过可利用的资源争取一个尽量满意的结果。[①] 在现行的法律下，出现了征地纠纷，法院往往以征地补偿案件不属于民事案件为由不予受理，导致纠纷无法解决，农民告状无门，司法保护不能实现。即使法

---

① 陈映芳，等.征地与郊区农村的城市化——上海市的调查[M].上海：文汇出版社，2003：119.

院受理了，在案件审理过程中，也常常受到来自地方政府的压力，加上法律本身的缺陷，老百姓也很难胜诉。①

大多数失地农民不愿选择成本最大的"找法院"的方式来表达诉求，其实反映了他们理性的考虑。法律的不健全和中国"无讼"的传统，②使得失地农民认识到，在需要维权时，用正常的途径不能解决问题。同时，他们通过吵闹、上访等"不正常"的途径却能使问题得到部分解决，这又强化了他们继续采用这些"弱者的武器"进行"日常抵抗"。③

"日常抵抗"是美国农民研究专家詹姆斯·斯科特在其著作《弱者的武器：农民反抗的日常形式》中提出的一种重要的农民反抗形式。斯科特以自己在马来西亚农村的田野工作材料为证据，提出了这样一个简单的事实：公开的、有组织的政治行动对于多数下层阶级来说是过于奢侈了，因为那即使不是自取灭亡，也是过于危险的。他认为，更为重要的是去理解农民反抗的日常形式，即平常的却持续不断的农民与从他们那里索取超量的劳动、食物、税收、租金和利益的那些人之间的争斗。这些日常形式的反抗通常包括偷懒、装糊涂、开小差、假装顺从、偷盗、装傻卖呆、诽谤、纵火、怠工等。这些被称为"弱者的武器"的日常抵抗形式具有共同特点：它们几乎不需要事先的协调或计划，它们利用心照不宣的理解和非正式的网络，表现为一种个体的自助形式；避免直接地、象征性地对抗权威也是其重要特点。失地农民们采用这些"弱者的武器"进行"日常抵抗"，正从侧面反映了其申诉权匮乏，正常的司法救济途径缺失。

此外，失地农民的"生存伦理"和"从众心理"也使部分人自愿放弃对自己权利维护的申诉权。多数人都认为，征地过程中权益受损并非自己一个人的事情，一方面，靠自己一个人维权也无法实现目的；另一方面，自己也没必要为了大部分人都存在的利益受损问题而强出头，大家都相信，该解决

---

① 王国林.失地农民调查[M].北京：新华出版社，2006：236.
② 费孝通.乡土中国[M].上海：三联出版社，1985：3.
③ 郭于华."弱者的武器"与"隐藏的文本"[J].读书，2002(7)//孙鹤汀.征地纠纷的政治学分析[M].北京：知识产权出版社，2011：136—137.

的问题政府早晚会解决。这体现出农民特有的"生存伦理"（1976年，美国著名社会学家詹姆斯·斯科特在《农民的道义经济学：东南亚的反叛与生存》一书中全面阐释了农民所特有的"生存伦理"，农民的"生存伦理"考虑的是"以生存为中心"的基本原则，而不是追求需求的满足和利益的最大化。对于农民来说，他们所关注的首先是自身的生存，即"我干多少活，才能挣到我已习惯得到的钱来满足习惯的生活需求"，而并不关心多干活能带来多大的利益。斯科特指出，生存伦理不仅是农民的行动逻辑，而且是他们对统治者作出政治和道德评价的原则，对于负担的轻重或对于"剥削"的认定，农民的标准不是"被拿走了多少"，而是在缴纳地租之后"还剩下多少"，是否足以维持家庭的生存）。他们认为，作为统治者的社会精英有义务和责任保护子民的生存，不需要自己努力去争取。而这种生存伦理观又形成了一种普遍的从众心理氛围，影响着所有的失地农民。

即使在征地过程中出现了严重违背农民利益的"生存伦理"，使他们同时遭受眼下生活无着落的生存困境和未来无出路的发展困境、使他们的生活无以为继，部分失地农民在一些"上访精英"的示范效应下，走上了上访之路，同时，由于地方政府对于失地农民的维权行为非常敏感，往往采取严厉打压政策而告终。

四、失地农民的土地收益权、增值权受损

失地农民的土地收益权、增值权，是指失地农民的承包地在被国家或地方政府征用之后，失地农民有从国家或地方政府那里获得土地补偿费、地上附着物和青苗补偿费、房屋安置补助费、就业安置费、养老保险费、生活补助费以及土地转换后的增值收益费等权利。失地农民的土地收益权和增值权应该能够满足或者优于原来土地所提供给农民的各种生活需要和发展需要。

失地农民的土地收益权、增值权受损的直接表现为征地补偿费偏低。调查发现，绝大多数失地农民认为所获得的征地补偿费较低，其比率高达七成至九成，几乎没有人认为征地补偿费较高。上海地区最少的征地补偿费仅为每亩地200元，而最近一次征地的补偿费为每亩800元。2004年后，失地农民的户口可以实现农转非，获得"镇保"的保障，这时土地征用不再支付这800元补偿费，农民的土地保障换成了"镇保"保障，从2011年7月1日开始，镇保与上海市城保（城镇职工社会保障）接轨，失地农民可以根据自己的情况自行选择继续留在镇保体系内还是转到城保体系内。平均而言，上海地区每亩土地的补偿费为448.64元，失地农民认为，除了征地后应该享受的社会保障外，合理的征地补偿费标准应该是每亩18006.32元左右。河南地区在征地时有的村庄每亩土地的补偿费只有1.74万元，而有的村庄补偿费有2.56万元，还有的村庄补偿费高达每亩10万元，在最近一次征地中，平均每亩地获得的补偿费是21665.4元，大家认为合理的征地补偿费标准应该是每亩142445.83元左右。广西地区在2006年第一期征地中旱地补偿标准为每亩9800元，水田为每亩1.3万—1.8万，在2009年第二期征地中旱地补偿标准为每亩4.28万元，水田为每亩4.9万元。失地农民认为合理的征地补偿费用应在11万—12万元。

上海的土地补偿费因折算购买了镇保，满足了失地农民的养老和医疗需求，故情况特殊，费用较少。而河南和广西地区的失地农民并未享受任何社会保障，补偿费也仅为每亩2万—5万元，只相当于当地公务员1年的工资收入，既无法满足失地农民眼前的生活需要，更无法满足其长远的发展要求，失地农民的土地收益权、增值权受损。正如国务院发展研究中心副主任韩俊指出的，征地之后土地增值部分的收益分配，投资者（房地产开发商）拿走大头，占40%—50%，地方政府拿走20%—30%，村级组织留下25%—30%，而被征地农民拿到的补偿款只占整个土地增值收益的5%—10%。[1] 除了土地补偿费偏低之外，三省失地农民还提出了其他征地中存在的不合理方面，被提到频率较高的有：补偿费分配不透明、土地被低征高卖、土地被征后生活没有保障等。

在征地补偿方面，失地农民也提出了自己的期望，他们认为最好的征地补偿方式中，"提供养老、医疗等方面的社会保险""安排就业"和"一次

---

[1] 韩俊.土地出让金只有5%反哺农业,中央电视台新闻频道,2010年12月27日//苏东海.西部民族地区城市化进程中失地农民问题研究[M].北京：人民出版社,2012：92.

第二章 我国东部、中部、西部市民化中的社会问题调查

性付给足够的钱"，是三省失地农民们一致的选择，这说明失地农民在征地前后的变化中，对于未来生活的不安全感和不确定性，希望得到政府的帮助。而与上海地区相比，河南、广西两省的失地农民在征地补偿期望上有两个不同点：第一，村民希望一次性付足够钱的比例更高，希望安排工作的比例要低得多。一方面，河南和广西作为内地省份，工业化程度低，就业机会少，失地农民对于从事非农职业的积极性和信心不足；另一方面，当地人更希望能够有一大笔钱解决今后所有的生活问题，而不是希望通过就业维持和改善生活，等、靠、要思想比较严重。第二，河南调查点中有近3%的失地农民，广西调查点有11.4%的失地农民希望在征地后另外划地给他种，希望继续当农民，这也是与当地工业化程度不强，就业机会较少，同时农民对于土地感情较深，而且农民除了种地没有其他技能，担忧自己无法顺利向非农职业转换等因素相关。

失地农民的土地增值权受损的间接表现为征地补偿费的减值使用。失地农民拿到补偿费后，怎样使用？调查显示，用于吃、喝等生活费以及买房、造房、装修房屋、添置家当等是最先考虑的用途。失地农民普遍学历低，除了种地之外掌握的其他技能少，在市场就业中处于十分不利的地位，因而如何维持日常生计成了他们失去土地后，最为头疼和迫切需要解决的问题，征地补偿费自然被用于日常生活开支方面。

同时，住房是中国人最重要的财产和最大的"面子"，失地农民拿到补偿费后用于买房、造房、装修房屋、添置家当的更不在少数。上海不少失地农民家庭开始发展租房经济，据了解，不少家庭可以用原有住房换购两套公房，一套用于自住，另一套用于出租。每套住房可以群租给三四个人，每人一个隔间（有时将大的房间隔成两个隔间），每个隔间每月150—300元。经济富裕的村民，还相互攀比自住家庭的装修，有些村民家里装修得富丽堂皇：铺着木地板，高档家具一应俱全，但精神文化贫乏，每月不低的生活消费中，用于提高自身文化修养的支出微乎其微。有些家庭的妇女不去找工作，每月靠征地补偿费和房租过活，平日里靠打麻将消磨时光，每次去调查，均能发现一些妇女穿着睡衣在外打麻将，在村子里也会碰到一些人穿着睡衣走

来走去,甚至还有人穿着睡衣去逛街。河南和广西一些失地农民家庭子女已经到了婚嫁的年龄,特别是有男孩的家庭,担负着为儿子先盖房子才能娶到媳妇的重任(在中国农村风俗中,如果男方没有新房,基本娶不到媳妇),原本正在发愁如何筹集盖房的钱款,现在有了征地补偿费,便将这笔钱用于买房、造房、装修房屋。

对于有子女正在读书的家庭来说,子女教育也是一笔不小的支出。调查显示,三省失地农民普遍希望子女能够读大学接受高等教育,甚至有近三成的人希望子女能够读到研究生或出国留学,为了子女的前途,不少家庭便将征地补偿费交纳了子女的学杂费或用作了其他教育费。

可见,失地农民拿着征地补偿费应付了眼下的生活,却敷衍了将来失去土地后的生存方向,未考虑长远的生活出路。由于失地农民整体素质偏低,缺乏非农就业能力和谋生手段,一旦有限的补偿费用花完之后,就没有了经济来源,随着物价的上涨,生活成本的提高,今后难以保障稳定生活,极易返贫,给社会稳定带来隐患。[①] 因此,首先,地方政府要加强宣传引导,让农民意识到,这笔补偿款的目的是让他们为今后的生活谋出路,并及时向他们灌输先进、合理的理财观念,让他们学会规划和合理使用土地征用补偿费。[②] 其次,地方政府要通过培训使他们树立利用地方产业优势寻找商机的意识,学会经营和管理,选择正确的创业行业,结合当地的创业机遇,就地就近转产创业,并通过就业技能培训、岗前培训等,使他们真正掌握一技之长,提高就业竞争力和自主创业能力。真正实现农民失地不失业,年年有收入,家家奔小康。[③] 最后,地方政府要鼓励发展集体经济。在充分尊重失地农民意愿的前提下,运用市场机制,积极探索经营土地补偿费的新路子,让"死"钱变"活"钱,"小"钱变"大"钱,实现土地补偿费的增值收益,让失地

[①] 陈望.省政协委员:政府应引导失地农民使用征地补偿费,南海网,2013-01-27[2018-10-25]. http://www.hinews.cn/news/system/2013/01/27/015397360.shtml.

[②] 李苏文.对苏仙区失地农民合理使用征地补偿费的思考,郴州市统计信息网[2013-01-27]. http://www.czs.gov.cn/tjj/dyfx/qxfx/content_380957.html.

[③] 李苏文.对苏仙区失地农民合理使用征地补偿费的思考,郴州市统计信息网[2013-01-27]. http://www.czs.gov.cn/tjj/dyfx/qxfx/content_380957.html.

农民获得长期稳定的收益。①

五、现有的绩效考核体制和市场经济环境，使村委会的职能异化，失地农民的话语权失效

后现代思想家福柯指出，"话语意味着一个社会团体依据某些成规将其意义传播于社会之中，以此确立其社会地位，并为其他团体所认识的过程"。笔者认为，失地农民的话语权就是失地农民通过自己的代言人，发出自己的声音，并使得自己的需求能够在国家及地方政府政策制定、社会服务提供时得到体现和满足的一种权利。拥有自己有效的代言人，是失地农民话语权得以保证的重要前提。从理论上讲，现在农村实行村民自治，农民可以通过选举来表达自己的利益，推出自己的代言人。农村村民委员会就是农民的"团体"，村干部就是农民的"代言人"，但在现实中，村委会却与基层政府有着密切联系，村干部的工作深受基层乡镇政府的指导。

三省失地农民均认为村干部在征地过程中所起的作用并不大（上海有超过80%的受访者、河南有超过50%的受访者、广西有近90%的受访者认为村干部所起的作用有限）。事实上，只有村干部主动联系开发商或用地单位买卖土地时，村干部才发挥主导作用。而在多数由乡镇政府直接指挥的征地事件中，村干部只是执行上级领导的决定，他们没有单独的权力。在整个征地过程中，也主要是乡镇政府与开发商协商决定征地利益的分配，村干部仅是负责将征地方案具体落实下去，并未参与到核心议程中去；但若在征地过程中出现了村民的反抗，则开发商会督促乡镇政府去解决，而乡镇政府又主要委派村干部出面，村干部很难成为有效的失地农民"代言人"。

可以看出，村委会实际上处在"保护型经纪"与"赢利型经纪"角色冲突的阴影下。②作为保护型经纪，它夹在上级政府与村民之间具有了政府代表和农民代表的双重身份，存在双重代理的性质：一方面，按照村民委员会组织法的要求，村民委员会应由村民直接选举产生并忠实地代表土地所有者

---

① 李苏文.对苏仙区失地农民合理使用征地补偿费的思考，郴州市统计信息网[2013-01-27]. http://www.czs.gov.cn/tjj/dyfx/qxfx/content_380957.html.

② 李一平.城市化进程中失地农民利益受损的制度分析与对策[J].中州学刊，2004（2）.

的利益,因而村民与村民委员会形成了委托—代理关系;另一方面,由于村委会成员的选举在很大程度上是在乡镇一级政府指导、协调、监督下进行的,乡镇一级党委、政府能够直接决定村两委干部的人事任免,村民委员会受到政府行政行为的强力干预和控制,仍然是一种准政府的行政组织,代理上级政府的一部分行政职能。例如,当涉及土地转让的谈判交易、征地补偿款的分配等重大利益问题时,村委会并不能完全代表"村农民集体"行使土地所有权职能,而是要贯彻执行乡镇意图。① 作为赢利型经纪,在市场经济的大潮中,村委会干部无法满足于仅有的微薄的补贴(工资),或是忙于村级经济的发展,或是谋划个人事业的发达,无暇顾及村中事务。在这样的制度安排下,一方面,他们要面对来自上级的压力;另一方面,他们要受到自身利益的局限,或者接受较低的征用价格,以农户的经济利益为其谋求政治的和经济的利益,或者借用其权力攫取农民个体模糊的产权界定下外溢的财产权利,直接截流征用补偿款。② 可见,在征地过程中,村民委员会难以成为失地农民的"团体",而村干部更是难以承担起代表农民利益与征地方进行谈判、公平分配土地收益的职责。

六、失地农民的就业转换困难,地方政府的就业安置作用有限

失地农民要想融入城市生活,成为一个真正的市民,第一步就是身份转为市民,并且能够在城市找到相对稳定的职业,即应该得到获取生活资料的生产方式。职业是生产方式的突出表现。马克斯·韦伯认为:"职业应该称之为一个人的劳动效益的分类化、专门化和组合。这种分类化、专门化和组合对他来说,是持续得到供应和赢利机会的基础。"③ 失地农民进入非农产业就业,不仅能增加收入、改善生活条件,更重要的,这是他们市民化进程的起点,是农民角色转型的阶梯。失地农民正是通过在城市的职业获得和社会交往中体验并理解现代工业文明,学习和扮演市民角色,就业转换是农民市民化的首先表现。农民只有进入了现代职业体系,成为城市产业中的生产

---

① 李一平. 城市化进程中失地农民利益受损的制度分析与对策[J]. 中州学刊, 2004(2).
② 李一平. 城市化进程中失地农民利益受损的制度分析与对策[J]. 中州学刊, 2004(2).
③ M. 韦伯. 经济与社会[M]. 林荣远,译. 商务印书馆 1997: 163.

经营者，才能真正融入城市。然而，失地农民的生产方式融入过程并不顺利，失地农民市民化的经济基础并不牢固。

调查显示，在征地前，三省失地农民中纯粹务农的均达到50%以上，很少有人无业或待业；而征地后，除了广西地区失地农民继续务农的比例稍高些外，上海和河南中继续务农的比例非常低，但无业或待业人数则大幅度增加。而找到工作者，其工作类型也无外乎是从事建筑类的体力劳动或是"扫把、拖把、铲把"等三把类工作或是保安、保洁、环卫工、自行车修理、厨师等服务行业的体力工作以及卖早点、卖报纸、摆水果摊、烤红薯等个体经营类工作。在机关事业单位工作的或从事企业脑力劳动的失地农民寥寥可数。三省失地农民对于找工作难易程度的评价较为一致，认为"难"的比例均高达55%以上。而"没有技术""没有文化（学历低）""年龄偏大"是受访的失地农民所认为的、导致他们难就业的主要原因。至于找工作的途径，失地农民普遍反映，主要是靠自己找到工作，其次是靠亲戚、朋友、熟人来介绍工作，能够实现征地安置就业的人不到4%。这说明失地农民的就业主要是其自身的人力资本起作用。而失地农民没有技术、没有文化使其自身的人力资本严重匮乏，影响了失地农民的顺利就业。在调查中，很多失地农民提到从来不去人才市场找工作，有些原因竟然是不会填应聘表格，觉得太复杂，既费钱又费力，也找不到工作。

调查分析发现，影响失地农民获得非农职业的条件有个人的和社会的两个方面。从个人方面来看，失地农民个人人力资本较差、个人社会关系网络匮乏，大多数人只拥有单一经济要素——劳动力，职业转型能力十分有限，同时，部分失地农民就业观念较为僵化，等、靠、要思想较为严重，都影响着其就业能力的实现。例如，上海部分青年失地农民对于找工作挑三拣四，真正的好工作自己干不了，而找不到好工作干脆待在家里不工作，整天游手好闲，成为三啃一族（啃父母、啃老婆、啃政府）。对就业岗位比较挑剔，提出了"月收入少于2000元不去，三班倒不去，勤杂工不去，路途远不去，没有双休日不去……"的要求，他们宁愿在家睡大觉、搓麻将，也不去从事脏、累、苦但足以自立的服务型工作，成了"懒惰、怕吃苦、爱面子、图虚荣、无技能"的社会寄生虫。广西失地农民中只有很少的农民（只有3%）愿意去外地就业，基本上所有的被调查者都表示自己的就业地点离家应该在半个小时到一个小时的路程之内。

社会条件有政府扶助条件和社会的大环境两大影响因素。但在失地农民的职业转换中，地方政府的就业安置扶助作用十分有限。三省地方政府能够直接给失地农民提供就业岗位的机会很少，甚至没有，而提供就业信息和免费就业培训和指导的比例也仅为1%—27%，其中上海地方政府为失地农民职业转换提供了27%的就业培训和就业信息指导服务，河南地方政府提供了15%的就业培训和就业信息指导服务，广西地方政府提供了0.9%的就业培训服务，没有提供过任何就业信息指导服务。针对那些征地后暂时找不到工作的人，只有上海地方政府为其发放两年的就业安置补助费，每月290元，帮助失地农民度过职业过渡期，而河南和广西的地方政府则既没有提供此项帮助，也很少过问失地农民实际的就业状况。可以看出，地方政府在对失地农民的就业安置上发挥作用的大小，将直接影响着失地农民市民化的生活状况和心理适应能力。此外，社会的大环境因素还包括经济发展水平、就业制度与政策等，近年来，城市面临着巨大的就业压力，如大学生、下岗工人等城市居民的就业难也对失地农民的就业形成了挤压和排斥。影响失地农民就业的个人和社会条件共同作用最终导致失地农民工作条件差、薪酬低、不稳定、权益难保，处于边缘化境地。从总体上看，农民的非农化就业机会不均、渠道不畅、成本较高、风险较大，农民群体通过职业角色的获致而向上流动存在诸多困难，成为其社会融入的重要障碍。这也使他们在内心深处并没有认同向城市新市民角色的转变，这是我们在城市化进程中应当重视和警惕的现实问题。

七、失地农民的社会保障不健全

（一）原有的农村家庭传统养老功能弱化

长期以来，在我国农村，土地的养老保障功能体现在两个方面：一是对为数较少的孤寡老人（农村的"五保户"）实行集体养老，集体养老的支出

第二章 我国东部、中部、西部市民化中的社会问题调查

主要来源于集体土地的收入；二是对于为数众多的一般老人实行家庭养老，家庭养老的资金主要来源于土地。农民进入老年之前会从以前的土地收益中积蓄一部分备养老之用；在年老时，如果农民自己有耕种能力，则可通过耕种土地获得养老收入；如果丧失了耕种能力，则可以将土地转移给家庭的其他成员（主要是子女）耕种，由家庭其他成员为其养老，也可以将土地出租给家庭以外的人耕种，以土地流转的租金来维持生活。

对于目前已经进入养老阶段的农村老年人口来说，如果失去了土地，从某种程度上来看就意味着失去了换取子女生活照料和经济支持的物质来源。正如费孝通先生所指出的："假如父母老时，仍然掌握一部分土地，但无力耕种，儿子将代他们耕种。这意味着实际上儿子必须为父母出一份劳力。"关键问题在于土地是农民的养老本钱。农民失去土地，也就失去了养老的本钱。美国社会学家西德尼·霍夫曼（Sidney Hoffman）曾指出，社会中的人都是理性的经济人，个人之间存在一种互惠的交换模式，即在人们交换中，双方都得到需要的东西，只有对等、互惠、交换才能继续下去。在父母和子女之间也存在这样的交换，父母抚养子女，期待年老时能够得到子女的赡养；子女从父母处得到关怀和抚爱，等自己成年后以赡养老人作为报答。[①] 但前者——父母抚养子女是容易实现的，而后者——子女对父母的赡养则是一种社会行为，更多的是出于道德压力和责任感，当然其中也有血缘和亲缘的力量。这使交换双方的行为动机和出发点大不相同，而且这种交换在时间上的跨度也使老年人处于很不利的地位。在新一轮的交换中，老年人如果没有可交换的资源而处于被动的地位，这将使他们的利益得不到保障，老年生活陷入困境。要让老年人的生活得到保证，最根本的一点就是让他们拥有一定的生产和生活资料，以此作为交换子女养老的手段。也就是说，作为农村养老保障的最重要的方式之一——农村家庭养老保障是以老年人口拥有一定的生产和生活资料为保证的，承包的土地就是这份生产和生活资料。

自我国实行计划生育以来，农村的家庭结构发生了变化，子女逐渐减少，

---

① 楼喻刚.土地被征用农民养老保障问题研究［D］.浙江大学硕士学位论文，2002.

"四二一"式的家庭逐渐增多,这意味着,一个独生子女在若干年后将不得不为4—6位老人养老,这无论是在经济上,还是在时间和精力上都将难以承受。现代价值观念对家庭内聚力也造成一定的冲击,使家庭赡养暴露出来的问题日益严重。人们更多地追求自我价值的实现,对"孝道"的理解似乎淡了许多,"崇老文化"失去其价值基础。人口老龄化、家庭结构小型化以及人们工作方式的变化都在不断弱化农村家庭的养老保障能力(尤其体现在为老人提供情感慰藉、生活照料方面)。

(二)失地农民的社会保障不够公平、健全

调查显示,失地农民的社会保障并不健全,即使是经济发达的上海地区,失地农民在2011年7月之前是享受镇保待遇的,镇保也仅局限于养老保险和医疗保险,而且镇保的待遇和标准要比一般市民所享受的城保"矮一截"。2011年7月之后,上海的镇保和城保开始实施并轨,但尚有一个过渡期,失地农民可以根据自己的情况,选择加入城保或者继续镇保,这在失地农民享受的社会保障公平度上确实迈进了一大步,但是这种公平仍然是有条件的——若加入城保,则原来的镇保缴费仅折合成一半,即镇保缴费15年仅当作城保缴费7.5年,还有7.5年的缺口,则需要自己补交,这就使当初的征地成本再次转嫁到了失地农民的身上。其实,失地农民拿到征地补偿款如同国有企业职工买断工龄一样,本质上均为失业,但是工人能够享受健全的城镇社会保险,失地农民却不能。失地农民在土地被征用、户籍转为城镇居民之后,即应该享受与市民平等的保障待遇,他们为政府征地已经作出了巨大的牺牲,即使有些过渡政策,其成本也不应该由失地农民再来承担。而经济欠发达的中部、西部地区,失地农民现在参加了城乡居民养老保险和城乡居民医疗保险,但保险的交纳是自愿的,个人负担至少50%。很多失地农民因为经济原因或者思想认识不足没有参加,没有受到任何保障,社会保障严重缺失。调查发现,大多数村民最发愁的是眼下如何解决生计问题,对于相对较遥远的养老问题和医疗问题是抱着一种走一步算一步的态度。部分失地农民参加了新型农村养老保险和新型农村合作医疗,来应对将来的养老问题和看病问题,从就业角度和户籍角度来看他们已不再是农民,为什么还要参加新型农村合作医疗？在无法参加城镇职工或城镇居民医疗保障的情况下，这其实更是这些"非农非城人"的一种无奈的选择。

土地对农民而言不仅是生产资料，还是生活保障和生存环境，具有生产要素、生活要素、就业载体、保障要素和生态循环等多方面的功能。要想让失地农民顺利融入城市生活，就必须为几千年来农民"靠地养老"的生活方式找到了一条较好的替代路径。若没有任何生活保障屏障，仅凭一纸户口的转变，就希望失地农民转为真正的"市民"，那只是一种硬性的政策安排，是将失地农民如一个个原子般孤立地"嵌入"到了城市生活，[①] 并没有实现真正的社会融入，会带来诸多的不适应和副作用，干扰着社会机体的和谐运行。

失地农民在失去农民身份的同时应立即获得相应的市民身份，享受平等的国民待遇。所谓国民待遇，是指国家在最基本的政策和制度方面如何对待所有国民的问题。应具有对等原则和公平原则两项最基本的原则，即所有成员应享受同等的待遇和最基本的国民权益和保障。[②] 农民一旦失地转为城市户口，在主体上就具备了作为市民的资格，就应该同市民一样被纳入城市社会保障体系，政府有责任向他们提供城市最低生活保障，为他们办理养老、医疗、失业、救助、生育、廉租住房、教育减免、司法救助等各类保险和福利待遇，促使他们消除对未来生活的忧虑。实际上，社会保障制度作为一种社会公共物品，理应由政府无条件地向农民提供，更何况农民是以失去土地为代价换取的，理应得到生存条件和生活保障的有效替代，[③] 不应有更多的条件限制，若有了完善的社会保障，那么作为理性经济人的农民，会自觉自愿甚至向往融入城市生活。

让农民转变为市民，并尽快融入城市社会生活，不是用非市场的手段收走农民的土地，把他们"驱赶"到市民化道路上就可以实现的，而恰恰是要保护他们在土地上的各种利益，使农民与土地关系的改变不是对农民利益的

---

① 路小昆. 徘徊在城市边缘[M]. 成都：四川人民出版社，2009：40.
② 刘怀廉. 中国农民工问题[M]. 北京：人民出版社，2000：225.
③ 路小昆. 徘徊在城市边缘[M]. 成都：四川人民出版社，2009：42.

种种剥夺和损害，而只是一种利益载体形式的转换，从而让农民拥有足够的经济实力去安排自己的工业化、城市化选择。[①] 只有这样，才能真正把农民从土地上分离出来，让他们走入市场，走进城市，走向市民化。

八、征地后，失地农民的社会关系网络变化呈现一致状态

一般认为，社会网络研究产生于英国人类学，英国学者博特的著作《家庭与社会网络》首开社会网络研究之先河。20世纪60—70年代以来，社会网络的概念在社会学研究中广泛运用，并在此基础上形成社会资本理论。法国著名社会学家皮厄尔·布迪厄在其名著《文化资本与社会炼金术》中对资本形式作出了以下划分：一是由物质性条件如土地、货币等构成的物质资本；二是由遗传天赋形成的人力资本；三是由自然人所处的社会环境而形成的社会资本。布迪厄认为，社会资本是"实际的或潜在的资源的集合体，那些资源是同对某种持久的网络的占有密不可分的，这一网络是大家共同熟悉的，得到公认的，而且是一种体制化的关系网络"[②]。按照波茨的研究，作为社会关系资源的社会资本有三种基本功能：一是作为社会控制的来源；二是作为家庭支持的来源；三是作为通过家庭外的网络获取收益的来源。[③] 美籍华裔社会学家林南认为，资源不但可以被个人占有，而且嵌入社会网络之中，可以通过关系网络摄取。主流社会学家将社会看作一个网络，人与人、组织与组织之间的纽带关系是一种客观存在的社会结构。任何网络中的行动者（人或组织）与其他行动者的关系都会对行动者的行为产生积极或消极的影响。也就是说，行为者一方面是有意识的行为主体，另一方面其行为又受到社会网络的制约。个人、家庭、组织、机构都可以看作网络中的节点，个人只有通过这个网络与大的社会系统相联系，才能获得生存所必需的物质资源和心理满足。其中，亲友、邻居、同事、组织等直接给个人提供帮助的这部分节点和联系称为个人的社会支持网络。社会支持网络能向个人提供多种类型的

---

① 路小昆.徘徊在城市边缘[M].成都：四川人民出版社，2009：122.
② [法]皮厄尔·布迪厄.文化资本与社会炼金术[M].包亚明，译.上海：上海人民出版社，1997：210.
③ 李惠斌，杨雪冬.社会资本与社会发展[M].北京：社会科学文献出版社，2000：2.

第二章 我国东部、中部、西部市民化中的社会问题调查

社会支持，包括感情支持、对自身的积极的评价和信息反馈、信息支持、协助人们获得帮助、提供实际帮助等。社会支持具有两方面的功能：一是在个体受到压力的情况下有消除物质和精神压力的作用；二是在通常情况下作为信息渠道起到反馈作用，使人得到信息反馈，了解社会状况和获得自信和安全感。

失地前，农民的社会网络具有相当的稳定性。我国几千年农业社会的一个重要特征就是费孝通先生所描述的"差序格局"，即"社会关系是逐渐从一个一个人推出去的，是私人联系的增加，社会范围是一根根私人联系所构成的网络"[①]。因而血缘、亲缘、地缘是中国传统农业社会网络结构赖以形成和存在的基础，成员内部互惠是中国农村居民社会网络存在的主要形式。正如美国著名中国学专家费正清先生在分析"中国社会的本质"时所指出的那样："中国的社会单元是家庭而不是个人，村子通常是一群家庭和家族单位组成的，他们世代相传，永远居住在那里，每个农家既是社会单位，又是经济单位。"[②]即传统农民受地域条件和职业的限制，其交往对象的主体首先是亲属，[③]其次是邻居。他们所建构的关系网络主要是一种格拉诺维特所说的"强关系"，[④]即他们只是在彼此之间互动频率高且关系密切的亲戚、邻居之间建构社会关系网，并通过这种社会关系网来摄取资源。这种社会网络虽然稳定，但其同质性较强，是一种重复性的低水平关系网络。

有研究表明，农民的社会关系网络是以感情为基础，成员之间自愿提供帮助，所以包括亲友、邻里、工作群体等在内的初级群体的成员是个人社会关系网络中的主要节点。[⑤]失去土地后，农民原有的社会关系网络发生了一定的变化，调查显示，三省失地农民的社会关系网络变化呈现出基本一致状态。

（一）征地后，三省失地农民的亲缘关系、业缘关系变化不大

失地农民的亲缘关系大体保持了原有的状况，也就是说他们还维持着一

---

① 费孝通.乡土中国[M].北京：北京大学出版社，1998：25.
② 费正清.美国与中国[M].张理京，译.北京：世界知识出版社，2003：4.
③ 张文宏，阮丹青，潘允康.天津农村居民的社会网[J].社会学研究，1999（2）.
④ Granovetter, Mark. The Strength of Weak Tie[J]. American Journal of Sociology, 1973（8）.
⑤ 黄信敬.社会网络特性对被拆迁居民行为的影响分析[J].北京行政学院学报，2005（3）.

种格拉诺维特所说的"强关系"。上海的大多数失地农民在征地前就有工作，因而征地也并未影响到其业缘关系的变化，河南和广西的失地农民在征地前60%以上都是从事农业工作的，所以业缘关系基本不存在。征地后，近四分之一的人又处在失业状态，还有一大半的人以打零工为生，流动性强，很少有机会发展业缘关系。对于河南和广西地区失地农民业缘关系长期的"零发展"，这一点也要引起各级政府的重视，因为业缘关系的建立是失地农民融入城市社会、实现角色转变的必经之路。而失地农民的社会网络在征地后仍然呈现出很强的保守性和封闭性，新的业缘关系并未建立起来。他们仍然生活在郊区这样的地域性社区中，他们的主要交往关系仍为初级关系，形成以失地农民为主的郊区社区。他们所形成的地域性社区，虽然在地域上属于城市，其实质却是农村社区。而农村文明与城市文明的融合是通过微观层面的人与人之间的互动来实现的，失地农民市民化的实质性转变依赖于现实的社会关系变化。此外，业缘关系的零发展，还使失地农民的劳动业绩和社会地位累积发生断裂，正式职工在单位里的工作业绩是可以累积的，业绩累积逐渐地变为晋升的基础，于是就有了地位的累积，地位的累积是个人的一种资本，此种资本通过档案制度而正式记录在案。当职工在单位之间流动时，是可以将这种资本从一个单位带到另一个单位的。失地农民这种劳动业绩和社会地位累积的断裂，使得他们很难同步分享现代化发展的成果，而这会严重阻碍失地农民的市民化进程。

（二）征地后，地缘关系更为松散化

上海地区随着房屋拆迁，失地农民原有的地缘关系四分五裂，但社区居委会发挥了重要的作用，满足了失地农民多方面的需求，降低了失地农民对原有地缘关系变化的感知，也为失地农民社会网络的发展创造了良好的环境，使他们在市民化过程中获得更多的来自地缘关系中的资源，为失地农民市民化的顺利推进提供社会性保障。而河南和广西失地农民的地缘关系则因市场经济和征地利益的介入，又没有社区的帮扶力量，从而出现弱化甚至恶化状态。

（三）征地后，失地农民的交往目的正逐渐由情感型向混合型转变

征地后新的利益关系冲击着失地农民原有的社会关系，使原来情感性非

常强的关系受到了冲击，表现出工具性倾向的增强。正如台湾心理学家黄光国认为中国人有三种关系：一种叫情感型关系，一种叫工具型关系，一种叫混合型关系。情感型关系是以情感为纽带而联结起来的，工具型关系是为了实现某种目的而以资源的交换为纽带而联结起来的，混合型关系是前两种关系的融合，也就是既有情感型关系又有工具型关系。失地农民与亲戚邻居的关系在征地前以情感型关系为主，征地后这种关系发生变化，有些失地农民为了得到维持生计所需要的资源甚至会牺牲自己的情感联系，使得原有的情感型关系逐渐转变为混合型关系乃至工具型关系。这种变化既受到市场经济大环境的影响，同时也受到微观环境中利益关系的影响。它给失地农民带来眼前益处的同时也带来了潜在的负面影响，一定程度上破坏了他们原有的社会资本。调查显示，三省失地农民人际交往的主要目的是获得情感的支持，这种支持的需求有不少来源于对生活的孤独感和无助感。但是，希望通过人际交往获取信息的人不在少数，这说明失地农民的人际交往目的在征地和市场经济的大变革中，已经多多少少加入了工具性特征，正在从情感型关系逐渐地转变为混合型关系。同时，失地农民在人际交往方式上还保留浓厚的"乡土"气息。调查显示，在回答"你经常采用怎样的交往方式"时，上门串门、偶遇攀谈和电话交往，是失地农民比较习惯的交往方式。电话交往的频繁使用，说明失地农民在交往方式上已经呈现了初步的城市化、现代化特征。

九、征地后，失地农民的身份认同度普遍不高

从市民转化意愿上看，三省中，只有上海的失地农民普遍认为"做市民好"，河南和广西的失地农民因在征地时大部分人还没有完成房屋的拆迁，他们还是居住在原来的地方，原来的房子里，依旧是分散化居住，文化和娱乐生活也没有比征地前有太大变化。加上两个区域本来工业化程度就低，农村人长期以来与城市人接触也不多，对城市生活方式的认同程度也很低。河南和广西的受访者对于"做市民好还是做农民好"这个问题的回答多数是"说不清楚"，这说明失地农民的"市民"归属感不强。归属感，又称隶属感，是指个人自觉被别人或被团体认可与接纳时的一种感受。心理归属感，是心

理上的安全感与落实感的一种反应。心理归属感越强，个体越容易融入群体生活。失地农民被征地后由于现实需求不能得到很好满足，会导致他们对于现实的身份、地位认同模糊，甚至从内心对以往生活产生强烈的怀念和眷恋之情。这是市民心理归属感不强的一种体现。征地以后，三省中大部分失地农民的户籍已从农业户口变成了非农户口，他们的生活空闲方式、生活环境都发生了变化，从外界看来，他们已经是新市民了。但是，大部分被访者却并不认同自己的市民身份。"在征地以后，你认为你的身份是"这一问题的回答中，上海失地农民中一半以上的人认为"自己好像离市民还有距离，但也不是以前的农民了"，河南地区68.2%的失地农民认为自己还是农民，广西地区有近六成的人认为自己是"农民"或"非农非城"的人。追究原因发现，一方面，失地农民认为自己与老市民在待遇上还不统一，在社会保障方面存在差距。在他们看来，要成为一个真正的市民，就必须拥有一些必备的条件，如要有城市户口，要在城镇有住房，同时还要有稳定的收入。而现在的受访者多数不符合这个条件，所以他们不认为自己是市民，甚至有的失地农民表示还不能适应没有土地的生活。另一方面，很多失地农民现在仍然居住在农村地域，还有不少失地农民仍然保留着原有农村的生活方式和生活习惯，例如，在安置楼房门前打上水井，在楼前楼后种上小葱小菜，遇到红白事件则在小区中支锅、搭篷招待，失地农民行为表现是其思想及价值观的一种映射，这说明尤其中年、老年失地农民对城市中的许多行为规范和价值观念还不够适应，自然不会认同自己的"市民身份"。

影响到市民身份认同的另一个重要方面就是失地农民与原市民的交往方式与交往时间。心理学研究表明，面对面直接交往的时间与人际关系融洽程度成正比例关系。长时间的面对面交往使成员之间容易形成相似的价值系统，使群体成员有可能形成共同的情感。共同价值系统和共同情感又是群体融合的主要源泉。交往时间短，则成员之间的关系就会冷漠、生疏、心理归属感较差。笔者在调查中发现，三省失地农民与原市民交往的有限性和浅表性，很大程度上影响着其对市民身份的认同度。在征地之前，农民与市民的关系大多为买卖交易关系，有的甚至不接触，但是征地之后，虽然失地农民与市民的这种简单买卖关系还较多，但是失地农民开始与市民一起参与一些活动，并发现了共同的兴趣爱好，也开始接受了一些市民的想法和行为，这对于失地农民的市民身份认同是有积极推动作用的，然而，从辩证的角度看，小市民的工具型交往关系、斤斤计较的处事原则等也正浸入失地农民的思维中。这更要求社区的综合服务、素质引导工作要匹配甚至领先失地农民的市民化进程，正确引导"新市民"的各项思维观念。大部分失地农民还不太愿意与"原市民"深入交往，主要原因有：跟他们没有什么共同话题，感觉没有必要跟他们交往同时也不知道怎么跟他们相处，自己的生活、经济水平还不够好，自己的社会地位与市民还有差距，缺乏财力也缺少闲心考虑人际关系的拓展。这些都说明了失地农民的交往圈还主要局限于内部，具有很强的封闭性，跟市民的圈子交叉很少。可以看出，失地农民的人际交往基本上仍是以熟悉和信任作为交往的基础，还带有明显的农村社区初级关系色彩，与现代城市文明所要求的以业缘为基础的开放式、多样化的人际交往有很大的差异。这种交往圈的隔离也将导致他们长时间徘徊在城市主流社会之外。可见，失地农民能否顺利融入城市社会，关键的问题是他们能否被城市中的居民所接纳，农村文明与城市文明的融合是通过微观层面的人与人之间的互动来实现的，失地农民身份的实质性转变依赖于现实的社会关系变化。

因此，失地农民的市民身份认同首先需要有物质基础作为保障，其次需要加大对失地农民居住社区中公共服务和社会福利的投入，充分发挥社区的"日常行为引导"和"人际交往黏合剂"的作用，促进失地农民与原市民之间的沟通交往，然后才能潜移默化地让失地农民在思维观念上变被动为主动，形成良性循环。

第十五节 东部、中部、西部市民化中的影响因素数据分析

若将失地农民市民化的影响因素视作一个全集，则本部分的分析将从两个子集：征地意愿、其他影响因素分别进行失地农民市民化的影响因素分析，用数学的集合公式表示为：失地农民市民化的影响因素 = 失地农民征地意愿 +

其他影响失地农民市民化的因素。

在分析失地农民市民化的影响因素前，要先了解失地农民征地意愿的影响因素。

一、失地农民征地意愿影响因素分析

（一）模型选择及变量说明

失地农民的市民化水平和征地意愿取决于多种因素，然而，这些因素之间往往有着复杂的因果联系或相互关联，不能被单独割裂开来研究，如果可以用一种模型对其进行整体性的分析，或许可以更清晰地了解到不同因素的影响大小。经过建模可以证实，征地因素与各影响因素间确实存在线性相关，因此，本书选择用回归分析来研究影响征地意愿的因素。

显然，因变量应为失地农民征地意愿 Y。在确定自变量之前，笔者首先统计了失地农民是否愿意征地的原因，表 2.18 所显示的是不同原因在不同态度人群中的被选择概率。

表 2.18　不同原因在不同态度人群中的被选择概率

	愿意	百分比
愿意征地的原因	种地收入太低	20.34%
	变成城市人，城市生活质量高	16.61%
	没有土地后，收入增加的机会更多	6.44%
	因为国家需要而愿意	23.73%
	征地的补偿费很高	4.07%
	征地后会有养老和医疗保障	26.10%
不愿意征地的原因	土地还会升值	12.70%
	今后生活无保障	32.54%
	就业太难	16.83%
	征地补偿太低	34.29%
	乡土情怀（喜欢自己种地）	1.59%
	不能适应（或习惯）城市生活	1.90%

根据上表归纳，影响失地农民征地意愿的因素主要可以分为三个部分：经济因素、生活方式转变以及抗风险措施，具体而言如表 2.19 所示。

表 2.19　影响失地农民征地意愿的因素归纳

经济因素	征地前收入
	征地后收入
	就业机会
	征地补偿费用
	土地还会升值
抗风险措施	保障制度
生活方式转变	城市生活质量高

其中，虽然有些失地农民不愿意征地的原因是个人的乡土情怀或不能适应城市生活，但是这两项的比例较低，且涉及市民化情况，故在此不作主要因素考量。

此外，除了上述因素之外，失地农民的个人特质对于其征地意愿也会产生一定影响。当然，不同地区间被调查者的征地意愿也是迥然不同的，如表 2.20 所示。

表 2.20　三地调查点失地农民征地意愿分布

	愿意	不愿意	无所谓	合计
上海	63.60%	24.00%	12.40%	100.00%
河南	5.40%	74.00%	20.60%	100.00%
广西	9.30%	87.30%	3.40%	100.00%

因此，基于前述研究以及对失地农民的意见归纳，笔者将失地农民征地意愿分析的自变量确定为五组，如表 2.21 所示。

表 2.21　失地农民征地意愿回归模型的自变量组设置

变量序号	类别	内容	变量类型
第一个变量 X1	地区	征地地区	定类

续表

变量序号	类别	内容	变量类型
第二组变量 X2	个人特质	性别	定类
		年龄	定距
		文化程度—受教育年限	定距
		政治身份	定类
		身份认同	定类
第三组变量 X3	经济	平均每亩地补偿数额	定距
		对征地补偿的看法	定类
		征地前生活来源	定类
		找工作难易程度	定序
		征地前生活水平	定序
第四组变量 X4	保障	是否拥有养老保险	定类
		是否拥有医疗保险	定类
		是否拥有失业保险	定类
		是否拥有其他保障项目	定类
第五组变量 X5	生活方式	消费观念	定类
		居住地改变的意愿	定序
		是否愿意与原市民打交道，交朋友	定类

以地区分组后，自变量的构成及基本统计情况如表2.22所示。

表2.22 自变量的构成及基本情况统计

		上海	河南	广西
第二组自变量 X2——个人特质	性别（%）			
	男	40.20%	48.90%	63.00%
	女	59.80%	51.10%	37.00%
	年龄（%）			

第二章 我国东部、中部、西部市民化中的社会问题调查

续表

		上海	河南	广西
第二组自变量X2——个人特质	20岁以下	0.00%	0.80%	3.30%
	21—30岁	3.80%	10.70%	0.80%
	31—40岁	10.60%	35.10%	16.00%
	41—50岁	25.80%	28.20%	30.30%
	51—60岁	25.70%	11.50%	34.50%
	60岁以上	34.10%	13.70%	15.10%
	文化程度——受教育年限（%）			
	不识字——0	5.20%	14.60%	21.00%
	小学——5、6（依据地区条件）	25.00%	23.80%	38.70%
	初中——9	45.50%	30.10%	25.20%
	高中或中专——12	19.70%	19.20%	12.60%
	大专——15	2.30%	8.50%	1.70%
	本科及以上——16	2.30%	3.80%	0.80%
	政治身份（%）			
	中共党员	12.00%	12.30%	6.70%
	其他党派成员	1.60%	0.00%	1.70%
	一般群众	86.40%	87.70%	91.60%
	身份认同（%）			
	市民好	66.20%	23.80%	31.30%
	农民好	6.90%	35.40%	15.60%
	说不清	26.90%	40.80%	53.10%
第三组自变量X3——经济	征地补偿费（均值）			
	平均每亩地补偿元数	448.64	21766.41	26167.02
	对征地补偿费的看法（%）			
	低	71.80%	79.10%	87.80%

续表

		上海	河南	广西
第三组自变量X3——经济	一般	25.10%	20.90%	12.20%
	高	3.10%	0.00%	0.00%
	征地前主要收入来源（%）			
	种地收入（卖粮、卖菜等）	32.40%	33.40%	19.00%
	养殖收入	22.80%	15.00%	0.00%
	其他	44.80%	51.60%	81.00%
	找工作难易程度（%）			
	很难	55.40%	65.40%	88.00%
	一般	37.40%	29.10%	12.00%
	容易	7.20%	5.50%	0.00%
	征地前生活水平（均值）			
	征地前恩格尔系数	0.38	0.66	0.5
第四组自变量X4——保障	是否拥有养老保险（%）			
	有	90.90%	9.90%	16.90%
	无	9.10%	90.10%	83.10%
	是否拥有医疗保险（%）			
	有	95.50%	21.50%	72.00%
	无	4.50%	78.50%	28.00%
	是否拥有失业保险（%）			
	有	20.00%	6.90%	5.90%
	无	80.00%	93.10%	94.10%
	是否拥有其他保障（%）			
	最低生活保障	35.10%	28.20%	1.70%
	生育保险	7.60%	1.60%	2.60%

续表

		上海	河南	广西
第四组自变量X4——生活方式	消费观念（%）			
	非常节约	12.90%	33.10%	9.10%
	比较节约	46.20%	38.50%	48.50%
	一般	38.60%	24.60%	42.40%
	比较浪费	2.30%	2.30%	0.00%
	非常浪费	0.00%	1.50%	0.00%
	居住地改变的意愿——是否仍然想住在农村（%）			
	很不同意	16.70%	0.00%	3.50%
	不同意	44.70%	20.80%	27.60%
	一般	22.70%	26.20%	41.40%
	比较同意	13.60%	50.00%	17.20%
	非常同意	2.30%	3.00%	10.30%
	是否愿意和原市民打交道、做朋友（%）			
	很不愿意	0.00%	0.00%	6.90%
	不愿意	5.30%	26.00%	6.90%
	一般	33.30%	33.50%	62.10%
	比较愿意	45.50%	39.70%	20.70%
	非常愿意	15.90%	0.80%	3.40%

（二）理论模型

此处以失地农民征地意愿为因变量 Y，研究五组自变量 X（影响因素）对其影响作用，虽然因变量包括三种类别：愿意被征地、不愿意被征地以及无所谓，但是对是否被征地持无所谓态度的人是比较少的，并且深入发掘下去可以发现，不少人虽然表示无所谓，但同意征地主要是出于满足国家需要而作出的无奈选择，如果可以，他们是更偏向于不被征地的，因此这里将征地意愿分为愿意、不愿意两类，而持无所谓态度的人则归入不愿意的一类，利用二元 Logistic 回归模型进行分析。

本书用 P 表示失地农民"愿意被征地"的概率，用 X1、X2……分别表示失地农民征地意愿的影响因素，由此形成的二元 Logistic 回归方程为：

$$Y=Ln(P/1-P)=\beta_0+\beta_1X_1+\beta_2X_2+\cdots\cdots+\beta_pX_p \qquad ①$$

用 X1、X2、X3、X4、X5 分别表示地区的变量、个人特质相关的变量、经济相关的变量、城市生活抗风险能力——保障政策相关的变量、生活方式相关的变量这五组自变量。

在正式构造回归模型前，还有一个问题需要解决。观察自变量组不难发现，许多变量层次较低，属于定类变量，却又是比较难以量化的，如性别等，同时又有一些看似定类、定序，却可以转化为定距的变量。因此，模拟回归的前提是：为可升级变量层次的因素进行转化、为定类变量设置虚拟变量。

一是变量升级。自变量组中，本来就属定距层次的变量有两个：征地补偿费和征地前生活水平（征地前的恩格尔系数）。可以进行变量类型升级的有文化程度一个变量。按照我国的教育结构，从不识字到大学本科以上分别可以将选项量化为受教育年限，即不识字的受教育年限为 0，小学为 6，初中为 9，高中或中专为 12，大专为 15，本科以上为 16 以上（含 16），这里由于实际考察中学历最高为本科的也较少，研究生以上几乎没有，所以本书对本科以上受教育年限取最低值 16 年。此外，出于研究便于概括的目的，年龄在此以定序变量使用。

二是构造虚拟变量。回归中涉及的定类变量有 16 个，包括调查地区、性别、年龄、政治身份、身份认同、对征地补偿费的看法、征地前主要收入来源、找工作难易程度、是否拥有养老保险、是否拥有医疗保险、是否拥有失业保险、是否拥有最低生活保障、是否拥有生育保险、消费观念、居住地改变的意愿、和原市民打交道的意愿。其中，调查地区构造为上海、河南、广西三个哑变量，其他均设置为二分变量出现在模型中，当然，二分变量的设置均以倾向于愿意被征地的一项为基准项，例如，认为做市民好，或者认为住在城市好的被调查者往往更愿意土地被征用，依次类推，具体设置见回归结果。

第二章 我国东部、中部、西部市民化中的社会问题调查

（三）结果分析

首先，根据所有假设变量，在基于自变量组具有概括性特征的原因下，利用向前逐步进入的方法，建立了二元 Logistic 回归模型，得到表 2.23，需要说明的有两点：第一，表中经济因素方面多了一个自变量——征地补偿数额与征地地区的交互作用对征地意愿的影响。增加这一变量是出于三个地区的特殊性考虑，一方面，上海地区虽然征地补偿的现金数额不多，但是拆迁安置以及社会保障安置措施等政策都比较到位，所以多数被调查者比较愿意被征地，这就不得不考虑到数据库中 1/3 的数据可能是与假设相违背的；另一方面，征地补偿数额与各地经济发展水平有一定的相关性，量化后的绝对数额并不一定具有充分的解释效果。基于这两点原因，通过交互进一步验证是有必要的。第二，表中已自动剔除无法进入模型的自变量。

观察表 2.23 不难发现，模型 4 所解释的整体百分比，也即该模型的总体解释正确度是最高的，可以达到 89.05%，其中能够通过检验的自变量有 5 个，且多是基于 0.05 的显著性水平下通过检验。再看模型 5，在引入生活方式这一组变量后，只有居住地改变的意愿是对征地意愿有影响的，虽然多了一个影响变量，但是总体百分比却比模型 4，即生活方式改变这一组自变量引入之前所解释的正确度要小，整体百分比达到了 88.06%，通过检验的变量却增加到了 7 个。这就使得笔者对模型内的自变量产生了疑问，经过多次模型拟合发现，征地前恩格尔系数是干扰因素，主动剔除该因素后，所得的模型如表 2.24 所示，在其他自变量不变的前提下，每增加一组自变量，模型解释的整体百分比都增加一部分。在模型 5 中，可解释变量是最多的，而征地前恩格尔系数却不在这些可解释变量中，此外，模型 5 的整体百分比也比较乐观，总的正确度为 88.26%，这同时证明了征地前的恩格尔系数对征地意愿的影响确实是一个干扰因素，不应列在模型之内。然而，这仅说明了，征地前恩格尔系数对征地意愿无影响，却还不能说明它对失地农民的市民化水平是否有影响，关于这点，将留到下文失地农民市民化的其他影响因素中做进一步验证和分析。

这里，失地农民征地意愿的影响因素可以用表 2.23 进行解释。

表 2.23　各影响因素对征地意愿的回归模型（含恩格尔系数）

	模型 1 B	模型 1 EXP(B)	模型 2 B	模型 2 EXP(B)	模型 3 B	模型 3 EXP(B)	模型 4 B	模型 4 EXP(B)	模型 5 B	模型 5 EXP(B)
一、调查地区（上海、河南、广西三个地区，经检验，广西的地区因素被模型剔除）										
上海	2.18(***)	8.81	1.93(***)	6.90	2.28(***)	9.76	2.24(**)	9.39	2.62(**)	13.67
河南	-1.16(*)	0.31	-1.17(*)	0.31	1.11	3.03	1.17	3.24	1.61	4.98
二、个人特质										
性别：男(女)	—	—	-0.11	0.90	-0.19	0.82	-0.39	0.67	-0.37	0.69
政治身份：中共党员(非中共党员)	—	—	-0.80	0.45	-0.71	0.49	-0.71	0.49	-1.04	0.35
身份认同：市民好（农民好或说不清）	—	—	1.15(***)	3.14	1.23(***)	3.43	0.92(*)	2.51	0.49	1.63
三、经济										
征地补偿：补偿数额	—	—	—	—	0.0003(***)	1.00	0.0003(**)	1.00	0.0003(**)	1.00
地区与征地补偿交互：不同地区的补偿数额	—	—	—	—	-0.0001(***)	1.00	-0.0001(**)	1.00	-0.0001(**)	1.00
对征地补偿的看法：高（一般或低）	—	—	—	—	19.91	4.4*	19.78	3.9*	18.55	1.1*
征地前是否靠地：靠地（不靠地）	—	—	—	—	-0.63	0.53	-0.76	0.47	-0.41	0.66

第二章 我国东部、中部、西部市民化中的社会问题调查

	模型1		模型2		模型3		模型4		模型5	
找工作难易度：易（一般或难）	—	—	—	—	−0.93	0.39	−1.09	0.34	−1.44	0.24
征地前恩格尔系数：征地前食品支出/征地前生活总支出	—	—	—	—	0.06	1.07	0.03	1.03	−0.15	0.86
四、抗风险能力——社会保障										
养老保险：有（无）	—	—	—	—	—	—	−0.51	0.60	−0.82	0.44
医疗保险：有（无）	—	—	—	—	—	—	1.69（**）	5.42	1.75（**）	5.75
失业保险：有（无）	—	—	—	—	—	—	0.96	2.61	1.39（*）	4.02
生育保险：有（无）	—	—	—	—	—	—	−1.35	0.26	−1.61	0.20
低保：有（无）	—	—	—	—	—	—	0.73	2.08	0.98（*）	2.66
五、生活方式										
改变居住地意愿：希望住城市（希望住农村）	—	—	—	—	—	—	—	—	1.64（***）	5.18
常数项	0.60		0.85		−20.51		−19.95		−19.48	
似然估计值	150.81		143.79		132.92		121.19		112.56	
整体百分比	84.08%		83.58%		84.08%		89.05%		88.06%	

注：*，**，***分别代表变量在0.1，0.05，0.01的显著性水平下通过检验。

表2.24 各影响因素对征地意愿的回归模型（不含恩格尔系数）

	模型1		模型2		模型3		模型4		模型5	
	B	EXP(B)	B	EXP(B)	B	EXP(B)	B	EXP(B)	B	EXP(B)
一、调查地区（上海、河南、广西三个地区，经检验，广西的地区因素被模型剔除）										
上海	2.18(***)	8.85	1.98(***)	7.25	2.29(***)	9.85	2.44(**)	11.53	2.94(***)	18.92
河南	−1.03	0.36	−1.02	0.36	1.15	3.15	1.07	2.92	1.65	5.19
二、个人特质										
性别：男（女）	—	—	−0.11	0.90	−0.21	0.81	−0.37	0.69	−0.36	0.70
政治身份：中共党员（非中共党员）	—	—	−0.74	0.48	−0.58	0.56	−0.45	0.64	−0.72	0.49
身份认同：市民好（农民好或说不清）	—	—	0.95(**)	2.58	0.98(**)	2.67	0.63	1.87	0.24	1.27
三、经济										
征地补偿：补偿数额	—	—	—	—	0.0003(***)	1.00	0.0003(**)	1.00	0.0003(**)	1.00
地区与征地补偿交互：不同地区的补偿数额	—	—	—	—	−0.0001(***)	1.00	−0.0001(**)	1.00	−0.0001(**)	1.00
对征地补偿的看法：高（一般或低）	—	—	—	—	20.20	5.8*	20.58	8.7*	19.74	3.8*
征地前是否靠地：靠地（不靠地）	—	—	—	—	−0.77	0.46	−0.92	0.40	−0.50	0.61

续表

	模型1	模型2	模型3	模型4	模型5
找工作难易度：易（一般或难）	—	—	−1.43	0.24	−1.51	0.22	−2.17（*）	0.11
四、抗风险能力——社会保障								
养老保险：有（无）	—	—	—	—	−0.87	0.42	−1.15	0.32
医疗保险：有（无）| —	—	—	—	1.53（**）| 4.60	1.55（**）| 4.70
失业保险：有（无）| —	—	—	—	1.08（*）| 2.95	1.38（**）| 3.99
生育保险：有（无）	—	—	—	—	−1.36	0.26	−1.68（*）	0.19
低保：有（无）| —	—	—	—	1.05（**）| 2.85	1.33（**）| 3.79
五、生活方式								
改变居住地意愿：希望住城市（希望住农村）	—	—	—	—	—	—	1.77（***）	5.86
常数项	0.60	0.87	−20.16	−20.47	−20.40
似然估计值	164.52	158.72	145.03	130.43	119.38
整体百分比	82.63%	82.63%	83.10%	87.79%	88.26%

注：*，**，*** 分别代表变量在0.1，0.05，0.01的显著性水平下通过检验。

通过初步检验可以发现，广西的地区因素对失地农民的征地意愿不存在影响，已自动被模型剔除，而河南虽然有地区影响，对征地意愿有负效应，但总体影响不大，不能在模型中通过检验，只有上海的地区因素是比较明显的。在只引入调查地区这一个变量时，"是否调查点在上海"这一变量的回归系数为2.18，其优势比OR（odds ratio）=$e^{2.18}$=8.85，一般而言，当OR>1时，变量具有较大优势，这说明，若控制所有其他因素，仅考虑地区作用时，上

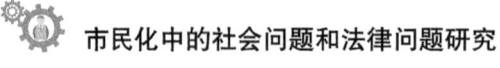

海地区的失地农民有较高的征地意愿。换言之，只有在经济比较发达的地区，其地区因素对失地农民的征地意愿有显著影响，而中西部的地区因素则不显著，甚至可以忽略。

在引入第二组自变量——个人特质后，上海的地区效应相对减弱，但仍然存在，且在这一组模型中，地区因素的显著性比个人特质的显著性更强。在访谈中，不少调查对象表示，为了国家和社会发展的需要，是愿意被征地的，只要补偿合理，因此，笔者起初在个人特质这一组变量中，做了一个"被访者的政治身份与征地意愿相关"的假设，然而通过回归可以证伪，在模型中，这一项自变量并不能通过检验，这说明不只有党员才会抱着为大局牺牲个人利益的心态。事实上，在个人特质相关的三个变量中，只有"认为做市民好还是做农民好"，即只有身份认同这一项是通过检验的，且身份认同的优势比也相对较高，认为做市民好而愿意征地的人比认为做农民好而愿意征地的人翻了一番（OR=2.58）。

接着引入第三组自变量——经济因素。地区因素在模型 2 中有所减弱，在引入经济相关变量后，又再次增强，OR 值达到了 9.85。这说明，经济因素对征地意愿是有影响的，然而，这种影响需要作进一步解释。正如前文所述，征地补偿费用对征地意愿的影响可能与地区因素有着密切联系，所以在经济因素中，笔者增加了一项征地补偿费与调查所在地交互的自变量，以求证征地意愿是否与征地补偿费有真实的相关。经检验发现，在未引入交互变量前，征地补偿数额是有比较明显的正相关的（能够在 0.01 的显著性水平下通过检验），就是说，征地补偿费越高，征地意愿越强烈，这与一般的假设相同，然而，在引入交互变量之后，虽然交互变量的效用也非常明显（同样能够在 0.01 的显著性水平下通过检验），但却形成了完全相反的结果，征地补偿费与调查所在地的交互变量对征地意愿呈较强的负相关，违背了一般猜想，然而，这却验证了前文所述的假设：在经济较发达的上海地区，虽然补偿费用较低，但是失地农民的征地意愿也是比较强烈的。正因为有了这部分数据的影响，才使得原本明显的正相关转而变成了明显的负相关。只是这种负相关并非违背事实常理，上海地区的失地农民，会愿意在补偿费不高的前提下被征地，

第二章 我国东部、中部、西部市民化中的社会问题调查

一是取决于被调查者本身的价值观和希望成为市民的意识形态,二是取决于上海地区较完善的征地安置保障配套措施。那么,事实上,完善的征地安置保障措施是否对失地农民的征地意愿有影响?为了得到验证,笔者随后引入了第四组自变量——抗风险能力(社会保障),形成了模型4。

在模型4中,很清楚地看到,社会保障相关变量对征地意愿的影响是比较显著的。根据养老保险、医疗保险、生育保险、失业保险和最低生活保障制度五个社会保障基本内容的制度建设来考量,医疗保险、失业保险和最低生活保障制度三项基本内容的完备与否都对失地农民的征地意愿有着一定的影响,尤其是医疗保险和最低生活保障制度,直接关系到被调查者在土地被征用后的生存能力,因此影响就更大(是否享有医疗保险和低保的两个变量分别在0.05显著性水平下通过检验,而是否享有失业保险,仅在0.1的显著性水平下通过检验)。尤其是对于河南和广西地区的失地农民而言,本就缺乏足够的职业技能,征地之后政府又没有相关的就业安置配套措施,即便是有失业保险,如果没有相对稳定的工作,失业保险能够发挥的作用对失地农民而言并不直接也不显著,而最低生活保障制度则可以保证维持他们的基本生活。从模型4中还可以看到,生育保险和养老保险对征地意愿并无显著影响,其实,是否享有生育保险并不能通过检验确实是可以理解的,由于调查对象的个人特质所限,生育保险并不是受访者的重要考虑因素,至于养老保险未能通过检验,不能被引入模型,笔者认为,这是有原因的。访谈时,不少被调查者表示,他们并不担心养老问题本身,担忧的集中点还在于害怕老了生病而看不起病,如果有较好的医疗保险制度,养老也不过就是生存问题,并不困难。还有就是中国的养儿防老、家庭养老的传统观念仍然起着一定的作用,使失地农民特别是中西地区失地农民担忧的焦点并未集中在此项保障上面。另外,通过模型4我们还能发现,引入社会保障变量后,个人特质中的身份认同对征地意愿的影响不再显著,这说明,相比于现有的认知,事实上的保障措施更容易左右失地农民的征地意愿。此外,模型4中,上海的地区因素对征地意愿的影响变得更加显著,OR值再次上升,达到了11.53,也就是说,如果考虑到经济、社保各项因素,那么上海的征地意愿会一再地比河

南地区提高一个水平,而广西地区,即便是在引入所有自变量后,都始终是被模型自动剔除的,可以说,广西地区的征地意愿是最弱的,而上海地区的征地意愿,在观察了四组模型后,已经与其他地区拉开了较大的距离。

那么,是否有其他因素会阻碍这些地区间的差别继续加大?亦或者,反而会激励这种差距变得更大?除了个人特质以及关乎生存的客观因素——经济和社会抗风险能力外,笔者认为,主观意识形态,尤其是征地前作为农民和征地后作为市民的两种完全不同的生活方式,对失地农民而言是否主观上认为自己能够适应,也对征地意愿有着不可忽视的作用,为此,要得到可信的结果就必须引入第五组自变量——生活方式,从而得到了模型5。

观察模型5得知,笔者最初假设的一些变量中只有居住地改变的意愿是可以被引入模型中的,换言之,只有居住地改变的意愿会对征地意愿产生作用,并且这种作用事实上是非常大的,其回归系数可以在0.01的显著性水平下通过检验,并且其OR值同样是属于较高的,为5.86。更重要的是,在引入这组自变量后,发生几个较大的变化。第一,社会抗风险能力的作用效果变得更加明显。一方面,医疗、失业和低保三个变量的OR值分别有所提升;另一方面,原先并未通过检验的"是否享有生育保险"这一变量在引入"居住地转变意愿"这一变量后对征地意愿的作用反而变得显著了,只是不难注意到,"是否享有生育保险"对征地意愿是具有负效用的,没有生育保险,反而会让失地农民更加愿意被征地,这与常理相违背,但可以对比观察,在模型4中,虽然该变量未能通过检验,但其负效用的值更大,在引入"居住地转变意愿"的变量后,该变量的负效用值减小了。另外,笔者认为,就回归系数的值这一单纯概念来讲,相比于"如果有生育保险,就不愿意土地被征用"的理解,对该变量作如下解释更为妥帖"如果没有生育保险,也一样愿意土地被征用",而不是作第一种理解。此外,根据OR值来看,持"没有生育保险,也愿意土地被征用"态度的人,只有19%(OR=0.19),在所有被调查者中并不具有显著优势。第二,在第3组、第4组模型中,经济相关的变量——找工作难易度并没有对征地意愿产生显著作用,而在模型5中,由于引入了居住地转变的意愿,找工作难易度对征地意愿的影响反而被凸显出来。这当然是无可厚非的，若控制其他一切变量，或许工作并不是决定失地农民征地意愿的主要因素，因为他们还有宅基地，靠着打零工，养家糊口不成问题，然而，一旦考虑到居住地的转变，要考虑的问题就不仅仅是衣食无忧，更要考虑到住行方面，为此，打零工显然不是长久之计，一份稳定的工作才能满足失地农民的这些最基本的需求，只是碍于个人的职业技能有限，未必能实现这一目标，因此，对失地农民来说，如果考虑居住地转变的问题，找工作的难易度自然会被作为重要因素来考量。第三，上海的地区因素变得更高了，上海地区受访者的征地意愿几乎达到了河南地区的19倍（OR=19.92），而广西地区依旧被排除在模型外。

从上述逐步回归的五个模型中可以得出一个结论：征地意愿同个人特质的关系并不大，若考虑到经济、社会抗风险能力等多种因素，个人特质的影响是不大的，不论年龄大小、男女差异还是对身份的认同差异，都会随着经济、社会保障配套措施的完善而使得征地意愿在具有个人特质差异的人群中趋同，上海地区正是有了这些相对齐全的安置、保障政策，以及较好的经济发展水平，被调查者普遍具有较高的征地意愿，河南地区虽有雷同的趋势，但因相关措施并不完善，并且经济发展程度一般，征地意愿并不强烈，故其地区因素仍不明显，而广西地区却始终被排除在模型之外，说明该地区的征地意愿并不强烈，且与地区完全无关，更不用说控制其他相关变量，考虑影响征地意愿的主要因素了。

当然，征地意愿并不能说明全部问题，下一步，我们将研究失地农民的市民化意愿，看地区间失地农民市民化意愿的差异及发展趋势。只有基于征地意愿和市民化意愿的分析，才能进而挖掘三个地区间失地农民在市民化水平上的差异。

二、失地农民市民化意愿回归分析

如果说失地农民的征地意愿是影响其市民化水平的一个重要因素，那么失地农民的市民化意愿则在更大程度上影响到他们的市民化水平。为此，具体了解哪些因素会影响到失地农民的市民化意愿非常必要。我们仍然通过回归模型进行探索和分析。同样，在建立模型前要先确定变量。

（一）变量设置

可以确定的是，市民化的意愿与征地所在地区是有关的，如表2.25所示，征地地区与市民化意愿的相关系数为 0.498 ≈ 0.5>0.3，在社会学意义上，可将其考虑为具有较强的相关性。

表2.25 失地农民市民化意愿与征地地区的相关性检验

	市民化意愿是否强烈	
	是	否
上海	75.00%	25.00%
河南	24.40%	75.60%
广西	13.80%	86.20%
R=0.498（***）		

注：***表示显著有关。

除了调查地区，要充分认识市民化意愿的影响因素，还必须考虑到其他几个维度，笔者基于访谈等经验数据，确立了如图2.5所示的几个维度。

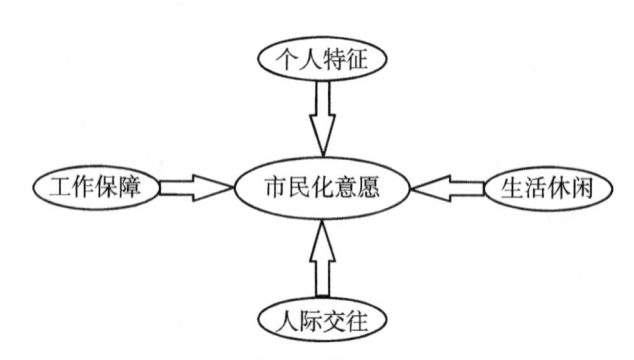

图2.5 市民化影响因素的维度

根据这几个维度，确立了五个自变量组。由于不少因素可能既对征地意愿有影响，也对市民化意愿有影响，并且征地意愿与市民化意愿本质上还是有区别的两个概念，不能把他们同等看待，因此，在市民化意愿的回归中，有些自变量与征地意愿的自变量设置是重复的。事实上，这并不矛盾，如果重合的变量同时可以在两个模型中通过检验，则更能说明该变量对失地农民的市民化影响作用显著，具体如表2.26所示。

表 2.26 失地农民市民化意愿回归模型的自变量组设置

变量序号	类别	内容	变量类型
第一组变量：X1	地区	上海、河南、广西	定类
第二组变量：X2	个人特征	性别	定类
		年龄	定距
		政治身份	定类
		转市民的年份	定距
		消费观念	定类
		是否愿意接受新观点	定类
第三组变量：X3	就业保障	除了种地之外具备的技能数量	定序
		就业地点变远的等级	这四个变量原本是定序变量，本来选择的数字并无直接的数学意义，但若将征地后的选项与征地前的选项相减，差值是有数学意义的，表示征地后的变化与征地前相差了几个等级，因此差值可以作为定距变量使用
		劳累程度减小的等级	
		工作时间增加的等级	
		工作环境恶化的等级	
		是否拥有养老保险	二分变量
		是否拥有医疗保险	二分变量
		是否拥有失业保险	二分变量
		是否拥有生育保险	二分变量
		是否拥有最低生活保障	二分变量
第四组变量：X4	生活休闲	与征地前生活水平差异	定序
		与未征地农民生活水平差异	定序
		征地前后恩格尔系数变化	定距
		住房是否改善	定类
		环境是否改善	定类
		治安是否改善	定类
		主观总体幸福感的变化	定类
		休闲娱乐时间的变化	差值可作定距变量使用

续表

变量序号	类别	内容	变量类型
第五组变量：X5	人际交往	与亲戚的关系变化	定序
		与邻居的关系变化	定序
		与朋友的关系变化	定序
		新社区总体主观感受的变化	定序
		是否与原市民享有同样的社会保障	定类
		是否与原市民享有同等的公共服务	定类
		对原市民的看法	定类
		是否愿意同原市民交往	定类

其中，第一组自变量为征地地区，设置哑变量后包括调查点是否在上海、河南以及广西三个变量。剩余四组自变量，在进行地区交互后，基本描述统计信息如表 2.27 所示。

表 2.27 市民化意愿回归分析中自变量的构成及基本情况统计

		上海	河南	广西
第二组自变量X2——个人特征	性别（%）			
	男	40.20%	48.90%	63.00%
	女	59.80%	51.10%	37.00%
	年龄（%）			
	20 岁以下	0.00%	0.80%	3.30%
	21—30 岁	3.80%	10.70%	0.80%
	31—40 岁	10.60%	35.10%	16.00%
	41—50 岁	25.80%	28.20%	30.30%
	51—60 岁	25.70%	11.50%	34.50%
	60 岁以上	34.10%	13.70%	15.10%
	政治身份（%）			
	中共党员	12.00%	12.30%	6.70%
	其他党派成员	1.60%	0.00%	1.70%

第二章 我国东部、中部、西部市民化中的社会问题调查

续表

		上海	河南	广西
第二组自变量 X2——个人特征	一般群众	86.40%	87.70%	91.60%
	户籍由农民转为市民的年份（均值）			
		2003	2006	1994
	消费态度（%）			
	非常节约	12.90%	33.10%	9.10%
	比较节约	46.20%	38.50%	48.50%
	一般	38.60%	24.60%	42.40%
	比较浪费	2.30%	2.30%	0.00%
	非常浪费	0.00%	1.50%	0.00%
	是否愿意接受新信息和新观点（%）			
	愿意	82.60%	60.50%	48.40%
	不愿意	9.10%	6.10%	6.50%
	不知道或没有想过	8.30%	33.40%	45.10%
第三组自变量 X3——就业、保障	除了种地，你还具备几种专业技能（%）			
	无	31.30%	42.60%	59.80%
	1种	43.80%	42.60%	34.20%
	2种	12.50%	13.20%	6.00%
	3种及以	12.40%	1.60%	0.00%
	征地前后工作情况变化（征地前后差值的均值）			
	工作天数	−0.11	0.47	−0.66
	工作劳累程度	0.35	−0.18	0.5
	工作环境	−0.11	0.2	−0.45
	从家到就业地点的距离	−0.08	0.7	0.11
	是否拥有养老保险（%）			

续表

		上海	河南	广西
第三组自变量X3——就业、保障	是	90.90%	9.90%	16.90%
	否	9.10%	90.10%	83.10%
	是否拥有医疗保险（%）			
	是	95.50%	21.70%	72.60
	否	4.50%	78.30%	27.40
	是否拥有失业保险（%）			
	是	20.00%	6.90%	5.90%
	否	80.00%	93.10%	94.10%
	是否拥有生育保险（%）			
	是	7.60%	1.50%	2.50%
	否	92.40%	98.50%	97.50%
	是否拥有低保（%）			
	是	34.80%	26.70%	1.70%
	否	65.20%	73.30%	98.30%
第四组自变量X4——生活休闲	主观征地前后生活水平变化（征地前后差值的均值）			
		−0.1	0.27	0.24
	与未征地农民的生活水平差异（%）			
	高于他们	34.90%	7.80%	9.50%
	低于他们	15.90%	44.20%	53.40%
	差不多	49.20%	48.00%	37.10%
	征地前后恩格尔系数（均值）			
	征地前	0.55	0.64	0.5
	征地后	0.59	0.66	0.38
	住房变化情况（%）			
	比征地前改善了	66.40%	15.40%	52.90%

续表

		上海	河南	广西
第四组自变量X4——生活休闲	和征地前一样	16.00%	40.70%	17.60%
	比征地前变差了	9.20%	19.50%	0.00%
	说不清楚	8.40%	24.40%	29.50%
	环境变化情况（%）			
	比征地前改善了	82.60%	20.50%	56.30%
	和征地前一样	11.40%	33.90%	15.60%
	比征地前变差了	2.30%	12.60%	12.50%
	说不清楚	3.70%	33.00%	15.60%
	治安变化情况（%）			
	比征地前改善了	73.50%	11.10%	33.30%
	和征地前一样	18.20%	57.10%	36.40%
	比征地前变差了	3.00%	8.70%	18.20%
	说不清楚	5.30%	23.10%	12.10%
	征地前后生活幸福感变化（%）			
	比征地之前幸福了	74.60%	12.40%	18.80%
	没有征地之前幸福了	3.80%	34.10%	37.50%
	说不清	21.60%	53.50%	43.70%
	征地前后休闲时间变化（征地前后差值的均值）			
		1.27	−0.25	−0.16
第五组自变量X5——人际交往	与亲戚的关系（%）			
	更加融洽（变好）	23.80%	13.80%	9.10%
	无明显变化	63.10%	80.80%	90.90%
	不如以前（变差）	13.10%	5.40%	0.00%
	与邻居的关系（%）			

续表

		上海	河南	广西
第五组自变量 X5——人际交往	更加融洽（变好）	47.30%	14.00%	9.10%
	无明显变化	43.50%	73.60%	63.60%
	不如以前（变差）	9.20%	12.40%	27.30%
	与朋友的关系（%）			
	更加融洽（变好）	21.90%	20.60%	9.10%
	无明显变化	73.40%	73.30%	75.70%
	不如以前（变差）	4.70%	6.10%	15.20%
	新社区人际交往总体感觉（%）			
	比以前更好了	50.80%	3.20%	6.50%
	和以前一样，没有什么变化	40.00%	41.60%	41.90%
	比以前冷漠了	6.20%	40.00%	41.90%
	不太清楚	3.00%	15.20%	9.70%
	是否认为自己与原市民享有同样的社会保障（%）			
	能	25.80%	7.30%	19.40%
	不能	61.40%	55.30%	61.30%
	不清楚	12.80%	37.40%	19.40%
	是否认为自己与原市民享有同等的公共服务（%）			
	完全一样	51.30%	15.60%	33.30%
	不太一样	38.80%	53.90%	56.70%
	截然不同	9.90%	30.50%	10.00%
	对原市民的看法（%）			
	可靠友善	30.10%	9.10%	0.00%
	有文化修养	33.60%	26.40%	33.30%
	情感淡漠	28.30%	48.20%	46.70%
	斤斤计较	7.10%	12.70%	20.00%

续表

		上海	河南	广西
第五组自变量 X5——人际交往	阴险狡诈	0.90%	3.60%	0.00%
	是否愿意和原市民打交道、做朋友（%）				
	很不同意	0.00%	0.00%	6.90%
	不同意	5.30%	26.00%	6.90%
	一般	33.30%	33.50%	62.10%
	比较同意	45.50%	39.70%	20.70%
	非常同意	15.90%	0.80%	3.40%

最终，这些维度和自变量将被证实还是证伪，可以通过回归模型的解释力和总体拟合度来判断。

（二）理论模型

这里以失地农民市民化意愿为因变量Y，研究几组自变量X（影响因素）对其影响作用，由于因变量为二分变量，故选择建立二元Logistic回归模型。

用P表示失地农民愿意做"市民"的概率，用X1、X2、X3、X4、X5分别表示地区的变量、个人特征的变量、城市生活抗风险能力（工作保障）变量、生活休闲状况变化的变量、人际交往的变量这5组自变量。由此形成的Logistic回归方程为：$Y=Ln(P/1-P)=\beta_0+\beta_1X_1+\beta_2X_2+\beta_3X_3+\beta_4X_4+\beta_5X_5$。

在后文的回归分析中，将在公式中逐步引入这5组变量，每一个模型均在前一个模型的基础上增加一组自变量，形成模型1至模型5这5个回归模型。逐步回归的好处在于，可以观察到不同变量组之间相互影响的方式。在社会调查研究中，我们常常难以确切地知道某些变量间的作用先后及相互关系的大小，从而很难把握一个确定的路径模型，因此，通过逐步回归进行变量研究，可以避免路径模型中可能存在的缺陷，同时又能够观察到变量间的作用情况。

在正式构造回归模型之前，同样要进行变量升级并构造虚拟变量。

需要构造的虚拟变量包括性别，政治身份，消费态度，具备的除种地以外的技能数量，与未征地农民的生活水平差异，住房情况变化，居住环境变化，治安状况变化，生活幸福感变化，与亲戚、邻居、朋友的关系变化，新社区人际交往的总体感觉，是否认为自己与原市民享有同样的社会保障和同等的公共服务，对原市民的看法，是否愿意同原市民打交道、做朋友等。

已经是二分变量的包括是否愿意接受新观点，是否拥有养老、医疗、失业、生育、低保等各种社会保险或保障项目等。

当然，二分变量的设置均以倾向于愿意成为城市人的一项为基准项，例如，愿意同原市民打交道，或者对原市民持更多肯定态度的被调查者往往更愿意成为城市人，更容易实现市民化，依次类推，具体设置见回归结果。

（三）结果分析

根据设定的5组自变量，在二元Logistic回归模型中采用逐步进入的方法，获得了5个回归模型，如表2.28所示。

表2.28 各影响因素对市民化意愿的回归模型

	模型1 B	模型1 EXP(B)	模型2 B	模型2 EXP(B)	模型3 B	模型3 EXP(B)	模型4 B	模型4 EXP(B)	模型5 B	模型5 EXP(B)
一、调查地区										
上海	1.87(***)	6.50	1.22(*)	3.39	1.67(*)	5.31	1.50	4.48	3.18(*)	23.99
河南	0.74	2.10	−0.24	0.79	0.48	1.61	0.43	1.54	1.44	4.23
二、个人特质										
性别：男（女）	—	—	0.45	1.57	0.47	1.60	0.41	1.51	1.24	3.46
政治身份：中共党员（非中共党员）	—	—	0.76	2.15	0.61	1.84	0.78	2.17	0.48	1.62
转市民年份	—	—	−0.1(**)	0.90	−0.07	0.93	−0.08	0.92	−0.23(**)	0.79
消费观念：浪费（节约）	—	—	0.68	0.51	1.50	0.22	2.21(*)	0.11	7.4(***)	0.00
三、就业、保障										
无其他技能	—	—	—	—	−1.27	0.28	−1.97	0.14	−2.13	0.12

第二章 我国东部、中部、西部市民化中的社会问题调查

续表

	模型1		模型2		模型3		模型4		模型5	
会一种种地以外的技能	—	—	—	—	-0.49	0.61	-1.41	0.24	-2.82	0.06
会两种种地以外的技能	—	—	—	—	-2.02 (*)	0.13	-3.04 (*)	0.05	-5.84 (***)	0.00
征地前后工作天数增加的等级	—	—	—	—	0.20	1.23	0.40	1.49	0.74 (*)	2.10
征地前后工作劳累程度减小的等级	—	—	—	—	0.19	1.21	0.19	1.21	0.13	1.14
征地前后工作环境恶化的等级	—	—	—	—	0.01	1.01	-0.48	0.62	-1.15	0.32
征地前后就业地点变远的等级	—	—	—	—	0.65 (**)	1.91	0.60 (**)	1.82	0.74 (*)	2.10
是否拥有养老保障：是（否）	—	—	—	—	0.02	1.02	-0.21	0.81	0.90	2.46
是否拥有医疗保障：是（否）	—	—	—	—	-0.59	0.56	-0.58	0.56	-2.09 (*)	0.12
是否拥有失业保障：是（否）	—	—	—	—	0.72	2.06	0.71	2.04	0.75	2.12
是否拥有生育保险：是（否）	—	—	—	—	-1.64	0.19	-2.04	0.13	-1.21	0.30
是否拥有低保：是（否）	—	—	—	—	-0.52	0.59	-1.01	0.36	-1.87 (**)	0.15
四、生活休闲										
主观征地前后生活水平变化：比过去生活好（比过去生活差）	—	—	—	—	—	—	0.63 (**)	1.88	0.75	2.11

145

续表

	模型 1		模型 2		模型 3		模型 4		模型 5	
是否比未征地农民生活水平高：比农民生活好（比农民生活差）	—	—	—	—	—	—	1.35（*）	3.85	1.65（*）	5.18
住房是否比过去改善：是（否）	—	—	—	—	—	—	0.28	1.33	0.19	1.21
居住环境是否比过去改善：是（否）	—	—	—	—	—	—	0.32	1.38	1.78（*）	5.90
小区治安是否比过去改善：是（否）	—	—	—	—	—	—	–0.83	0.44	–1.81（**）	0.16
总体幸福感：提高（降低）	—	—	—	—	—	—	0.74	2.09	–1.07	0.34
征地前后休闲时间增加的等级	—	—	—	—	—	—	0.09	1.09	0.54	1.71
五、人际交往										
与亲戚的关系是否变好了：是（否）	—	—	—	—	—	—	—	—	–1.88（*）	0.15
与邻居的关系是否变好了：是（否）	—	—	—	—	—	—	—	—	1.42（*）	4.12
与朋友的关系是否变好了：是（否）	—	—	—	—	—	—	—	—	–2.11（*）	0.12
新社区的人际关系是否更好：是（否）	—	—	—	—	—	—	—	—	–2.06（**）	0.13

续表

	模型1	模型2	模型3	模型4	模型5
是否与原市民享有同样的社会保障：是（否）	—	—	—	—	1.38 / 3.96
是否与原市民享有同等的公共服务：是（否）	—	—	—	—	2.57(***) / 13.12
是否愿意同原市民交往：是（否）	—	—	—	—	2.28(***) / 9.75
常量	-1.43	204.75	139.08	175.06	474.29
似然比估计值	163.24	155.73	134.05	117.63	76.72
整体百分比	65.63%	67.19%	70.31%	79.69%	89.84%

注：* 表示在 0.1 水平显著相关，** 表示在 0.05 水平显著相关，*** 表示在 0.01 水平显著相关。

要发掘失地农民市民化意愿的影响因素，第一个会被想到的仍然是地区因素，因此引入第一组自变量：调查所在的地区。从模型1中可以看到，影响失地农民市民化意愿的地区因素同影响他们征地意愿的地区因素有着异曲同工之处。上海的地区因素非常明显，其优势比为6.5，也就是说，在控制其他变量的情况下，上海的失地农民市民化意愿是河南地区的6.5倍有余，而河南的地区因素并不十分显著，当然，广西的地区因素则可以被忽略，从模型1到模型5，始终是被剔除在外的。这就表示，广西地区的失地农民并不会由于本地的经济水平、文化背景或者其他地区性的特殊条件而改变他们的市民化意愿。当然，相比于征地意愿而言，这里的地区因素还是可以看出一些差别的。

在征地意愿的回归模型中，上海的优势比为8.85，这说明，上海的地区因素对征地意愿的影响更大于对市民化意愿的影响。同样的条件下，由于上海的征地安置及征地补偿政策较好，被调查者的征地意愿较为强烈，然而，市民化意愿则更加主观，关系到失地农民是否愿意融入城市的生活方式、生活节奏，这就不仅是居住地改变的问题，还要求改变多年的生活习惯，因此，地区因素的弱化是可以理解的。关于这点，从河南的地区因素中也可以看出差异。河南的地区因素对征地意愿的影响是负面的，而对市民化意愿的影响则是正面的。在实地访谈和前文分析中我们提到，河南地区在征地过程中，失地农民上访的情况较多，与当地政府的冲突也比较明显，由于安置补偿的不公平、不到位，导致调查地区的失地农民征地意愿不强。但是，他们的市民化意愿还是比较强烈的，虽然模型1中，河南的地区因素并不能通过模型拟合，但是其回归系数为正，与征地意愿的回归系数截然相反，以此可以看出，就被调查者本身的意愿、观念来说，他们还是比较愿意成为城市人的，如果给予更加合理的补偿、安置政策，是可以更好地实现河南地区的失地农民的市民化的，这也有利于河南的城市化发展。

当然，可能被调查者的个人特点会起到一定的作用，换言之，笔者这里就提出这样一个疑问：到底是被调查者的个人因素对失地农民的市民化意愿有更显著的影响，还是地区的同化作用对市民化意愿有更强烈的影响？一般情况下，我们自然会认为，个人意愿是由个人经历、个人情况起到决定性作用的，但也不可否认，在一个大环境中，人的意愿会受到社会化影响，这在访谈中也是得到验证的，许多人愿意土地被征用，是因为周围的人都同意了，自己也就同意了，那么，在市民化意愿中，是否也具有同样的情况？为此，需要引入其他几组与个人因素相关的变量。

首先，引入一组在征地前就已经具备的表现个人特质的相关变量，包括性别、年龄、政治身份、个人的消费观念以及户籍实现农转非的年份等，通过拟合，剔除无关变量：年龄，得到模型2。在其他可以进入模型的变量中，只有户籍由农民转为市民的年份这一个变量对市民化意愿有影响，而性别、年龄，甚至政治身份等都是与市民化意愿无关的。还有一点值得注意，在引入这一组变量后，地区因素的影响作用又弱化了一点。可见，农转非的年份比地区因素更容易影响到失地农民的市民化意愿，不过这种影响是呈反比的，控制其他变量不变时，农转非越早，被调查者的市民化意愿就越强烈。这说明，社会化的作用在一定程度上影响了被调查者的态度和意愿。农转非较早的被调查者，其在小区中生活的年份也比较久，以城市人身份生活的时间也更久，对城市的生活方式和生活节奏的适应情况更好，其市民化意愿自然也相对较强烈。

继续观察模型3到模型5，可以发现：在引入就业保障、生活休闲相关变量后，户籍的转变对市民化意愿的作用消除了。这是因为：土地被征用之后，失地农民很难找到理想的工作并拥有稳定的收入来源，再加上城市生活必须增加的消费开支，使得他们的生活水平降低，这一点并不会因为其在城市生活的时间长短而轻易改变，因此，就业、保障问题或者生活休闲问题便成了可能的制约因素（关于就业、保障和生活休闲的作用将在后文进行说明），如果说较长的城市生活适应时间会推动失地农民愿意实现市民化，那么就业问题、生活休闲问题又会将其朝着不愿意实现市民化的方向拉动。

但是，关注到人际交往因素后，户籍转换年份的作用又再次显著，只是其作用相对弱于仅考虑地区和个人特征两个因素时的作用，该因素的优势比从0.9降为0.79。如果可以解释为何农转非时间这一变量的作用会再次显著，那么其在模型5中的显著性会低于模型2中的显著性，与其他变量的显著性增强有关，这点很好理解。关键是，其作用会再次变得显著要怎样解释、如何理解？笔者尝试通过假设检验来作出推断。

为了表达上的简明，我们用大写字母表示变量，用小写字母表示变量的作用。现在，假设"人际交往水平"是变量A，农转非时间是变量B，市民化意愿为Y，那么，在控制A时，B对Y有作用b1，在不控制A时，B对Y有作用b2，且b1<b2，说明A对b有影响。问题就浮现了：是A与B的共同作用从而影响了b，还是A通过其他方式对b产生作用，亦或是b的改变是由其他因素导致的？

笔者根据数据结果作出初步的推断：A与B有相关性，从而影响了b。农转非较早的失地农民，其生活在小区中的时间也越久，在新社区中更好的人际关系会使得失地农民愿意尽早地实现市民化，并且这种作用的促进程度更大于就业保障与生活休闲的阻碍作用的程度。

但是，这个推断很容易被否定。从自变量构成的基本统计情况中可以看到，只有在上海地区的社区融合是较好的，而河南和广西地区的新社区人际交往情况多为"同从前一样"。这说明，人际交往与农转非时间长短之间的相互作用并不是以新社区中更好的人际关系为媒介的。简言之，并不是 A 与 B 的相关性影响了 b。因此，A 是通过其他方式对 b 产生影响的。

笔者再次推断，是不是有一个未知变量 X 在其中产生了作用。观察模型 2 到模型 5，无论引入哪些变量，与变量 B 同时变化的，只有调查地是否在上海这一个变量。模型 3—4 中，上海的地区因素弱化甚至不显著了，此时变量 B 的作用也不显著了；模型 5 中，上海的地区因素再次显著，而 B 也随之再次显著，这是不是可以说明：如果地区因素对 B 有影响，那么引入 A 之后，由于 A 与地区因素有相关性，所以会造成 A 对 B 有影响的假象而事实上是地区因素影响了 B？

可以肯定的是，地区因素的确对 B 有影响。从模型 2 可得方程式：Y=1.22× 上海 −0.1× 农转非时间。这说明，在上海，农转非时间越早，征地意愿越不强烈，若不是在上海，则正好相反。事实上，若对"农民转市民的年份"这一变量做单因素的回归，也是可以得到验证的。结果显示，这一变量的负向作用在一定程度上是由大数法则所产生的（如表 2.29 所示）。

在上海地区，农转非时间使方程呈现单调递增趋势，并且该趋势非常显著（Sig=0），而河南地区虽然其回归系数为正，但并不能通过模型检验，广西地区仍然被排除在模型之外，可见：在总体模型拟合过程中，"农转非时间"这一变量的负向影响主要是由河南与广西地区的集中作用而产生的。当然也就说明了，地区因素对 B 有影响。

表 2.29 "农民转市民的年份"与市民化意愿的回归

	B	Sig.	Exp（B）
B004	−0.001	0.965	0.999
B004 by 上海	0.001	0	1.001
B004 by 河南	0	0.452	1
常量	0.842	0.985	2.321

第二章 我国东部、中部、西部市民化中的社会问题调查

这样一来，如果可以证明人际交往情况 A 与地区因素有较强的相关性，那么就可以证明：引入 A 之后，是由于 A 与地区因素有相关性，造成了 A 对 B 有影响的假象，事实上是地区因素影响了 B，而不是 A 直接影响了 B。果真如此，笔者的假设就可以被接受。

事实上，将地区因素与人际交往相关变量做列联表的检验后，是可以得到理想的结果的（如表 2.30 所示）。

对于地区因素的变量选择有必要作出说明，无论是选用"调查点是否在上海"（二分变量）作为变量还是选用"调查点所在地"（分类变量）作为变量，其结果本质都一样，只是符号上会有差别，但这个符号的差别，在表 2.30 的分析中正好可以说明。这里笔者选择将"调查点是否在上海"这一二分变量引入列联表中，其结果反映更清晰。

表 2.30 地区因素与人际交往相关变量的列联表检验

人际交往相关变量		调查点是否在上海		相关系数
		否	是	
是否与原市民享有同等保障	否	139	98	0.212（***）
	是	15	34	
是否与原市民享有同等服务	否	128	59	0.34（***）
	是	30	62	
与亲戚的关系是否更好	否	7	17	−0.159（***）
	是	156	113	
与邻居的关系是否更好	否	25	12	0.094（*）
	是	137	119	
与朋友的关系是否更好	否	13	6	0.065
	是	151	122	
新社区的人际关系是否更好	否	63	8	0.395（***）
	是	93	122	
是否愿意同原市民打交道	否	100	51	0.238（***）
	是	60	81	

注：* 表示在 0.1 水平显著相关，** 表示在 0.05 水平显著相关，*** 表示在 0.01 水平显著相关。

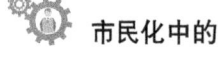

结果显示，地区因素与朋友间的关系是否变好没有太大关系，除此之外，地区因素与人际交往中的其他几个变量之间都有很强的相关性，多数通过检验的变量其相关系数都较大，且显著性水平也较高。

从表2.30我们可以得出以下结论：河南和广西地区的失地农民不能与原市民享有同等的社会保障和公共服务，也更加不愿意与原市民打交道，也即在上海，肯定率未必高，但是不在上海，否定率一定高。模型5中显示，与周围人的关系变好，反而会降低市民化意愿，这点似乎也是与人们的一般观念相违背的。同时，可能会产生以下疑问：为何会有负相关性出现？为何有的变量与地区之间不存在相关性？对于这些人际交往的相关问题，笔者将在稍后具体分析模型5时进行解释，现在对农转非时间这一变量所做的分析也会予以进一步证实，这里就不加赘述了。

总之，地区因素与人际关系是肯定有关联的。这点得到了验证，笔者的第二个假设就可以被接受了。若强化地区因素，那么在引入第五组自变量后，为何农转非的时间对市民化意愿的作用会再次变得显著就可以解释了：农转非时间对市民化意愿的作用在不同地区间存在差异，上海是农转非时间越晚，市民化意愿越强烈，这是由于上海的征地安置补偿政策较为完善，补偿、安置与社会保障政策会根据征地当年的经济发展水平刚性提高。相反，河南和广西地区则是农转非时间越早，市民化意愿越强烈。调研结果也显示，这两个地区在最初的征地过程中矛盾较少，但是在近年的征地过程中，上访情况则越来越多，不难想象，在冲突中被征地的失地农民，其市民化的被动性更强，个人的市民化意愿也自然是相对较弱的。若考虑人际交往的相关变量，那么很容易形成一个假象，让人们认为人际交往变量对地区因素的作用有很强的影响，其实，在研究人际交往情况时，由于人际交往的地区差异十分显著，所以地区因素会变得尤为重要，其显著性所提升的程度会使得农转非时间对市民化意愿的作用的显著性也随之提升到可以通过检验并引入模型自变量的程度。

另外，观察模型2时需要特别对"消费观念"这一变量进行解释。我们认为，城市生活与农村生活最大的差别在于：城市生活会增加不少消费支出，如果被调查者持有比较节约的消费态度,其市民化意愿可能就会比较低。提出这一假设并将其作为自变量之一引入模型,观察模型 2—5,在控制所有其他变量,只考虑地区和个人特征两种因素或者同时考虑地区、个人特征、就业保障三种因素时,消费观念对市民化意愿的影响并不显著。但是,在引入人际交往和休闲娱乐两组变量后,消费观念的作用就强化了。事实上,城市生活中,休闲娱乐和人际交往的消费成本是很高的,而失地农民的消费观念无法适应这种交往方式。例如,调查显示,当需要招待朋友时,多数被调查者都表示宁愿在家烧饭,而不愿意外出请客,买东西都以价格便宜、实用为优先考虑的因素,如表 2.31 所示。

表 2.31 三个调查点的失地农民消费态度

		上海	河南	广西
消费态度	非常节约	12.90%	33.10%	9.10%
	比较节约	46.20%	38.50%	48.50%
	一般	38.60%	24.60%	42.40%
	比较浪费	2.30%	2.30%	0.00%
	非常浪费	0.00%	1.50%	0.00%
挑选物品的标准	价格便宜	27.40%	32.80%	27.30%
	实用	71.80%	52.80%	69.70%
	追求品位、档次	0.80%	9.40%	0.00%
	说不清	0.00%	5.00%	3.00%
是否会买下喜欢的东西	经常	11.50%	6.40%	6.10%
	偶尔	47.30%	38.40%	69.70%
	不到万不得已就不买	41.20%	55.20%	24.20%
招待客人的方式	宁愿在家做饭	97.00%	85.30%	84.80%
	宁愿花钱出去吃	3.00%	14.70%	15.20%

这种偏向节约的消费观念,无论是上海地区还是河南、广西地区的被调查者中都表现出趋同的倾向。由此我们可以得出以下结论,失地农民的消费观念影响了他们的人际交往方式无法同城市生活相适应,从而影响到

他们的市民化意愿。如果可以有一定的诱导政策促进失地农民改变消费观念，则会在一定程度上改变他们的市民化意愿，同时有助于他们更好地融入城市生活。

正如前文所说，就业、保障问题对失地农民的市民化意愿有着制约作用，在引入相关的第三组变量后，得到了模型3，观察模型3不难证实这个结论，但是对此两者我们需要分别予以说明。

模型3—5显示，除了种地以外，没有其他技能，或者会一种技能的人，其市民化意愿对整个模型没有影响，但是，会两种以上工作技能的人，其市民化意愿则较低，并且考虑的因素越多，市民化意愿不强烈的显著性就越强。其实，一般认为，对失地农民而言，土地被征用之后，最迫切需要解决的就是工作问题，如果会的技能越多，就业就越不成问题，其所受到征地的影响就越小，相对应的，市民化意愿就应该更强烈。的确，如果单从两者的相关性来看，是会呈现正相关的结果，笔者也确实做过列联表的相关检验，所得相关系数 $R=0.251$（$P=0.001$），可以说，在社会学中已经是具有很强的相关性了。那么，模型中的负相关，则自然会引发许多疑问。仔细思考一下，社会是一个十分复杂的系统，人的心理会受到多方面因素影响，有时候事实也许会同第一反应所提出的假设相反。

从自变量基本统计信息中可知，综合三个地区的失地农民就业情况，总体来说，工作天数增加的等级均值为 -0.11，工作劳累程度增加的等级均值为 0.38，就业地点到家所需时间增加的等级均值为 -0.08，工作环境改善的等级为 -0.11，这就意味着，被调查者的工作天数减少了，但是劳累程度却增强了，就业地点到家的距离缩短了，但是工作环境却恶化了，不难推断，失地农民整体的工作满意度自然是下降的。在这种情况下，为了谋生，他们的工作变得更加辛苦，其市民化意愿自然也是降低的。当然，从模型3到模型5可以看到，工作地点远了，失地农民的市民化意愿却是增强了，这说明，越是接近城市地区，他们受到的城市的社会化影响就越多，这对失地农民的市民化意愿是有好处的。然而，即便就业地点更远对市民化意愿有一定的促进作用，但其促进性并不如工作劳累程度增加所产生的阻碍作用那么强烈。从基本信息的均值上看，工作天数总体减少 0.11 个水平，工作环境却恶化了 0.11 个水平，就业地点缩短了 0.08 个水平，劳累程度增加 0.38 个水平，相互抵消之后，相当于在环境没有改善的情况下，劳累程度增加了 0.3 个水平，要比过去累 30%，收入没有提高，消费却又增加了，越是考虑到生活休闲、人际交往等因素，这种同过去的差异就越能够表现得清晰，在这种情况下就不难理解为何失地农民的征地意愿会降低了。

这说明，征地之后，在工作方面可以适当增加失地农民的就业地点到家的距离，但是，在其就业技能方面需要有所改变，简单地增加技能数量，并不能从根本上促进市民化意愿的增强，而要做到术业有专攻，让其能够不断提高自己的工作效率，减少工作的劳累程度，从而多方位增强失地农民的市民化意愿。

另外，从模型 3—4 中都没有看到保障措施对市民化意愿有显著作用，可见，保障措施对征地意愿的作用更明显和直接，而对市民化意愿则是起到间接影响的作用。只有在模型 5 中，考虑到人际交往相关因素的时候，才使得保障问题的显著性增强。不过，关于保障问题，由于其显著性增强同引入人际交往的变量有相关性，故这里同样留到后文再做分析。

可以看到，模型 4 是引入新的变量组之后其他变量变化最少的一个模型，说明生活、休闲、娱乐等对市民化意愿的影响较小。引入生活休闲这一组变量后，该变量组中只有主观上个人感觉到的生活水平差异以及与未征地农民生活水平的差异感对市民化意愿有影响。如果被调查者感到自己的生活比征地之前更好，或者感到自己的生活比未征地的农民更好，那么他们的市民化意愿则会比较强烈。不过，这里需要注意到一点，回归模型不仅具有预测作用，更重要的是具有描述现状的作用，根据被调查者的态度分布（如表 2.32 所示），在与未征地农民的生活水平相比较时，这里的正相关，主要是由于失地农民的生活水平低于未征地农民的生活水平而产生的市民化意愿不强烈的结果，并不是说他们的生活变得更好了，所以市民化意愿也更强烈了，并且这种特征更多地集中于河南和广西地区，反观上海地区则是由于失地农民的生活水平高于未征地农民，所以他们的市民化意愿更强烈。虽然三个地区的态度趋势在数学方向上是一致的，然而其表现出的事实又是截然相反的。

表 2.32　市民化意愿的态度分布

	与未征地农民的生活差异	市民化意愿不强烈	市民化意愿强烈
三个地区	高于未征地农民	11	48
	低于未征地农民	67	22
	差不多	77	65
上海调查点	高于未征地农民	6	40
	低于未征地农民	6	15
	差不多	21	44

其实，未征地农民的生活差异远比被调查者个人主观感受到的自己未征地之前的生活差异更容易影响其市民化意愿。一方面，从管理思想上看，征地安置就好比一个项目，目的是要实现失地农民的市民化，要做到整个项目的"零缺陷"，就必须有效地抵御本项目最大的风险——失地农民的生活低于未征地农民的生活，因此，提高失地农民的生活水平必须作为征地安置的重要条件被考虑。另一方面，引入人际交往相关变量后，模型5显示，主观上征地前后的生活水平变化对市民化意愿的影响就不再显著了，而其生活水平是否比未征地农民要高的作用则更显著了，不仅回归系数从1.35提高到了1.65，优势比也从3.85提升到了5.18。

另外，若考虑到人际交往等因素，在生活方面，失地农民的居住环境是否改善也对市民化意愿有一定影响。然而，小区治安若提高了市民化意愿反而降低，这似乎又与想象不同。对此，就要从人际关系的作用说起。

在模型5中亦可以看到，人际关系的作用分为两个部分，一个是与原市民的待遇差距，这个因素与市民化意愿呈正相关。这点很好理解，如果失地农民可以与原市民享有同等的社会保障，或者同样的公共服务，如政府部门对待失地农民的态度、给予失地农民小区的基础设置，那么被征地人员则会拥有较强的市民化意愿。并且，这个影响因素十分重要，优势比分别为13.12和9.75，且回归系数都是在0.001的显著性水平上通过检验。可以说，在所有人际交往相关的因素中，与原市民拥有同等待遇的两个因素是最重要的。

现在，回过头再看模型 3—5 中的变化，若考虑人际交往因素，那么拥有医疗保险和低保，反而会使得市民化意愿降低，由此我们可以推断，由于三个调查点均不能与原市民享有同等的社会保障，因此，即便有保障，市民化意愿也不高。事实的确如推断所言（如表 2.33 所示），即使是社会保障安置较好的上海地区，多数人也认为自己与原市民的差距较大，有些地区甚至没有应有的保障制度（这里，上海地区的失地农民没有低保主要是由于多数被调查者已经退休，直接享受退休养老保障，在职人员无须低保），这就难怪在模型中会显示是否拥有医疗保障和最低生活保障与市民化意愿呈现负相关关系。

表 2.33　是否拥有保障及是否与原市民享有同等保障的分地区分布

			是否与原市民享有同样的保障	
			否	是
是否拥有医疗保险	上海	没有	6	0
		拥有	92	34
	河南	没有	92	2
		拥有	20	7
	广西	没有	8	0
		拥有	17	6
是否拥有最低生活保障	上海	没有	62	24
		拥有	36	10
	河南	没有	85	4
		拥有	29	5
	广西	没有	25	5
		拥有	0	1

另一个是与周围人的关系变化，模型 5 显示，只有同邻居的关系变好这一个变量会使得市民化意愿增强，但其显著性只能在 0.1 的显著性水平下通过检验，对于其他变量，如同亲戚、朋友的关系，以及在新社区中的人际关

系是否更好，都与市民化意愿呈负相关，这似乎是最违背一般逻辑的，但事实上，社会化的作用对失地农民的市民化意愿有着强烈的影响，周围人的看法往往会对被调查者有着诱导作用。调查中，不少被访者表示，他们的闲暇时间主要是与周围的人聊天度过，因此，社区、生活环境的和谐与否会对其市民化意愿有着强烈的同化和社会化作用。如果说，一个地区的征地安置政策相对较好，失地农民所生活的新小区中的多数居民，或者多数同被访者交往的亲戚、朋友，都对市民化持肯定态度或高度赞扬，那么，被调查者市民化意愿较强的概率也会随之提高。

我们可以来看一下各地的情况。上海地区的社区融合是比较好的（见自变量基本情况统计），调查对象所体现出的整体市民化意愿也是较高的，若将"调查点是否在上海"同"与亲戚""与朋友""新社区人际关系"三个变量交互之后做市民化意愿的二元 Logistic 回归，结果是与模型 5 相反的（如表 2.34 所示），在上海地区，失地农民与亲戚、朋友的关系更好，或者新社区的人际关系更好，都是对市民化意愿有着正相关关系的。可见，模型 5 中的负相关，主要是由河南和广西地区的集中作用所导致的，的确，调查显示，河南与广西地区的失地农民人际关系越好，其市民化意愿则越不强烈（如表 2.35 所示），且河南地区的这种负相关趋势比广西地区更加明显。笔者认为，这与河南地区的失地农民在征地过程中遇到的冲突较多有关，周围不断有人与当地政府发生冲突，一方面强化了失地农民间的共识，另一方面不愿意征地、不愿意市民化的印象不断加深，整个调查点的失地农民都形成了一种条件反射，形成了当下人际关系较好却市民化意愿不强烈的结果，甚至恶性循环。这也解释了，为什么在引入人际交往相关变量后，小区治安越好，被调查者的市民化意愿却越不强烈的原因，治安好，有利于社区融合，有利于新社区的人际关系变好，为"不愿市民化"的定式思维提供平台。

换言之，征地之后，将失地农民统一安置在一个社区中只是征地安置的初步工作，如果征地过程中冲突较大，那么应当将存在冲突的失地农民安置于不同的社区，避免刻板效应增强，而对于征地过程中冲突较小的地区，当地政府更应该将失地农民安置于同一小区并注重安置以后的社区管理工作，这将有利

第二章 我国东部、中部、西部市民化中的社会问题调查

于维持社区稳定及失地农民的社区融入,帮助其尽快实现市民化。

表2.34 调查点同人际关系交互作为因变量与市民化意愿的回归结果

	B	Exp(B)	B	Exp(B)	B	Exp(B)
常量	-1.00	0.37	-1.13	0.32	-1.16	0.31
与亲戚关系是否更好*上海	2.1(***)	8.13	0.97(**)	2.64	0.69	1.99
与朋友关系是否更好*上海	—	—	1.35(***)	3.86	0.42	1.53
新社区人际关系是否更好*上海	—	—	—	—	1.27(***)	3.58

注：* 表示在0.1水平显著相关，** 表示在0.05水平显著相关，*** 表示在0.01水平显著相关。

表2.35 市民化意愿与人际关系的列联表

		不强烈	强烈
与亲戚关系是否更好			
河南	否	7	0
	是	92	31
广西	是	25	4
与朋友关系是否更好			
河南	否	8	0
	是	91	32
广西	否	5	0
	是	20	4
新社区人际关系是否更好			
河南	否	46	4
	是	47	28
广西	否	13	0
	是	12	4

最后，再看模型2时，关于失地农民农转非时间与人际交往因素无关，而与地区因素有关，现在来看，上海的地区因素会变得尤为明显，的确是因为地区因素更多地作用在了人际交往的相关变量上，所以上海的地区因素并未完全使得"农转非时间"这一变量呈正向作用，或者说，并非直接作用于该地区"农转非的时间"这一变量上。因此，这就再次验证了模型2中的假设：我们不能说三个地区的失地农民农转非时间越早，则市民化意愿越强烈，只能说，在河南和广西地区，失地农民的农转非时间越晚，就越是不能得到应有的安置补偿，与原市民的生活差距也越大。同时，由于人际交往时增强了不愿转为市民的刻板效应，导致他们市民化意愿就更不强烈。

这样看来，要真正实现失地农民的市民化，不仅要考虑各地的经济发展状况，更要因地制宜，首先减少征地过程中的冲突，然后有的放矢地采取相应的安置政策和保障措施，并且在失地农民身份已实现市民化的情况下，尽可能减少他们与原市民之间的差距，享受到同等的社会保障待遇，才能尽早使其融入城市生活，实现身份与行为的真正市民化。

三、失地农民市民化水平影响因素分析

前文已经对失地农民的征地意愿、市民化意愿的影响因素做了详细的分析，了解到各因素对失地农民的态度是怎样起作用的，然而，失地农民的市民化水平受多方面因素的影响，不仅仅只有征地意愿和市民化意愿两项，还有如，个人的文化程度、家庭情况、生活水平、保障程度、征地满意度，为了厘清这些因素是否真正与市民化水平有关，并将众多复杂的看似相关又无法简单描述清楚的因素进行归类，还需要通过因子分析来实现。

首先，笔者尽可能多地猜想与市民化水平有关的影响因素，考虑到有些因素无论是否对征地意愿或市民化意愿有影响，都有可能会对市民化水平有影响，到底是这些因素先影响了意愿，再影响了市民化水平，还是直接影响到市民化水平？这正是需要通过因子分析来进一步了解各因素影响方式的原因。因此，笔者选取了一些可能的影响变量并合理地选择替代变量或进行变

量升级（考虑到失地农民的文化水平，问卷中的许多问题以选择题的形式出现，结果本身只能作为定类或定序变量），如表2.36所示。

表2.36 市民化水平影响因素因子分析的变量设置

变量升级	
文化程度*	受教育年限
对子女的文化程度期待*	期望子女的受教育年限
最近一次征地时间*	本就为定距变量
户籍由农民转为市民的年份*	本就为定距变量
平均每亩地补偿费用	本就为定距变量
你认为合理的征地补偿费标准	本就为定距变量
征地前后工作天数增加的等级*	征地后的选项 – 征地前的选项，差值即为变化等级
征地前后工作劳累程度减小的等级	征地后的选项 – 征地前的选项，差值即为变化等级
征地前后工作环境恶化的等级	征地后的选项 – 征地前的选项，差值即为变化等级
征地前后就业地点变远的等级	征地后的选项 – 征地前的选项，差值即为变化等级
征地前恩格尔系数	本就为定距变量
征地后恩格尔系数	本就为定距变量
主观上征地前后生活水平差异等级	征地后的选项 – 征地前的选项，差值即为变化等级
征地前后休闲时间差异等级	征地后的选项 – 征地前的选项，差值即为变化等级
变量替代（对相关变量进行赋值，加总为该部分得分）	
征地满意度	从最不满意到最满意分为5个等级，分别赋值 –2, –1, 0, 1, 2
新事物接受度	不能接受为 –1，不清楚或不知道为0，可以接受为1
生活环境改善程度	条件变差为 –1，和原来一样为0，条件改善为1

需要特别说明两点：第一，访谈中，许多失地农民表示，有些城市文化特征可以接受，但自己不会参与或具备这些特征，如是否认同贷款消费，不少被调查者认为这种消费方式是可以接受的，但自己绝对不会采取这种消费方式，再如，是否接受城市中人际关系冷漠的文化特征，也有许多被访者认为可以接受，但是自己不会对人冷漠，因此，并不能说接受度高其市民化水平就一定高，甚至对于有些因素而言，虽然属于城市文化特征，但并不能认为具备这些特征就一定是市民化水平较高的，只能说，或许这些因素会影响到个人的市民化水平，所以，这里还只能将其作为影响因素来评判，而不能将其视为市民化水平的衡量标准。第二，经过多次因子分析，根据 KMO 值和巴特利特球检验，若去除表中"*"后的变量，剩余变量则更适合做因子分析，或者说，因子分析的效果更好，事实上，某些去除的变量正是对失地农民的市民化意愿有影响的变量，再次说明该变量只对市民化意愿有影响，对市民化水平则无影响，故在最终的因子分析模型中，并不包含表 2.36 中带"*"的变量。

对上述不带"*"的变量进行了主成分法分析，采用最大方差法对因子负荷进行正交旋转，在基于特征值大于 1 则接受变量的原则上，可以抽取 4 个主要成分，总解释度为 65.2%，但是，各因子所包含的相关变量很难创造出合理的共同概念，相反，在尽可能简化变量同时提高总体解释方差的基础上，若规定抽取因子数为 5 个共同因子，则其可归纳度是较高的。首先，从碎石图中可以看出，所抽取的 5 个主要成分的特征值同样都是接近于 1 的，可以分别用 F1、F2、F3、F4 和 F5 表示。其次，KMO 的检验值为 0.717，同时巴特利特球检验值达到 409.581（P<0.001），说明这些指标适合进行因子分析。在此基础上，从表 2.37 中可以看出，所有指标的共同度（公因子方差）均达到 0.5 以上，又从表 2.38 可知，5 个新因子累计方差贡献率达到 68.73%，总体解释度相对基于特征值大于 1 的原则下抽取公因子的解释度而言更为理想。

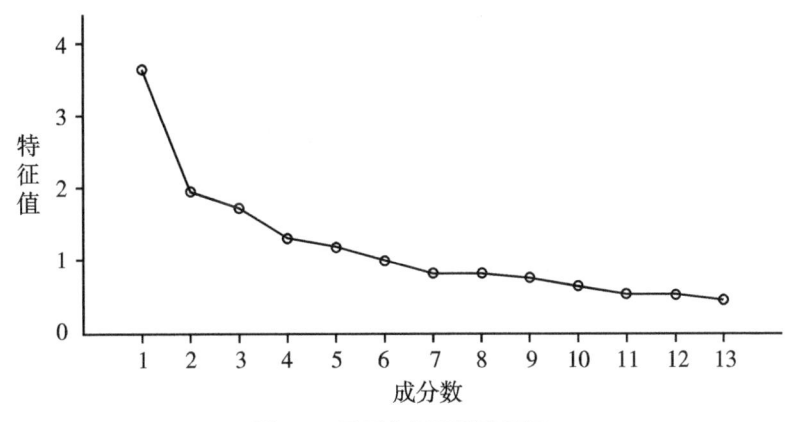

第二章　我国东部、中部、西部市民化中的社会问题调查

图 2.6　因子分析所得碎石图

表 2.37　因子分析的公因子方差

	初始	提取
征地后恩格尔系数	1.00	0.84
征地前恩格尔系数	1.00	0.85
因子—征地满意度	1.00	0.62
因子—新事物接受度	1.00	0.71
因子—生活环境改善程度	1.00	0.68
平均每亩地补偿元数	1.00	0.63
你认为合理的征地补偿费标准	1.00	0.66
主观征地前后生活水平变化	1.00	0.61
征地前后工作天数增加的等级	1.00	0.84
征地前后工作劳累程度减小的等级	1.00	0.67
征地前后工作环境恶化的等级	1.00	0.59
征地前后就业地点变远的等级	1.00	0.58
征地前后休闲时间变化	1.00	0.65

163

表2.38 因子分析解释的总体方差

成分	初始特征值 合计	方差的%	累积%	提取平方和载入 合计	方差的%	累积%	旋转平方和载入 合计	方差的%	累积%
1	3.47	26.71	26.71	3.47	26.71	26.71	2.32	17.85	17.85
2	1.78	13.70	40.41	1.78	13.70	40.41	2.15	16.51	34.37
3	1.57	12.04	52.45	1.57	12.04	52.45	1.79	13.75	48.11
4	1.13	8.70	61.15	1.13	8.70	61.15	1.40	10.74	58.85
5	0.99	7.58	68.73	0.99	7.58	68.73	1.29	9.89	68.73
6	0.81	6.20	74.93	—	—	—	—	—	—
7	0.64	4.89	79.83	—	—	—	—	—	—
8	0.61	4.70	84.53	—	—	—	—	—	—
9	0.58	4.50	89.03	—	—	—	—	—	—
10	0.45	3.45	92.47	—	—	—	—	—	—
11	0.37	2.83	95.30	—	—	—	—	—	—
12	0.34	2.61	97.91	—	—	—	—	—	—
13	0.27	2.09	100.00	—	—	—	—	—	—

表2.39 失地农民市民化水平影响因素因子分析结果

	成分 F1（征地情况）	F2（生存环境）	F3（客观生活水平）	F4（征地前后工作劳累程度变化）	F5（新事物接受度）	共同度
征地满意度	0.69	−0.28	−0.13	0.22	−0.05	0.62
平均每亩地补偿元数	−0.77	−0.15	−0.07	−0.09	−0.08	0.63
你认为合理的征地补偿费标准	−0.73	0.09	0.01	0.06	0.33	0.66
征地前后休闲时间变化	0.50	−0.31	0.05	0.27	0.47	0.65

续表

	成　分					共同度
	F1（征地情况）	F2（生存环境）	F3（客观生活水平）	F4（征地前后工作劳累程度变化）	F5（新事物接受度）	
生活环境改善程度	0.57	−0.58	0.12	0.04	−0.05	0.68
主观征地前后生活水平变化	−0.05	0.74	0.05	0.08	0.22	0.61
征地前后就业地点变远的等级	−0.01	0.73	0.11	−0.16	−0.07	0.58
征地前后工作环境恶化的等级	−0.13	0.61	−0.17	−0.23	−0.35	0.59
征地后恩格尔系数	0.04	0.07	0.92	−0.02	−0.03	0.84
征地前恩格尔系数	−0.02	−0.04	0.92	0.02	−0.01	0.85
征地前后工作天数增加的等级	−0.08	0.02	0.06	−0.89	0.19	0.84
征地前后工作劳累程度减小的等级	0.24	−0.37	0.11	0.60	0.32	0.67
新事物接受度	0.22	−0.08	0.08	0.15	−0.79	0.72

最终的失地农民市民化水平影响因素因子分析结果如表2.39所示。从分析结果可知，"征地满意度""平均每亩地补偿元数""你认为合理的征地补偿费标准"以及"征地前后休闲时间变化"这4项指标对F1的负荷值最大，分别为：0.69、−0.77、−0.73和0.53，其中，前三项指标的负荷值更高，而"征地前后休闲时间变化"对F1和F4的因子负荷值没有明显差异，归为F1较为牵强，因此，根据前三项指标，可以将F1命名为"征地情况"。

F2则主要由"生活环境改善程度""主观征地前后生活水平变化""征地前后就业地点变远的等级""征地前后工作环境恶化的等级"四个指标构成，负荷值分别为：−0.58、0.74、0.73、0.61，同样根据负荷值较高的变量为主因素，无论是生活环境、就业地点还是工作环境，都与环境相关，因此，可以将第二类因子命名为"生存环境"。

F3 对应着两项指标："征地前恩格尔系数"和"征地后恩格尔系数"，这两项的负荷值最高，都为 0.92，可以将其命名为"客观生活水平"。

F4 同样对应着两项指标："征地前后工作天数增加的等级""征地前后工作劳累程度减小的等级"，负荷值分别为：–0.89、0.6，此两者可命名为"征地前后工作劳累程度变化"。

而 F5 就只由一个指标构成，即对新事物的接受度，其负荷值为：–0.79。

这里的负荷值也是积矩相关系数，但并不表示某一变量与市民化水平之间呈负相关，而表示某一因子与该变量的相关度。当然，如果要更好地解释各个变量的作用大小，可将所有变量依次命名为：X1—X13，并成立如下方程式：

$X1=0.69F1-0.28F2-0.13F3+0.22F4-0.05F5$

$X2=-0.77F1-0.15F2-0.07F3-0.09F4-0.08F5$

$X3=-0.73F1+0.09F2+0.01F3+0.06F4+0.33F5$

$X4=0.50F1-0.31F2+0.05F3+0.27F4+0.47F5$

$X5=0.57F1-0.58F2+0.12F3+0.04F4-0.05F5$

$X6=-0.05F1+0.74F2+0.05F3+0.08F4+0.22F5$

$X7=-0.01F1+0.73F2+0.11F3-0.16F4-0.07F5$

$X8=-0.13F1+0.61F2+-0.17F3-0.23F4-0.35F5$

$X9=0.04F1+0.07F2+0.92F3-0.02F4-0.03F5$

$X10=-0.02F1-0.04F2+0.92F3+0.02F4-0.01F5$

$X11=-0.08F1+0.02F2+0.06F3-0.89F4+0.19F5$

$X12=0.24F1-0.37F2+0.11F3+0.60F4+0.32F5$

$X13=0.22F1-0.08F2+0.08F3+0.15F4-0.79F5$

另外，由系数矩阵（如表 2.40 所示）将 5 个公因子表示为 13 个指标的线性形式。因子得分函数为：

$F1=-0.05X2+0.29X3+0.01X4+0.2X5-0.44X6-0.37X7+0.11X8+0.13X9-$

$0.01X10+0.05X11+0.14X12+0.21X13$

$F2=0.04X1-0.03X2-0.01X3-0.06X4-0.24X5-0.25X6-0.04X7+0.46X8-0.13X9-0.05X10+0.27X11+0.4X12-0.01X13$

$F3=0.51X1+0.52X2-0.09X3+0.06X4+0.05X5-0.01X6+0.02X7+0.02X8+0.04X9+0.05X10-0.09X11+0.06X12$

$F4=-0.01X1+0.01X2+0.03X3+0.15X4-0.16X5+0.03X6+0.16X7+0.18X8-0.78X9+0.39X10-0.05X11-0.01X12+0.06X13$

$F5=-0.03X1-0.04X2-0.02X3-0.65X4-0.05X5-0.14X6+0.21X7+0.23X8+0.23X9+0.2X10-0.21X11+0.02X12+0.37X13$

表 2.40　因子得分系数矩阵

	F1	F2	F3	F4	F5
征地后恩格尔系数	0.00	0.04	0.51	-0.01	-0.03
征地前恩格尔系数	-0.05	-0.03	0.52	0.01	-0.04
征地满意度	0.29	-0.01	-0.09	0.03	-0.02
新事物接受度	0.01	-0.06	0.06	0.15	-0.65
生活改善程度	0.20	-0.24	0.05	-0.16	-0.05
平均每亩地补偿元数	-0.44	-0.25	-0.01	0.03	-0.14
你认为合理的征地补偿费标准	-0.37	-0.04	0.02	0.16	0.21
主观征地前后生活水平变化	0.11	0.46	0.02	0.18	0.23
征地前后工作天数增加的等级	0.13	-0.13	0.04	-0.78	0.23
征地前后工作劳累程度减小的等级	-0.01	-0.05	0.05	0.39	0.20
征地前后工作环境恶化的等级	0.05	0.27	-0.09	-0.05	-0.21
征地前后就业地点变远的等级	0.14	0.40	0.06	-0.01	0.02
征地前后休闲时间变化	0.21	-0.01	0.00	0.06	0.37

然而，单就公因子而言并不能对失地农民市民化水平的影响因素作出综合全面的评价，还需要知道每个因素的作用占多大比例，或作用大小，在因

子分析中，我们可以将结果解释的总体方差中的总计作为权重，以此计算各因素的总体得分值，用公式表示即为：

各因素总体作用大小 =F1*2.32/（2.32+2.15+1.79+1.4+1.29）+F2*2.15/（2.32+2.15+1.79+1.4+1.29）+F3*1.79/（2.32+2.15+1.79+1.4+1.29）+F4*1.4/（2.32+2.15+1.79+1.4+1.29）+F5*1.29/（2.32+2.15+1.79+1.4+1.29）

利用上式，为失地农民市民化的各个影响因素作用通过加权求总效应之后，可以进行不同地区间的差异分析。

首先，在上海、河南、广西三个地区之间做两两比较，这些影响因素的总效应在上海地区是正的，而在河南和广西地区则为负（如表2.41所示），再看图2.7，上海地区总效应中频率最高的得分都分布在正值上，而河南和广西地区频率最高的得分都分布在负值上，根据这两个结果，我们基本上可以认为，各因素对三个地区的失地农民市民化水平的总效应存在差异，也就是说，上海地区的失地农民市民化水平较高，河南地区其次，而广西地区的被调查者其市民化水平最低。

另外，若从假设检验的方法上分析（如表2.42所示），在组内检验中，均值方程的t检验Sig取值为0<0.05，故推翻组内虚无假设，认为各影响因素对上海、河南、广西三个地区的总体效应存在着巨大的差异。但是，方差方程的齐性检验中，显著性Sig分别为0.17>0.1、0.04<0.05和0.35>0.1，故其中两组方程是可以接受总效应的假设方差相等的组检验，即方程满足方差齐性原则，而另一组，上海—广西两地区的独立样本检验中是不满足方差齐性检验的。

因此，三个地区间的差异不能简单作出推断，为了获得进一步确认，我们还需要再做单因素方差检验，直接比较三个地区的差异（如表2.43、表2.44和图2.8所示），很明显，结果显示，方差齐性可以在0.1显著性水平下通过检验，三个地区的影响因素总效应存在较大差异（在0.001显著性水平下通过检验），从均值图上也可看出，三个地区的均值差异较大，且几乎呈直线下降，降低趋势十分陡峭，广西与河南的差距较大，而河南与上海的差距又较大，同时广西与上海的差距之大就更是不言而喻了。

第二章 我国东部、中部、西部市民化中的社会问题调查

表2.41 不同地区失地农民市民化影响因素总效应

	N	均值	标准差	均值的标准误
上海	37.00	0.21	0.35	0.06
河南	68.00	−0.03	0.45	0.05
上海	37.00	0.21	0.35	0.06
广西	18.00	−0.31	0.51	0.12
河南	68.00	−0.03	0.45	0.05
广西	18.00	−0.31	0.51	0.12

被调查村庄在
上海
河南
广西

上海
均值=.2057
标准漏差=.34713
N=37

河南
均值=−.029
标准漏差=.44819
N=68

广西
均值=−.3134
标准漏差=.51167
N=18

图2.7 三地区市民化水平影响因素总效应直方图

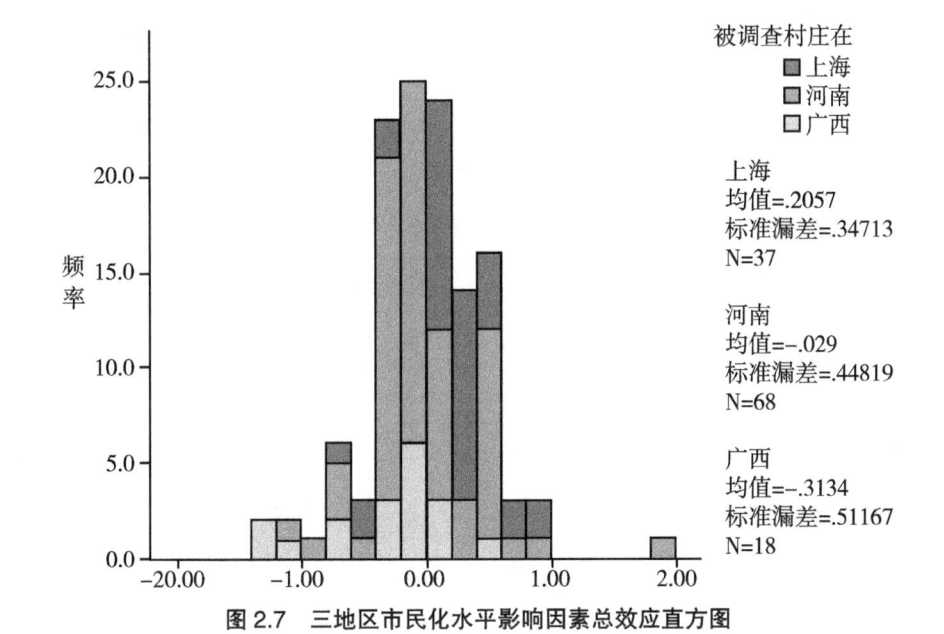

表2.42 失地农民市民化影响因素独立样本检验

		F		均值方程的 t 检验						
		Sig.	t	df	Sig.	均值差值	标准误差值	差分的95%置信区间		
								下限	上限	
上海—河南	假设方差相等	1.92	0.17	2.76	103.00	0.01	0.23	0.08	0.07	0.40
	假设方差不相等	—	—	2.98	90.79	0.00	0.23	0.08	0.08	0.39

续表

F		Sig.	t	df	Sig.	均值差值	标准误差值	差分的95%置信区间 下限	差分的95%置信区间 上限
上海—广西	假设方差相等	4.24	0.04	4.44	53.00	0.00	0.52	0.12	0.28	0.75
上海—广西	假设方差不相等	—	—	3.89	24.88	0.00	0.52	0.13	0.24	0.79
河南—广西	假设方差相等	0.87	0.35	2.32	84.00	0.02	0.28	0.12	0.04	0.53
河南—广西	假设方差不相等	—	—	2.15	24.35	0.04	0.28	0.13	0.01	0.56

表2.43 三地区市民化水平影响因素方差检验基本信息描述

	N	均值	标准差	标准误	均值的95%置信区间 下限	均值的95%置信区间 上限	极小值	极大值
上海	37	0.21	0.35	0.06	0.09	0.32	−0.65	0.98
河南	68	−0.03	0.45	0.05	−0.14	0.08	−1.07	1.87
广西	18	−0.31	0.51	0.12	−0.57	−0.06	−1.34	0.41
总数	123	0.00	0.46	0.04	−0.08	0.08	−1.34	1.87

表2.44 三地区市民化水平影响因素方差检验

	平方和	df	均方	F	显著性
组间	3.39	2	1.695	9.144	0
组内	22.247	120	0.185	—	—
总数	25.638	122	—	—	—
Levene统计量=1.944；df1=2；df2=120；Sig=0.1					

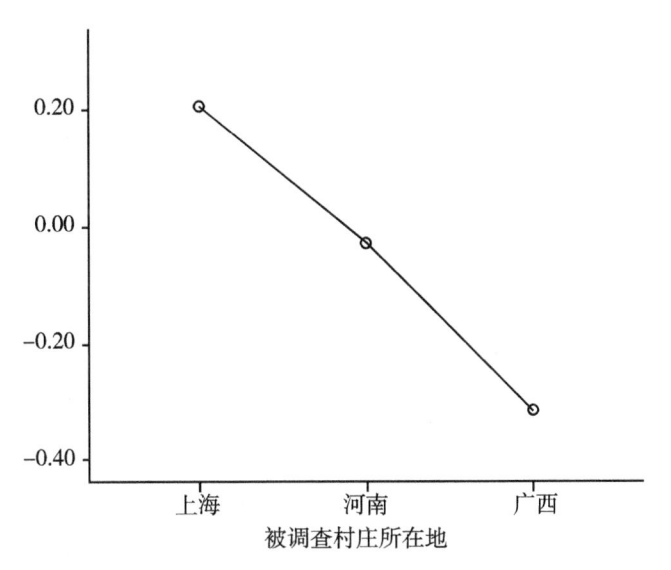

图 2.8　三地区市民化水平影响因素均值图

最后，虽然这些影响因素对各个因子具有较强的负荷，但若要验证这些因素是否真正对市民化水平有影响，还需要通过回归模型来验证，当然，因子分析的目的在于简化变量，因此，如果我们可以验证上述归类的 5 个因子都对市民化水平有影响，那么就可以说明上述所猜想的各个因素是对失地农民的市民化水平具有影响的。笔者认为，市民化水平可以从三个角度进行衡量：第一是城市生活的适应性，这既包括客观上的经济基础适应、社会基础适应，也包括主观生活习惯上的适应；第二是维权意识，法制意识是适应现代生活的重要因素，但又不同于城市生活的适应性，因此需要单独作为一个维度进行衡量；第三是心理上的身份认同感。基于这三个维度，问卷中分别设计了相关问题，每一个问题都有一个定序变量来区分差异，现在，为每一个选项进行赋值，从最符合市民化标准的一项到最不符合的一项分别赋值为 2 分、1 分、0 分、−1 分和 −2 分，最后，将所有问题的得分加总，就可以进行较好的量化比较。

当然，需要说明一点，这个得分并不能视作绝对意义上的分值，但有一个比较的作用。也就是说，假设一共有 10 道题，那么，分值范围为 [−20, 20]，如果一个被调查者的最终得分为 20 分，而另一个被调查者的得分为 −20

分，我们不能简单认为，得分为 20 的人就已经实现了完全的市民化，而得分为 –20 的人完全没有实现市民化，这里赋值与得分的意义在于将所有被调查者基于同一个比较水平上，换言之，我们可以认为得分 –20 的被调查比得分 20 的被调查者的市民化水平差很多，如再有一个被调查者得分为 10 分，那么我们就可以很容易地将这三个被调查者进行排序。

基于这个赋值的方法，我们可以将每一个被调查者的市民化水平进行量化比较。通过这个最后的得分，与其他变量做回归模型的拟合。

首先验证最初的猜想，即市民化水平是否与征地意愿和市民化意愿有关，为此做一个二因素线性回归的拟合，结果如表 2.45 所示。

可以肯定的是，如果两者同时归入回归模型，都是可以通过检验的，也即都与市民化水平有一定的关系。此外，笔者还将两者分别与市民化水平列联之后求相关系数，得到两者的相关值分别为：0.575 和 0.522，那么，此两者的共同作用效果为：0.575×0.43+0.522×0.33=0.41951，可见，如果用市民化意愿和征地意愿两者来共同解释失地农民的市民化水平，可以消减约 41.95% 的误差。

表 2.45　征地意愿、市民化意愿与市民化水平的线性回归

	非标准化系数 b	标准误差	标准化系数 B	t	Sig.
（常量）	–10.84	1.16	—	–9.36	0.00
市民化意愿	13.43	1.78	0.43	7.53	0.00
征地意愿二分变量	10.84	1.87	0.33	5.80	0.00
r（市民化意愿 – 市民化水平）=0.575，r（征地意愿 – 市民化水平）=0.522					

既然如此，是否剩余的误差可以由因子分析中所考量的一些变量进行解释？笔者利用因子分析中所提取的 5 个公因子做了回归，结果如表 2.46 所示。其中，与市民化水平具有较强相关且可以被引入回归模型的，只有 F1 和 F2 两个公因子，这两个变量所能解释的误差为：0.558×0.56+(–0.419)×(–0.43)=0.49265，与征地意愿、市民化意愿的作用一同考虑，则可以消减约 91.22% 的误差。然而，F3、F4、F5 这三个公因子所代表的变量则与失地农民的市民

化水平并无太大关联，这些变量包括"征地前恩格尔系数""征地后恩格尔系数""征地前后工作天数增加的等级""征地前后工作劳累程度减小的等级"以及"对新事物的接受度"。回看前文的回归分析可以发现，除了征地前后的恩格尔系数外，其他变量都与市民化意愿有关，也就是说，这些变量是先对市民化意愿产生影响，而后通过市民化意愿对市民化水平产生影响的，他们对市民化水平并无直接影响。而F1、F2这两个公因子所包含的变量，包括"征地满意度""平均每亩地补偿元数""你认为合理的征地补偿费标准""征地前后休闲时间变化""生活环境改善程度""主观征地前后生活水平变化""征地前后就业地点变远的等级""征地前后工作环境恶化的等级"等，有些是与征地意愿影响因素重合的变量，有些是与市民化意愿影响因素重合的变量，这再次说明了，这些因素的作用较强，同时也可以发现，在去除这些变量后，F1、F2这两个公因子对市民化意愿的作用，大多来源于"征地满意度"和"你认为合理的补偿标准"，若将此两者与市民化水平求相关，可得相关系数分别为：0.727和-0.38，若控制其他变量，仅考虑此两者单独对市民化水平的作用，则可以分别消减52.85%和14.44%的误差，的确是作用非常大的，验证了笔者的说法。至于被调查者所认为的合理的补偿标准为何会与市民化水平有关，笔者认为，一个合理的标准与被调查者的所见、所闻、所知、所想有很大相关，其所说的标准往往与其个人的市民化水平也有一定的关联，因此会有这样的结果。

表2.46 公因子与市民化水平的回归结果

	非标准化系数b	标准误差	标准化系数B	t	Sig.
（常量）	-1.57	0.97	—	-1.62	0.11
F1	7.47	0.95	0.56	7.88	0.00
F2	-5.70	0.96	-0.43	-5.97	0.00
F3	0.20	0.90	0.02	0.23	0.82
F4	0.42	0.95	0.03	0.44	0.66
F5	-1.41	0.96	-0.11	-1.47	0.15
r1=0.558，r2=-0.419，r3=0.006，r4=0.033，r5=-0.084					

总结而言，对失地农民市民化水平有较大影响的因素包括"征地意愿""征地满意度"和"市民化意愿"，有较小影响的因素包括"被调查者所认为的合理的补偿标准"。而其他一些影响因素，则是先作用在征地意愿和市民化意愿上，从而对市民化水平产生影响的，其本身对市民化水平的作用较小。当然，也有一些因素看似与市民化水平会有必然联系，但经过验证则发现，关系并不大，包括征地前后的恩格尔系数，对新事物的接受度等。这同时说明了，失地农民的市民化水平是一个受主观态度影响较大的客观结果，因此，要实现失地农民的市民化，应该在满足其经济基础、社会基础上着力提升他们的主观感受。对于基层地方政府来说，需要做到：减少征地冲突，加强征地安置和社会保障，促进社区管理，对不同地区实行因地制宜的管理手段等。只有失地农民的主观感受提升了，即使是经济发展较落后的地区，同样可以实现提升失地农民市民化水平的目标。

第三章

市民化中的社会问题研究集锦

第一节 失地农民市民化研究

农民市民化的国际理论、经验借鉴及启示

摘要：十八届三中全会决定推进农业转移人口市民化，逐步把符合条件的农业转移人口转为城镇居民。可见，我国的农民市民化的转换不仅是中国历史发展的必经阶段，也是目前我们认真贯彻落实党的十八届三中全会精神，促进全面小康社会建设和社会主义现代化的具体策略。但是，我国的农民市民化过程复杂，还缺少相应的理论和实践经验，这需要我们去借鉴一些国外关于农民市民化的理论及实践模式，同时，由于时代及国情不同，我们又不能照搬国外的模式，但可以在国外理论和经验研究的启示下，探索出适合我国国情的农民市民化方式。本文通过对国外农民市民化理论、实践模式的介绍，分析了我国农民市民化的特殊性并思考了相应的实现模式。

关键词：农民 市民化 农民市民化

一、导言

一个国家的城市化水平由市民占总人口的比例表明。我国自改革开放以来，城市化快速推进，2000年以后，我国城市化水平更以每年提高约1个百

分点的速度增长，[1]到2014年已经达到54.77%，[2]麦肯锡全球研究所曾在2008年的研究报告中预测，到2025年我国将有10亿人居住在城市，城市化水平达到73%，[3]基本完成城市化和现代化。

中国的城市化在推动我国经济发展和世界繁荣的同时，也给广大农民的生活带来了前所未有的影响。一方面，城市化促使各种资源进行重组，强有力地推动了人类经济、社会、文化的发展变化，在城市化过程中农民的生产、生活方式发生巨大改变，享受到城市文明，文化素质得到提高，开始了市民化的进程；另一方面，土地对于农民来说，是农民生存和发展的最后屏障。城市化进程中农民市民化的过程，就是农民失去土地这一基本生产生活资料的过程。在这一过程中，成千上万的农民仿佛一夜之间便失去了他们赖以生存的土地，踏入了城市的门槛。其情景类似于法国社会学家孟德拉斯（Henri Mendras）在其著作《农民的终结》一书中讲到的，"20亿农民站在工业文明的入口处：这就是在20世纪下半叶当今世界向社会科学提出的主要问题"。我国社会学家郑杭生先生认为，"在目前社会转型加速的历史场景下，八九亿中国小农正走向其历史的终结点，强调这一研究主题，记录这一历程并升华至理论层面，从而发现中国农民实现市民化的历史性规则，可能会成为社会学中国学派在世界社会学舞台上独树一帜的重要标志之一"[4]。

城市化的思想同十八届三中全会的决定相一致，正如十八届三中全会决定推进农业转移人口市民化，逐步把符合条件的农业转移人口转为城镇居民。可见，我国的城市化、城乡一体化、农民市民化的转换不仅是中国历史发展的必经阶段，也是认真贯彻落实党的十八届三中全会精神，促进全面小康社会建设和社会主义现代化的具体策略。

他山之石，可以攻玉。借鉴国外农民市民化的理论和经验，可以为我国的城市化、农民市民化转换提供相应的经验借鉴，少走弯路。对于解决目前我国农民市民化中的问题寻找相应的途径。

二、国外关于农民市民化的经济学理论视角研究

国外关于农民市民化的经济学理论研究,主要是从城市化、人口迁移、社会发展等视角进行了相应的理论分析,总结出了相应的农民市民化模式。

第一,是纳德·博格于1961年提出的"推力—拉力"理论,认为劳动力流动是两种不同方向的力作用的结果:一种是促使劳动力流动的力量,即有利于劳动力流动的积极因素;另一种是阻碍劳动力流动的力量,即不利于劳动力流动的消极因素。在劳动力流出地,存在一种起主导作用的"推力",把原居民推出其常住地。在流入地,存在一种起主导作用的"拉力"把外地劳动力吸引过来。而促成劳动力流动的因素很多,其中最主要的作用力量是工资收入。[5]

第二,是刘易斯在1954年提出的二元经济结构学说。刘易斯认为,发展中国家和地区普遍存在二元经济结构:一个是工业部门;一个是以农村为中心的农业部门。[6]在经济发展的初始阶段,农业部门存在大量的剩余劳动力,因此只要城市工业部门扩大积累,城市对劳动力便具有无限的吸引能力,一旦农村剩余劳动力完全被城市工业部门所吸收,二元经济结构的鸿沟就被填平,劳动力转移过程就会缓慢甚至停滞。刘易斯模型第一次从宏观层面科学地揭示了农民市民化的动力和过程,具有普遍的借鉴意义,但是,其理论没有考虑到农村和城市的失业问题。[8]

第三,是托达罗提出的城乡预期收入差异理论,即农业劳动者的迁移决策不是取决于城乡实际收入差距,而是取决于预期收入差距,同时还取决于城市就业率和失业率。[8]城乡收入差异和对城市预期收入的期盼导致农村劳动力流向城市。[11]

三、国外关于农民市民化的经典社会学理论视角研究

西方社会学家们对于发达国家农民消亡过程的研究一直遵循着农村—城市或传统—现代的两分法到连续统法的变化,指出了农村—城市、农民—

市民的区别，这些经典社会学理论对于研究农民市民化问题具有较好的借鉴作用。

（一）滕尼斯的社区—社会、农民—市民渐次发展理论模型

1887年，德国社会学家滕尼斯出版了著作《社区与社会》。在书中，滕尼斯指出社区（农村）和社会（城市）的区别（如表1所示）。

表1 滕尼斯关于农村与城市的区别的观念

	基本类型 主要特征	农村（社区）	城市（社会）
	意志类型	本质的	选择的
	意志动力	自然情感的、全面的概念	理性的、工具的概念
	意志取向	整体意志	个人意志
	行动方式	传统的行动	合理的行动
	互动表现	本地网络、密集型	超本地网络、复合型
	生活范围	家庭、乡村、城镇	都市、国家、世界
社会规范基础	秩序	普遍同意	契约
	法律	共同习惯	理性
	道德	宗教	公共舆论
	综合性质	有机的	机械的

滕尼斯认为社区（农村）是基于亲族血缘关系而结成的社会联合，而社会（城市）是基于人们的契约关系和"理性的"意志所形成的社会联合。在意志取向上，农村中的农民个体之间差异不大，大家进行同样的劳动，过着同样的生活，物质生活的相似性决定了社区成员拥有同样的感情，具有相似的道德准则和价值观，承认同样的神圣事物，成员之间没有分化，是协调一致的，因此，滕尼斯认为农村是有机统一体，农民的个体意志根植于整体意志之中。而城市是建立在外在的和合理利益基础上的机械组合，是机械统一体，市民个人意志是出发点。

腾尼斯认为，人类社会生活的发展过程，基本上呈现出农村逐步让位于城市、农民向市民转化的过程，欧洲的社会关系越来越朝着现代城市社会的方向发展。而实际上，腾尼斯在书中是表现出对于农村社区的留恋，和对城市社会的悲观态度的。腾尼斯的这种偏向与19世纪城市化急剧扩张所引发的诸多城市问题带给人们的恐惧与担忧有关。

（二）迪尔凯姆机械团结—有机团结、农民—市民逐渐进步的理论模型

法国社会学家迪尔凯姆，通过对于农村社会（传统社区）和城市社会（现代社会）的比较研究，提出了基于农村社会的机械团结和基于城市社会的有机团结两个概念，两者区别如表2所示。

表2　迪尔凯姆关于机械团结和有机团结的区别

机械团结的社会	有机团结的社会
分工不发达	分工发达
成员同质	成员异质
集体意识强烈	集体意识微弱
个性压抑	个性发展
镇压性法律	补救性法律
传统的农业（农村）社会	现代工业城市社会

迪尔凯姆认为，在机械团结的社会里，分工不发达，相同地域的人们进行着基本相同的劳动，过着相同的生活，具有同样的道德标准和价值信念，在这种状况下，集体意识很强烈，具有宗教的神圣性。个性是不彰显的。任何触犯集体意识的行为和意念都被认为是犯罪，人们惩罚犯罪，并不是从个人的角度为自己复仇，而是为了某种神圣的东西报仇。法律往往是很严酷的，而且带有强烈的感情色彩，是"镇压性法律"；而建立在发达的劳动分工基础上的城市社会，犹如一个有着各种器官的有机体，每个社会成员都按照社会分工执行着专门的职能，这就导致各个成员、部门之间的

功能依赖和功能互补。在有机团结的社会中，人与人之间的差异不断增大，每个人在自己的领域中发挥自己的才干，个性得到充分地彰显，每个人也变得相对自主。随着个人自主的增长，集体意识必然会削弱。在有机团结社会中，法律的性质也有所不同，某些越轨行为不会引起集体的愤慨，法律更多地具有理性的色彩。惩罚罪犯的目的不是对违法者的镇压，而是为了维护、恢复由社会分工而建立起来的正常的社会秩序。人们不会把犯罪看成是对社会整体的危害，而是对个体正常权益的侵犯。所以惩罚有一定的限度，是"补救性法律"。

迪尔凯姆认为，这两种类型的社会团结在任何社会都可能同时存在，但不同的时代所占的比重是不同的。在农业社会，机械团结占优势，在工业社会，有机团结占优势。人类社会发展的趋势就是机械团结不断让位于有机团结、有机团结的优势不断增进的过程。这是一种良性表现，它不断地创造着一种新的生存条件，加强着人们之间的社会联系，使人们能够在更大的范围和程度上紧密结合在一起，同时又削弱了集体意识对个人的控制，拓宽了个人意识发展的空间，促进了个性的发展。因此，农民向市民的转化是一种社会的进步。

（三）索鲁金和齐默尔曼的农村—城市、农民—市民渐次过渡理论模型

1929年，美国社会学者索鲁金和齐默尔曼在他们合著的《农村—城市社会学的原理》中提出了他们的城乡两分法的理论，他们以八个指标来比较、区分城市社会和农村社会（如表3所示）。他们认为，农村与城市要分开研究，要在与城市相比较中描述乡村社会普遍而持久的特点和各种关系，包括农村社会各部门之间、农村社会与自然环境之间的关系；并解释农村与城市之间差别的原因或农村社会特殊现象的特点。农村向城市是渐次过渡的，农民向市民也是缓慢转化的。

表 3　索鲁金和齐默尔曼关于农村与城市的区别的观点

	农村社会	城市社会
职业	以农耕者为主体	由从事工业、商业、专门性职业、官吏等非农业的职业的人们组成
环境	相对于人类的、社会的环境，自然占优势	离自然很远，人造的环境居支配地位
地域社会的大小	在同一时代、同一国家，远比城市要小	在同一时代、同一国家，远比农村要大
人口密度	小	大
人口的异质性	种族、社会心理上等质同质性	种族、社会心理上异质性
社会的分化和分层	比较单纯的结构	社会分化大
流动性	地域的、职业的以及其他社会流动很少	流动激烈、人口流动主要是从农村流向城市
互动的类型	人们的接触范围狭窄，首次接触是支配性的，个人关系居多	接触范围广，二次接触支配地位，非个人的临时性关系成立，关系复杂多样，具有表面性和形式性

*P.A.Sorokin & C.C.Zimmerman, Principles of Rural-urban Sociology, p.56.

四、发达国家关于农民市民化的经验模型借鉴

（一）英国：暴力型圈地运动式农民市民化经验模型

英国是世界上农民市民化迁移、转化开始时间最早的国家，公元11—12世纪时期，英国出现了农民市民化迁移的第一次浪潮，这一时期迁移的农民主要是穷人，迁移的主要目的是生存。英国最大规模的农民市民化迁移、转化是从18世纪的工业革命开始的，工业革命前英国的农民占总人口数的80%以上，而到工业革命以后的19世纪中叶，英国的农民仅占总人口数的25%。通过暴力型圈地运动，英国完成了农民向市民的大规模转换。[13]

圈地运动将大量的农村剩余劳动力暴力驱赶到城镇中去。[14] 15世纪后，英国毛纺制呢业迅猛发展，于是，贵族们把原来租种他们土地的农民赶走，把土地圈占起来发展养羊业。新航路开辟后，对外贸易急剧扩大，从而进一

步刺激了英国羊毛出口业和毛织业的发展,推动了养羊业的发展。从 1688 年起,政府公开支持圈地。圈地运动通过暴力形式将农业劳动力转移出去,形成大量的无业游民。英国的圈地运动又被称为"羊吃人运动"[15]。

到 20 世纪 70 年代末,英国的农村劳动力比重进一步下降到 2.5% 以下,城市人口比重已经超过 90%,农民市民化进程基本结束,英国成为城市化高度发达的国家。[16]

(二)美国:市场型自由迁移式的农民市民化经验模型

美国从 19 世纪 20 年代到 20 世纪 70 年代,大约用了一个半世纪的时间完成了农民市民化的迁移、转换。[17]美国走出了一条市场导向为主的自由迁移式的农民市民化模式。

美国工业化、城市化和农业现代化的同步发展,既造成了城市劳动力的稀缺,靠国际移民满足城市化对劳动力的需求,同时,农业也为工业和城市化进展提供了有力支撑。1850—1910 年,欧洲向美国的移民达到 2337.3 万人,平均每年约迁入 39 万人。[14]在这些国际移民中,大约 1/4 是技术工人,他们带来了先进的冶铁、纺织和其他工业部门的知识与技术,对于美国的城市化起了巨大的推动作用。[14]而且,在美国的城市化过程中,农业不仅没有拖后腿,反而起到了巨大的促进作用。1820 年,美国一个农民所生产的农产品仅能供 4 个人消费,到了 1920 年,供养人数翻了一番,达到了 8 人,而到了 1972 年,供养人数高达 52 人。[14]美国工业化、城市化、农民市民化、农业现代化的平衡发展,使农民市民化转换过程非常顺利,"二战"前,美国农业劳动力占社会总人口数达到 22%,1971 年降到 3.1%。[18]这标志着农村人口转移过程已经结束,美国步入城市化高度发达的国家行列。

(三)日本:政府主导型跳跃式的农民市民化经验模型

日本在 1947 年时,农民占总人口数的比重为 54.2%,[13]城市化率较低。日本政府对农村劳动力转移进行了有效干预,到了 1988 年,农民占总人口数的比重仅为 5.2%,[13]农民市民化转移过程基本结束。该模式有如下特点:

第一,日本政府普及对农民的教育,从明治维新时,就强制推行"学制令",提高了农民的综合素质,为农民后来适应城市生活、农民市民化的顺利实现创造了良好的软性条件。[19]

第二,日本政府重点发展劳动密集型工业,鼓励并引导农民转向非农产业就业。1971—1975年,日本政府在城市郊区建立了销售总额为9万亿日元的各类劳动密集型工业区,吸纳100多万人就业,其中六成以上为农民。[18]日本政府还利用"农协"等组织,引导农业生产形式向"企业+基地""农协(市场)+基地"转变,使农业逐步融入工业循环的大体系。[13]这一系列措施成效显著,有力推动了农民市民化的顺利实施。

五、我国农民市民化转换过程的独特性

国外关于农民市民化的理论及经验,对于我国的农民市民化转换方式、转换问题解决具有较好的借鉴作用,但是因为时代和国情不同,我国的农民市民化转换过程呈现出一些较为独特的方面,我们不能够照搬国外的模式,但可以在国外理论和经验的启示下,探索出适合我国国情的农民市民化方式。十八届三中全会决定推进农业转移人口市民化,逐步把符合条件的农业转移人口转为城镇居民。我国的农民市民化转换过程正在加速进行,但是我国的这一过程呈现出了一些与国外理论、经验模式相区别的独特性。

(一)我国农民市民化路径复杂、问题繁多

与西方发达国家单纯的劳动力转移形式不同,我国的农民市民化从主观意愿上分为主动市民化和被动市民化两种形式,从实现路径上则主要分为农民—农民工—市民和农民—失地农民—市民两条路径。这两条路径中的第一阶段:由传统农民转换为农民工或失地农民正在加速进行。自改革开放以来,中国大地上形成了一股震撼全社会的"民工潮",这是农民主动要求市民化的一种表现。[20]而跨入21世纪以来,随着城市化进程的加快,大批的土地被征用或征收,又出现了数以千万计的失地农民,他们则是被政府推动的、快速的、被动的农民市民化的一种体现。据学者推算,目前,我国失地农民人数已超过6000万[22],10年后失地农民总数将会超过1亿人。第二阶段:由农民工或失地农民向市民转换,这一过程困难重重,进程缓慢,其中出现了各种不和谐因素,我们统称为农民市民化问题。多数农民工长期生活、工作在城市,但仅享受统计意义上的市民称号,要想真正成为市民仍受到户籍转换困难、社会保障缺失、劳动力市场分割、自身素质较弱等主客观条件的限制。而多数失地农民虽然在征地时转为城市户口,但却同样被城市社会保障体系、城市首属劳动力市场排斥在外。在城市中的经济基础和社会基础不牢,又影响着这些"准"市民对其市民身份的认同感和心理归属感,在很长时间内不能适应城市文化……真正的农民市民化进程缓慢。

(二)制度性困境因素是我国农民市民化进程中的核心制约因素

制度性困境因素是指用某些规则或模式固化为社会结构的影响因素,这些影响因素作用较强,影响较大。影响农民市民化进程的制度性困境因素主要是指我国二元分割的户籍制度、劳动力市场制度和碎片化的社会保障制度。这些制度性困境因素造成农民向市民转化的权利基础、经济基础、社会基础薄弱,导致农民能力贫困,难以实现向市民转化。

1.二元户籍制度的存在,剥夺了"准市民"的权利基础,是农民市民化进程的第一道门槛

我国长期以来实行的二元分割的户籍制度,将城乡人口人为地分成了两个难以逾越的社会阶层,将农民长期拒之于城市之外。由于户籍的差别,使那些已完全脱离了农村生活,进入城市工作、生活多年,实质上与产业工人无差异的"农民工"们仍然仅拥有"农民"身份,其被排斥在城市管理体制之外,他们每天为城市做着贡献,却无法享受到各种城市福利,更无法拥有与市民平等的话语权、诉求权、发展权……成了游离于农民和市民之外的边缘人群。城乡二元户籍制度的存在,提高了农民市民化的成本,近年来,虽

然户籍制度改革已经在进行,但并未取得实质性的进展,户籍制度仍是农民市民化的第一道门槛。

2.农民市民化的就业转换能力有限,"准市民"在城市的经济基础薄弱,是影响农民市民化过程顺利与否的直接因素

农民市民化首先表现为农民的就业转换。马克斯·韦伯认为:"职业应该称之为一个人的劳动效益的分类化、专门化和组合。这种分类化、专门化和组合对他来说,是持续得到供应和赢利机会的基础。"[23]农民正是通过在城市的职业获得和社会交往中体验并理解现代工业文明,学习和扮演市民角色,才能真正融入城市。然而,农民就业转换过程并不顺利,农民市民化的经济基础并不牢固。

影响农民获得非农职业的条件有个人的和社会的两个方面。从个人方面来看,无论是农民工还是失地农民其个人人力资本均较差、个人社会关系网络匮乏,大多数人只拥有单一经济要素——劳动力,职业转型能力十分有限,这影响着其就业能力的实现。如在调查中发现,很多农民从来不去人才市场找工作,有些原因竟然是不会填应聘表格,觉得太复杂,既费钱,又费力,也找不到工作。

社会条件由政府扶助条件和社会的大环境两大影响因素构成。地方政府扶助条件十分有限,在二元户籍制度的基础上,为了保障城市市民的就业,许多城市都出台了地方性的法规限制农民工的就业种类,人为地形成二元劳动力市场。即城市市民主要在工作条件好、收入高、工作稳定、福利优厚的首属劳动力市场工作,而农民工或失地农民则大部分在工作条件差、劳动强度大、工资和福利待遇低的次属劳动力市场就业。二元劳动力市场制度阻碍了农民经济收入的提高和晋升的发展。

此外,社会的大环境因素包括经济发展水平、就业制度与政策等。近些年来,城市面临着巨大的就业压力,如大学生、下岗工人等城市居民的就业难也对农民在城市就业形成了挤压和排斥。个人和社会条件共同作用最终导

致"准市民"在城市中工作条件差、薪酬低、权益难保,生活成本较高,风险较大,处于边缘化境地。就业转换能力有限,成为农民市民化障碍的直接影响因素。

3.农民市民化的抗风险能力较差,"准市民"在城市的社会基础薄弱,是影响农民市民化的关键因素

社会保障的有无,影响着农民市民化社会基础的建立,是"准市民"可持续发展能力的重要保证。公平地享受城市社会保障是农民市民化顺利进行的关键因素,可以使农民真正在城市中扎根。然而,长期以来,他们却被城市社会保障体制拒之于门外。据统计,雇主或单位为农民工缴纳养老保险、工伤保险、医疗保险、失业保险和生育保险的比例分别为13.9%、23.6%、16.7%、8%和5.6%,特别是在建筑行业、住宿餐饮业的农民工,雇主或单位为其缴纳各项保险的比例更是显著低于其他行业。[24] 多数失地农民被征地后,拿到土地补偿费后,征地就结束了,政府没有给失地农民们解决养老保险和医疗保险,社会保障严重缺失。或许部分失地农民会参加新型农村合作医疗,来应对将来的看病问题,但从就业角度和户籍角度来看他们已不再是农民,为什么还要参加新型农村合作医疗?在无法参加城镇职工或城镇居民医疗保障的情况下,这其实更是这些"非农非城人"的一种无奈的选择。

实际上,社会保障制度作为一种社会公共物品,理应由政府无条件地向农民提供,不应有更多的条件限制,[25] 若有了完善的社会保障,那么作为理性经济人的农民,会自觉自愿甚至向往着融入城市生活。

(三)非制度性困境因素造成农民向市民转化的心理基础、适应能力薄弱,成为农民市民化进程障碍的重要影响因素

非制度性困境因素是指影响制度运行的环境、文化、心理等因素。本文所指的非制度性困境因素主要是从对市民身份认同的角度来分析的。新生代农民工对于市民身份的认同要远远大于对于农民角色的认同,国务院发展研

究中心课题组调查显示,新生代农民工更希望在务工地定居,选择"回农村"的仅占6.4%。[26]但同时,新生代农民工的农村户籍、收入的低微、社会保障的缺失等又在时刻提醒着他们"农村人"的实际身份。正是这种制度性身份与实际身份的矛盾使得他们在身份认同方面产生了困扰和焦虑。使他们把自己当作城市的"边缘人"。[27]失地农民在户籍上已经实现了农转非,但是其对于市民身份的认同度仍很低,失地农民通过与城市居民实际利益的比较来确认自己的身份。市民的待遇和生活状态就像一面镜子,失地农民从镜子中形成对自己身份的各种认知,若发现其中存在差距,他们就会否定自己失地后已经成了一个市民的认同,从而使自己在身份认同上处在一种混乱的状态。

市民身份认同的混乱,必然会带来对市民权利、责任、社会角色、社会行为规范等各种认知的混乱,这种混乱不利于"新市民"的精神健康和生活质量的提高,不利于农民融入城市生活,更阻碍了他们市民化的进程。

六、实现我国农民市民化的思考

综上所述,我国农民市民化的实现过程,既要政府对其完成"外部赋能",即要给予农民充分的社会权利、公平的政策和体制、促进农民在向市民转化时进行有效的就业和拥有完善的保障,又需要农民强化"自身增能"的过程,提高自身的素质,深化对市民身份的认同,增强在城市生活的可持续发展能力。

(一)改革二元户籍制度,去除农民市民化进程的第一道门槛

要逐步建立起城乡统一的户口登记管理系统,用身份证取代户口簿,取消户籍人口与非户籍人口之间的不平等待遇和差距,还原户籍的人口登记功能,将户籍与福利相脱钩。同时,放宽城市的落户条件,只要具有稳定就业、稳定收入和一定居住年限,农民工户口即可迁入城市并享有与当地居民同等的权益。[26]

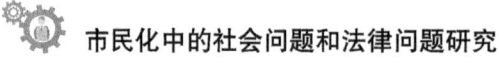

（二）营造公平的社会保障和就业机制，建立起"准市民"城市融入的社会基础和经济基础

1.赋予失地农民公平的社会保障机制

中国共产党第十八届三中全会作出的《中共中央关于全面深化改革若干重大问题的决定》，指出要建立更加公平可持续的社会保障制度。不能将社会保障视为"包袱"，为农民建立起公平的社会保障机制是政府不可推卸的责任。[28]

笔者认为，在农民市民化过程中，应该让农民与市民享受同等的保障待遇。这是我国近十年社会保障改革的方向。例如，在2014年我国已经实现了新型农村养老保险和城市居民养老保险的合并，建立了统一的、公平的"城乡居民养老保险制度"。在医疗保险上，2007年开始实施的城镇居民医疗保险与2003年的新型农村合作医疗保险在制度设计框架上也有一定相似性，具备并轨的可能性。天津市早在2009年就启动了城乡一体化的居民医疗保险制度尝试。将农民和市民全部纳入保障范围，实现一个制度、全市统筹。[29]事实证明，城乡统筹后居民医保制度的综合效果明显优于原来的城镇居民医保和新农合制度。

城乡社会保障的并轨是从实际上去除城乡二元结构的有力举措，同时又有效整合了参保资源，减少了重复参保，避免了政府重复补助。[29]为我国进行社会保险的碎片化改革进行了有益的探索。

2.赋予农民充分的就业机会和发展机会

考虑到农民人力资本的不同层次，可以把针对农民就业的培训分为公益性培训（主要指免费的基本就业知识和技能、就业观念的引导和政府相关政策的宣传）、初级的职业教育和技能培训（政府可采取补贴促进农民积极参与，个人承担小部分费用）和高级的职业技能培训（政府提供部分培训补贴，个人承担大部分费用），政府还可以将培训与农民的就业安置挂起钩来，通过订单培训和意向培训，促进农民的就业。[30]

当然，农民的非农就业问题，也并不是仅办几期职业培训班就能够解决的，需要进一步加大统筹城乡就业的力度，将农民的就业问题纳入统筹城乡协调发展的制度框架，为农民在城市就业创造良好的社会环境。[25]

3.通过社区活动来增强"准市民"的心理适应能力，推进农民市民化的实质性进展

社区是失地农民生活、居住、休闲、社会交往甚至感情寄托的场所，是将失地农民培养打造成现代公民的学校，是实现农民城市融入的独特场域与"新型社会空间"，[31]还是他们心理上融入城市生活的起点。可以利用社区平台，通过广播、宣传栏、社区报纸、当面行为教育、社区学校的免费讲座、心理访谈、文明住户评选等多种社区教育形式引导农民去除陋习、接受城市文明与城市生活方式，培育与城市生活相适应的生活习惯和思想感情，在潜移默化中改造其思想意识和行为方式。[32]此外，可以通过社区支持系统，帮助"准市民们"解决在生产和生活上遇到的一系列困难，增强他们的城市适应能力。可以说，社区在引导农民市民化的过程中正发挥着不可替代的作用。

参考文献

［1］中国统计年鉴2012［OL］.中国国家统计局网［2018-01-18］.http：//www.stats.gov.cn/tjsj/ndsj/2012/indexch.htm.

［2］国家统计局.2014年中国城镇化率达到54.77%［OL］.城市化网［2018-01-18］.http：//www.ciudsrc.com.

［3］乔依德.中国的城市化：目标、路径和政策［M］.上海：格致出版社，2012.

［4］郑杭生.农民市民化——当代中国社会学重要的研究主题［J］，甘肃社会科学，2005（4）.

［5］李丽辉.技术进步对劳动力流动的效应研究［M］.北京：经济科学出版社，2007.

［6］胡学勤，李肖夫.劳动经济学［M］.北京：中国经济出版社，2001//黄安余.经济发展与劳动就业［M］.北京：北京大学出版社，2008.

[7] [美]阿瑟·刘易斯.二元经济论[M].施炜,等,译.北京:北京经济学院出版社,1989 // 黄安余.经济发展与劳动就业[M].北京:北京大学出版社,2008.

[8] 苏东海.西部民族地区城市化进程中失地农民问题研究[M].北京:人民出版社,2012.

[9] 黄安余.经济发展与劳动就业[M].北京:北京大学出版社,2008.

[10] 佟新.人口社会学[M].北京:北京大学出版社,2000.

[11] 赵领娣,付秀梅.劳动经济学[M].北京:企业管理出版社,2004.

[12] 惠宁,冯振东.劳动力投资、产业结构优化与生态产业发展研究[M].北京:中国经济出版社,2011.

[13] 朱信凯.农民市民化的国际经验及对我国农民工问题的启示[J].中国软科学,2005(1).

[14] 辜胜阻,刘传江.人口流动与农村城镇化战略管理[M].武汉:华中理工大学出版社,2000.

[15] 托马斯·莫尔.乌托邦[M].戴镏龄,译.上海:商务印书馆,1982.

[16] 张磊.国外农村劳动力转移的经验与启示[J].经济纵横,2007(2).

[17] 樊亢,宋则行.外国经济史:第1册[M].北京:人民出版社,1982 // 李仙娥,王春艳.国外农村剩余劳动力转移模式的比较[J].中国农村经济,2004(5).

[18] 李仙娥,王春艳.国外农村剩余劳动力转移模式的比较[J].中国农村经济,2004(5).

[19] 黄国清,李华,等.国外农民市民化的典型模式和经验[J].南方农村,2010(3).

[20] 童星.交往、适应与融合[M].北京:社会科学文献出版社,2010.

[21] 统计局:2013年中国城镇化率为53.7%[OL].人民网,2014-01-20[2018-01-18]. http://house.people.com.cn/n/2014/0120/c164220-24172141.html.

[22] 杨涛,施国庆.我国失地农民问题研究综述[J].南京社会科学,2006(7).

[23] 马克斯·韦伯.经济与社会[M].林荣远,译.北京:商务印书馆,1997.

[24] 国家统计局.2011年我国农民工调查监测报告[R/OL].2012-4-27[2018-01-

18］.http：//www.stats.gov.cn/was40/gjtjj_detail.jsp?searchword=%C5%A9%C3%F1%B9%A4&channelid=6697&record=1.

［25］路小昆.徘徊在城市边缘［M］.成都：四川人民出版社，2009.

［26］国务院发展研究中心课题组.农民工市民化：制度创新与顶层政策设计［M］.北京：中国发展出版社，2011.

［27］许林.湖北新生代农民工市民化的政策与体制研究［M］.北京：中国地质大学出版社有限责任公司，2011.

［28］郑功成.农村社会保障的误区与政策取向［J］.理论与实践，2003（9）.

［29］李蕴明.城镇居民医保或与新农合并轨［N/OL］.医药经济报，2011-12-31，转引自39健康网［2018-01-18］.http：//news.39.net/jjyg/20111231/1873318.html.

［30］潘光辉.失地农民社会保障和就业问题研究［M］.广州：暨南大学出版社，2009.

［31］蓝宇蕴.都市村社共同体：农民城市化组织方式与生活方式的个案研究［J］.中国社会科学，2005（2）.

［32］叶继红.生存与适应［M］.北京：中国经济出版社，2008.

城市化进程中失地农民市民化调查状况比较分析

摘要：本文通过对上海、广州、沈阳、河南四省地区失地农民的实际调查发现，失地农民问题仍是我国三农问题中的重点，在全国无论是发达地区还是欠发达地区，都存在征地不公开、征地补偿较低、就业困难、保障不健全等问题。但是，经济发达地区，非农产业发展水平较高，就业领域较宽泛，当地政府给予的保障和就业培训较多，土地征用基本解决了失地农民将来的生活问题，失地农民在征地政策、征地意愿、幸福度等问题上的满意率都普遍较高，失地农民市民化后适应城市生活的能力比较强。而经济欠发达、对土地依赖严重的地区，失地农民市民化后适应城市生活的能力比较差，生活水平较之前的农村生活水平不但没有提高反而有所下降。失地农民市民化问题已经不是农民个体的风险问题，而是影响深远的群体风险问题。

关键词： 城市化　失地农民　市民化

英国著名社会学家英克尔斯曾经指出，现代化的最终归宿为实现人的现代化。就发达国家的经验而言，人的现代化是伴随着高度的城市化、"农民的终结"和市民社会的形成而不断实现的。而随着我国城市的扩张和城市建设的加快，越来越多的农民失去了他们赖以生存的土地，转为"新市民"，2020年，全国失地农民总数将达到1亿人。[1]但是失地农民的市民化过程并不是一帆风顺的，其进程也是参差不齐的。在我国东部发达地区和中西部较发达和欠发达地区，失地农民问题存在一些共性和差异，本文通过对上海、广东、辽宁、河南四省的村庄的失地农民调查，展现各地的土地征用、失地农民市民化进程等状况，为较好地发现和解决失地农民问题提供依据。

一、调查情况说明

本调查主要采用了两种资料收集方法：个案访谈法和问卷调查法。为了尽可能反映调查对象的情况，本调查的访谈对象包括了失地农民、村委会成员、基层政府代表、开发商代表和城市市民。此外，在个案访案的基础上，本调查接着对各个区域的相关村庄进行了问卷调查，每户涉及征地的家庭发放一份问卷，共回收有效问卷629份，其中上海122份，广东200份，辽宁151份，河南156份。按经济发展程度，我们对所调查的四省进行了粗略归类。其中，将上海地区称为发达地区，将广东和辽宁地区称为较发达地区，将河南地区称为欠发达地区。

二、调查内容展现

（一）四省调查点征地的共同点

1.征地过程不透明，村民的参与权和知情权缺乏

（1）征地中村民的参与度低。

综合访谈资料和问卷资料,我们发现,上海、河南、广东、辽宁四省调查点的失地农民在征地过程中的参与度都是比较低的。

问卷统计结果显示,三类地区的受访失地农民平均是在征地前4.13个月获知其土地将被征用。其中有的农户在土地被征用了之后甚至还不知道。

关于是否征地、征地具体的方案,基本上都是由村级以上的乡镇政府或区县级的开发商决定的,村民更多地是被动接受的角色。即使是村干部,在我们调查的征地事件中也不是主导者,他们更多地充当上级或开发商与村民之间协调的纽带。问卷资料也表明,在征地事件上,村干部不与村民商量的比例在70%以上。

表1 各地在征地事件上,村干部是否与村民商量 (%)

	上海	河南	辽宁	广东
从不商量,他们自行决定,村民根本不知道	15.5	60.4	54.7	28.4
不商量,但会粘贴通告,发书面通知	15.5	7.8	13.5	20.8
不商量,只是口头告知村民	39.7	28.6	8.8	28.4
商量,听取村民的意见	29.3	3.2	23.0	22.4
合计	100.0	100.0	100.0	100.0

(2)征地标准不透明。

在征地标准的透明度问题上,农民认为"补多少""怎样补"都由"上面"说了算,他们没有参与讨价还价的权利,也只能接受这种补偿,别无他选。对于征地方发布的征地相关的资料,村民没有相应的途径接触到。

村民对于村中的财务状况、补偿款的收支情况,更不了解。问卷数据显示,各地中除了上海的被调查者对征地的财务明细清楚的比例稍高一点以外,其他调查点不知道明细的比例都在90%以上。特别是河南和辽宁两地都有一半以上的被调查者对征地的大体情况还不了解。

表2　各地与征地相关的财务事务是否公开明细　　　　　　　　　　（%）

	上海	河南	辽宁	广东	均值
公开明细，村民很清楚	14.4	4.7	1.4	5.9	6.3
公开大体情况，但村民并不知道明细	42.4	16.9	23.9	34.9	29.3
对村中征地的大体情况并不了解，但想知道	36.4	68.3	55.1	40.4	50.0
从未听说过此事，也不愿关心	6.8	10.1	19.6	18.8	14.4
合计	100.0	100.0	100.0	100.0	100.0

村民在征地过程中的低参与性的主观原因是他们对征地政策的低熟悉程度。各调查点认为自己熟悉征地政策的比例都没不达到10%，而大部分认为自己不熟悉政策。而表示熟悉政策的这部分人中又主要是村干部、上访的骨干力量或者平时比较关注国家有关法律、政策的有一定学识的人。

表3　各地村民对征地政策是否熟悉　　　　　　　　　　　　　　（%）

	上海	河南	辽宁	广东	均值
不熟悉	53.0	80.1	77.7	75.6	73.0
知道一点	47.0	14.7	14.2	20.3	22.5
熟悉	—	5.2	8.1	4.1	4.5
合计	100	100	100	100	100

2. 土地补偿标准偏低

调查数据显示，无论是发达地区、较发达地区还是欠发达地区，认为目前的土地补偿费高的受访者寥寥无几，各地的所占比例均未超过1%，如表4所示。

表4　对获得的土地补偿费的看法　　　　　　　　　　　　　　　（%）

	上海	广东	辽宁	河南
高	—	0.6	0.7	—
一般	35.2	5.5	13.9	2.0
低	64.8	93.9	85.4	98.0
合计	100	100	100	100

在就"征地补偿中不合理的方面"征询意见时，三类地区的受访者对"补偿费太低"表示出较为一致的认同，该项的被选率均超过76%。

表5 征地补偿工作中不合理的方面 （%）

	上海	广东	辽宁	河南
补偿费太低	76.1	88.5	81.3	86.4
补偿费被随意截留	24.8	4.4	38	16.2
土地被低征高卖	32.5	55.7	46	68.2
土地征而不用	36.8	18.6	9.3	22.7
补偿费分配不透明	35	27.9	38.7	22.7
没有征求群众意见	6.8	0	1.3	3.2
没按国家规定	0	1.1	0	1.3
以后生活无保障	0	0	0	2.6
补偿不统一、不公正	0	0	0	0.6
以开发区名义多征地	0.9	0	0	0
合计	212.9	196.2	214.6	223.9

显然，当前农村土地征用后发放的征地补偿费还存在较大的不合理的地方，有些地方的征地补偿费不但大大低于国家规定的标准，甚至连村民的基本生活都无法维持。

3.失地农民利益诉求渠道匮乏，缺乏司法救济途径

表6 对征地政策不满或当你的权益受到损害时，你的解决方式 （%）

	上海	河南	辽宁	广东	均值
找村干部	55.0	7.7	21.9	18.8	25.9
上访	18.0	17.3	26.0	2.6	15.9
找法院	—	3.2	4.1	5.8	3.3
自己发发牢骚	18.9	68.6	46.6	63.9	49.5
没有意见，无所谓	3.6	1.3	—	5.2	2.6
不敢作声、没办法、无处申冤	4.5	0.6	1.4	3.2	2.3
希望干部关心	—	—	—	0.5	0.2
没感觉、不知道	—	1.3	—	—	0.3
合计	100	100	100	100	100

通过以上的统计数字可以看出，三类地区的失地农民在他们的权益和切身利益受到侵害时，绝大多数会采取一种回避的、消极接受现实的态度和做法，选择自己发发牢骚、无所谓没意见，不敢作声、没办法，没感觉不知道等选项的人数将近六成。这说明中国失地农民的弱势地位直接影响到了他们的心态和行为。找村干部理论或讨说法的人数排在被调查者的第二位。村干部一般都是本村本土的人，抬头不见低头见，在乡土中国，有事找熟人是天经地义的事，而村委会大多是上级政府征地政策和"命令"的执行者，村民的利益遭受损失村委会是逃脱不了干系的，因此对于村民而言，找村干部要比找政府部门更容易、方便。

只有极少数人会选择法律途径去解决征地纠纷问题，根据已有研究，失地农民在考虑应对措施时，是基于低风险的考虑，力求不冒险或少冒险，以较低的成本和代价、较大的胜算，通过可利用的资源争取一个尽量满意的结果。[2]大多数失地农民不愿选择成本最大的"找法院"方式来表达诉求，其实反映了他们理性的考虑。由于在现行的法律环境下，对于征地纠纷，法院往往以征地补偿案件不属于民事案件为由不予受理，导致纠纷无法解决，农民告状无门，司法保护无法实现。

即使法院受理了，但在案件审理过程中，常常受到来自地方政府的压力，加上法律本身的缺陷，老百姓也很难胜诉。[3]法律的不健全和中国"无讼"的传统[4]，使得失地农民认识到，在需要维权时，用正常的途径不能解决问题。

在这种情况之下，他们通过静坐、上访等"非正常"的途径却能使问题得到部分解决，这又强化了他们继续采用这些"弱者的武器"[5]。正是因为利益诉求途径不畅才迫使部分失地农民采用上访的方式来维护自身的利益。

4.失地农民的再就业较为困难，就业培训缺失

问卷调查显示，三类地区的受访者对找工作难易程度的评价较为一致。认为"难"的比例均高达65%以上。而"没有技术""年龄偏大""没有文化（学历低）"是受访的失地农民所认为的，导致他们难就业的主要原因。

至于找工作的途径，三类地区的失地农民普遍反映，主要是靠自己找到工作的。这说明失地农民的就业主要是靠其自身的人力资本起作用。而失地农民没有技术、没有文化使其自身的人力资本严重匮乏，影响了失地农民的顺利就业。

对于地方政府如何帮助失地农民提高其自身的人力资本，实现顺利就业的调查也出现一定相似性。在被问及"征地后，乡镇政府或村委会是否组织了就业培训"时，结果显示，三类地区中"没有组织"和"不知道"的回答累计百分比均达到67%以上。虽然这一结果在三类调查点之间存在一定的差异，相比较之下，发达地区组织过就业培训的比例明显高于较发达地区及欠发达地区，但地方政府对于就业培训存在明显的忽视现象，如表7所示。

表7 征地后，乡镇政府或村委会是否组织了就业培训 （%）

	上海	河南	辽宁	广东	均值
组织了	32.6	0.8	—	5.2	7.8
没有组织	26.3	89.6	79.5	68.8	68.8
不知道	41.1	9.6	20.5	26.0	23.4
合计	100	100	100	100	100

5. 失地农民的社会保障不健全

（1）原有的农村家庭传统养老功能弱化。

现代价值观念对家庭内聚力造成一定的冲击，使家庭赡养暴露出来的问题日益严重。人们更多地追求自我价值的实现，对"孝道"的理解似乎淡了许多，"崇老文化"失去其价值基础。人口老龄化、家庭结构小型化以及人们工作方式的变化都在不断弱化农村家庭的养老保障能力（尤其体现在为老人提供情感慰藉、生活照料方面）。

（2）失地农民的社会保障不健全。

调查资料显示，即使是经济发达的上海地区，失地农民的保障也局限于养老、医疗、最低生活保障的镇保,而且镇保的待遇和标准要比一般市民所享受的城保"矮一截"。而经济欠发达的中部、西部地区,失地农民甚至没有任何保障。调查显示,三类地区都没有为失地农民办理"失业保险""工伤保险"等险种。有受访者表示:"镇保没有失业保险,因为他没有上班,要在企业上班后,企业帮你交了保险的,才有失业保险,如果有失业保险的话,很多人需要领。农民以前都没交过失业保险,没保险金领的。"可以说,失地农民的社会保障尚有大面积空白,失地农民对将来的生活也充满忧虑。

(二)四省调查点征地的差异性

1.不同的征地意愿和政策满意度

发达地区愿意土地被征用的意愿较为普遍,上海比例高达78.3%,较发达及欠发达地区愿意土地被征用的意愿较低,均在15%以下。上海和河南省分别又是两极的情况,上海被调查者中有近80%愿意征地,而河南省有高达98.1%的被调查者不愿意征地。辽宁和广东的情况则处于中间,尽管这两省愿意征地的比例相比河南有所上升,但大部分人还是不愿意征地的,如表8所示。

表6 对征地政策不满或当你的权益受到损害时,你的解决方式   (%)

	上海	河南	辽宁	广东	均值
愿意	78.3	1.3	12.5	13.0	22.6
不愿意	9.2	98.1	63.2	72.5	64.5
无所谓	12.5	0.6	24.3	14.5	12.9
合计	100.0	100.0	100.0	100.0	100.0

数据表明,在发达地区愿意土地被征用的受访者明显占多数。尤其对老年人来说,征地换镇保之后,他们反倒没有了后顾之忧。

在较发达地区,一部分人认为征地后才会有发展、变化,只要有本事,生活就会好起来,因而愿意征地,而大部分人不愿意征地,认为不管怎么样,有地就有保障,生活的风险就小很多。

而在欠发达地区，则是不愿意征地的人数比例占了绝大多数。以河南H县为例，由于该县企业少，就业机会少，农民依赖农业生活的程度高，很多被调查者都希望政府不要征地，继续让他们当农民。尽管有些农民外出打工，但他们认为外出打工是暂时的，种地才是长期的出路，是子孙后代的保障。

表9 不愿意土地被征用的最重要的原因、第二重要的原因（权重值）　　　　（%）

	上海	河南	辽宁	广东
土地还会升值	0.57	0.29	1.61	1.28
今后生活无保障	2.04	4.67	3.11	2.43
就业太难	3.76	0.58	0.70	0.89
征地补偿太低	1.26	2.39	2.56	3.25
不能适应城市生活	0.21	0.00	0.03	0.00
土地闲置，浪费资源	0.00	0.00	0.00	0.07
征地信息不清楚	0.00	0.00	0.00	0.04
思想落后	0.00	0.00	0.00	0.02
担心子女的生活	0.16	0.02	0.00	0.00
有地可养祖孙几代人	0.00	0.04	0.00	0.00
不根据村民具体情况	0.00	—	0.00	0.02

可见，造成发达地区和欠发达地区农民不同征地意愿的原因，是大家对未来生活的考虑。上海市的征地之所以满意度较高，关键是它解决了失地农民将来的生活问题，为几千年来农民"靠地养老"的生活方式找到了一条较好的替代路径。而较发达地区和欠发达地区，在解决失地农民问题时基本采取"一脚踢"的货币补偿方式，再加上补偿额度较低，使失地农民的现有生活和未来生活受到了威胁，所以普遍满意度较低。

与征地意愿相一致的是对征地政策满意程度，上海有接近一半的被调查者表示满意，其他三省中绝大多数调查者都表示不满意。农民作为理性的经济人，对于征地政策的满意程度，仍然是以自己的收益为基础来衡量的。上海的失地农民长远生活得以保障，认为征地后收益要大于原来种地时收益，并且轻松、舒适，因而对征地政策普遍较为满意。而欠发达地区，因为补偿方式、保障方式的不到位，认为征地后收益要小于土地带来的长远利益，所以对征地政策不太满意。

表 10　对征地政策是否满意　　　　　　　　　　　　　　　（%）

	上海	河南	辽宁	广东	均值
满意	48.7	2.0	2.9	4.8	12.2
不满意	7.8	89.9	73.9	73.5	65.0
说不清楚	43.5	8.1	23.2	21.7	22.8
合计	100.0	100.0	100.0	100.0	100.0

2.不同的土地补偿方式

各地土地被征用后都有土地补偿的问题，土地补偿费是各个调查点所共有的一项补偿费用。但是从下表可以看出，四个调查点在平均每征用一亩地的补偿费上差别是非常悬殊的，其中辽宁省的补偿费最高，达到平均每亩87808.2元，而上海的征地补偿费最低，平均每亩不到800元。

表 11　平均每征用一亩地的补偿费　　　　　　　　　　　　（%）

上海	774.7
河南	21665.4
辽宁	87808.2
广东	37576.0

之所以上海每亩的补偿费与其他省相比如此悬殊，是因为它采取了不同于其他三省的补偿方式，上海的土地补偿方式是"土地补偿费+社会保障"的方式，社会保障就是当地人俗称的"镇保"，以区别于城市社会保障和农村社会保障。征地后，实现了农转非的失地农民可以享受每年400元的医疗

保险，退休后可以享受每月607元的养老金。镇保弥补了上海平均征地补偿费低的不足。

相应地，在土地补偿费相对较高的其他三个省份，失地农民的社会保障不够健全，甚至是缺失的。由于辽宁的调查点的失地农户还没有实现农转非，河南和广东两地虽然是自愿农转非的原则，但改成非农户口的农民比例并不高，而社会保障方式是与户口性质相关的。河南省的被调查者中还没有养老和医疗保险，辽宁和广东两省的养老保障是缺失的，目前只有与农村户口相对应的农村合作医疗。

与征地补偿方式相关的是各地被调查者对于征地过程中基本权益是否得到保障的主观感受，尽管河南、辽宁、广东三省都采用了更高的土地补偿费，但与上海相比，他们认为完全能够或基本能够保障基本权益的比例很低。说明村民在征地补偿中对社会保障等长远机制是比较看重的。

表12　各地征地过程中基本权益能否得到保障　　　　　　　　（%）

	上海	河南	辽宁	广东	均值
完全能够	5.9	—	1.4	1.0	2.0
基本能够	51.7	1.9	2.0	9.2	16.2
一般	25.5	4.5	25.9	23.2	19.5
基本不能	14.4	29.5	36.7	52.0	33.5
完全不能够	2.5	64.1	34.0	14.6	28.8
合计	100.0	100.0	100.0	100.0	100.0

3. 征地过程操作的规范性有差异

在调查的三类地区中，欠发达地区操作的不规范性最为突出，较发达地区次之，发达地区的不规范性程度相对较低。

欠发达地区和较发达地区的征地不规范性尤为突出。征地过程缺少对行政机关的监督，导致征地权被滥用，征地中的"两公告一登记"缺失，而且所谓"公共利益"界限不清。以河南 H 县为例，来自各地的房地产开发商也一窝蜂跑到 H 县"淘金"，圈下几十亩、几百亩的土地等待升值或以工程建设的方式从中获取更多的经济利益。与欠发达地区相比，较发达地区（广东、辽宁）在征地程序的形式规范性上已有所提高。

相对于前两类地区，发达地区（上海）的征地在程序上更加规范，政府在征地前通常都会以各种方式（网络、书面）进行公告，并且对于如何征地补偿、如何房屋拆迁补偿、如何解决农民们的生活等问题都会讲明白。大部分农民们对于政府的土地征用还是表现得较为配合和积极。

4. 不同地区失地农民的就业心理有明显差异

调查发现，除了"找一份稳定而正式的工作"及"等政府安排"是受访失地农民中普遍存在的对未来工作的看法之外，三类地区的受访者对于被征地后的工作的想法还存在一定的差异，其中，发达地区的失地农民在土地被征用后有 58.5% 的人倾向于"找一份稳定而正式的工作"；在欠发达地区，表示希望"继续种田"的人占了 40.2%，同时希望"政府安排"的占 29.9%；较发达地区的失地农民则对"找一份稳定而正式的工作"及"等政府安排"表示出较大兴趣。可见，地区的发达程度一定程度影响到失地农民在就业方面对政府的依赖心理，如表 13 所示。

表 13　被征地后你对工作的想法　　　　　　　　　　（%）

	上海	河南	辽宁	广东	均值
继续种田	3.7	40.2	4.0	2.7	12.5
进城打工	13.4	4.3	12.9	6.7	8.9
开一间店面做小本生意	13.4	6.8	17.7	19.5	14.8
找一份稳定而正式的工作（或原来就有稳定的工作）	58.5	12.8	29.8	44.3	35.2
说不准，等政府安排	11.0	29.9	35.5	22.8	25.8
继续原来的非农工作	—	—	—	2.0	0.6

续表

	上海	河南	辽宁	广东	均值
家人安排	—	—	—	0.7	0.2
未考虑	—	0.9	—	0.7	0.4
没想法	—	4.3	—	0.7	1.3
换成其他副业工作（养殖）	—	0.9	—	—	0.2
合计	100	100	100	100	100

对三类地区失地农民在征地前后所从事的工作类别进行对比，也有较大的差异性。数据显示，发达地区、较发达地区农民群体的就业在征地前就已经开始出现多元化的分散趋势，其中发达地区（上海）的这一趋势更为明显，被访者中在征地前务农的人数比例仅为19.3%；较发达地区（广东、辽宁）征地前务农人数的比例分别占43.4%、51.5%，而欠发达地区（河南）的这一比例明显高于发达地区、较发达地区，达到90.3%。

数据还显示，三类地区受访失地农民征地后的再就业表现出一定的低端化特点。这一特点在发达地区（上海）及较发达地区（广东、辽宁）较为明显，两类地区的受访失地农民在"工人、体力劳动、建筑工等"低端行业实现就业的比例为31.6%—47.7%，都是各自就业形式中最主要的类型。而欠发达地区（河南）的这一比例为14.5%。造成上述差异的原因之一主要是征地后失地农民的失业问题。问卷调查的数据显示，欠发达地区（河南）征地后的失业人群比例为42.7%，高居三类地区之首。

面对此种状况，作为征地主体的地方政府，在失地农民的再就业过程中起到何种作用？调查结果显示，在不同地区，地方政府在提供工作岗位、就业信息、就业培训方面发挥了一定作用。经济发达地区，地方政府更多得在提供就业信息方面发挥作用，较发达地区则偏向于向失地农民提供工作岗位，而欠发达地区地方政府所起的作用较少。

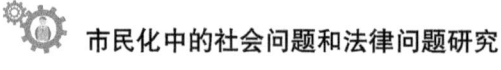

5. 不同地区"理性"的就业观念有明显差异

经济发达地区（上海）和较发达地区（广东、辽宁）找个"好工作"的思想观念对其就业起到一定的排斥作用。有些人不工作，每个月也有290元的安置补偿费和几百元的房租收入进账。而他们出去找到的工作，通常都是拿"三柄"的，即铲刀柄、扫帚柄、拖把柄，又要起早贪黑，还要受约束。而且有了工作，能够享受两年的每月290元工作过渡费马上就没有了。这样一比较，有些人找不到"好工作"就索性不工作，在家过自由生活。这是"理性"人的一种选择。

经济欠发达地区，失地农民的就业则完全是另一种图景。欠发达地区失地农民因为没有技术、没有文化、年龄偏大等原因很难找到工作，所以征地以后很多人处于失业的状态。而一些中年、青年失地农民为了糊口，便普遍涌入了大城市，当起了"农民工"。希望能够趁有力气挣些钱，去应付当前及日后的生活。准确地说，失地农民已不是农民工（已经没有了土地），而是真正的产业工人，但是，他们在城市里工作几年甚至十几年，却仍然不能同城市里的工人一样，享受各种养老、医疗、失业、教育、住房等待遇，还时常遭遇欠薪、侮辱等排斥，政府和媒体依旧喜欢把他们称作"农民工"。可见，"农民工"已不是一个职业的称呼，而变为身份的标志。

6. 不同地区对社会保障项目的需求有差异

（1）对保障项目需求的先后顺序不同。

统计数据显示，三类调查地区在保障项目需求方面存在一定的差异。发达地区的失地农民对养老保障比较偏爱（占50.4%），其次是最低生活保障和有一份工作；较发达地区与欠发达地区则都对最低生活保障的需求最为强烈，除此之外，养老保障和医疗保障也是这两类地区失地农民的普遍需求，如表14所示。

表14 征地后，你最迫切需要的保障　　　　　　　　　　（％）

	上海	河南	辽宁	广东	均值
最低生活保障	18.3	72.3	35.6	41.7	41.9
养老保障	50.4	14.3	38.4	10.1	28.3
医疗保障	2.6	0.8	13.7	10.7	6.9
失业保障	7.0	4.2	3.4	7.7	5.6
有一份工作	18.2	4.2	4.1	11.3	9.4
就业培训	0.9	0.8	0.7	1.2	0.9
子女受教育保障	2.6	3.4	4.1	17.3	7.0
合计	100	100	100	100	100

发达地区（上海）因对征地农民实行了镇保，满足了人们所担忧的养老和医疗问题，故人们对最低生活保障的需求并不强烈。而欠发达地区和较发达地区的征地农民不仅对将来的养老和医疗问题非常担忧，而且对如何应付眼下的生活也显得手足无措，最为迫切地需要最低生活保障。

此外，目前在欠发达地区（河南），不仅最低生活保障的覆盖面相对偏小，而且其分配不均也是矛盾所在。在河南H县，尽管最低生活保障仅有小部分失地农民可以享受到，但据受访者反映，享受最低生活保障的大多是干部、干部家属以及那些"有关系的人"，真正家庭困难的却享受不到这个保障。

（2）各地失地农民医疗保障水平的变化。

征地后，发达地区（上海）失地农民的医疗保险水平要高于未征地前实行的农村合作医疗的保障水平，受访的失地农民表示，"没有医保看病全要自己出的，如果是农村合作医疗自己要先交钱，报的也没有镇保多"。可见，受访的失地农民对目前的医疗保障制度较为认可。

较发达地区（广东和辽宁）在征地之前，农民没有任何医疗保险，征地之后村民的户口依然是农业户口，因此只能参加农村合作医疗。至于参加合作医疗的费用,村里出七成,村民个人出三成,看大病住院才可以报销,一般的门诊不予报销,而且报销的比例为医疗费用的30%,最高报销额度不超过1万元。鉴于此,很多村民担心生病后没钱医治,因为目前的合作医疗制度根本就是杯水车薪,不解决任何问题。

欠发达地区(河南)的情况最为严重,在调查中乡镇领导表示当地失地农民享有合作医疗保险,但事实上大多数人却没有参加。

7.征地前后,失地农民生活图景的变化

(1)征地前后,自我幸福度的变化。

在对征地后生活的幸福程度进行综合评价时我们发现,三类地区的差异性较大。上海由于征地后紧接着完成了房屋的拆迁,实现了集中式的小区居住,完成了农转非,加上地处东部沿海工业发达地带,很多人习惯从事非农工作,或从职业认同上倾向于非农职业,他们对于市民身份的认同程度很高(80.3%),同时认为征地之后比征地之前生活得更加幸福了。

河南省的被调查点则是相反的情况。他们在被征地的同时,大部分人没有拆迁,仍然居住在原地,也不愿花钱去办理农转非,加上当地工业落后,寻找非农工作存在困难,自己在失去土地之后没有了生活来源,虽然有土地补偿费,但保障不了一生。所以在工业落后的河南,当地人认为农民比市民更好,农民有土地的保障,有了土地就有了一切,所以他们中大部分人(87.1%)认为征地后生活没有征地前幸福。

辽宁和广东的情况处于上海和河南之间。对这两省的被调查者来说,他们的市民化水平也是处于上海和河南之间。虽然这两省的失地农民,或者是来自城中村,或者是来自大城市的郊区,从事非农职业的机会比河南更多,观念上也更能接受市民,有向上海的情况靠拢的倾向,不过因为这两省的农民在征地后还没有实现农转非,也缺少相应的社会保障,所以他们的很多主观感受是不确定或还在矛盾中。征地后幸福程度的主观感受虽然高于河南省,却没有上海强烈。

表15 与征地前相比，现在你的生活的幸福程度

	上海	河南	辽宁	广东	均值
比征地之前幸福了	69.8	3.2	19.6	25.8	29.6
没有征地之前幸福了	6.7	87.1	42.6	23.9	40.0
说不清	23.5	9.7	37.8	50.3	30.4
合计	100	100	100	100	100

（2）城市居委会在失地农民社会网络及市民化过程中的作用不同。

实地调研表明，在征地后失地农民的生活适应、社会网络变化和市民化转型中，居委会扮演着比较重要的角色。

社区共同活动的开展满足了失地农民多方面的需求，不仅让失地农民获得了有用的信息，同时也让他们获得了情感性和社会性的支持，有利于失地农民新的社会关系网的形成，从而使其市民化在一个可以提供有益资源的网络中进行。这是上海调研点的失地农民对征地后的生活状态满意度相对较高的重要原因。

相对于上海而言，广东调研点的情况就有很大的不同。居委会所起的作用比较有限，并且失地农民对他们的评价也比较负面。据失地农民讲："平时有困难的时候主要是找家人，自己靠自己；很难说居委会能起到多大作用，居委会经常去旅游，他们活动他们的，与群众无关，居委会在对待失地农民和对待原市民时，感情亲近和疏远不一样。"

因此，在失地农民进行角色转变的过程中，社区和居委会的作用是不容忽视的。居委会有条件也有责任为失地农民社会网络的发展创造良好的环境，使他们在市民化过程中获得更多来自社会关系中的资源，从而为失地农民市民化的顺利推进提供社会性保障。

三、结论与政策建议

由此可见，无论是发达地区还是欠发达地区，都存在征地不公开、征地

补偿较低、就业困难、保障不健全等问题。但是，经济发达地区，非农产业发展水平较高，就业领域较宽泛，当地政府给予的保障和就业培训较多，土地征用基本解决了失地农民将来的生活问题，失地农民在征地政策、征地意愿、幸福度等问题上的满意率都普遍较高，失地农民市民化后适应城市生活的能力比较强。而经济欠发达、对土地依赖严重的地区，失地农民市民化后适应城市生活的能力比较差，生活水平较之前的农村生活水平不但没有提高反而有所下降。故此，笔者认为，要解决失地农民问题，使失地农民市民化进程顺利发展，在征地过程中，失地农民的主体地位必须得到充分地尊重，他们失地后的生活，必须得到充分地考虑。否则，这个庞大的失地农民群体，将会由于他们的不可逆性，有可能形成一种"贫困文化"，即仇视社会，抗拒现代化。这种贫困文化一旦形成，将会世代沿袭，长期存在，成为未来社会冲突的潜在力量。因此，各级地方政府应在征地中把失地农民的就业安置、就业培训和社会保障作为征地的前置条件。失地农民市民化问题已经不是农民个体的风险问题，而是影响深远的群体风险问题。具体而言，有如下建议。

（一）关注失地农民的社会融入

不断完善失地农民的社会保障体系和就业支持体系，是解决失地农民问题的关键性措施。同时，关注失地农民的社会心理和社会网络，防止贫困文化的产生。并且尊重失地农民的参与意愿，发挥失地农民在市民化过程中的主体作用，推进失地农民社会资本的再创造，加强对失地农民及其子女的教育，持续推进失地农民市民化的进程。

（二）使征地过程日益透明化

既要采取一定的措施，健全对地方政府的政绩考核制度，采用多重评价指标而非单一经济指标，加强对地方政府行为的引导与评价；又要不断完善土地征用听证程序，严格征地监督机制，保障被征地集体与农民的知情权、参与权、话语权等权利。此外，在征地的程序中，还要加入除政府、征地方、失地农民以外的社会中介组织或机构来做征地前的调查、征地中的监督和征地后的评估。

（三）不断完善法律、法规

尽快出台土地征用法，将所有征地内容法制化。同时，与时俱进，修改宪法、土地管理法和城市房地产管理法等法律法规相冲突部分。此外，借鉴发达国家和地区的经验，采用列举法清楚界定"公共利益"的外延，明确只有在国家投资的国防、水利等各类重点建设项目，能源、供水、供暖等公用事业和其他市政建设项目才可以依法征用农村集体所有的耕地。同时，还要杜绝征而不用的现象。

参考文献

[1] 民进中央建议出台失地农民社会保险条例［R］.法制日报，2009-03-09.

[2] 陈映芳，等.征地与郊区农村的城市化：上海市的调查［M］.上海：文汇出版社，2003.

[3] 王国林.失地农民调查［M］.北京：新华出版社，2006.

[4] 费孝通.乡土中国［M］.上海：三联出版社，1985.

[5] 郭于华."弱者的武器"与"隐藏的文本"［J］.读书，2002（7）.

失地农民受排斥的法律、政策性原因分析

摘要：失地农民是在我国城市化、现代化过程中形成的一个特殊群体。这一群体日益成为新的弱势群体的原因，可以归结为其受到的社会排斥机制。失地农民群体受到了来自社会政策、社会保障体制、劳动力市场就业、社会关系网络等方面的排斥，这些排斥因素相互作用，形成了对失地农民群体的排斥机制。

关键词：失地农民　社会排斥

一、引言

改革开放以来，人们认识到加快城市化是解决许多社会经济深层次矛盾的现实选择，是我国步入现代化的必由之路。我国进入了城市化高速发展时期。正如李培林在中国社科院举行的2005—2006年中国社会经济形势报告会上的发言："从改革开放初期不到200个城市，现在全国增加到661个城市。我国现在处于一个城市化加快期。可以看到我们在1990年到2000年，城市化年均提高1个百分点，近五年来城市化水平每年提高1.4个百分点，这在全世界是一个城市化加快的水平。我们有望在'十一五'规划期间内实现城市化水平超过50%的前景。"①

按照世界上每1万城镇人口平均需要不少于1平方千米②土地的基本要求以及我国城市化水平每提高1%将增加1270万城市人口的实际，我国城市化水平每提高1%则需要占用耕地约12.7万公顷。从经验数据来看，一般每征用0.067公顷（1亩）耕地，就产生1.5个失地农民。据学者推算，目前，我国失地农民人数应为5100万—5525万，如果加上因农村超生等原因没有分到土地的"黑户口"劳动力，这个数目则逾6000万。同时，按照我国现有的城市化水平和经济发展速度，今后每年仍需征用农地16.7万—20万公顷，预计每年将新增失地农民375万—450万人，10年后失地农民总数将接近1亿人。

从地区分布看，失地农民问题已从东部沿海发达地区扩散到中部、西部地区，截至2004年，上海市共征用、使用土地约144万亩，失地农民总数超过100万人③。浙江省总共征用土地超过200万亩，全省失地农民超过200万人。④中部河南省每年约有20万农民失去土地，失地农民数量增长迅速。

---

① 李培林. 社科院谈2006年中国经济社会形势（实录）[OL]. [2019-03-29]. http://news.sina.com.cn/c/2005-12-21/11218642604.shtml.

② 1平方千米=100公顷，1公顷=15亩。

③ 上海市劳动和社会保障局. 上海劳动和社会保障局2002年统计资料[OL] [2018-01-18]. http://www.12333SH.GOV.CN.

④ 傅白水. 解决农民失地问题的浙江模式[J]. 中国改革（农村版），2004(7).

西部四川省到 2007 年年底，全省将有失地农民 480 万人。在目前的失地农民中，60% 的生活处于十分困难的境地，有稳定经济收入、没有因失地影响基本生活的只占 30%，[①] 而 10 年后，生活困难的失地农民则将高达 8000 万人。

"失地农民"已成为一个代名词。它指的是一个新发的弱势群体，无保障的城市"边缘"人群。失地农民持有城市的"绿卡"，却缺乏城市的社会和生活基础，缺乏在城市的谋生手段，缺乏城市的认可度，甚至在相当长一段时间不能适应城市的生活习惯，被排斥在真正的市民之外。农民失去了土地，农民身份已不复存在，低廉的生活成本已一去不返。失地农民失了业，失去了生活来源，尽管"农转非"之初，有一定数额的安置补助费，但那只是杯水车薪，用一分少一分；更严重的是心理、心态的失衡，找不到生活的支撑点，由此沦为一种"非农非城"的"边缘人"。正如陈锡文所言："农民失去了土地以后，他当不成农民了，而领到的那点补偿金，也当不成市民，既不是农民，又不是市民，只能是社区游民、社会流民。"城市化的进程造就了一个受城市和农村"双重排斥的弱势群体"。

二、社会排斥的概念

社会排斥（social exclusion）作为一个概念是 20 世纪末在国际社会流行起来的，但是追溯其历史起源，一般都认为是法国人雷纳尔（Lenoir）最先提出来的。1974 年雷纳尔在他的一本书里首先提出了"社会性地排斥"（socially excluded）这一概念，大意是指在法国社会中还有一些个人或群体没能够被传统的社会保障体系所覆盖。也有人认为，"社会排斥"概念的前身是"社会剥夺"（social deprivation）。早在 20 世纪五六十年代，从事贫困问题研究的学者们所钟爱的词汇之一便是"社会剥夺"。英国学者汤森（Townsen）等人首先将"社会剥夺"一词用于定义与度量贫困。之后，"社会剥夺"作为一个有丰富内含的词而被广泛采用。随着社会剥夺的概

---

① 王海坤.中国 4000 万失地农民流荡城市[N],青年参考,2004-04-14.

念内含由物质层面向社会文化层面演进，20世纪90年代，它进一步发展为社会排斥理论。近年来，欧洲学术界在对社会政策的研究中，非常重视社会排斥这一概念，凡有关贫困和社会不平等的研究，都把注意力投向反对社会排斥，增加社会整合方面。如今，"社会排斥"成了国际社会政策研究领域使用频率很高的一个词。

1995年，在哥本哈根召开了题为"社会发展及进一步行动"的世界峰会，"对消除贫困作出了世界性的承诺"。而"社会排斥"被视为消除贫困的障碍。所谓"社会排斥"原先是针对大民族完全或部分排斥少数民族的种族歧视和偏见的，这种偏见和歧视建立在一个社会有意达成的政策基础上。现在在社会学、社会工作、社会政策以及其他一些相关领域中这个词的含义已经被泛化，意指主导群体在社会意识和政策法规等不同层面上对边缘化的贫弱群体的社会排斥。英国政府的"社会排斥办公室"（Social Exclusion Unit）对于社会排斥所下的定义是："社会排斥作为一个简洁的术语，指的是某些人或地区遇到诸如失业、技能缺乏、收入低下、住房困难、罪案高发环境、丧失健康以及家庭破裂等交织在一起的综合性问题时所发生的现象。"国内学者近年来也对社会排斥进行了相关研究。如唐钧对社会排斥和社会政策的研究，石彤对社会排斥与下岗女工的研究，曾群、魏雁滨关于社会排斥和失业的研究，李斌对社会排斥与住房改革的研究等等。

虽然在不同的范式或定义下，社会排斥具有不同的含义，但这些不同的含义具有一些共同的特征。第一，强调社会排斥是一个多维度的概念。综合有关文献，根据"排斥出何处"和"谁被排斥"两条线索，社会排斥可以分为政策排斥、经济排斥、政治排斥、保障制度排斥、就业市场排斥、社会关系网络排斥、文化排斥七个维度（排斥出何处），以及个人排斥、团体排斥和空间排斥三个维度（谁被排斥）。第二，强调社会排斥是由不同的社会推动者和施动者导致的。第三，强调社会排斥是一个动态的过程，也就是说，社会排斥研究强调是"谁"（推动者和施动者）通过怎样的制度过程将他人排斥出一定的社会领域,重在揭示其中的机制和过程。

综合他人研究成果及本文对失地农民的具体研究,可将社会排斥简单定义为:由于政策、保障体制、劳动力市场和社会关系网络四重因素的作用并相互强化,使农民在"农转非"过程中及农转非以后,仍然长时期享受不到与其身份、地位相对应的权利和生活。社会排斥是个系统的、动态的排斥过程。社会排斥概念及其特征使其成为弱势群体研究的一个有力的概念工具。它可以全面描述弱势群体的多重边缘化处境,并揭示出将他们排斥出社会的行动者以及其中的机制和过程。本文引入社会排斥概念,有助于系统描述失地农民所遭受的多重不利境遇,并揭示其中的运作机制。

三、失地农民所遭受的社会排斥机制

根据本文对社会排斥的定义以及排斥出何处这条线索,失地农民主要遭受了政策性、社会保障体制、劳动力市场就业和社会关系网络四个方面的社会排斥,并且这四种排斥因素相互作用、相互强化,构成了对失地农民的排斥机制。

(一)政策性排斥

政策性排斥是指失地农民在征地政策实施过程中受到的排斥。失地农民受到排斥的根源性因素主要是土地征用制度、政策上的漏洞和不公,它们是失地农民利益受损的直接原因,为利益集团明目张胆地侵害失地农民权益立了牌坊。

1. 土地征用权被滥用

首先,法律、政策相互矛盾,导致了土地征用权被滥用。我国土地征用权的法律规定主要来自《宪法》《土地管理法》和《城市房地产管理法》。但现行的法律关于土地征用权的规定并不一致且相互矛盾,从而导致土地征用权的滥用。例如,《宪法》第10条第1款规定:"城市土地属于国家所有",而第10条第3款则规定:"国家为了公共利益的需要,可以依照法律规定对土地实行征收或者征用并给予补偿"。这就引发了一个矛盾:农村集体土地

转换为城市土地，按照《宪法》第 10 条第 1 款的规定，其所有权应该为国有；然而，根据第 10 条第 3 款的规定，征地权的行使只有在符合公共利益的前提下才是合法的，如果这种从农地向市地的转换并不具有公共利益性质，如征地目的是修建高尔夫球场、开发房地产等纯属营利性质的用途，则这种征用权的行使应属于滥用。这就陷入了两难境地：不符合公共利益的农地向市地的转换，若不征为国有不符合《宪法》第 10 条第 1 款的规定，征为国有又不符合第 10 条第 3 款的规定。换句话说：如果要进行商业开发，必须先征为国有，而要征为国有，又不能作为商业用途。因此，用作商业开发征地在法律上已经属于滥用征地权了。

其次，"公共利益"界定不清，导致了土地征用权被滥用。对于何谓"公共利益"，包括宪法在内的所有关于土地征用的相关法律、法规、政策，无一例外地对此语焉不详，仅是作一概括性规定。结果使现实中的征地范围几乎涵盖了一切社会经济领域，各类开发区建设、工商业发展、招商引资、楼堂馆所建设等各种经济行为纷纷搭乘"公共利益"这一快车，而真正为了社会经济可持续发展或解决经济发展中某些公共瓶颈问题，如水利设施、能源供应、环境保护等重大公共利益设施征地和建设，由于投资大、出让费低，"吃力不讨好"，地方政府却较少关心。如我国开发区建设趋于泛滥，一些地方政府借开发区之名乱占耕地，却"征而不开""开而不发"，造成大量耕地闲置撂荒，全国开发区土地 43% 闲置。截至 2006 年年底，全国已清理出各类开发区 6866 个，其中违法占地的达 5300 个，占原有开发区总数的 77.16%。[①]

由于征用权的滥用，1996—2006 年我国耕地数量净减少 1.23 亿亩，平均每年净减少 1230 万亩。[②] 截至 2006 年年底，全面耕地面积 18.27 亿亩，已

---

① 刘秀浩. 全国逾七成开发区被撤销[N]. 东方早报, 2007-04-23. [2019-03-29]. http://news.sina.com.cn/c/2007-04-20/022811675965s.shtml.

② 唐敏. 警惕土地违法向中、西部转移，耕地经线再守 14 年[N/OL]. 瞭望新闻周刊, 2007-05-30 [2019-03-29]. http://news.sina.com.cn/c/2007-04-20/022811675965s.shtml.

逼近温家宝总理在2007年政府工作报告中强调的将全国耕地18亿亩留守至2020年的这条警戒线。

2.征地补偿政策不合理

一些征地补偿标准无法解决土地增值收益分配的不合理问题。目前，我国土地征用的有些补偿标准只有最高限的限制，如前所述"每公顷被征用耕地的安置补助费，最高不得超过被征用前3年平均年产值的15倍；土地补偿费和安置补助费的总和不得超过土地被征用前3年平均年产值的30倍"，即使有些有法定最低标准的限制，但政府的自由裁决权也比较大，如"征用耕地补偿费为该地被征用前3年平均年产值的6—10倍；征用其他土地补偿费和安置补助费标准，由省、自治区、直辖市参照征用耕地的土地补偿费和安置费的标准规定"，"被征用土地上的附着物和青苗费的补偿标准，由省、自治区、直辖市规定"。较大的自由浮动幅度和"参照"赋予了政府极大的自由裁决权。由于政府作为利益参与方分享土地征用的收益，被征用方又极少参与征用过程，导致很多地方政府常常按照法定最低标准给予补偿甚至连法定的最低标准也达不到，在自由裁决的权限内，出现显失公平的不合理现象更是常见。如调查资料显示，湖北省仙桃市平均每亩征地补偿费仅280元。

国务院发展研究中心副主任陈锡文指出，如果说计划经济时代的"剪刀差"让农民付出了6000亿—8000亿元，那么改革开放以来通过低价征用农民的土地，最少使农民蒙受了2万亿元的损失。失地农民的"农转非"，实际上转成了城市贫民。可见，以土地原有用途作为补偿标准的参考依据，实际上排除了失地农民参与土地增值收益分配的机会。法定的征地补偿标准远远不足以解决失地农民的长远生计，加上保障、就业体制的不健全，最终是制造出了一批比市民和农民都要弱势的"双重弱势群体"。

3.政策及法律法规的缺陷，排斥失地农民真正参与征地程序

《土地管理法》第48条规定："征地补偿安置方案确定后，有关地方

人民政府应当公告,并听取被征地的农村集体经济组织和农民的意见。"就这一条本身而言,农民无权参与能否征地的谈判,也就是不能过问土地所有权的变更。农民权利只能在方案确定后有所表现,不能在制定方案时发挥作用,是明显的自上而下行为。农民是集体土地的拥有者,在土地所有权变更中应处于主体地位,参加方案的制定与修改,自始至终保持谈判的主要角色,而不是反主为客。此外,土地是农民最重要的财产,失去土地意味着最大权益的剥离,其他事项都是细枝末节,没有关键意义。有关"补偿安置方案",与所有权问题相比较,犹如本末关系,不可同日而语。该条将农民定为从属的地位,排斥了农民作为地主的身份。

现有的土地征用补偿法律法规没有规定对裁决不服的救济途径,《土地管理法》第16条规定的主要是土地所有权和使用权的权属纠纷的救济途径,而不包括土地征收补偿纠纷的处理。根据《土地管理法实施条例》第25条的规定:"……对补偿标准有争议的,由县级以上地方人民政府协调;协调不成的,由批准征收土地的人民政府裁决。征地补偿、安置争议不影响征收土地方案的实施……"《土地管理法》赋予农民在方案确定后的议论权,《土地管理法实施条例》却撇开议论权,可以单方面行动,照征不误。按照《实施条例》的条文,不管农民对征地方案是否认同,征地按计划进行,带有十足的强制性。而且法律将征地补偿标准争议的最终裁决权赋予了批准征地的人民政府,所谓运动员和裁判员为同一人。现行的法律法规并没有对如何实行裁决制度以及究竟由哪个机构具体承担相应的职责作出明确的规定,根据《土地管理法》,省级以上人民政府才有集体土地征用批准权,因此,对征地补偿、安置的争议,其救济途径也仅限于由省级以上人民政府裁决。在我国目前的客观现实条件下,这一途径也存在救济成本过高的问题,在实际执行中有许多困难,这种制度安排,给征地方以过大的权利,而被征地方连起码的司法救济权都没有。实际上剥夺了被征地方合法性的救济途径。双方的攻防武器严重失衡,极易造成对被征地人利益的损害。

在相关法律缺失的情况下,土地征用及补偿方面的纠纷,通过司法保障显得特别无力。现行法律,对裁决征地纠纷的规定过于原则,缺乏有力的法律依据。有些纠纷能否适用司法救济的态度不甚明了,发生纠纷后,法院往往以征地补偿案件不属于民事案件为由不予受理,导致纠纷无法解决,农民告状无门,司法保护不能实现。即使法院受理了,但在案件审理的过程中,常常受到来自地方保护主义的压力,加上法律本身的缺陷,老百姓也很难胜诉。

(二)社会保障体制排斥

在我国,社会保障制度长期以城镇居民为核心,这一方面是中国城乡二元经济结构导致的结果,另一方面是国家以有限的财力优先解决城市紧迫问题的一种政策选择,而占总人口近70%的农村却未被覆盖。以前全国4亿多城市人口的社会保障账户,国家财政每年就要补贴1000亿元以上,而社保的隐形债务高达3万亿元,可能要用30—40年才能还清,因而8亿多农民的社会保障问题更是难以解决,土地也就成了农民的基本生活保障,是农民的安身立命之本。但是,随着土地被大量的征用,农民失去了土地这一基本保障,转变为城市居民,他们就应该被纳入城市社保体系,享有与城市居民同等的福利待遇,这样才能体现出真正的民主、平等。更何况对农民而言,他们为工业化积累和社会经济发展作出了巨大的牺牲和贡献,国家理应"偿还"对他们的"欠账",通过社会保障这一再分配的渠道,对失地农民的利益损失给予一定的补偿,对他们的贡献给予一定的回报,让他们和城市居民一样,平等地共享城市化的成果。

而实际上,农民失去土地以后并未真正取得与市民同等的地位。失地农民得到补偿款如同国有企业职工买断工龄一样,实质上均是失业,然而工人能享受健全的社会保险,失地农民却不能;下岗工人再就业时,能够享受3年内免征营业税、城市维护建设税、教育费附加和个人所得税的优惠政策,还可以享受就业培训、创业培训、参加公益性劳动组织等优惠政策，而失地农民却一概不能分享。市民中的特困人员可以享受城市"低保"政策，失地农民"农转非"之前或许还可以享受农村最低生活保障，但征地后反而以"他们已经享受过征地补助"为由被拒绝在城市市民最低生活保障线之外。征地补助仅是对农民丧失土地使用权的一种补偿，不应影响其享受其他保障的权利；而且征地劳动力在享受过一次性生活补贴后仍会面临失业的危险，他们因为工作时间短，尚无失业保险的积累，难以享受失业保障，又被排除在最低生活保障之外，生活变得没有着落，结果沦为比市民和农民都要弱势的"双重弱势群体"。

（三）劳动力市场就业排斥

农民在失去土地以后，大部分涌入城市，当起了所谓"没有土地"的"农民工"。但二元经济结构下形成的二元劳动力市场是失地农民遭遇排斥的又一关键因素。劳动力市场的二元结构最早是由美国新结构主义社会学家皮奥里（Micheal.J.Piore）提出来的，其主要的表现就是在现代工业社会中存在两种劳动力市场：一是收入高、劳动环境好、待遇好、福利优越的劳动力市场，也称第一劳动力市场（首属劳动力市场）；二是工资低、工作条件差、就业不稳定、福利低劣的劳动力市场，称第二劳动力市场（次属劳动力市场）。两个劳动力市场是相互隔绝的，第一市场的求职者宁愿等待就业机会，也不愿到第二市场中谋职，而第二市场的失业者也根本不可能进入第一劳动力市场。皮奥里认为两种劳动力市场的区分并不是纯技术性的，第一劳动力市场更多地受到制度性的保护，如工会力量、劳动保障制度和最低工资法。因此，即使是"农民工"在劳动技能方面达到了第一劳动力市场的要求，由于制度性障碍，他们也无法进入该市场。[①]

"农民工"在城市劳动力市场上不能取得平等的就业资格，他们是作为被排斥的对象而遭受就业歧视的。职业歧视最突出的表现就是许多城市

---

① 张刚.促进农村人力资本的形成和积累[N].经济学消息报，2001-11-10.

对农民工的就业范围作出了明确限定并以政府的行政法规或制度的形式被规定下来。例如，北京市劳动局就曾多次发文，明确规定外来人口只能从事200个工种，而所有这些工种多为城市居民不愿意问津的"脏、累、苦、险"的职业。再如，上海市对外地劳动力在上海的就业，建立了市和区县分级调控体系，综合运用法律、行政、经济等手段，实行总量调控和结构调整。其中，政府部门所采取的行政控制手段主要是限制外地劳动力在部分行业和岗位就业。经济手段则是对单位按实际使用外地劳动力的人数缴纳务工管理费和管理基金，提高使用外地劳动力的成本，降低对外地劳动力的需求。1996年上海市劳动局发布了《上海市单位使用和聘用外地劳动力分类管理办法》，将行业工种划分为A、B、C三类：A类为可以使用外地劳动力的行业工种，主要是脏、累、苦、险的行业工种；B类为调剂使用外来劳动力的行业工种；C类为不准使用外来劳动力的行业工种，主要是：金融保险业、各类管理业务员、调度员、商场营业员、星级宾馆与饭店前厅服务员、话务员、核价员、司磅员、出租车驾驶员、各类售票员、保育员、电梯工、设备保全工、描绘图工、文印工、抄表工、库工、门卫、分析工、检验工、计量工、调试工。

目前，虽然国家政策对农民工的就业范围的束缚逐渐放松，但任何一种制度一旦形成便会存在一种路径依赖，在较长一段时间之内其影响还难以消失。实际上，不仅用人单位在录用农民工时难以消除各种思想禁锢，甚至农民工自身也习惯于服从这种歧视性的制度和规则。

（四）社会关系网络排斥

伴随着征地事件，市场经济介入并改变了传统村落的社会关系和农民的价值观。市场经济使一部分人先富了起来，使那些还没有富裕的人目睹了有钱人的生活百态，基于对美好生活的追求和向往，在人们的价值观念中，经济利益成为首要考虑的事情，人们长时间形成并保持的传统道德观念被打破。为了经济利益，亲情、友情可以置之一边，利益原则已经成为日常生活中人与人交往的一个重要砝码。有学者进行过研究，经济上的互利可以使亲属关系更加紧密，同样经济利益上的矛盾也可以使亲属关系更加疏远。"人情"作为传统"差序格局"中判别亲疏远近的基本标准，正受到"利益"标准的巨大挑战，在"人情"和"利益"的博弈冲突中，"利益"已经占据了明显的上风，"人情"+"利益"的双重人际关系调节标准已经建立。

此外，自我中心主义的关系格局正在形成，家族中心主义正在被自我中心主义所取代，农村基层社会关系网络正在由家族关系网络向家庭关系网络过渡。家族中心主义以家族为本位，个人不过是家族网络中一个不可或缺的节点，它强调家族的整体性，鼓励个人对家族的责任，甚至是牺牲小我来成就大我；而自我中心主义以自我为本位，个人处于家庭网络的中心位置，家族不过是网络中的一个组成部分，家族之外还有姻亲、朋友、熟人甚至陌生人等组成部分。

正是利益认同的加剧和自我中心主义的强化两者互动共同作用导致了血缘认同的下降、经济关系地位的提升，而这体现出的正是人们由价值理性向工具理性的衍化。[①] 我们可以预测，当血缘、地缘关系不足以满足个人发展对稀缺资源和合作的需求时，人们就会冲破血缘、地缘的樊篱，转而在亲属关系、邻里关系之外建构新的社会关联，启用新的社会支持，外人、生人的数量不断增多。但是由于传统的信任结构的影响，人们在建构这些新的关联时，并非以契约、协议为中介，而是通过认同宗、认干亲、拜把子等形式把和生人的关系转化为类似血缘的关系即拟似血缘关系，从而使之融入"差序格局"范围内。这就像"摊大饼"一样，饼越摊越大，也越摊越薄，人与人之间互动频率减少，感情的密度不断降低，带有一种非正式关系正式化的趋向。两种趋向互动使"正式关系带上了更多的人情味，同时也使非正式关系具有更多的理性"。

---

① 张庆国. 现阶段中国农村血缘与姻缘博弈现象探析[N]. 世纪中国，2003-11-07.

失地农民的生存困境不仅在于政策性排斥、社会保障体制排斥、劳动力市场就业排斥和社会关系网络排斥四个方面，而且还在于这四重因素的相互作用、相互强化，构成一个排斥机制。在政策制定及执行中失地农民的"四无"（无权、无语、无钱、无地位）导致政府出台的政策不能有效地反映他们的要求。对失地农民来说，这种有漏洞、有缺陷的宏观性政策在落实的过程中，必然不能代表他们的利益，进而导致社会保障制度的不健全和二元劳动力就业市场的区隔，它们为失地农民遭受体制性的中观排斥找到了合法合理的依据。而失地农民也只能被动地接受各种政策、制度。失地农民经济上的贫困、政治上的无权，使他们在微观上很难获得社会资本的累积，在市场经济的大背景下，社会成员之间人际交往的实利化和疏松化，必然使失地农民原有的社会关系网络受到冲击，而新的社会关系网络因社会资本的匮乏又难以形成。循环往复，社会资本的难以累积，又必然导致失地农民社会地位的低下，进而又是政治上的无权，政策制定中的无语……因而，这四重排斥因素便形成了一个系统，成为一个相互循环的排斥圈，使失地农民的受排斥状况日益深化。它为我们展现了失地农民利益受损，成为"双重弱势群体"的动态过程。

失地农民社会排斥问题的存在，不仅不利于城市社会的发展，而且严重地阻碍了我国城市化进程的推进，影响到整个社会的稳定和发展。沈关宝教授曾在一次学术年会上讲道：失地农民问题就像是生发于现代化、城市化肌体上的一颗肿瘤，若不加重视，不加治疗，它可能会恶化。[①] 英国克莱尔也曾指出，各种社会排斥过程无不导致社会动荡，终而至于危及全体社会成员的福利。由此，消除社会排斥，保障失地农民的权益，是建设社会主义和谐社会急需解决的问题。

---

① 沈关宝.城市化进程中的失地农民问题.上海市社会科学界联合会2005年学术年会发言.

参考文献

[1] 劳动部农民工和被征地农民社会保障综合调研组.被征地农民社会保障综合调研报告［M］.北京：劳动和社会保障部农村社会保险司编印资料，2006.

[2] 何格，等.合理安置失地农民的构想［J］.农村经济，2005（1）.

[3] 杨涛，施国庆.我国失地农民问题研究综述［J］.南京社会科学，2006（7）.

[4] 吴瑞君，等.上海城市化进程中离土农民的安置和保障问题研究［J］.农业经济导刊，2004（8）.

[5] 吕勇，张涵.河南失地农民利益保护现状［J］.农村经济，2006（1）.

[6] 申晓梅.四川失地农民就业与保障问题的调查思考［J］.社会科学研究，2005（4）.

[7] 李亚华.解决失地农民保障问题的几点思考［J］武汉大学学报(哲学社会科学版），2004，（3）.

[8] 陈锡文.试析新阶段的农业、农村和农民问题［J］.宏观经济研究，2001（11）.

[9] 汪晖.城乡结合部的土地征用：征用权与征地补偿［J］.中国农村经济，2002（2）.

[10] 杨伟民.社会政策导论［M］.北京：中国人民大学出版社，2004.

[11] 周林刚.论社会排斥［J］.社会，2004（3）.

[12] 唐钧，王婴.城市"最低收入保障"政策过程中的社会排斥［A］.//王思斌.中国社会工作研究：第一辑［M］.北京：社会科学文献出版社，2002.

[13] 李强.中国城市中的二元劳动力市场与底层精英问题［J］.清华社会学评论，2000（1）.

[14] 折晓叶，陈婴婴.社区的实践："超级村庄"的发展历程［M］.杭州：浙江人民出版社，1997.

[15] 王思斌.经济体制改革对农村社会关系的影响［J］.社会科学研究，1987（6）.

[16] 费孝通.乡土中国［M］.北京：北京大学出版社，1998.

[17] 杨善华，侯红蕊.血缘、姻缘、亲情与利益［J］.宁夏社会科学，1999（6）.

[18] 克莱尔.消除贫困与社会整合：英国的立场［J］.国际社会科学杂志：中文版，2000（5）.

从"以地为本"到"以人为本"
——化解失地农民问题的路径探析

摘要： 本文首先对"以地为本"的发展思路进行了深入剖析，指出这种思路是造成失地农民问题的根源所在，接着在对"以人为本"进行了阐释的基础上，提出了"以人为本"的发展思路是化解失地农民问题的根本路径。

关键词： 以地为本　以人为本　失地农民

一、失地农民问题的现状

随着我国城市的扩张和城市建设的加快，有越来越多的农民仿佛在一夜之间就失去了他们赖以生存的土地，踏上了向城市居民身份转变的征程。从经验数据来看，一般每征用 0.067 公顷（1 亩）耕地，就产生 1.5 个失地农民。据学者推算，目前，我国失地农民人数应为 5100 万—5525 万[1]，如果加上因农村超生等原因没有分到土地的"黑户口"劳动力，这个数目则逾 6000 万[2]。同时，按照我国现有的城市化水平和经济发展速度，今后每年仍需征用农地 16.7 万—20 万公顷，预计每年将新增失地农民 375 万—450 万人，10 年后失地农民总数将接近 1 亿人。

在目前的失地农民中，60% 的生活处于十分困难的境地，有稳定经济收入、没有因失地影响基本生活的只占 30%，① 而 10 年后，生活困难的失地农民则将高达 8000 万人。[3] 从地区分布看，失地农民问题已从东部沿海发达地区扩散到中部、西部地区，截至 2004 年，上海市共征用、使用土地约 144 万亩，[4] 失地农民总数超过 100 万人。② 浙江省总共征用土地超过 200 万亩，全省失

---

① 王海坤.失地农民出路与现实：4000 万失地大军游荡城市[N]，中国经济时报，2004-04-09.
② 上海市劳动和社会保障局.上海劳动和社会保障局 2002 年统计资料[OL].[2018-01-18]. http://www.12333SH.GOV.CN.

地农民超过 200 万人。[①] 中部河南省每年约有 20 万农民失去土地，失地农民数量增长迅速。[5] 西部四川省到 2007 年年底，全省有失地农民 480 万人。[6]

"失地农民"已成为一个代名词。它指的是一个新发的弱势群体，无保障的城市"边缘"人群。失地农民持有城市的"绿卡"，却缺乏城市的社会和生活基础，缺乏在城市的谋生手段，缺乏城市的认可度，甚至在相当长一段时间不能适应城市的生活习惯，被排斥在真正的市民之外。农民失去了土地，农民身份已不复存在，低廉的生活成本已一去不返。失地农民失了业，失去了生活来源，尽管"农转非"之初，有一定数额的安置补助费，但那只是杯水车薪，用一分少一分；更严重的是心理、心态的失衡，找不到生活的支撑点，由此沦为一种"非农非城"的"边缘人"。正如陈锡文所言："农民失去了土地以后，他当不成农民了，而领到的那点补偿金，也当不成市民，既不是农民，又不是市民，只能是社区游民、社会流民。"[7]

二、失地农民问题产生的原因分析

笔者认为，失地农民问题产生的根本原因在于"以地为本"的发展思路，这是一种"要地不要人"的思路，是一种以牺牲农民的利益为代价换取城市化迅速发展的思路。

（一）"以地为本"的发展观导致了征地权的滥用

在中国现行政治制度下，国内对地方官员的考核，更多注重的是经济增长方面，主要看 GDP 增长速度，看财政状况，看招商引资力度等，地方官员的提升与当地的经济发展是成正比的。为了解决城市建设资金短缺、城市建设滞后等问题，一些城市率先提出了"经营城市"的口号，并迅速波及几乎所有的城市甚至小城镇。这一思路当然是正确的，但问题在于，政府能够掌握的最容易"经营"的城市资源是什么？当然就是土地。根据《宪法》第 10 条第 2 款的规定，国家为了公共利益的需要，可以依照法律规定对土地实行

---

① 傅白水. 解决农民工地问题的浙江模式 [J]. 中国改革（农村版），2004（7）.

征收或者征用并给予补偿。而进入20世纪90年代以后，经营性的用地项目实行市场化运作，地方政府可以通过出让国有土地，收取土地出让金。但供地政策改变后，征地政策并没有随之改变，仍然是计划经济下的强制性征地。至于什么是"公共利益"？包括宪法在内的所有关于土地征用的相关法律、法规、政策，无一例外地对此语焉不详，仅是作一概括性规定。那么，地方政府认为是"公益"性质的项目，自然就是"公益"项目。

按照有关规定，土地有偿使用费总额的30%上缴中央财政，70%留给地方人民政府，据调查，一些市、区、县的土地出让金收入已经占到财政收入的35%，有的甚至高达60%。可见，利益诱导是造成一些地方政府违法圈占耕地、低进高出、以地牟利的主要动力。据调查，某经济发达省份部分地区征地补偿费仅占政府土地出让金的2.5%，高的也仅为26.7%。[8]可见，现行的征地已经成为一些地方政府的"摇钱树"。

此外，很多地方不仅"现买现卖"，还以建立"土地储备"为名囤积了大量土地。也就是说，一方面，政府强制性的征地造成大批农民失地、失业；另一方面，大量征用的土地还处于闲置和荒芜状态。如我国开发区规划建设已趋于泛滥，一些地方政府借开发区之名乱占耕地，却"征而不开""开而不发"，造成大量耕地闲置撂荒，全国开发区土地43%闲置。1996—2006年，我国耕地数量净减少1.23亿亩，平均每年净减少1230万亩。① 截至2006年年底，全面耕地面积18.27亿亩，已逼近温家宝总理在2007年政府工作报告中强调的将全国耕地18亿亩留守至2020年的这条警戒线。

（二）"以地为本"的补偿观，难以确保失地农民的长远生计

从我国土地征用的历史来看，1993年以后，货币安置已成为主要的安置方式，"要地不要人"的征地条件较为普遍。自我保障、市场化就业成为现实，农民在失去土地以后，生产、生活方式被迫转为市民，从而所承担的农业风

---

① 唐敏.警惕土地违法向中、西部转移，耕地经线再守14年[N/OL].瞭望新闻周刊，2007-05-30[2019-03-29].http://finance.people.com.cn/nc/GB/61937/5617781.html.

险也要转为承担市场风险,而这种风险却要远远高于农业风险,现行的安置补偿标准却没有适应这种风险的转换。

《土地管理法》规定的征地补偿费、劳动力安置补助费都是按照被征用土地前3年的平均年产值计算的,其中,征地补偿费为该地被征用前3年平均年产值的6—10倍;每一个需要安置的农业人口的安置补助费为该地被征用前3年平均年产值的4—6倍,每公顷被征用耕地的安置补助费,最高不得超过被征用前3年平均年产值的15倍;土地补偿费和安置补助费的总和不得超过土地被征用前3年平均年产值的30倍。

可以看出,土地补偿费和安置补助费标准的确定只考虑了土地的历史产出和收益,以及不降低"农民"的生活标准,没有充分考虑到被征地农民成为新市民后,生活消费水平必然提高的客观事实,在制度设计上也没有充分考虑到工业化、城市化和现代化给失地农民带来的深刻变化。在市场经济条件下,土地具有三重功能:一是所有权功能;二是就业和发展功能;三是保障功能。土地被征用后,以上三种功能都发生了转移:所有权从农村集体手中转到了国家手中,农民也因此丧失了土地的使用权;农民的就业与发展从农业转到了非农产业,需要再就业、再创业;社会保障功能则由农村传统的土地保障转向现代的社会保障。但上述补偿标准计算的基准是农地的年产值,并没有考虑到市场经济下失地农民的生活、就业和保障成本问题,因而脱离了我国城市化发展的实际,很不科学。

国务院发展研究中心副主任陈锡文曾指出,如果说计划经济时代的"剪刀差"让农民付出了6000亿—8000亿元,那么改革开放以来通过低价征用农民的土地,最少使农民蒙受了2万亿元的损失。失地农民的"农转非",实际上转成了城市贫民。可见,以土地原有用途作为补偿标准的参考依据,实际上排除了失地农民参与土地增值收益分配的机会。充其量是一个只保农民生活,不保就业、不保发展的不完整的制度体系,远远不足以解决失地农民的长远生计。

（三）"以地为本"的政策观，排斥了征地过程中农民的权利实现

"以地为本"的政策规定，难以让失地农民享有充分的参与权、话语权、谈判权等本属于土地主人的权利。

《土地管理法》第48条规定："征地补偿安置方案确定后，有关地方人民政府应当公告，并听取被征地的农村集体经济组织和农民的意见。"就这一条本身而言，农民无权参与能否征地的谈判，农民权利只能在方案确定后有所表现，不能在制订方案时发挥作用，是明显的自上而下行为。农民是集体土地的拥有者，在土地所有权变更中应处于主体地位，参加方案的制订与修改，自始至终保持谈判的主要角色，而不是反主为客。此外，土地是农民最重要的财产，失去土地意味着最大权益的剥离，其他事项都是细枝末节，没有关键意义。有关"补偿安置方案"，与所有权问题相比较，犹如本末关系，不可同日而语。该条款将农民定为从属的地位，与农民作为地主的身份不符，必须反过来，才能提高农民的谈判地位。

此外，根据《土地管理法实施条例》第25条的规定："……对补偿标准有争议的，由县级以上地方人民政府协调；协调不成的，由批准征收土地的人民政府裁决。征地补偿、安置争议不影响征收土地方案的实施……"《土地管理法》赋予农民在方案确定后的议论权，《土管理法实施条例》却撇开议论权，可以单方面行动，照征不误。按照《土地管理法实施条例》的条文，不管农民他们对征地方案是否认同，征地按计划进行，带有十足的强制性。而且法律将征地补偿标准争议的最终裁决权赋予了批准征地的人民政府，所谓运动员和裁判员为同一人。这种制度安排，给征地方以过大的权利，而被征地方连起码的司法救济权都没有。实际上剥夺了被征地方合法性的救济途径。双方的攻防武器严重失衡，极易造成对失地农民利益的损害。

（四）"以地为本"的观念易造成认识偏差

一是对征地问题存在偏差。有些地方特别是经济发达地区的失地农民对被征土地的利益期望值过高。这除了前述的征地不规范等因素外，还有

一个重要原因是一部分人对农用土地性质、征地目的认识不清。目前在我国，土地在个人与集体、集体与国家之间的利益界限并不十分清楚，而在土地用途问题上起决定性作用的仍然是国家。对这一问题认识不清的人自然认为农村集体甚至农民个人有自主处置土地的权利。主要表现为部分农民把土地看成是个人或村集体的财物，因而主张参与土地流转中不断升值的土地收益的分配，个人利益不断膨胀，越是在经济发达的地区，这一利益诉求越强烈。这部分人的行为往往会影响一大片，从而酿成失地农民与政府及企业的严重冲突。

二是部分农民对自身及社会发展缺乏思想准备。部分农民长期依赖土地为生，失去土地后在一定时期内不能适应新的生存环境，于是由原来对土地的心理依赖转向对政府及用地单位的依赖。[9]

三、用"以人为本"的发展观化解失地农民问题

笔者认为，树立以人为本的科学发展观是解决失地农民问题的关键。科学发展观的本质和核心是"以人为本"。以人为本，就是要把人民的利益作为一切工作的出发点和落脚点，把人民群众作为推动历史前进的主体，不断满足人的多方面需要和实现人的全面发展，它是我国改革开放和现代化建设伟大实践的经验总结。在解决失地农民问题中贯彻以人为本的科学发展观，必须做到以下几点。

（一）用"以人为本"的发展观健全对地方政府的政绩考核制度，弱化其"以地生财"等偏好

各级政府要根据城乡经济综合发展和经济可持续发展的要求，尽快建立科学合理的政府，特别是市、县、乡镇政府绩效考核指标体系，改变那种过分注重经济指标甚至以经济增长速度为中心的状况。新的指标体系应根据各个地区实际状况和发展要求，在原有的国民生产总值及其增长率、人均收入及其增长率之外，再增加诸如能否有效解决失地农民的生活保障问题、固定

资产闲置率、环境保护、研究和开发费用占国民生产总值的比重、人均教育费等指标，并将其具体落实到地方政府的长期规划中，对于不同的指标给以不同的权数，以加权平均的各项指标的变化率作为评价各届政府任期内工作业绩的依据，防止部分官员通过"经营土地"的方式提高本地区的GDP水平，为本部门和个人谋取私利。

（二）用"以人为本"的补偿观完善对现有失地农民的征地补偿制度

按照马克思地价理论，"土地价格无非是出租土地的资本化的收入"，用公式表示为V=a/r（V为地价，a为土地所提供的地租，r为资本化率）。在现代土地估价理论中，作为重要估价方法之一的收益还原法认为，土地价格等于土地的未来年限中预期获得的纯收益的贴现值之和，即：

$$V=\frac{a_i}{r}\left[1-\left(\frac{1}{1+r}\right)^n\right]$$

其中：V为土地的收益价格，i为年份，n为土地的收益年限，a_i为土地的未来第i年的纯收益，r为土地的资本化率或折现率，而当a_i为一定值a，n→∞时，V=a/r。上述地价理论展示了地价的形成过程：由于土地的恒久性，土地的收益流也是恒久的。购买土地，实际上就是为了获取未来一段时期内土地的收益流，未来的收益越大，买者付出的地价就越高。土地的历史收益对土地价格的影响并不大，除非在交易前后土地的用途及使用状况等不发生大的变化时，土地的历史收益有可能被用来作为未来收益的参考依据。[10]由此笔者认为，通过将土地征用后赋予土地的新用途带来的收益额还原求取征地补偿价格，即土地收益按征用后的非农用途计算，如按工业收益、商业收益或房地产开发收益计算，不失为一种较为合理的经济补偿方法。事实上，倍数计算法恰恰是土地估价方法之收益还原法的一种变形，在V=a/r中，若设k=1/r，则V=a×k，按照征地后土地新用途受益的若干倍来估算征地费，应该是接近市场价格的。由此可见，征地补偿标准的前提是正确认识地价的本质，还征地费以地价的本来面目。

其次，"以人为本"的补偿观要求，仅仅按照地价对失地农民进行农地本身的补偿，必然不足以持久地保障失地农民在生产、生活上无后顾之忧，从而必须以安置性补偿为补充。由农地本身补偿与安置性补偿相加而形成的可得利益总补偿费，至少应当满足这样几个项目的要求：安家费（指原住宅被迫搬迁时），转业费（指被迫脱离农业另谋出路时所需要的培训费、新项目生产资料购置费等），失业救济金（在失地农民尚未重新就业的情况下付给），养老保险费，医疗保险费，子女教育保险费等。这些安置性补偿可以是金钱补偿，也可以是对失地农民今后的生活安置，如债券或股权补偿，例如当征地用于修建高速公路等经营性项目时，可以允许农民将土地折价入股，根据经济实体的经营情况每年分红，长期受益，能为失地农民日后的生活提供保证。[11]例如，学者邓伟志曾提出实行"农地租用"，介绍了上海九星村农民对土地只租不卖，生活得到长期获益。① 简言之，可得利益总补偿费应当能够使失地农民在生产、生活、教育等方面，不仅保持原来的水平，而且更加有保障。只有做到这一点，才能够称得上是真正公平合理的。

（三）用"以人为本"的政策观，完善土地征用听证程序，建立健全征地监督机制

征地过程中没有农民的参与，既带来农民的失望，又为干部滥用职权提供了机会。因此，让失地农民在征地过程中有自己的知情权、参与权和话语权是非常重要的。

自2004年5月1日起，我国土地征用开始实行征地听证制度（国土资源部《国土资源听证规定》）。[12]根据该规定，征地与农民的利益直接相关，在征地时，应顾及国家和农民双方的利益，尊重农民的意见，履行一定的民

---

① 黄朝武.用大农学理论指导"三农"工作——访全国政协委员、上海大学社会研究所所长邓伟志[N].农民日报,2006-03-25.

主程序，使被征地所有权人及权利相关人都有权参与征地的各个环节，并享有发言权，以保护农民的合法权益不受侵犯。在今后的改革中，我们应逐步完善土地征用的三个听证程序：一是征地目的听证程序，该程序主要是审核此次征地的目的是否为"公共利益"；二是征地补偿标准听证程序，该程序主要是对补偿的公平合理性进行听证；三是征地司法救济听证程序，即当失地农民的权益在征地过程中受到侵害或者可能受到侵害时，可以通过该程序申诉，求得保护。[13] 笔者认为，完善土地征用听证程序，建立征地过程中的对话机制是保障农民集体权利的一个基本要求。听证制度的目的应该是逐步让理性的农民为自己作出选择（包括补偿额、分配方案等），而不是替农民做好选择后在程序上的一个摆设。

同时，要建立健全征地监督机制。在征地过程中，可以聘请若干农民做义务的"征地监督员"，负责宣传涉及国家土地征用及补偿的法律法规和政策，对征地程序的合法性、公正性和征地补偿费的分配、发放情况进行监督，当地政府和司法部门要给予其相关的支持和帮助。征地监督机制的健全，一方面，可以及时准确地把国家政策和法规向农民宣传、公布，提高政策的透明度，保证让被征地农民及时、全面、正确地了解有关征地的政策法规，增强政策法规的透明度，确保政府依法征地；另一方面，可以监督、确保国家政策在农村的贯彻落实，从而对农民利益的保护起到积极的作用。

（四）"以人为本"的发展观要求失地农民转变思想观念，尽快融入现代城市生活

在城市化的过程中，同时使失地农民"城市化"，真正融入现代城市生活才是我国社会城市化和工业化的初衷。失地农民生活质量的提高，有待于自身素质提高；而农民素质的提高，才是彻底化解失地农民问题症结的基础，也是"以人为本"发展观的最终体现。

因此，政府和社会在为失地农民的补偿、安置、保障问题而努力的同时，还要做好他们的思想转变工作，让他们及早适应城市的竞争环境，让他们能

够正确认识征地性质，正确看待国家、集体与个人的关系，从而减少以至消除因认识不到位造成的农民与政府及用地单位之间的矛盾。同时，针对其谋生、就业能力的不足，相关政府部门应主导或强制地建立和完善多层次、多形式的失地农民培训机制，促进失地农民素质的全面提高，早日转化为真正的"市民"。

四、结语

失地农民问题的最终解决，应立足于"以人为本"的发展观，即以失地农民利益为本，以地方政府为主导，以失地农民的生存保障为基础，以促进城市化和失地农民的共同发展为目标，建立起对失地农民全面保障的长效机制；同时，相应地建立提高失地农民素质的培养机制，推动失地农民及早完成自身由农民向市民的蜕变，在真正意义上融入现代城市生活。

参考文献

[1] 何格,等.合理安置失地农民的构想[J].农村经济,2005（1）.

[2] 杨涛,施国庆.我国失地农民问题研究综述[J].南京社会科学,2006（7）.

[3] 李亚华.解决失地农民保障问题的几点思考[J].武汉大学学报(哲学社会科学版),2004（3）.

[4] 吴瑞君,等.上海城市化进程中离土农民的安置和保障问题研究[J].农业经济导刊,2004（8）.

[5] 吕勇,张涵.河南失地农民利益保护现状[J].农村经济,2006（1）.

[6] 申晓梅.四川失地农民就业与保障问题的调查思考[J].社会科学研究,2005（4）.

[7] 陈锡文.试析新阶段的农业、农村和农民问题[J].宏观经济研究,2001（11）.

[8] 孔祥智,王志强.我国城镇化进程中失地农民的补偿[J].农业经济导刊,2004（9）.

[9] 窦凌.以人为本：化解失地农民问题的路径选择[J].安徽农业科学,2007（3）.

［10］毕宝德.土地经济学［M］.北京：中国人民大学出版社，1991.
［11］周庆.城镇化进程中农民土地权益问题探讨［J］.湖南社会科学，2005（3）.
［12］李平，徐孝白.征地制度改革：实地调查与改革建议［J］.中国农村观察，2004（6）.
［13］金丽馥，谢素兰.新形势下失地农民社会保障制度的构建［J］.调研世界，2007（3）.

失地农民市民化社会融入研究

摘要：伴随着我国城市化步伐的加快，越来越多的"农民"在一夜之间变本地移民为"市民"，失地农民要想融入城市生活，成为一个真正的市民，必须具备三个方面的基本条件：第一，身份转为市民，并且能够在城市找到相对稳定的职业，即首先应该是生产方式的融入；第二，能够获得与原市民相同的社会保障，并逐渐形成与原市民接近的生活方式；第三，由于这种生活方式的影响和与原市民文化的接触，使他能够形成与原市民相同的价值观和城市归属感，进而产生自我新身份的认同。本文通过对这三方面条件的分析，认为失地农民市民化过程中，社会融入尚未完成，并对如何促进失地农民的市民化社会融入提出了对策建议。

关键词：失地农民　市民化　社会融入

中国社科院于2009年12月21日发布的《社会蓝皮书：2010年中国社会形势分析与预测》认为，2010年我国城市化水平达到48%，2012年或2013年超过50%的结构转换临界点，并在2015年达到53%左右。社科院社会学所所长李培林认为，我国总体上已经进入了城市化进程中的中期加速阶段。目前我国城市化率还远远低于发达国家平均85%的水平，也低于世界平均55%的水平，因此，城市化在我国还有很大的空间。[1]伴随着我国城市的扩张和城市建设的加快,耕地的迅速减少,越来越多的"农民"在一夜之间变本地移民为"市民"。从经验数据来看,一般每征用0.067公顷(1亩)耕地,就产生1.5个失地农民。据推算,目前,我国失地农民人数在6000万左右。但是,失地农民虽持有城市的"绿卡",却缺乏在城市的生活基础,缺乏在城市的谋生手段,缺乏城市的认可度,甚至在相当长一段时间不能适应城市的生活习惯,被排斥在真正的市民之外,而农民的身份也一去不复返了。正如陈锡文所言:"农民失去了土地以后,他当不成农民了,而领到的那点补偿金,也当不成市民,既不是农民,又不是市民,只能是社区游民、社会流民。"[2]如何使这些大量的"本地移民"尽快地融入城市生活,完成市民化进程,是当今学术界热点关注的问题。

一、社会融入概念

"社会融入"是移民研究中的一个重要概念,是移民与当地居民之间的相互交往、相互渗透、相互适应,并最终形成一种彼此认可的文化生活的过程。国际移民理论认为,由于迁入地与迁出地的文化差异,移民往往会出现一种非整合的现象,即移民在迁入后一般表现为马赛克般的群体分割、文化多元主义和远离主体社会等三种生存状态。[3]2003年,欧盟在关于社会融入的联合报告中对社会融入作出如下定义:社会融入是这样的一个过程,它确保具有风险和社会排斥的群体能够获得必要的机会和资源,通过这些资源和机会,他们能够全面参与经济、社会和文化生活以及享受正常的生活和在他们居住的社会,认为应该享受的正常社会福利。社会融入要确保他们有更大的参与关于他们的生活和基本权利的获得方面的决策。[4]

中国正在经历着迅速的城市化、现代化过程,数以亿计的失地农民正面临着如何适应城市新生活和社会融入问题。因此,借鉴以上定义,笔者认为失地农民要想真正融入城市生活,必须具备三个方面的基本条件:第一,身份转为市民,并且能够在城市找到相对稳定的职业,即首先应该是生产方式的融入；第二，能够获得与原市民相同的社会保障，并逐渐形成与原市民接近的生活方式；第三，由于这种生活方式的影响和与原市民文化的接触，使他能够形成与原市民相同的价值观和城市归属感，进而产生自我新身份的认同。

二、失地农民社会融入现状

（一）生产方式的融入并不顺利，失地农民市民化的经济基础不牢固

生产方式是指社会生活所必需的物质资料的谋得方式，在生产过程中形成的人与自然界之间和人与人之间的相互关系的体系。[5]职业是生产方式的突出表现。马克斯·韦伯认为："职业应该称之为一个人的劳动效益的分类化、专门化和组合。这种分类化、专门化和组合对他来说，是持续得到供应和赢利机会的基础。"[6]失地农民没有了土地，不再是真正的农民，生产方式自然也不再是种田。虽然很多失地农民在户籍上已经转为了"城镇户口"，但是其生产方式并没有随之转为城市就业。

1.失地农民自身的人力资本不足，阻碍其非农化就业的顺利进行

农民只有进入了现代职业体系，成为城市产业中的生产经营者，才能真正融入城市。因此，失地农民进入非农产业就业，不仅能增加收入、改善生活条件，更重要的是，这是他们市民化进程的起点，是农民角色转型的阶梯。他们正是通过在城市的职业获得和社会交往中体验并理解现代工业文明，学习和扮演市民角色，就业转换是失地农民市民化的首先表现。然而，失地农民自身的人力资本的缺乏，使其生产方式的融入过程并不顺利。

人力资本理论是20世纪60年代美国经济学家舒尔茨和贝克尔提出来的，认为人力资本是影响现代经济增长的重要因素，主要表现为知识的增加、技术的进步和劳动力质量的提升。同样，失地农民的人力资本，也是影响其经济基础的重要因素。有学者指出，城市劳动力的平均受教育时间为12.2年，而农村劳动力的平均受教育时间为7.7年，即一个失地农民若想在就业能

力上和城市劳动力相竞争,他大约还需要接受4.5年的教育培训。[7]在笔者调查①中发现,农民在失去土地以后,大部分人都没有被安置就业,而是直接被推向劳动力市场。但是,失地农民的学历以初中学历为主,年龄普遍在30—50岁,基本没有接受过任何培训,没有一技之长。在参与城市工作岗位的竞争上处于弱势。在问卷调查中,受访者对找工作难易程度的评价较为一致。认为"难"的比例均高达65%以上。而"没有技术""年龄偏大""没有文化(学历低)"是受访的失地农民所认为的、导致他们难就业的主要原因。

至于找工作的途径,失地农民普遍反映,主要是靠自己找到工作的。这说明失地农民的就业主要是靠其自身的人力资本起作用。而失地农民没有技术、没有文化使其自身的人力资本严重匮乏,影响了失地农民的顺利就业。在调查中,很多失地农民提到不愿意去人才市场找工作,有些原因竟然是不知道如何填写应聘表格,觉得太复杂,既费钱又费力,也找不到工作。而找到工作者,其工作类型也无外乎是"扫把、拖把、铲把"等三把类工作或是保安、保洁、环卫工、自行车修理、厨师等服务行业的工作以及卖早点、卖报纸、摆水果摊、烤红薯等个体经营类工作。据统计,就业的失地农民中,从事服务行业类工作者占40%以上,而小个体经营类工作占25%,到处打零工者占10%以上,较少的失地农民从事着制造业的工作,如机电工、车床工,极少数人能够从事会计、文员、教师和社区工作。[8]

2.失地农民职业转换的社会支持不足

当然,影响失地农民获得非农职业的条件有个人的和社会的两个方面。除了失地农民个人人力资本较差、个人社会关系网络匮乏、职业转型能力十

---

① 2009年,笔者等人进行了对上海、广东、辽宁、河南四省的村庄的失地农民调查。本调查主要采用了两种资料收集方法:个案访谈法和问卷调查法。为了尽可能反映调查对象的情况,本调查的访谈对象包括了失地农民、村委会成员、基层政府代表、开发商代表和城市市民。此外,在个案访案的基础上,本调查接着对各个区域的相关村庄进行了问卷调查,每户涉及征地的家庭发放一份问卷,共回收有效问卷629份,其中上海122份,广东200份,辽宁151份,河南156份。

分有限以外，社会条件的影响也不容忽视。

社会条件包括经济发展水平、就业制度与政策等，近年来，城市面临着巨大的就业压力，如大学生、下岗工人等城市居民的就业难也对失地农民的就业形成了挤压和排斥。而地方政府对于失地农民就业转换、就业培训的支持性不足，也是造成失地农民职业转换难的重要原因。问卷调查显示，"征地后，乡镇政府或村委会是否组织了就业培训"时，结果显示，"没有组织"和"不知道"的回答累计百分比达到67%以上。即便部分地方政府（如上海地区）花了大量的资金、人力和物力，组织了针对失地农民的免费就业培训，但是因为没有很好地与劳动力市场和失地农民的自身情况结合起来，很多失地农民对此兴趣不大，甚至有些失地农民参加培训就是为了拿政府提供的培训补贴费用。此外，有些失地农民希望接受某项专业技能的免费培训，却又找不到相关培训项目的政府机构[9]。

两个方面的共同作用导致失地农民工作条件差、薪酬低、不稳定、权益难保，处于边缘化境地。[10]此外，还有部分发达地区的失地农民在职业选择上面临着"高不成，低不就"尴尬境地（既找不到工资高、环境好的高层次工作，又不愿意从事工资低、环境差、辛苦奔波的低层次工作）。从总体上看，农民的非农化就业机会不均、渠道不畅、成本较高、风险较大，农民群体通过职业角色的获致而向上流动存在诸多困难，其社会融入的经济基础并不牢固。这也使他们在内心深处并没有认同向城市新市民角色的转变，这是我们在城市化进程中应当重视和警惕的现实问题。

（二）生活方式难以融入城市生活，失地农民市民化的社会基础有障碍

生活方式是指在一定历史时期和社会条件下，社会中的个人、群体或全体成员的生活模式。失地农民在户籍上已经转为市民，但其生活方式并未与市民一致。

1. 农民失去土地后，生活水平降低，难以融入城市生活

古典经济学认为，农民是理性的经济人，他们追求自身利益的最大化，

他们在作出每一项决策之前，都尽可能地对各种行为方式的成本收益进行分析、比较、预测，从中选择出能给自己带来最大利益的行为而为之。[11]失地农民是否认同市民身份、能否顺利融入城市生活，与他们的理性分析密切相关。20世纪70年代，有些农民做梦都想转为市民，甚至托关系、找熟人来征用自己的土地。那是因为在当时有了市民身份就有了一切保障待遇，生活水平要比当农民提高了一大截。而进入21世纪以后，随着各种保障与市民身份的脱钩，"市民身份"已不再是一个有吸引力的词语。

笔者调查发现，失去土地以后，大多数家庭的收入开支发生了根本性的变化，在征地之前，种地加上养猪等副业有着稳定的收入来源，而种菜种粮使他们的消费开支很低；而征地后，与地相关的稳定收入突然中断了，却找不到合适的非农性工作来补贴生活，即使是找到工作的那些村民，也纷纷反映没有征地前收入高。在收入减少的同时，是生活消费成本的急剧上升，粮、菜、煤等都要花钱，使失地农民的生活水平比失地前有很大的下降，他们对于未来生活缺乏信心，对于城市社会的融入愿望降低。"征地前，我家除了种地，我还养了20多头猪，因为我有5亩地，每年就可生产5000斤玉米喂猪，每年卖猪可以收入1万多元，原来生活不说富裕，也是吃穿不愁的，现在没有地了，猪也喂不成了，你买饲料喂猪不可能挣钱的。这个主要的收入也没有了。现在只能靠打个零工挣钱糊嘴了（年龄大了，打零工都没有人要了），啥都舍不得买了。"

2.农民失去土地以后未能真正取得与市民同等的保障

失地农民在名分上已经是"市民"，但并未被纳入目前的"城保"体系。全国各地出台的关于失地农民的社会保障制度政策各不相同，但只有一些经济发达地区已经建立了针对失地农民的保障制度，如上海的镇保制度，虽然在很大程度上解决了失地农民的养老、医疗和最低生活保障问题，但也是另起炉灶，其保障待遇要比"城保"矮上一截。全国大多数的失地农民保障还处于空白状态，仍然依靠传统的自我保障及家庭保障来应付各类风险。

其实，失地农民拿到征地补偿款如同国有企业职工买断工龄一样，本质上均为失业，但是工人能够享受健全的社会保险，失地农民却不能。下岗工人在创业时，能够享受3年内免征营业税、城市维护建设税、教育费附加和个人所得税的优惠政策，还可以享受创业培训、创业扶持、参加公益性劳动组织等优惠政策，而失地农民却一概不能分享。失地农民在转户籍之前或许还可以享受农村最低生活保障，但转为"市民"以后反而以"他们已经享受过征地补助"为由被拒绝在城市市民最低生活保障线之外。[12] 征地补偿费仅是对农民丧失了土地使用权的一种补偿，不应该影响到他们享受其他各种保障的权利；而且失地农民在享受过一次性就业安置后仍会面临再次失业的危险，但他们因为工作时间短，尚无失业保险的积累，而难以享受失业保障。如失地农民在访谈中表示"没有最低生活保障，什么都不是，农民也不是，工人也不是……户口转起来容易，户口转了，如果不解决生活保障，也没有什么用的。户口不是最重要，只要最低生活解决了就差不多。生活保障没有，什么户口都一样"。

"我们老百姓希望有个失地保障，实际上和最低生活保障差不多，一个月一个人起码要400元钱，我给你算一笔账，像我们家4口人，一天起码得5斤面，这都要5块钱，再加上菜、油、盐、水、电、煤等等一天就要开支26—27元钱。这样一家一个月最起码就要600—700元钱。像我们家只有0.433亩地，只补了1.65万元，因为办宅基证他们又扣下了3550元，到手只有12950元。这点钱最多只能用上一年零二三个月。所以，要给我们个失地保障，如一个人一个月400元钱，这400元钱，我还可以传给我的子孙后代，让他们都有饭吃。"

没有了土地，又没有保障，失地农民对未来的生活忧心忡忡，如何能够像市民一样积极地享受丰富多彩的城市生活？失地农民市民化的社会基础还存在很大的障碍。

土地对农民而言不仅是生产资料，还是生活保障和生存环境，具有生产要素、生活要素、就业载体、保障要素和生态循环等多方面的功能。要想让失地农民顺利融入城市生活，就必须为几千年来农民"靠地养老"的生活方式找到了一条较好的替代路径。若没有任何生活保障屏障，仅凭一纸户口的转变，就希望失地农民转为真正的"市民"，那只是一种硬性的政策安排，是将失地农民如一个个原子般孤立地"嵌入"到城市生活，并没有真正融入社会，会带来诸多的不适应和副作用，干扰着社会机体的和谐运行。

让农民转变为市民，并尽快融入城市社会生活，不是用非市场的手段收走农民的土地，把他们"驱赶"到市民化道路上就可以实现的，而恰恰是要保护他们在土地上的各种利益，使农民与土地关系的改变不是对农民利益的种种剥夺和损害，而只是一种利益载体形式的转换，从而让农民拥有足够的经济实力去安排自己的工业化、城市化选择。[13]只有这样，才能真正把农民从土地上分离出来，让他们走入市场，走进城市，走向市民化。

（三）市民身份认同不清晰、市民心理归属感不强，阻碍社会融入深化进行，失地农民市民化的心理基础尚未形成

1.市民身份自我认同混乱

斯特克瑞认为，为了能够以一种有序的、内部一致的方式行动，一个人必须定义环境，即谁是环境中的他人，谁是环境中的自己。定义谁是环境中的自己，就是自我认同。[14]失地农民在户籍上已经实现了农转非，但是对于自己市民身份的确认并不是通过一纸户口来实现的。空间的转换已使失地农民与城市市民处于同一户籍身份体系中，处于同一货币衡量体系中，加上部分失地农民与市民甚至在同一行业、同一企事业单位共同就业，这使得两者建立了横向比较的可能性。[15]失地农民通过与城市居民实际利益的比较中，来确认自己的身份。若发现其中存在差距，他们就会否定自己失地后已经成了一个市民的认同，从而使自己在身份认同上处在一种混乱的状态。在访谈中，失地农民谈了他们对此的感受，"我们没了地，不是农民了，但肯定不是真正的城里人，只是脱离了土地而已，我们和城里人退休了都是两样

的，一个厂里面居民户口和我们的退休金是不一样的，医保他们都是百分之百的，具体这块接触得不多，但肯定是不一样的。"再如访谈资料"那还是和城里不一样的。像我们学校里面，其他几个干活的，他们以后退休工资有几千块一个人，我们以后在学校里没有退休工资的，就是镇保里面六百零七块。像他们城里的，做了十几年，退休后每个月拿两千多、三千，像我们农民拿六百，就是镇保里的。现在单位里面就给予九百六的工资，不给交金了，以后也不能从单位拿退休金。和城里人的差距主要还是经济问题，经济问题解决了就都解决了。"市民的待遇和生活状态就像一面镜子，失地农民从镜子中形成对自己身份的各种认知。户口的转变让失地农民觉得自己形式上似乎是个市民了，但是现实待遇的不一致又让他们无法清楚地认同自己的市民身份，从而处于一种混乱的状态。"现在没地了，按户口，已经不是农村人了，按照居民可以买保险，我们也没有买保险，也不是城市人，感觉不像居民，人家居民都有保险，连人家农民都有保险，我们什么都没有，不知道自己是什么人。"市民身份认同的混乱，必然会带来对市民权利、责任、社会角色、社会行为规范等各种认知的混乱，这种混乱不利于"新市民"的精神健康和生活质量的提高，不利于失地农民融入城市生活，更阻碍了他们市民化的进程。

2.市民心理归属感不强，对过往农民生活方式过于眷恋，人际交往方式仍停留在初级阶段

归属感，又称隶属感，是指个人自觉被别人或被团体认可与接纳时的一种感受。心理归属感，是心理上的安全感与落实感的一种反应。心理归属感越强，个体越容易融入群体生活。失地农民被征地后由于现实需求不能得到很好地满足，会导致他们从内心对以往生活产生强烈的怀念和眷恋之情。这是市民心理归属感不强的一种体现。

对过往农民生活方式的眷恋，可以表现在其生活方式的转换上。芝加哥学派的代表人物路易斯·沃思曾认为："市民化"意味着从农村生活方式向

城市生活方式发展、质变的全过程。[16]这个过程并非是一朝一夕顺利完成的。有学者调查表明,失地农民进入城市后仍在较长一段时间里延续着原有的农村生活方式。[15]如人们经常地把小区内的道路当作自家的晒场和后院,在上面堆放杂物,甚至搭建违章建筑;把小区里的树木当成自家的晾衣架,在树木之间扯根绳子就解决了全家老小衣物晾晒的问题;把原本是公共的花埔、草地当作自留地,种上各类蔬菜等。农村那种宅前屋后的菜地,在失地农民居住的城市小区里一片片"复活"了。甚至还有人在阳台上搭起了鸡窝、羊圈,试图还原以往的家庭养殖业。再如,对于失地农民的闲暇时间调查发现,有42.5%的人看电视,30.2%用于"打牌、搓麻将",21.4%串门聊天,6.9%业余学习。[17]这也表明了失地农民在闲暇时间的利用上虽然带有了一些城市人的色彩,但整体上说,仍然与城市生活方式相差甚远,精神文化生活比较贫乏。

由于生活习惯的影响,失地农民对以往生活的适当怀念是非常合理的事情。但是,如果因为失地农民被征地后的现实需求无法得到满足从而使他们内心很难接受现实而过于眷恋于以往的生活,就会引发他们内心的冲突和矛盾,这种状况不利于他们对新生活的适应,也会阻碍市民化的过程。

影响到市民心理归属感的另一个重要方面,就是失地农民与原市民的交往方式与交往时间。心理学研究表明,面对面直接交往的时间与人际关系融洽程度成正比例关系。长时间的面对面交往使成员之间容易形成相似的价值系统,使群体成员有可能形成共同的情感。共同价值系统和共同情感又是群体融合的主要源泉。交往时间短,则成员之间的关系就会冷漠、生疏、心理归属感较差。笔者在调查中发现,失地农民与原市民的交往方式比较单一,主要集中在"陌生人间的简单买卖关系""邻里关系"两个方面,如果他们与原市民仅是陌生人之间的简单买卖关系,不掺杂情感性交流,则很大程度上会阻碍他们对市民角色的评价和认同。在问卷调查中,当被问到"你平时与哪些人交往最多"这一问题时,总体上来看,被调查者的第一选择为现在的邻居的达到46.8%，原村里人的达27.5%，两个数字加在一起达到了74.3%。由此可以看出，与邻里和原村里人的关系是失地农民最重要的关系。有学者进行了类似的实证研究，当问到"你平时与哪些人交往"时，回答主要是与本村人交往的有65.9%，22.2%的人与城里人交往较多，7.6%的人与外村人交往较多，在与城里人的交往中，有51.8%的人是与城市的亲戚、朋友交往。[17]这可以看出失地农民的人际交往基本上是以熟悉和信任作为交往的基础，带有明显的农村社区初级关系色彩，与现代城市文明所要求的以业缘为基础的开放式、多样化的人际交往有很大的差异。而失地农民很少或不与原市民交往的原因主要是：跟他们没有什么共同话题、感觉没有必要跟他们交往同时也不知道怎么跟他们相处。这些都说明了失地农民的交往圈还主要是局限于内部，具有很强的封闭性，跟市民的圈子交叉很少。正是这种交往圈的隔离使失地农民感觉没有必要同时也不知道怎么与城市市民交往，这将导致他们徘徊在城市主流社会之外。

业缘关系的建立是失地农民融入城市社会、实现角色转变的必经路径。然而，失地农民的社会网络在征地后仍然呈现出很强的保守性和封闭性，新的业缘关系并未建立起来。他们仍然生活在郊区这样的地域性社区中，他们的主要交往关系仍为初级关系，形成以失地农民为主的郊区社区。他们所形成的地域性社区，虽然在地域上属于城市，其实质却是农村社区。可见，失地农民能否顺利融入城市社会，关键的问题是他们能否被城市中的居民所接纳，农村文明与城市文明的融合是通过微观层面的人与人之间的互动来实现的，失地农民身份的实质性转变依赖于现实的社会关系变化。

三、失地农民市民化社会融入的途径

（一）开展就业培训，让失地农民尽快获得与市民生活相适应的生产方式

首先，要加强对失地农民转变就业观念的引导，破除原有的"等、靠、要"依赖思想，树立起就业竞争意识，引导其积极就业。鼓励、支持、帮助有能

力的失地农民自主创业,对于自主创业者,应享受城镇下岗职工自主创业的各种税收优惠条件,并通过相应政策发放小额低息贷款给予资助。

其次,要建立起市、区、县、镇等多级就业服务网络,以街道社区为基点,以社区学校和各类培训机构为依托,对失地农民进行求职登记、就业指导、就业培训和职业介绍一条龙服务。其中,在就业培训中,还要具体考虑失地农民的文化水平、年龄状况、现实需求、当地特点等情况,针对性地开展内容丰富、类别多样的培训课程,增强其就业能力。培训费用在征地补偿费的培训费用标准之内可以实报实销。没有接受任何培训的,培训费用也不发给个人,个人消亡后由个人账户转到统筹账户。[7]例如,上海张江的失地农民在访谈中提到"我是2008年开始参加社区学校的初级养护工培训并取得了证书,到2009年时我再次参加考取了中级证书;有了证书,就好找工作了,现在什么工作都要求凭证上岗。我现在是一个别墅小区里的花草养护工,一个月有2000多元。"再如,浙江义乌市根据自己身为全国最大的、国际上较有影响的小商品市场特点,从2000年起,社区学校针对失地农民及农民开展了经商人员培训、商务外语(包括英语、阿拉伯语、日语、韩语)、电脑操作、阿里巴巴网上交易培训(以使网上交易与外商交流和贸易顺利进行)、电子商务、烹饪、面点、美容、电工、电焊、钳工、绿化工、水工、图像制作、数码摄像、营业员、营销师、美发、家电维修、服装车工、企业管理等项目的培训,经过培训受益的人次每年都在4000人以上,有些年份超过2万人。这些教育培训大大提高了失地农民的就业技能,有力地促进了失地农民的就业与创业。

当然,失地农民的非农就业问题,也并不是仅办几期职业培训班就能够解决的,需要进一步为失地农民在城市就业创造良好的社会环境。[13]要倡导订单培训、委托培训、上岗培训、证书培训等与就业直接挂钩的劳动预备制培训,指导工业园区、工商企业等用人单位开展适用性培训。以制度和法律来保障他们在非农产业中的劳动权益,从而降低失地农民职业转型的个体成本和市场风险,[18]在工业化和城市发展的进程中获得与市民生活相适应的生产方式。

(二)提高补偿标准,完善"国民待遇",扫清失地农民市民化的生活方式的障碍因素

首先,仅依照土地上农作物的产值来对失地农民进行补偿,必然不足以长久地保障失地农民在生产、生活上的后顾无忧,应该是以农地产值补偿与生活性补偿相加而形成的总和补偿费,至少应该有如下几个项目:安置补偿费(指从农业到非农职业转换时所需要的培训费、新项目生产资料购置费、职业转换的补偿费等),失业救助费(在失地农民尚未找到非农职业情况下支付的生活费),养老保险费,医疗保险费,最低生活保障费,子女教育费,法律援助和社会服务费等。这些生活性补偿可以是金钱补偿,也可以是对失地农民今后的实际生活安置,如债券或股权补偿,比如当征地用于修建高速公路等项目时,可以允许农民将土地折价入股,根据企业的实际经营情况每年分红,长期受益,为失地农民日后的生活提供长远保证。[19]例如,学者邓伟志曾提出实行"农地租用",介绍了上海九星村农民对土地只租不卖,生活得到长期获益。[20]简言之,可得利益总补偿费应当能够使失地农民在生产、生活、教育等方面,不仅保持原来的水平不降低,而且更加有保障。只有做到这一点,才称得上是公平合理的。

其次,失地农民在失去农民身份的同时应立即获得相应的市民身份,享受平等的国民待遇。所谓国民待遇,是指国家在最基本的政策和制度方面如何对待所有国民的问题。应具有对等原则和公平原则两项最基本的原则,即所有成员应享受同等的待遇和最基本的国民权益和保障。[21]农民一旦失地转为城市户口,在主体上就具备了作为市民的资格,就应该同市民一样被纳入城市社会保障体系,政府有责任向他们提供最低生活保障,为他们办理养老、医疗、失业、救助、生育、廉租住房、教育减免、司法救助等各类保险和福利待遇,促使他们消除对未来生活的忧虑。实际上,社会保障制度作为

一种社会公共物品，理应由政府无条件地向农民提供，更何况农民更是以失去土地为代价来换取的，理应得到生存条件和生活保障的有效替代，[22]不应有更多的条件限制，若有了完善的社会保障，那么作为理性经济人的农民，会自觉自愿甚至向往融入城市生活。

（三）通过社区教育、社区互助、社区文化活动来增强失地农民的心理适应能力，推进社会融入的实质性进展

社区是失地农民生活、居住、休闲、社会交往甚至感情寄托的场所，是将失地农民培养打造成现代公民的学校，是实现农民城市融入的独特场域与"新型社会空间"。[23]它帮助新市民实现过去与现在、传统与现代、城市与农村的顺利对接，是他们心理上融入城市生活的起点。社区可以通过广播、宣传栏、社区报纸、当面行为教育、社区学校的免费讲座、心理访谈、文明住户评选等多种社区教育形式引导失地农民去除陋习、接受城市文明与城市生活方式，培育与城市生活相适应的生活习惯和思想感情，在潜移默化中改造其思想意识和行为方式。[24]还可以通过社区互助等社区组织系统、社区支持系统，利用新市民与邻里之间的互动，帮助他们解决在生产和生活上遇到的一系列困难，增强他们生活的信心和适应城市的能力。而社区共同活动的开展又满足了失地农民多方面的需求，通过丰富多彩的文化活动，不仅加强了失地农民与原市民的沟通和信任，有利于促进"新市民"新型的交往方式和人际关系的形成，得到情感性和社会性的支持，还让失地农民了解到多种有用的信息，利于新的社会关系网的形成。在活动中不断增强新市民的心理归属感和身份认同感。

一个有黏合力的、亲密的社区，在单个的家庭和他们迈进的又大又复杂而且危险的城市社会之间充当着一条缓冲地带……这样一种亲密关系给人提供了心理上的防护，可以化解为适应城市生活所带来的压力。[25]社区在引导失地农民市民化的过程中正发挥着不可替代的作用。

参考文献

[1] 李晨昱.社科院报告：城市化进入加速阶段 明年将达48%[N/OL].上海证券报网络版[2009-12-22].http：//economy.southcn.com/e/2009-12/22/content_7376156.htm.

[2] 陈锡文.试析新阶段的农业、农村和农民问题[J].宏观经济研究，2001（11）.

[3] 陆芳萍.征地农民"补偿安置"政策过程中的社会排斥[A]//罗国振，文军.现代意识与都市发展：社会学的视角[M].上海：华东师范大学出版社，2006.

[4] 欧洲联盟委员会.社会融入联合报告[R].欧洲联盟委员会，布鲁塞尔，2004.

[5] 生产方式 http：//baike.baidu.com/view/43915.htm[2019-03-29].

[6] 马克斯·韦伯.经济与社会[M].林荣远，译.北京：商务印书馆，1997.

[7] 雷寰.北京市郊区城市化进程中失地农民利益问题研究[D].中国农业大学博士学位论文，2005.

[8] 童星.交往、适应与融合[M].北京：社会科学文献出版社，2010.

[9] 何庆兰.农村劳动力就业问题研究[M].上海：上海人民出版社，2010.

[10] 路小昆.徘徊在城市边缘[M].成都：四川人民出版社，2009.

[11] 刘金源.农民的生存伦理分析[J].中国农村观察，2001（6）.

[12] 冯晓华.上海征地农民的养老保障安置问题研究[D].华东师范大学硕士学位论文，2003.

[13] 路小昆.徘徊在城市边缘[M].成都：四川人民出版社，2009.

[14] 魏晨.新生代农民工的城市社会融入研究[J].湖北广播电视大学学报，2007（2）.

[15] 童星.交往、适应与融合[M].北京：社会科学文献出版社，2010.

[16] Colman.J.S.Foundation of Social Theory，Cambridge：Belknap Press of Harvard University Press，1990.

[17] 李一平.加强非正式制度建设，推进城郊失地农民市民化进程[J].中共杭州市委党校学报，2005（5）.

[18] 路小昆.徘徊在城市边缘[M].成都：四川人民出版社，2009.

[19] 周庆.城镇化进程中农民土地权益问题探讨[J].湖南社会科学，2005（3）.

[20] 黄朝武.用大农学理论指导"三农"工作——访全国政协委员、上海大学社会研究所所长邓伟志[N].农民日报，2006-03-25.

[21] 刘怀廉.中国农民工问题[M].北京：人民出版社，2000.

[22] 路小昆.徘徊在城市边缘[M].成都：四川人民出版社，2009.

[23] 蓝宇蕴.都市村社共同体：农民城市化组织方式与生活方式的个案研究[J].中国社会科学，2005（2）.

[24] 叶继红.生存与适应[M].北京：中国经济出版社，2008.

[25] [美]F.普洛格，D.G.贝茨.文化演进和人类行为[M].吴爱明，邓勇，译.沈阳：辽宁人民出版社，1988 // 叶继红.生存与适应[M].北京：中国经济出版社，2008.

失地农民市民化满意度分析

摘要：农村城市化、农地非农化、农民市民化已成为21世纪中国社会转型的主要内容之一。其中，农民市民化是这一转型的最终目标。我国每年有大量的农民失去了土地，仿佛在一夜之间转变为市民。那么，这些失地农民市民化的满意度如何？影响失地农民市民化满意度的因素有哪些？各种影响因素的强度怎样？各种影响因素之间如何关联？本文通过对上海和广西地区失地农民市民化过程的实际调查和对比性分析，发现不同性别、年龄、婚姻状况、身份、文化程度、地区的失地农民对于市民化满意度差异很大；通过因子分析和回归分析发现影响失地农民市民化满意度的最主要因素为失地农民对基本生活的满意度，其次的影响因素为失地农民对人际交往的满意度，第三层次的影响因素为失地农民对政策的满意度，第四层次的影响因素为失地农民的幸福度。这四种影响因素之间又相互作用。本文最后对如何消除影响因素、提高失地农民市民化的满意度提出了自己的建议。

关键词： 失地农民　市民化　满意度

一、引言

孟德拉斯在1967年《农民的终结》一书中写道，"20亿农民正站在工业文明的入口处：这就是20世纪下半叶，当今世界向社会科学提出的主要问题"。[1]我国也毫不例外，农村城市化、农地非农化、农民市民化正成为21世纪中国社会转型的一个重要内容。2011年，中国城镇人口占总人口的比重已超过50%，这意味着中国城市化水平首次超过50%，[2]而中国的城市化进程还将持续30—40年。按照世界上每1万城镇人口平均需要不少于1平方千米①土地的基本要求以及我国城市化水平每提高1%将增加1270万城市人口的实际，我国城市化水平每提高1%则需要占用耕地约12.7万公顷[3]，而每征用0.067公顷（1亩）耕地，就会产生1.5个失地农民。据学者推算，目前，我国失地农民人数已超过6000万。[4]预计每年平均会新增失地农民375万—450万人，至2020年失地农民总人数将超过1亿人。因此，对于这一庞大社会群体满意度的关注，有利于政府及时发现并调控社会转型中存在的问题，保持社会总体的和谐稳定。正如胡锦涛同志在中国共产党第十八次全国代表大会报告中所指出的："改革征地制度，提高农民在土地增值收益中的分配比例。要让广大农民平等地参与现代化进程、共同分享现代化成果，促进城乡要素平等交换和公共资源均衡配置。"

近年来国内学者对于失地农民问题的研究，多是从某一角度进行定性分析，深入的定量研究并不多见。尚未有学者对于失地农民市民化的满意度做过测量。本文正是通过实际的调查，定量地测量出失地农民向市民转化的满意度如何？影响失地农民市民化满意度的因素有哪些？各种影响因素的强度

---

① 1平方千米=100公顷，1公顷=15亩。

怎样？各种影响因素之间如何关联？最后对如何消除影响因素、提高失地农民市民化的满意度提出自己的建议。

二、研究过程

（一）数据来源

本文的数据来源于笔者 2011—2012 年对上海地区和广西地区失地农民市民化问题的实际调查。为了研究发达地区和落后地区失地农民市民化满意度的差异，笔者选择了上海作为经济发达地区的代表，广西作为经济落后地区的代表进行分析，两调查点情况如下。

上海调查点，位于上海西南部，是一个失地农民安置小区，拆迁的失地农民来自附近的 8 个村庄。失地农民的征地补偿为每亩地 800 元，拆迁补偿为每平方米 800 元，征地后户籍全部转为市民。失地农民享受较完善的社保待遇（2012 年 1 月 1 日从原来的镇保提高到社保），生活基本没有忧虑。多数人征地意愿强烈，对征地后的生活满意度较高。该地区社区活动开展得丰富多彩、社区文化先进，失地农民基本融入当地的市民生活，该地区的城市化进程和市民化进程走在全国的前列。

广西调查点，位于桂林郊区，涉及 4 个村庄。失地农民的征地补偿为每亩地 4.9 万元，拆迁补偿为每平方米 300 元，失地农民的土地基本被征用完毕，户籍转为市民。该地区失地农民未享受到有关市民的社会保障，部分失地农民参加了农民的新农保和新农合，但部分失地农民未有任何保障。大部分失地农民对于未来生活充满忧虑，多数人不愿意转为市民，认为征地后生活水平下降，生活满意度较低。该地区未开展过社区活动，失地农民与当地原市民很少交往。该地区的城市化进程和市民化进程比较迟缓，主要是政府强制推行的被动城市化和市民化进程。

本次调查的抽样为随机定距抽样，根据安置小区或村庄的门牌号，每隔 10 户抽取 1 家，若遇到户主不在，则依次向后顺延。最终获得上海地区有效样本132份，广西地区有效样本119份。调查样本的基本情况如表1所示，从调查样本的分布特征来看，调查地点的失地农民在当地具有代表性。

（二）自变量的构成及基本统计情况

表1 自变量的构成及基本统计分析

	上海	广西
样本数量（人）	132	119
性别（%）		
男	48.2	59
女	51.8	41
年龄（%）		
20岁以下	3	1.4
21—30岁	3.8	4.8
31—40岁	15.6	16
41—50岁	25.8	30.3
51—60岁	25.8	34.5
60岁以上	26	13
征地意愿（%）		
愿意	67.6	9.3
不愿意	24	87.3
无所谓	8.4	3.4
对征地补偿费看法（%）		
低	71.8	87.8
一般	25.1	12.2
高	3.1	0
征地前生活来源（%）		

续表

	上海	广西
不靠土地	67	16
靠土地	33	84
征地后找工作难易程度（%）		
一般或容易	46.6	12
难	53.4	88
征地后有无养老和医疗保险（%）		
无	9.1	83.1
有	90.9	16.9
征地后生活水平的变化（%）		
持平	16.1	18
下降	30.9	69.4
上升	53	12.6
征地后，你的住房情况变化（%）		
比征地前改善了	66.4	32.9
和征地前一样	16	17.6
比征地前变差了	9.2	25
说不清楚	8.4	24.5
征地后，你的幸福感变化（%）		
比征地之前幸福了	74.7	5.1
没有征地之前幸福了	3.8	83.1
说不清楚	21.5	11.8
对原市民的看法（%）		
冷漠或阴险或太计较	36.3	66.7
可靠友善或有修养	63.7	33.3

续表

	上海	广西
是否愿意与原市民打交道，交朋友（%）		
不愿意	38.6	75.9
愿意	61.4	24.1
注：征地后生活水平的变化 = 征地后恩格尔系数 − 征地前恩格尔系数		

（三）失地农民市民化满意度的因子结构分析模型

本文运用探索性因子分析法，对于12项失地农民市民化满意度测量的指标（生活状况满意度、家庭收入满意度、工作状况满意度、居住条件满意度、享受社会保障状况满意度、与邻居的交往满意度、与原市民的交往满意度、空闲时间满意度、征地政策满意度、补偿费用满意度、农民转为市民的满意度）进行了主成分法分析，采用最大方差法对因子负荷进行正交旋转，结果如图1所示。从图1中可以看出，有4个主要成分的特征值接近于1，分别用F1、F2、F3和F4表示（如表2所示），从表2可以看出，所有指标的共同度（公因子方差）均达到0.5以上。4个新因子累计方差贡献率达到73.588%。KMO的检验值为0.887，巴特利特球检验值达到1001.125（P<0.001），说明这些指标适合进行因子分析。

表2　总体方差解释

Component	Initial Eigenvalues			Extraction Sums of Squared Loadings			Rotation Sums of Squared Loadings		
	Total	% of Variance	Cumulative %	Total	% of Variance	Cumulative %	Total	% of Variance	Cumulative %
1	5.926	49.379	49.379	5.926	49.379	49.379	3.653	30.445	30.445
2	1.138	9.486	58.866	1.138	9.486	58.866	2.290	19.086	49.531
3	0.910	7.585	66.451	0.910	7.585	66.451	1.822	15.187	64.718
4	0.856	7.137	73.588	0.856	7.137	73.588	1.064	8.869	73.588

续表

5	0.645	5.377	78.964	—	—	—	—	—	—
6	0.500	4.168	83.133	—	—	—	—	—	—
7	0.472	3.933	87.066	—	—	—	—	—	—
8	0.418	3.484	90.550	—	—	—	—	—	—
9	0.361	3.012	93.562	—	—	—	—	—	—
10	0.295	2.458	96.019	—	—	—	—	—	—
11	0.268	2.233	98.253	—	—	—	—	—	—
12	0.210	1.747	100.000	—	—	—	—	—	—

Extraction Method: Principal Component Analysis.

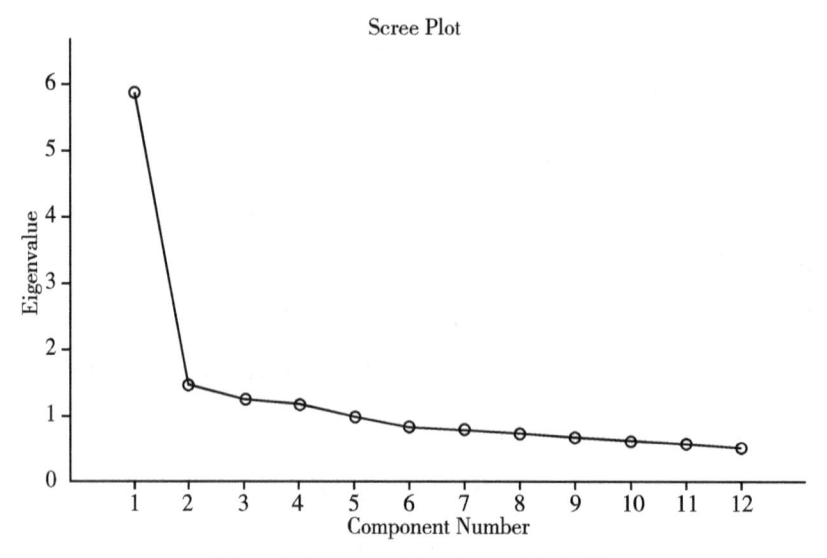

图1 运用探索性因子分析后的碎石图

"你对自己目前的家庭收入水平满意程度""你对自己目前的居住条件满意程度""你对自己目前享受的社会保障状况满意程度""你对自己目前的工作状况满意程度""你对自己目前总的生活状况的满意程度",这5项指标对F1的负荷值最高,分别达到0.794、0.784、0.78、0.717、0.672,说明此5项指标较好地代表了F1。从指标涉及的内容来看,家庭经济收入、工作、保障都是基本生活状况的典型内容,因此我们将F1命名为"基本生活满意度"

因子（如表3所示）。

F2 主要由"你对自己与邻居等人际关系交往的满意程度""你对自己与原市民等人际关系交往的满意程度""你对自己的空闲时间活动安排满意程度" 3 项指标来代表，其负荷值分别为 0.869、0.796、0.627。这 3 项指标主要反映了失地农民转为市民后的人际交往程度和感受，我们将此因子命名为"人际交往满意度"因子（如表3所示）。

F3 对应着 2 项指标"你对政府征地中补偿费用的满意程度""你对政府的征地安置政策总的满意程度"，其负荷值分别为 0.884、0.753。考虑到这 2 项指标都与政府的政策相关，故将此因子命名为"政策满意度"（如表3所示）。

"你对自己目前的幸福感的满意程度"主要用来说明 F4，其因子负荷值为 0.953。因仅有 1 项指标，我们将此因子命名为"幸福度"（如表3所示）。

表3 失地农民市民化满意度因子分析结果（非标准化的 Beta 值）

	新因子命名				
	F1（基本生活满意度）	F2（人际交往满意度）	F3（政策满意度）	F4（幸福度）	共同度
你对自己目前的家庭收入水平满意程度	0.794	0.175	0.159	0.106	0.698
你对自己目前的居住条件满意程度	0.784	0.188	0.225	0.035	0.702
你对自己目前享受的社会保障状况满意程度	0.780	0.204	0.212	0.123	0.710
你对自己目前的工作状况满意程度	0.717	0.213	0.136	0.104	0.589
你对自己目前总的生活状况的满意程度	0.672	0.312	0.381	0.139	0.713
你对于自己由原来的"农民"转变为现在的"市民"的满意程度	0.532	0.448	0.320	−0.050	0.589

续表

	新因子命名				共同度
	F1（基本生活满意度）	F2（人际交往满意度）	F3（政策满意度）	F4（幸福度）	
你对自己与邻居等人际关系交往的满意程度	0.202	0.869	0.082	−0.031	0.804
你对自己与原市民等人际关系交往的满意程度	0.188	0.796	0.251	0.151	0.754
你对自己的空闲时间活动安排满意程度	0.452	0.627	0.024	0.231	0.650
你对政府征地中补偿费用的满意程度	0.191	0.158	0.884	0.100	0.853
你对政府的征地安置政策总的满意程度	0.455	0.140	0.753	0.094	0.803
你对自己目前的幸福感的满意程度	0.161	0.118	0.130	0.953	0.965

（四）失地农民市民化满意度的现状分析模型

为了分析失地农民市民化满意度的现状，并对其进行分析和综合评价，采用回归方法求出因子得分函数，各函数系数矩阵如表4所示。

表4 Component Score Coefficient Matrix

	Component			
	1	2	3	4
你对自己目前总的生活状况的满意程度	0.157	−0.019	0.080	0.004
你对自己目前的家庭收入水平满意程度	0.345	−0.127	−0.147	−0.009
你对自己目前的工作状况满意程度	0.297	−0.075	−0.146	−0.004
你对自己目前的居住条件满意程度	0.322	−0.115	−0.077	−0.094
你对自己目前享受的社会保障状况满意程度	0.308	−0.109	−0.098	0.003
你对自己与邻居等人际关系交往的满意程度	−0.154	0.561	−0.078	−0.147
你对自己与原市民等人际关系交往的满意程度	−0.219	0.478	0.070	0.044

续表

	Component			
	1	2	3	4
你对自己的空闲时间活动安排满意程度	0.048	0.298	−0.217	0.141
你对自己目前的幸福感的满意程度	−0.095	−0.063	−0.047	1.004
你对政府的征地安置政策总的满意程度	−0.037	−0.116	0.516	−0.043
你对政府征地中补偿费用的满意程度	−0.240	−0.041	0.721	−0.021
你对于自己由原来的"农民"转变为现在的"市民"的满意程度	0.080	0.142	0.076	−0.192

由系数矩阵将4个公因子表示为12个指标的线性形式。因子得分函数为：

$F1=0.157×1+0.345×2+0.297×3+0.322×4+0.308×5-0.154×6-0.219×7+0.048×8-0.095×9-0.037×10-0.24×11+0.08×12$

$F2=-0.019×1-0.127×2-0.075×3-0.115×4-0.109×5+0.561×6+0.478×7+0.298×8-0.063×9-0.116×10-0.041×11+0.142×12$

$F3=0.080×1-0.147×2-0.146×3-0.077×4-0.098×5-0.078×6+0.070×7-0.217×8-0.047×9+0.516×10+0.721×11+0.076×12$

$F4=0.004×1-0.009×2-0.004×3-0.094×4+0.003×5-0.147×6+0.044×7+0.141×8+1.004×9-0.043×10-0.021×11-0.192×12$

单独使用某一公因子并不能对失地农民市民化满意度作出综合全面的评价，因此需要按各公因子对应的方差贡献率为权数计算出失地农民市民化满意度总分ESCORE值，并对满意度总分进行不同地区的分析（如表5和图2所示）。通过独立样本的T检验分析发现，方差方程的齐性检验中，显著性Sig为0.274>0.05，故接受满意度得分的假设方差相等的组检验，即方程满足方差齐性原则。但在组内检验中，均值方程的T检验Sig取值为0<0.05，故推翻组内虚无假设，认为上海和广西的失地农民对于市民化满意程度存在巨大的差异（如表6所示）。

ESCORE=［3.653 /（3.653 + 2.290 + 1.822 + 1.064）］× F1+［2.290 /（3.653 +2.290 + 1.822 + 1.064）］× F2+［1.822/（3.653 + 2.290 + 1.822 + 1.064）］× F3+［1.064 /（3.653 + 2.290 + 1.822 + 1.064）］× F4

表5　不同地区失地农民市民化满意度总分

	被调查村庄所在地	N	均值	标准差	均值的标准误差
满意度得分	上海	112	0.2439	0.42891	0.04053
	广西	55	−0.4967	0.39466	0.05322

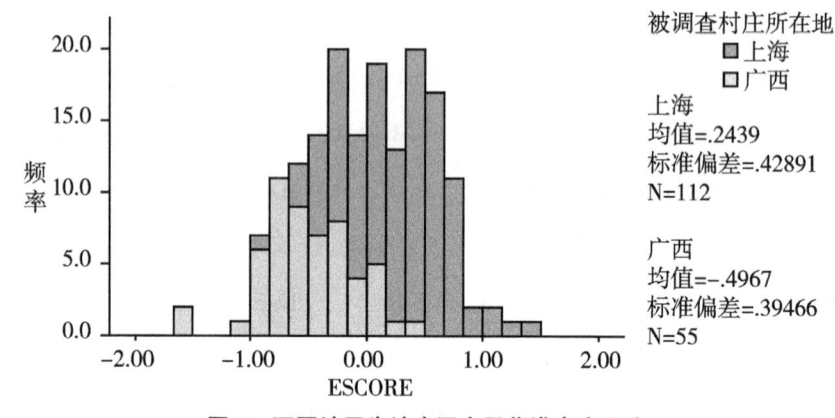

图2　不同地区失地农民市民化满意度总分

表6　上海和广西失地农民市民化独立样本检验

		方差方程的Levene检验		均值方程的T检验					
		F	Sig.	T	df	Sig.（双侧）	均值差值	标准误差值	差分的95%置信区间
									下限　上限
满意度得分	假设方差相等	1.206	0.274	10.761	165	0.000	0.74065	0.06883	0.60476　0.87654
	假设方差不相等	—	—	11.072	115.845	0.000	0.74065	0.06689	0.60816　0.87314

（五）影响失地农民市民化满意度的回归分析模型

为了进一步探讨影响失地农民市民化满意度的具体因素，我们将地区、性别、年龄、婚姻状况、文化程度、村中身份、征地意愿、征地前的收入来源、找工作难易程度、征地后是否有养老保险、征地后生活水平的变化、征地后住房情况变化、征地后居住环境变化、市民身份认同情况、与市民交往情况、对未来的考虑这 16 个变量分别引入失地农民市民化满意度及其各公因子的线性回归方程。

表 7 失地农民市民化满意度的影响因素（非标准化系数 Beta 值）

	基本生活满意度	人际交往满意度	政策满意度	幸福度	失地农民市民化总满意度
地区 a	0.330*	0.454*	−0.356	0.264	0.213*
性别 b	−0.098	0.307*	0.340*	0.201	0.134*
年龄	0.027	0.119*	0.077	0.135**	0.074**
已婚 c	−2.126**	0.571	0.703	1.730	−0.378
村干部身份 d	0.214	−0.042	0.773*	−0.307	0.200
文化程度	−0.020	−0.037	−0.207**	−0.041	−0.056*
征地意愿 e	−0.100*	−0.269	−0.385*	−0.084	−0.041
征地前收入来源 f	−0.086*	−0.108	−0.458**	−0.130*	−0.142*
找工作难易程度 g	−0.002	−0.181	−0.060	−0.045	−0.066
有无保险 h	0.359*	0.088	0.124*	0.133	1.213**
征地后生活水平变化	−0.082*	−0.217	−0.060*	−0.321**	−0.141*
征地后，住房情况变化	−0.345**	−0.065	−0.166*	−0.019	−0.158**
征地后，周围的居住环境变化情况	−0.066	0.023	−0.065	−0.051	−0.029
对市民身份的看法	0.035	0.159*	0.068	0.039	0.036*

续表

	基本生活满意度	人际交往满意度	政策满意度	幸福度	失地农民市民化总满意度
与市民的交往	−0.200*	0.297**	−0.213*	0.017	−0.047
对未来的乐观心态	0.391***	0.164*	0.012	0.197***	0.226***
常数项	2.529	−2.721	0.515	−2.381	0.160
F 检验值	2.983***	2.250**	2.821***	3.886***	6.624***
调整后的 R2	0.302	0.214	0.284	0.387	0.551
D.F.	16	16	16	16	16
N	88	88.000	88	88	88

双尾检验统计显著度：*P<0.1，**P<0.05，***P<0.001
a 地区，以广西为参照
b 性别，以女性为参照
c 已婚，以未婚为参照
d 村干部身份，以普通村民为参照
e 征地意愿，以愿意征地为参照
f 征地前收入来源，以不靠土地为参照
g 找工作难易程度，以一般和容易为参照
h 有无保险，以无为参照

从表 7 第 6 列可以看到，自变量对失地农民市民化总满意度的解释力达到了显著水平（R2=6.624，P<0.001）。从具体因子来看，对幸福度的解释力度最大（R2=3.886，P < 0.001），其次是对基本生活满意度的解释（R2=2.983，P < 0.001），对政策满意度的解释（R2=2.821，P < 0.001）和对人际交往满意度的解释（R2=2.25，P < 0.05）。

从具体变量的影响作用来看，地区对失地农民市民化总满意度的回归系数为 0.213（P < 0.1），说明在控制其他自变量的情况下，上海失地农民比广西失地农民对市民化的满意程度高 0.213 分。从对具体公因子的影响来看，

地区对基本生活满意度人际交往满意度、政策满意度和幸福度的回归系数分别为 0.33（P < 0.1）、0.454（P < 0.1）、–0.356（P > 0.1）、0.264（P > 0.1）。换言之，在其他条件不变的情况下，上海失地农民比广西失地农民在基本生活满意度、人际交往满意度和幸福度方面分别高 0.33 分、0.454 分、0.264 分，在政策满意度方面低 0.356 分。其中，地区对基本生活满意度和人际交往满意度的影响达到了显著水平，说明上海失地农民在基本生活满意度和人际交往满意度方面显著高于广西失地农民，如表 7 所示。

性别对于失地农民市民化总满意度的回归系数为 0.134（P < 0.1），说明在控制其他自变量的情况下，男性失地农民对于市民化的满意程度要高于女性 0.134 分。从具体因子来看，性别对基本生活满意度、人际交往满意度、政策满意度和幸福度的回归系数分别为 –0.098（P > 0.1）、0.307（P < 0.1）、0.340（P < 0.1）和 0.201（P > 0.1）。即在其他条件不变的情况下，男性失地农民比女性失地农民在基本生活满意度方面低 0.098 分，在人际交往满意度、政策满意度和幸福度方面高 0.307 分、0.340 分、0.201 分。其中性别对人际交往满意度和政策满意度方面的影响达到显著水平，说明男性失地农民在人际交往满意度和政策满意度方面显著高于女性失地农民，如表 7 所示。

年龄对失地农民市民化总满意度的回归系数为 0.074（P < 0.05），说明在其他自变量不变的情况下，年龄每增加 1 年，其市民化总满意度将提高 0.074 分。从具体的因子来看，年龄对基本生活满意度、人际交往满意度、政策满意度和幸福度的回归系数分别为 0.027（P > 0.1）、0.119（P < 0.1）、0.077（P > 0.1）、0.135（P < 0.05）。换言之，在其他条件不变的情况下，失地农民的年龄每增加 1 年，其在基本生活满意度、人际交往满意度、政策满意度和幸福度方面将分别增加 0.027 分、0.119 分、0.077 分和 0.135 分。然而，只有年龄对人际交往满意度和幸福度的回归系数达到了显著，说明年龄的增大，对于失地农民人际交往满意度和幸福度有积极的影响，如表 7 所示。

婚姻对失地农民市民化总满意度的回归系数为 –0.378（P > 0.1），说明在控制其他自变量的情况下，已婚失地农民比未婚失地农民在市民化总满意度上低 0.378 分，然而这种差异并未达到显著，显示婚姻对失地农民市民化总满意度方面没有产生显著的影响。从具体因子来看，婚姻对于基本生活满意度、人际交往满意度、政策满意度和幸福度的回归系数分别为 –2.126（P < 0.05）、0.571（P > 0.1）、0.703（P > 0.1）、1.730（P > 0.1）。换言之，在其他条件不变的情况下，已婚者在基本生活满意度、人际交往满意度、政策满意度和幸福度方面分别比未婚者低 2.126 分、高 0.571 分、高 0.703 分、高 1.73 分。其中，婚姻对于基本生活满意度的回归系数达到了显著，说明已婚失地农民在基本生活满意度方面显著低于未婚失地农民，如表 7 所示。

村干部身份对失地农民市民化总满意度的回归系数为 0.2（P > 0.1），说明在控制其他自变量的情况下，村干部们对于市民化的总满意度要高于一般失地农民 0.2 分，但这种差异并未达到显著，显示村干部身份对于失地农民市民化总满意度没有产生显著的影响作用。从具体因子来看，村干部身份对基本生活满意度、人际交往满意度、政策满意度和幸福度的回归系数分别为 0.214（P > 0.1）、–0.042（P > 0.1）、0.773（P < 0.1）和 –0.307（P > 0.1）。即在其他条件不变的情况下，村干部们比普通村民在基本生活满意度、人际交往满意度、政策满意度和幸福度方面分别高 0.214 分、低 0.042 分、高 0.773 分、低 0.307 分。其中，村干部身份对政策满意度的回归系数达到了显著，说明村干部们在政策满意度方面显著高于普通失地农民，如表 7 所示。

文化程度对失地农民市民化总满意度的回归系数为 –0.056（P < 0.1），说明在控制其他自变量的情况下，失地农民的文化程度每提高 1 个层次，其市民化满意程度将降低 0.056 分。从具体的满意度因子来看，文化程度对基本生活满意度、人际交往满意度、政策满意度和幸福度的回归系数分别为 –0.02（P > 0.1）、–0.037（P > 0.1）、–0.207（P < 0.05）、–0.041（P > 0.1）。换言之，在其他条件不变的情况下，失地农民的文化程度每提高一个层次，其对基本生活满意度、人际交往满意度、政策满意度和幸福度将分别降低 0.02

分、0.037 分、0.207 分和 0.041 分；然而只有文化程度对政策满意度的回归系数达到了显著，才能说明文化程度对于失地农民的政策满意度有着显著影响，如表 7 所示。

征地意愿对失地农民市民化总满意度的回归系数为 –0.041（P > 0.1），说明在控制其他自变量的情况下，不愿意征地的失地农民比愿意征地的失地农民在市民化总满意度方面要低 0.041 分，然而这种差异并未达到显著，征地意愿对失地农民市民化满意度没有产生显著的影响作用。从具体因子来看，征地意愿对基本生活满意度、人际交往满意度、政策满意度和幸福度的回归系数分别为 –0.1（P < 0.1）、–0.269（P > 0.1）、–0.385（P < 0.1）和 –0.084（P > 0.1）。即在其他条件不变的情况下，不愿意征地的失地农民，在基本生活满意度、人际交往满意度、政策满意度和幸福度方面分别比愿意征地的失地农民低 0.1 分、0.269 分、0.385 分和 0.084 分，其中，征地意愿对基本生活满意度和政策满意度的回归系数达到了显著，说明不愿意征地的失地农民在基本生活满意度和政策满意度方面显著低于愿意征地的失地农民，如表 7 所示。

征地前收入来源对失地农民市民化总满意度的回归系数为 –0.142（P < 0.1），说明在控制其他自变量的情况下，征地前靠土地收入为主的失地农民比不靠土地收入为主的失地农民在市民化总满意度方面低 0.142 分。从具体因子来看，征地前收入来源对基本生活满意度、人际交往满意度、政策满意度和幸福度的回归系数分别为 –0.086（P < 0.1）、–0.108（P > 0.1）、–0.458（P < 0.05）、–0.13（P < 0.1）。换言之，在其他条件不变的情况下，征地前靠土地收入为主的失地农民比不靠土地收入为主的失地农民在基本生活满意度、人际交往满意度、政策满意度和幸福度方面分别低 0.086 分、0.108 分、0.458 分和 0.13 分。其中，征地前收入来源对于基本生活满意度、政策满意度和幸福度的回归系数达到了显著，说明征地前收入来源以土地为主的失地农民在市民化过程中对基本生活满意度、政策满意度和幸福度方面显著低于征地前收入来源不靠土地收入为主的失地农民，如表 7 所示。

找工作难易程度对失地农民市民化总满意度的回归系数为 –0.066（P > 0.1），说明在控制其他自变量的情况下，难以找到工作的失地农民比那些较容易找到工作的失地农民在市民化总满意度方面低 0.066 分，然而这种差异并未达到显著，显示找工作难易程度对失地农民市民化满意度没有产生显著的影响作用。从具体因子来看，找工作难易程度对基本生活满意度、人际交往满意度、政策满意度和幸福度的回归系数分别为 –0.002（P < 0.1）、–0.181（P > 0.1）、–0.06（P > 0.1）和 –0.045（P > 0.1）。即在其他条件不变的情况下，难以找到工作的失地农民比那些较容易找到工作的失地农民在基本生活满意度、人际交往满意度、政策满意度和幸福度方面将分别减少 0.002 分、0.181 分、0.06 分和 0.045 分。但只有找工作难易程度对基本生活满意度的回归系数达到了显著，说明找工作越容易，对失地农民转为市民后基本生活满意度越有积极的影响，如表 7 所示。

有无保险对失地农民市民化总满意度的回归系数为 1.213（P < 0.05），说明在控制其他自变量的情况下，拥有保险的失地农民比没有保险的失地农民在市民化总满意度上要高 1.213 分，可见有无保险对失地农民市民化满意度有着显著的影响。从具体因子来看，有无保险对基本生活满意度、人际交往满意度、政策满意度和幸福度的回归系数分别为 0.359（P < 0.1）、0.088（P > 0.1）、0.124（P < 0.1）和 0.133（P > 0.1）。换言之，在其他条件不变的情况下，有保险的失地农民比没有保险的失地农民，在基本生活满意度、人际交往满意度、政策满意度和幸福度方面分别高 0.359 分、0.088 分、0.124 分和 0.133 分。有无保险对基本生活满意度、政策满意度的回归系数达到了显著，说明有保险对于失地农民转为市民后在基本生活满意度和政策满意度方面有显著的影响，如表 7 所示。

征地后生活水平变化对失地农民市民化总满意度的回归系数为 –0.141（P < 0.1），说明在控制其他自变量的情况下，征地后失地农民生活水平每下降 1 个层次，其对市民化的总体满意度将下降 0.141 分，可见征地后生活水平的变化，

会显著影响着失地农民市民化的满意度。从具体因子来看，征地后生活水平变化对失地农民基本生活满意度、人际交往满意度、政策满意度和幸福度的回归系数分别为 –0.082（$P < 0.1$）、–0.217（$P > 0.1$）、–0.06（$P < 0.1$）和 –0.321（$P < 0.05$）。即在其他条件不变的情况下，失地农民征地后生活水平每降低 1 个层次，其在市民化的基本生活满意度、人际交往满意度、政策满意度和幸福度方面将分别低 0.082 分、0.217 分、0.06 分和 0.321 分；其中，征地后生活水平变化对失地农民基本生活满意度、政策满意度和幸福度的回归系数达到了显著，说明征地后生活水平的变好或变坏会对失地农民基本生活满意度、政策满意度和幸福度产生积极或消极的影响，如表 7 所示。

征地后住房情况变化对失地农民市民化总满意度的回归系数为 –0.158（$P < 0.05$），说明在控制其他自变量的情况下，征地后，失地农民的住房情况每降低 1 个层次，其对市民化的总满意度将下降 0.158 分，可见，征地后失地农民住房情况的变化，会显著影响失地农民市民化的满意度。从具体因子来看，征地后住房情况的变化对失地农民基本生活满意度、人际交往满意度、政策满意度和幸福度的回归系数分别为 –0.345（$P < 0.05$）、–0.065（$P > 0.1$）、–0.166（$P < 0.1$）和 –0.019（$P < 0.1$）。换言之，在其他条件不变的情况下，征地后住房情况每降低 1 个层次，其在市民化的基本生活满意度、人际交往满意度、政策满意度和幸福度方面将分别低 0.345 分、0.065 分、0.166 分和 0.019 分；其中，征地后住房情况变化对失地农民基本生活满意度、政策满意度的回归系数达到了显著，说明征地后失地农民住房的好坏将会对失地农民基本生活满意度和政策满意度产生积极的或消极的影响，如表 7 所示。

征地后，周围的居住环境变化情况对失地农民市民化总满意度的回归系数为 –0.029（$P > 0.1$），说明在控制其他自变量的情况下，征地后，失地农民周围的居住环境情况每降低 1 个层次，其对市民化的总满意度将下降 0.029 分，可见，征地后失地农民周围的居住环境变化情况，会显著影响失地农民市民化的满意度。从具体因子来看，征地后，周围的居住环境变化情况对失地农民基本生活满意度、人际交往满意度、政策满意度和幸福度的回归系数分别为 –0.066（P > 0.1）、0.023（P > 0.1）、–0.065（P > 0.1）和 –0.051（P < 0.1）。即在其他条件不变的情况下，征地后周围的居住环境情况每降低1个层次，其在市民化的基本生活满意度、人际交往满意度、政策满意度和幸福度方面将分别降低0.066分、提高0.023分、降低0.065分和降低0.051分；其中，征地后周围的居住环境变化情况仅对幸福度的回归系数达到了显著，说明征地后失地农民周围的居住环境变好或变坏会对失地农民市民化后的幸福度产生积极或消极的影响，如表7所示。

对市民身份的看法对失地农民市民化总满意度的回归系数为0.036（P < 0.1），说明在控制其他自变量的情况下，对市民身份的认可度每提高1个层次，其对市民化的总满意度将增加0.036分，可见对市民身份的认同度对于失地农民市民化的满意度有着显著的影响作用。从具体因子来看，对市民身份的看法对失地农民基本生活满意度、人际交往满意度、政策满意度和幸福度的回归系数分别为0.035（P > 0.1）、0.159（P < 0.1）、0.068（P > 0.1）和0.039（P > 0.1）。换言之，在其他条件不变的情况下，对市民身份的认可度每提高1个层次，其在市民化的基本生活满意度、人际交往满意度、政策满意度和幸福度方面将分别增加0.035分、0.159分、0.068分和0.039分；其中，对市民身份的看法在人际交往满意度的回归系数达到了显著，说明对市民身份的看法对于失地农民市民化的人际交往满意度有着显著的积极影响作用，如表7所示。

与市民的交往对失地农民市民化总满意度的回归系数为 –0.047（P > 0.1），说明在控制其他变量的前提下，失地农民与市民的交往程度每加深1个层次，其对市民化的总满意度将减少0.047分，但是这种差异并未达到显著，显示与市民的交往对失地农民市民化的满意度没有产生显著的影响作用。从具体因子来看，与市民的交往对失地农民基本生活满意度、人际交往满意度、政策满意度和幸福度的回归系数分别为 –0.2（P < 0.1）、0.297（P <

0.05）、–0.213（P < 0.1）和 0.017（P > 0.1）。即在其他条件不变的情况下，失地农民与市民的交往程度每加深 1 个层次，其在市民化的基本生活满意度、人际交往满意度、政策满意度和幸福度方面将分别减少 0.2 分、增加 0.297 分、减少 0.213 分和增加 0.017 分。与市民的交往对失地农民基本生活满意度、人际交往满意度、政策满意度的回归系数达到了显著，说明失地农民与市民的交往程度对于失地农民的基本生活满意度有显著的影响，对人际交往满意度有显著的积极影响，对政策满意度也有显著的影响，如表 7 所示。

对未来的乐观心态对失地农民市民化总满意度的回归系数为 0.226（P < 0.001），说明在控制其他变量的前提下，对未来的乐观心态每提高 1 个层次，其对市民化的总满意度将增加 0.226 分，可见对未来的乐观态度对于失地农民市民化满意度有着显著的积极影响。从具体因子来看，对未来的乐观心态对失地农民基本生活满意度、人际交往满意度、政策满意度和幸福度的回归系数分别为 0.391（P < 0.001）、0.164（P < 0.1）、0.012（P > 0.1）和 0.197（P < 0.001）。换言之，在其他条件不变的情况下，对未来的乐观心态每提高 1 个层次，其在市民化的基本生活满意度、人际交往满意度、政策满意度和幸福度方面将分别增加 0.391 分、0.164 分、0.012 分和 0.197 分；对未来的乐观心态对失地农民基本生活满意度、人际交往满意度和幸福度方面都有着显著的积极影响作用，如表 7 所示。

三、结论与讨论

从本文第二部分的统计结果中，我们可以得出如下的初步结论。

（一）不同性别、年龄、婚姻状况、身份、文化程度的失地农民对市民化的满意度差异较大

统计分析发现，男性失地农民在人际交往满意度和政策满意度方面显著高于女性失地农民，这主要是男性失地农民在文化程度上（以初中学历为主）稍高于女性失地农民（以小学为主），并且多为一家之主，在征地过程中为

了保护自己的利益常与他人及村、镇干部打交道，使自己的不满可以得到一定程度的化解。失地农民的年龄对人际交往满意度和幸福度的回归系数达到了显著，说明随着年龄的增大，对于失地农民人际交往满意度和幸福度有积极的影响。这一点在上海尤其突出，上海的老年失地农民由于享受了养老保障和医疗保障，每个月有近 1000 元的养老金，老人们觉得这要比种地的收入高多了，并且不用辛苦劳作，满意度很高。老人们生病了有医疗保险，不再像以前一样随便去小诊所拿点药对付一下，而是去医疗正规治疗，这使老人们晚年的健康得到了很大的改善。老人们养老和看病不仅不用家里人负担，甚至有时还会贴补家里一些，这又使得老人与子女的关系得到了改善，所以上海的老人们盼望着自己的地被征用，有人甚至觉得征地比养个亲儿子还要划算。婚姻对于基本生活满意度的回归系数达到了显著，说明已婚失地农民在基本生活满意度方面显著低于未婚失地农民。无论是在上海还是在广西，在征地补偿中，只针对 18 岁以上的失地农民进行补偿，这使得已婚失地农民家庭特别是子女数较多又未享受到补偿的家庭，其补偿安置费用相对较低，他们对于转为市民后基本生活满意度较低；而对于 18 岁以上又未婚的失地农民来说，他们年龄较轻，对于土地的感情较淡，征地对他们的心理影响不大，再加上又有一笔征地补偿安置费用，可以用于投资或培训，他们对于转为市民后的基本生活满意度相对较高。村干部身份对政策满意度的回归系数达到了显著，说明村干部在政策满意度方面显著高于普通失地农民。这一点容易理解，因为村干部在征地过程中会参与征地、发放补偿费和做失地农民的思想工作，其首先要充分地了解政策，故在政策满意度方面显著高于普通失地农民。文化程度对政策满意度的回归系数为 -0.207（$P < 0.05$），达到了显著，说明文化程度对于失地农民的政策满意度有着显著的消极影响。在上海和广西的访谈中得知，失地农民的文化程度越高，对于征地事件中的不规范性了解得越清楚，看到了征地中普遍存在的低征高卖现象，更看到了土地的价值，认为失地农民的利益受到了极大的损失，两地中因为征地事件去上级上访的

人，都是文化程度较高，对于国家法律、法规较为了解的人。因此，统计中显示，文化程度较高的人，对于当地政府的征地政策满意度较低。

（二）东部、西部失地农民市民化满意度差异很大

本研究中以上海作为东部失地农民的代表，以广西作为西部失地农民的代表。研究发现，东部、西部失地农民在基本生活满意度和人际交往满意度方面差异巨大：上海失地农民征地意愿强烈，在征地前大部分人已不再将种田作为自己的主要收入来源，而将在工厂做工和做生意作为主要收入来源，种田只是自己的副业，被征地后感觉到既享有了补偿费又不需要在田地里辛苦劳作，生活轻松了很多。加之上海地区失地农民享有与市民同等待遇的社会保障（2012年1月1日前，上海失地农民享受小城镇社会保障，2012年1月1日起，上海失地农民的小城镇社会保障并轨到城市职工社会保障范围内），失地农民的养老、医疗问题得到了很好的解决，增强了其城市生活的抗风险能力，故失地农民对基本生活满意度较高。而上海的社区服务体系也较为发达，调查中发现，上海失地农民多数在安置小区内与市民混合居住，社区管理部门也为了失地农民向市民转变，想尽多种办法，举办多种活动，如市民文明素质讲座、市民文明行为有奖竞答、节日联谊会，又积极发挥失地农民中党员的先锋带头作用，促进失地农民市民化转变的有序进行，所以上海失地农民的人际交往满意度也比较高。而广西失地农民在征地之前主要依靠土地生活，失地农民的征地意愿不强；征地后，有限的征地补偿费并不能很好地解决未来的基本生活问题，缺少社会保障，城市生活的抗风险能力较弱，并且广西当地经济发展有限，失地农民缺乏就业机会，很难找到一份工作。因此，广西失地农民被征地后处于一种"种田无地、就业无岗、社保无门"的"三无"境地，失地农民对基本生活满意度较低。广西失地农民被征地后，并未采取集中的小区安置，只是将安置费发到各家，自行安置。因此，失地农民原有的邻居、朋友关系网络被打破，这在一定程度上降低了其向市民生活过渡的适应性，加上社区服务体系不健全，大多数失地农民从未听说过"社

区"一词，更没有什么社区活动，也很少与城市市民打交道，这又在一定程度上延长了其向市民生活过渡的探索期和不安全感，故失地农民对人际交往的满意度也较低。笔者认为，就我国而言，东部地区的城市化和失地农民市民化过程已经历过一次高潮，走向平稳，而中西部地区的大规模的城市化和失地农民市民化过程才刚刚开始，中西部地区在解决征地、补偿、拆迁、安置和促进失地农民市民化转变的过程中，不妨多多从东部地区吸取经验教训，促进这一过程平稳、有序进行。

（三）转为市民后的生活水平和与市民交往程度，直接影响着失地农民市民化的满意度

征地后生活水平变化会显著影响失地农民市民化的满意度。征地后生活水平的变好或变坏会对失地农民市民化的满意度、失地农民基本生活满意度、政策满意度和幸福度产生积极或消极的影响。英国学者 Lee 在研究人口流动和移民时提出了"推拉理论"，该理论认为，在市场经济和人口自由流动的前提下，人们之所以流动或迁移，是因为人们可以通过流动就业改善生活条件。在流入地中那些使移民生活条件改善的因素就是拉力，在流出地中那些不利的社会经济条件就是推力。农民进入城市也存在两种作用力，一个为农村的推力，一个为城市的拉力。我国失地农民市民化同样遵循此定律，只不过推力为政府主导的城市化和快速的市民转化，拉力为城市对于失地农民的吸引力，是失地农民在心理上认同市民身份并愿意成为市民。我国现有的市民化过程是推力过大，拉力不足。失地农民在征地后生活水平的提高，会增大对市民化的满意度、政策满意度和幸福度，是增大拉力的重要手段，而征地后生活水平的提高包括很多方面，如住房的改善和居住环境的改善。此外，对市民身份的看法对于失地农民市民化的人际交往满意度有着显著的积极影响作用，越是认同市民身份，失地农民与市民的交往就越无障碍，并乐于融入市民群体，越是排斥市民身份，失地农民越不愿意与市民交往，从而影响了其市民化中人际交往的满意度。但是调查发现，失地农民与市

民交往程度越深入,其对基本生活满意度却越低,这是"相对剥夺"在起作用,因为失地农民与市民在享受的福利待遇上还是有些差距(上海失地农民在2012年以前享受的镇保要比市民的城保在福利待遇上低一截),其交往越深入,越看到差距的存在,越想不通失地农民作为新市民与原市民在身份上一致,为何在优惠待遇上要差一截,故失地农民与市民交往的程度对其基本生活的满意度有着消极的影响,但这种影响只是暂时的,随着征地安置政策进一步的公平和完善,这一影响最终会由消极转为积极。最后,失地农民对未来的乐观心态对失地农民市民化总满意度的回归系数为0.226($P < 0.001$),对未来的乐观心态每提高1个层次,其对市民化的总满意度将增加0.226分,可见对未来的乐观态度对于失地农民市民化满意度有着显著的积极影响。从具体因子来看,对未来的乐观心态对失地农民基本生活满意度、人际交往满意度和幸福度的回归系数分别为0.391($P < 0.001$)、0.164($P < 0.1$)和0.197($P < 0.001$)。对于其市民化满意度有着显著的影响作用,每提高1个层次,其在市民化的基本生活满意度、人际交往满意度、政策满意度和幸福度方面将分别增加0.391分、0.164分和0.197分;对未来的乐观心态对失地农民基本生活满意度、人际交往满意度和幸福度方面都有着显著的积极影响作用。这种乐观心态的培育要靠政府、社会、社区服务等各方面力量的共同作用,为失地农民提供各种优惠待遇和有利条件,让他们在就业上有希望,在生活上有保障,在思想行为上有提高,这样,才能真正有效地促进失地农民市民化的进程。

(四)关于失地农民市民化满意度的影响因素的思考建议

影响失地农民市民化满意度的因素,主要可以概括为失地农民对基本生活满意度、失地农民对人际交往满意度、失地农民对政策满意度和失地农民的幸福度。让失地农民不仅从户口上转变为市民,更从心理上、价值认同上认为自己是市民,这需要我们对影响失地农民市民化满意度的各种因素进行分析。通过因子分析发现,影响失地农民市民化满意度的最主要因素也是第一层次的影响因素为失地农民对基本生活的满意度，这个基本生活可以理解为是马斯洛需求理论中低层次物质需求得到满足，包括有份工作、有家庭收入满足经济要求、有地方居住、有社会保障代替土地保障。这不仅需要政府提高征地补偿标准，更需要完善失地农民的"国民待遇"，即农民一旦失地转为城市户口，在主体上就具备了作为市民的资格，就应该同市民一样被纳入城市社会保障体系，政府有责任向他们提供最低生活保障，为他们办理养老、医疗、失业、救助、生育、廉租住房、教育减免、司法救助等各类保险和福利待遇，促使他们消除对未来生活的忧虑。第二层次的影响因素为失地农民对人际交往的满意度，人是社会性动物，人不但要有朋友，更要求得到朋友的理解和认可，失地农民转变为市民初期，既需要和原有的邻居、朋友进行交流，共同渡过转型初期的心理和生理的不适应，又渴望得到原市民的接纳和帮助，来尽快地融入城市生活；这一点可以通过社区教育、社区互助、社区文化活动来增强失地农民的适应能力。社区可以通过广播、宣传栏、当面行为教育、社区学校的免费讲座、心理访谈、文明住户评选等多种社区教育形式引导失地农民去除陋习、接受城市文明与城市生活方式，培育与城市生活相适应的生活习惯和思想感情，在潜移默化中改造其思想意识和行为方式；还可以通过社区互助等社区组织系统、社区支持系统，利用新市民与邻里之间的互动，帮助他们解决在生产和生活上遇到的一系列困难，增强他们生活的信心和适应城市的能力；又可以通过丰富多彩的文化活动，加强了失地农民与原市民的沟通和信任，使失地农民们得到情感性和社会性的支持，让失地农民了解到多种有用的信息，利于新的社会关系网的形成。在活动中不断增强新市民的心理归属感和身份认同感。第三层次的影响因素为失地农民对政策的满意度，既包括对征地补偿政策的满意度也包括对征地安置政策的满意度，即征地补偿和征地安置越是透明、公平、合理，就越能够得到失地农民的理解和支持；越是不公开，失地农民越是不满意甚至抵抗。这一点可以通过完善相应的法律法规，出台土地征用法，对于征地程序、征地标准、征地补偿、安置方式、安置标准等内容作出详细的规定，从法律层面保证征地政策的公平、合理和透明，提高失地农民对政策的满意度。第四层次的影响因素为失地农民的幸福度，这是一个主观性很强的指标，只能通过失地农民自己的感受才能得知，类似于马斯洛需求理论中高层次的精神需求，是失地农民对于基本生活满意度、人际交往满意度和政策满意度的综合。笔者相信，当失地农民前三个层次的满意度得到提高后，对于第四层次的幸福度也会水到渠成。

可见，要促进失地农民市民化的进程，就要提高失地农民市民化的满意度，这是一个综合性的工程，不但要给予失地农民经济补偿，还要保证征地政策的公平合理，让失地农民的征地意愿比较强烈，要让失地农民像市民一样拥有工作和社会保障，增强未来市民生活的抗风险能力，更要让失地农民尽快融入城市社区，与市民交朋友，得到市民的接纳和帮助，让失地农民真正地从心理上认可自己的市民身份，从行为方式上达到市民标准。

参考文献

[1] 孟德拉斯.农民的终结[M].李培林，译.北京：社会科学文献出版社，2005.

[2] 汝信,陆学艺,李培林.社会蓝皮书：2012年中国社会形势分析与预测[M].北京：社会科学文献出版社，2011.

[3] 劳动部农民工和被征地农民社会保障综合调研组.被征地农民社会保障综合调研报告[M].北京：劳动和社会保障部农村社会保险司编印资料，2006.

[4] 杨涛，施国庆.我国失地农民问题研究综述[J].南京社会科学，2006（7）.

失地农民市民化意愿测量

摘要： 城市化的目的是市民化。但在中国快速城市化的过程中，很多农民一夜之间失去土地，被转为市民。失地农民对这种被动市民化的意愿如何？

在我国不同地区，失地农民的市民化意愿是否相同？影响失地农民市民化的因素有哪些？通过哪些措施可以促进失地农民市民化的顺利进行？本文通过对上海和广西地区失地农民市民化过程的实际调查和对比性分析，发现东部上海地区失地农民的市民化意愿强烈，失地农民对于市民化的满意程度很高；西部广西地区失地农民的市民化意愿消极，失地农民对于市民化充满了担忧甚至抵制；研究进一步发现，影响失地农民市民化意愿的因素主要是城市生活的抗风险能力和征地后生活状况的变化等。单纯给征地补偿费，证明并不能够让失地农民满意，更不会让失地农民产生强烈的市民化意愿，增强失地农民城市生活的抗风险能力并努力提升其成为市民后的生活水平和社会交往度，只有这样，失地农民才会愿意转为市民，城市化进程才能真正得到加速发展。

关键词： 失地农民　市民化　意愿

胡锦涛同志在中国共产党第十八次全国代表大会报告中指出："改革征地制度，提高农民在土地增值收益中的分配比例。要让广大农民平等地参与现代化进程、共同分享现代化成果，促进城乡要素平等交换和公共资源均衡配置。"党中央已下决心在城市化过程中推动农民、失地农民向市民生活质量的质的转变。美国社会学家沃思曾在《作为一种生活方式的城市性》中指出的："城市化就是从农村生活方式向城市生活方式质变的过程。"城市化的最终目的是市民化。但在中国快速城市化的过程中，很多农民一夜之间失去土地，被转为市民。失地农民对这种被动市民化的意愿如何？在我国不同地区（经济发达地区和经济落后地区），失地农民的市民化意愿是否相同？影响失地农民市民化的因素有哪些？通过哪些措施可以促进失地农民市民化的顺利进行？本文通过对上海和广西地区失地农民市民化过程的实际调查和对比性分析，试图回答这些问题。

一、国内外学者相关研究与本文问题的提出

(一) 国内外学者关于农民市民化的研究

1. 国外学者关于农民市民化的研究

关于农民市民化的宏观分析，国外具有代表性的是发展经济学家、诺贝尔经济学奖得主阿瑟·刘易斯的"二元经济结构模型"、美国著名经济地理学家诺瑟姆的城市化发展进程"S"曲线和哈里斯－托达罗的收入预期理论。

2. 国内学者的研究

（1）注重农民市民化目标及内容的研究。

郑杭生[1]认为，农民市民化有两项基本内容：第一，农民群体实现从农民角色集向市民角色集的全面转型；第二，在角色转型的同时，通过外部赋能与自身增能，适应城市，成为合格的新市民。在农民市民化研究中，急需相关理论的重新建构，关键在于处理好政府与农民的关系，新市民的城市适应是关注的焦点。

文军[2]根据对上海郊区的分析，提出郊区农民市民化的支持系统，即宏观结构层面的制度和政策支持、中观结构层面的社会网络支持、微观结构层面的人力资本支持。只有三个维度的社会支持系统共同作用，农民才能最终完成向市民的转变。

陈映芳[3]认为，城市化不能简单理解为农民职业、身份的"非农化"；被征地人员不仅要生存，还要生活，更要权利。忽视农民市民化的需要，就会导致被征地人员利益受损及其与政府的对立，导致城市化地区基层社区建设的滞后。

林拓[4]指出，农民市民化是城市化进程中最为深刻的层面，在农民市民化进程中，城市空间形态的转变、城镇体系的构筑具有极为重要的作用。

葛正鹏[5]指出，农民市民化的最终目的和意义，不是让所有农村人口都迁移到城市，而是要让所有人口都能享受现代城市文明生活，农民市民化的

目标是在城乡一体化基础上最终消除城乡差距。新农村建设对于农村城市化进程具有重要意义,有助于推进农民市民化。

李培林、蓝宇蕴、谢志岿[6]等通过对广州"城中村"的调查,研究了城郊村落改造过程中的产权重建、社会关系网络重组和社区转型,探讨了城郊农民的城市化组织方式与生活方式等问题。

(2)注重农民市民化障碍的研究。

国务院发展研究中心课题组认为,农民市民化的制约因素是:传统小农经济思想的影响,制度环境和制度因素的制约,乡镇企业吸纳农村劳动力的能力降低,就业歧视,收入预期和农村劳动力自身素质问题。

毛丹、王燕锋[7]对J市"撤村建居"作案例分析,认为在政府推动的城市化进程中,农民原来的安全条件受到破坏,而满足其安全需要的替代方式却不易建立,农民感到强烈的风险与转型不安全,这是城郊农民排拒市民化的主要原因。毛丹[8]后来又从角色视角研究了农民市民化问题,认为目前城郊农民市民化的主要障碍是农民受到了赋权不足与身份缺损、新老市民互动不良、农民特殊认同策略三方面条件的限制,这些问题表明现行的直接影响城郊农民市民化的政府政策还存在一些问题。

路小昆等[9]以成都地区为个案,探讨了城郊村落的产业转型和农民职业分化、失地农民的就业与社会保障、城郊农民社会资本的解构与重建、农民市民化转型中的权利缺失与能力困境等问题,提出在统筹城乡发展中促进农民市民化的基本思路和政策选择。

李一平[10]指出加快失地农民市民化进程,必须重视对小农社会文化的改造,主张通过对失地农民进行现代城市文明的教育和培训等强化性塑造,来根除拖曳失地农民市民化后腿的消极因素,实现失地农民市民化。

李振、鲍宗豪[11]认为征地后农民的市民化程度是检验城市化发展效果的一项重要指标。只有对失地农民采取与市民相配套的措施,才能真正实现城市化与市民化相统一的和谐发展过程。

高云[12]认为,要使失地农民真正市民化,应该先让农民的孩子城市化,即让农民的孩子和城里的孩子一样接受正规教育,这有助于消除城乡之间的界线,提升城市的文明程度;到一定阶段,人才不断向低层流动,甚至回流到农村,使中国从整体上进入高素质社会。

杨盛海、曹金波[13]认为,失地农民市民化的瓶颈主要是由于失地农民进城成本过大、失地农民角色混乱,难以融入城市生活造成的,主张从对失地农民建立全面社会保障、加强政府制度改革等角度来解决这一问题。

(3)注重农民市民化心理问题的研究。

陈传锋[14]从社会心理学的角度,分析被征地农民群体的社会心理问题,探讨了相应的心理策略和教育对策。

郁晓晖、张海波、童星等学者探讨了失地农民的社会认同心理,认为其认同系统背后的原因是基于失地农民特殊的时空记忆和所经历的时空转换而导致的社会建构。童星、王毅杰、严新明等还对流动进城农民和郊区失地农民两大群体进行了比较研究,揭示他们进入城市社会后各自的社会网络资本特征,分析他们对于城市社会的适应状况,并针对他们面临的主要现实问题提出了构建相关社会政策和城乡一体化社会保障体系的对策建议。[15]

其他如黄祖辉、毛迎春、陈广桂、傅琼、姜作培、魏杰、黄泰岩、胡键、王满四、熊巍俊、熊宗仁、朱信凯等学者也对农民市民化问题开展了研究,在此不再展开。

3.述评

国内外学者关于农民市民化的研究,对于本课题具有较好的借鉴作用。国外学者主要是从经济学角度来开展研究的,国内学者主要偏重于城市化问题的研究,关于农民市民化的研究成果较少,而关于失地农民市民化的研究更少。

现有的国内研究成果中,有些是从单一学科的角度对失地农民问题进行探讨,跨学科的综合性研究不多,有些只是对失地农民问题作了简单的数据汇总和定性分析,并没有深入的系统分析和定量研究。而且,现有的研究关注点大多数集中在从"农民"到"失地农民"这一阶段,学者们对于失地农民的补偿、失地农民生活的不适应、失地农民的上访等问题给予了充分重视。对于成为"新市民"后,失地农民怎样融入城市社会,学者们关注度明显不足。我们知道,从"农民"向"市民"的过渡,这是城市化、现代化发展的必然趋势,既然我们不能改变历史,就应该去探讨如何适应历史潮流。在数以百万计的失地农民转为"市民"后,我们不仅应该呼吁其身份转换的公平合理性,各种补偿和保障的合理性,更应该去研究怎样帮助"新市民"们从经济、政治、文化、生产、生活、心理等各方面去适应丰富多彩的城市生活,完成他们自己的再社会化过程。这种更有意义的研究目前尚相对匮乏。

(二)本文问题的提出

本文从社会融入的研究视角,通过对东部上海和西部广西地区失地农民市民化的对比性分析,定量地探索出本文的主要研究问题:我国不同地区(经济发达地区和经济落后地区),失地农民市民化的意愿怎样?是否相同?影响失地农民市民化的因素有哪些?通过哪些措施可以促进失地农民市民化的顺利进行?通过对这些问题的回答,本文希望能够对于我国失地农民市民化的顺利进行,提供合理化的参考建议。

二、研究过程

(一)数据来源

本文的数据来源于笔者2011—2012年对上海地区和广西地区失地农民市民化问题的实际调查。为了研究发达地区和落后地区失地农民市民化意愿的差异,笔者选择了上海作为经济发达地区的代表,广西作为经济落后地区的代表进行分析,两调查点情况简介如下。

上海调查点,位于上海西南部,是一个失地农民安置小区,拆迁的失地农民来自于附近的 8 个村庄。失地农民的征地补偿为每亩地 800 元，拆迁补偿为每平方米 800 元，征地后户籍全部转为市民。失地农民享受较完善的社保待遇（2012 年 1 月 1 日起从原来的镇保提高到社保），生活基本没有忧虑。多数人征地意愿强烈，对征地后的生活满意度较高。该地区社区活动开展得丰富多彩、社区文化先进，失地农民基本融入当地的市民生活，该地区的城市化进程和市民化进程走在全国的前列。

广西调查点，位于桂林郊区，涉及 4 个村庄。失地农民的征地补偿为每亩地 4.9 万元，拆迁补偿为每平方米 300 元，失地农民的土地基本被征用完毕，户籍转为市民。该地区失地农民未享受到有关市民的社会保障，部分失地农民参加了农民的新农保和新农合，但部分失地农民未有任何保障。大部分失地农民对于未来生活充满忧虑，多数人不愿意转为市民，认为征地后生活水平下降，生活满意度较低。该地区未开展过社区活动，失地农民与当地原市民很少交往。该地区的城市化进程和市民化进程比较迟缓，主要是政府强制推行的被动城市化和市民化进程。

本次调查的抽样为随机定距抽样，根据安置小区或村庄的门牌号，每隔 10 户抽取 1 家，若遇到户主不在，则依次向后顺延。最终获得上海地区有效样本 132 份，广西地区有效样本 119 份。调查样本的基本情况如表 2 所示，从调查样本的分布特征来看，调查地点的失地农民在当地具有代表性。

（二）因变量和自变量

本文的因变量为失地农民的市民化意愿。本文共选用了 4 组自变量，分别是有关地区的变量 X1、有关征地意愿的变量 X2、有关城市生活抗风险能力的变量 X3 和有关征地后生活状况变化的变量 X4。如表 1 所示，上海和广西两地失地农民市民化意愿迥然不同，上海 66.2% 的失地农民愿意成为市民，而广西 90.1% 的失地农民不愿意成为市民。因此，将地区变量放入自变量中，同时将后面 3 组自变量（有关征地意愿的变量 X2、有关抗风险能力的变量 X3 和有关征地后生活状况变化的变量 X4）作为控制变量，逐步放入回归模型，观察在哪些控制变量的作用下，地区变量与市民化意愿之间不再具有显著差异，由此去推论影响失地农民市民化意愿的主要因素。

表1 你觉得做市民好还是做农民好

		失地农民市民化意愿		合计
		市民好	农民好	
被调查村庄所在地	上海	66.2%	33.8%	100.0%
	广西	9.9%	90.1%	100.0%

以地区分组后，自变量的构成及基本统计情况详见表2。

表2 自变量的构成及基本统计分析

	上海	广西
样本数量（人）	132	119
性别（%）		
男	48.2	59
女	51.8	41
年龄（%）		
20岁以下	3	1.4
21—30岁	3.8	4.8
31—40岁	15.6	16
41—50岁	25.8	30.3
51—60岁	25.8	34.5
60岁以上	26	13
征地意愿（%）		
愿意	67.6	9.3
不愿意	24	87.3
无所谓	8.4	3.4

续表

	上海	广西
对征地补偿费看法（%）		
低	71.8	87.8
一般	25.1	12.2
高	3.1	0
征地前生活来源（%）		
不靠土地	67	16
靠土地	33	84
征地后找工作难易程度（%）		
一般或容易	46.6	12
难	53.4	88
征地后有无养老和医疗保险（%）		
无	9.1	83.1
有	90.9	16.9
征地后生活水平的变化（%）		
持平	16.1	18
下降	30.9	69.4
上升	53	12.6
征地后，你的住房情况变化（%）		
比征地前改善了	66.4	32.9
和征地前一样	16	17.6
比征地前变差了	9.2	25
说不清楚	8.4	24.5
征地后，你的幸福感变化（%）		
比征地之前幸福了	74.6	5.1

续表

	上海	广西
没有征地之前幸福了	3.8	83.1
说不清楚	21.6	11.8
对原市民的看法（%）		
冷漠或阴险或太计较	36.3	66.7
可靠友善或有修养	63.7	33.3
是否愿意与原市民打交道，交朋友（%）		
不愿意	38.6	75.9
愿意	61.4	24.1

注：征地后生活水平的变化＝征地后恩格尔系数－征地前恩格尔系数

（三）理论模型

本文以失地农民市民化意愿为因变量 Y，研究几组自变量 X（影响因素）对其影响作用，由于因变量为二分变量，故本文选择建立二元 Logistic 回归模型。

用 P 表示失地农民愿意做"市民"的概率，用 X1、X2……分别表示影响因素，由此形成的 Logistic 回归方程为：

$$Y = Ln(P/1-P) = \beta_0 + \beta_1 X1 + \beta_2 X2 + \cdots\cdots + \beta_P X_P \quad (1)$$

$$或者：odds = P/1-P = \exp(\beta_0 + \beta_1 X1 + \beta_2 X2 + \cdots\cdots + \beta_P X_P) \quad (2)$$

（2）式中，odds 为优势比，即失地农民市民化意愿的发生比。用 X1、X2、X3、X4 分别表示地区的变量、征地意愿的变量、城市生活抗风险能力的变量、征地后生活状况变化的变量这 4 组自变量。在后文的回归分析中，将在（1）式中逐步引入这 4 组变量，每一个模型均在前一个模型的基础上增加一组自变量，形成模型 1 至模型 4 这 4 个回归模型。

三、结果分析

表3显示了对上述4个模型的估计结果。从表3可以看出,在没有引入任何控制变量时,估计结果显示,上海失地农民的市民化意愿与广西失地农民的市民化意愿在0.001水平上存在显著差异,广西失地农民的市民化意愿仅为上海失地农民的5.6%($e^{-2.878}=0.056$)。

表3 各因素对失地农民市民化意愿的影响:Logistic回归模型的估计结果

	模型1 β	模型1 Exp(β)	模型2 β	模型2 Exp(β)	模型3 β	模型3 Exp(β)	模型4 β	模型4 Exp(β)
一、地区及基本情况									
广西(上海)	-2.878***	0.056	-2.16***	0.115	-1.632**	0.196	-0.75	0.472
二、征地意愿									
征地意愿:不愿意(愿意)	—	—	-1.372***	0.253	-1.041*	0.353	-1.815	0.163
对补偿费的看法:低(一般或高)	—	—	-1.16**	0.313	-1.071*	0.343	-1.153*	0.316
三、城市生活抗风险能力									
找工作难度:难(一般或容易)	—	—	—	—	-0.381	0.683	-0.478	0.62
征地前收入来源:靠土地(不靠土地)	—	—	—	—	-1.078***	0.34	-1.384	0.251
是否有保险:无(有)	—	—	—	—	-1.432***	0.239	-0.991***	0.371
四、征地后生活状况变化									
征地后生活水平变化情况:下降(持平或上升)	—	—	—	—	—	—	-1.273**	0.28

续表

	模型 1		模型 2		模型 3		模型 4	
	β	Exp(β)	β	Exp(β)	β	Exp(β)	β	Exp(β)
征地后住房状况变化：比征地前变差了（和征地前一样或比征地前改善了）	—	—	—	—	—	—	−0.273*	0.761
征地后幸福度变化情况：没有征地之前幸福了（比征地之前幸福了或说不清楚）	—	—	—	—	—	—	−1.623**	0.197
对原市民的看法：可靠友善或有修养（冷漠或阴险或斤斤计较）	—	—	—	—	—	—	1.01***	2.747
与原市民的交往：很愿意（不愿意）	—	—	—	—	—	—	2.746***	15.58
常数项	2.208		2.474		2.119		1.186	
似然估计值	299.629		243.31		128.397		94.069	
整体百分比	89.60%		86.40%		82.90%		81.30%	

注：*、** 和 *** 分别表示 0.1、0.05、0.001 的显著性水平；括号内为参照缺少项
注：征地后生活水平变化 = 征地后的恩格尔系数 − 征地前的恩格尔系数
恩格尔系数 = 用于吃、喝的支出 / 家庭总支出

在引入征地意愿和征地补偿费变量后，上海失地农民市民化意愿与广西失地农民市民化意愿仍然在 0.001 水平上存在显著差异；与上海失地农民市民化意愿相比，广西失地农民市民化意愿仅为上海失地农民的 11.5%。征地意愿对失地农民市民化意愿的影响在 0.001 水平上存在显著差异，不愿意土

地被征用的失地农民市民化意愿仅是愿意土地被征用的失地农民市民化意愿的25.3%。征地补偿费对失地农民市民化意愿的影响在0.05水平上显著，认为补偿费低的人市民化意愿是认为补偿费一般或高的人的31.3%。

在引入一组城市生活的抗风险能力变量后，上海与广西的失地农民市民化意愿在显著性差异上由原来的0.001水平下降到0.05水平。可以推断，上海失地农民市民化意愿强烈的原因正是上海失地农民拥有了较好的城市生活抗风险能力。从表2也可以看出，上海失地农民在征地前有67%的人不靠土地生活，访谈中也可知，很多人甚至把土地看成自己的副业，在业余时间随便种种，不让土地荒掉就可以了，土地征掉后，很多人甚至认为自己的负担减轻了（不用再辛苦种田），又有补偿费，征地意愿强烈。上海失地农民在土地被征用后，近一半人认为找工作"一般或容易"，这与上海经济发达，工作机会较多有很大关系。加上上海失地农民享受较健全的社会保障，90.9%的人拥有养老和医疗保险，故上海失地农民市民化意愿较为强烈。相比之下，广西失地农民在征地前84%的人靠土地为生，88%的人认为征地后找工作"难"，83.1%的人没有享受养老和医疗保险，征地前，土地就是他们最大的保障；征地后，他们城市生活的抗风险能力极差。所以，广西失地农民中87.3%的人不愿意土地被征，市民化意愿较低。由此可知，城市生活的抗风险能力是失地农民市民化意愿的重要影响因素。从模型3可知，征地前生活来源、征地后找工作难易程度、征地后有无养老和医疗保险这几个变量对于失地农民市民化意愿的影响均在0.001的水平上显著，这些变量都是反映失地农民城市生活抗风险能力的指标。

在引入征地后生活状况的变化这一组变量后，上海与广西的失地农民市民化意愿在显著性差异上不再明显。这进一步证明，上海失地农民市民化意愿强烈的原因不仅是上海的失地农民拥有较好的城市生活抗风险能力，而且还体现出上海失地农民在转为市民后，生活状况比征地前有了明显的提升，失地农民对于自己的市民生活满意度较高。衡量上海失地农民生活水平的恩格尔系数从征地前的0.48下降到征地后的0.37。而广西失地农民在征地后不仅城市生活抗风险能力较弱，其生活状况还有所下降，失地农民对于市民化生活满意度较低。衡量广西失地农民生活水平的恩格尔系数从征地前的0.55上升到征地后的0.58。可见，征地后失地农民市民化生活的实际状况是影响其市民化意愿的直接影响因素。如表3模型4所示，征地后生活水平下降的失地农民，其市民化意愿仅为征地后生活水平持平或上升的失地农民市民化意愿的28%。中国人对于房屋非常重视，所以征地后住房状况的变化也会一定程度上影响失地农民市民化的意愿，调查显示，征地后住房状况变差的失地农民，其市民化意愿仅为征地后住房状况改善的失地农民市民化意愿的76.1%。征地后幸福度增加的失地农民在各方面均比较满意，其市民化意愿更为强烈，征地后幸福度减少的失地农民在市民化生活方面存在这样那样的问题或忧虑，其市民化意愿仅为幸福度增加的失地农民市民化意愿的19.7%。此外，失地农民对于市民的看法及交往程度也显著地影响着其市民化意愿，对于市民有着正面评价的人，其市民化意愿是对于市民有着负面评价的人的2.747倍；愿意与市民交往的失地农民其市民化意愿比不愿意与市民交往的失地农民市民化意愿高15.58倍。由此可知，要推进失地农民市民化进程，提升失地农民市民化意愿，仅靠转户口、发放征地补偿费或口头宣传是难以奏效的；但当失地农民看到实在的利益、完善的保障、征地后幸福的生活后，会自动地加速自己的市民化过程。正如诺贝尔经济学奖获得者舒尔茨所说，"农民在他们的经济活动中一般是精明的、讲究实效的和善于盘算的"。也就是说，农民都是理性的经济人，他们精于算计，当计算得出做市民的生活远远好于做农民的生活时，他们会有着强烈的市民化意愿并加速自己的市民化进程，当计算得出做市民的生活远远差于做农民的生活时，他们的市民化过程仅是一种被动的过程，这一过程的适应时间会大大延长。

比较表3中4个模型的估计结果，可以找到导致不同地区失地农民市民化意愿存在显著差异的几个主要影响因素。此时，可以剔除地区变量，仅将这些有显著影响的变量纳入回归模型，进而获得失地农民市民化意愿影响因素的 Logistic 回归模型，其结果见表4。

在各变量的显著性上，对征地补偿费的看法这一变量对失地农民市民化意愿的影响在 0.1 的水平上显著；征地后住房状况的变化这一变量对失地农民市民化意愿的影响在 0.05 的水平上显著。征地后是否有保险、征地后生活水平变化情况、征地后幸福度变化情况、对原市民的看法、与原市民的交往这 5 个变量对失地农民市民化意愿的影响在 0.001 的水平上显著。

就各变量对失地农民市民化意愿的影响程度来看，比较各变量的回归系数可以发现，对征地补偿费的看法这一变量对失地农民市民化意愿的影响程度最小，而征地后是否有保险、征地后生活水平变化情况、征地后幸福度变化情况、对原市民的看法、与原市民的交往这几个变量对失地农民市民化意愿有着更加重要的影响作用，它们的显著影响作用说明了征地中单纯经济补偿的不足。说明要提高失地农民市民化意愿，不仅要有充足、公正、合理的经济补偿，还要考虑到失地农民城市生活的抗风险能力和融入城市生活的心理变化过程。

表4　失地农民市民化意愿影响因素的 Logistic 回归

	B	S.E.	Wald	df	Sig.	Exp(B)
对补偿费看法：低（一般或高）	-1.16*	0.569	5.079	1	0.078	0.313
是否有保险：无（有）	-1.353***	0.629	11.314	1	0.000	0.258
征地后生活水平变化情况：下降（持平或上升）	-1.581***	0.479	14.473	1	0.000	0.206
征地后住房状况变化：比征地前变差了（和征地前一样或比征地前改善了）	-1.53**	0.521	10.036	1	0.03	0.217
征地后幸福度变化情况：没有征地之前幸福了（比征地之前幸福了或说不清楚）	-2.607***	0.542	23.179	1	0.000	0.074
对原市民的看法：可靠友善或有修养（冷漠或阴险或斤斤计较）	1.816***	0.526	18.404	1	0.001	6.147

续表

	B	S.E.	Wald	df	Sig.	Exp(B)
与原市民的交往：很愿意（不愿意）	1.511***	0.483	13.119	1	0.000	4.531
常数项	−0.385	0.801	0.987	1	0.484	0.680
似然估计值 220.846						
整体百分比 82%						
注：*、** 和 *** 分别表示 0.1、0.01、0.001 的显著性水平						

四、小结与讨论

本文分析了影响失地农民市民化意愿的各种影响因素，结果表明，经济发达的东部地区和经济落后的西部地区都在进行着失地农民市民化，但是不同地区失地农民的市民化意愿差异很大：东部上海地区失地农民的市民化意愿强烈，失地农民对于市民化的满意程度很高；西部广西地区失地农民的市民化意愿消极，失地农民对于市民化充满了担忧甚至抵制，失地农民非常怀念过往的农民生活。

研究发现，上海失地农民市民化意愿强烈的原因是上海失地农民拥有了较好的城市生活抗风险能力。征地前生活来源、征地后找工作难易程度、征地后有无养老和医疗保险这几个变量都是反映失地农民城市生活抗风险能力的指标。相比之下，广西失地农民在征地前主要靠土地保障，征地后，他们城市生活的抗风险能力极差，生活失去了可供其依赖的保障，所以，广西失地农民不愿意土地被征，市民化意愿较低。

研究进一步发现，上海失地农民市民化意愿强烈的原因不仅是上海的失地农民拥有较好的城市生活抗风险能力，而且还体现出上海失地农民在转为市民后，生活状况比征地前有了明显的提升，失地农民对于自己的市民生活满意度较高。而广西失地农民在征地后不仅城市生活抗风险能力较弱，其生活状况还有所下降，失地农民对于市民化生活满意度较低。可见，征地后失地农民市民化生活的实际状况是影响其市民化意愿的直接影响因素。此外，失地农民对于市民的看法及交往程度也显著地影响着其市民化意愿，对于市民有着正面评价的人，其市民化意愿是对于市民有着负面评价的人的2.747倍；愿意与市民交往的失地农民其市民化意愿比不愿意与市民交往的失地农民市民化意愿高15.58倍。由此可知，要推进失地农民市民化进程，提升失地农民市民化意愿，仅靠转户口、发放征地补偿费或口头宣传是难以奏效的；但当失地农民在看到实在的利益、完善的保障、征地后幸福的生活后，会自动地加速自己的市民化过程。农民都是理性的经济人，当他们计算得出做市民的生活远远好于做农民的生活时，他们会有着强烈的市民化意愿并加速自己的市民化进程，当计算得出做市民的生活远远差于做农民的生活时，他们的市民化过程仅是一种被动的过程，这一过程的适应时间会大大延长。

因此，影响失地农民市民化意愿的因素既包括征地补偿、征地意愿，还包括城市生活的抗风险能力和征地后生活状况的变化等因素。当前中西部地区征地过程中比较流行的做法——单纯给征地补偿费，证明并不能够让失地农民满意，更不会让失地农民产生强烈的市民化意愿，这种做法所带来的市民化仅是一种形式上的市民化，它不但不会推动失地农民融入城市的进程，反而会延长失地农民向市民转化的适应期。中西部地区在推动城市化和失地农民市民化过程中，应多吸取东部地区如上海的经验教训，增强失地农民城市生活的抗风险能力并努力提升其成为市民后的生活水平和社会交往度，只有这样，失地农民才会愿意转为市民，城市化进程才能真正得到加速发展。

增强失地农民城市生活的抗风险能力主要包括让失地农民享受"国民待遇"的社会保障和帮助失地农民尽快就业。所谓"国民待遇"，即农民一旦失地转为城市户口，在主体上就具备了作为市民的资格，就应该同市民一样被纳入城市社会保障体系，政府有责任向他们提供最低生活保障，为他们办理养老、医疗、失业、救助、生育、廉租住房、教育减免、司法救助等各类保险和福利待遇,促使他们消除对未来生活的忧虑。对于中年、青年失地农民,除了将其纳入社会保障体系,还要为他们提供就业信息、就业培训或岗位安置,让其有份工作,保证他们在城市中生活具有较稳定的经济来源。

失地农民转为市民后的生活状况、与原市民的交往程度及幸福度也直接影响着失地农民市民化意愿。政府要尤其重视失地农民转为市民后生活质量的提高,对于失地农民的安置要做到公平有序,对于失地后生活水平下降的人要及时给予关心和救济,尽量通过"造血式扶贫"[①]来提高其生活质量。同时,人是社会性动物,人不但要有朋友,更要得到朋友的理解和认可,失地农民转变为市民初期,既需要和原有的邻居、朋友进行交流,共同渡过转型初期的心理和生理的不适应,又渴望得到原市民的接纳和帮助,来尽快地融入城市生活;这一点可以通过社区教育、社区互助、社区文化活动来增强失地农民的适应能力。社区通过广播、宣传栏、当面行为教育、社区学校的免费讲座、心理访谈、文明住户评选等多种社区教育形式引导失地农民去除陋习、接受城市文明与城市生活方式,培育与城市生活相适应的生活习惯和思想感情,在潜移默化中改造其思想意识和行为方式。社区还可以通过新市民与原市民邻里之间的互动,帮助新市民解决在生产和生活中遇到的一系列困难,增强他们生活的信心和适应城市的能力。此外,也可以通过丰富多彩的文化活动,加强新市民与原市民的沟通和信任,使新市民们得到情感性和社会性的支持,利于新的社会关系网的形成,不断增强新市民的心理归属感和身份认同感。

参考文献

[1] 郑杭生.农民市民化:当代中国社会学的重要研究主题[J].甘肃社会科学,2005(4).

[2] 文军.论农民市民化的动因及其支持系统——以上海市郊区为例[J].华东师

---

① 造血式扶贫,是指扶贫主体通过投入一定的扶贫要素(资源)扶持贫困地区和农户改善生产和生活条件、发展生产、提高教育和文化科技水平,通过提高贫困群体生存、生活能力来摆脱贫困。

范大学学报：哲学社会科学版，2006（4）．

［3］陈映芳．征地农民的市民化［J］．华东师范大学学报：哲学社会科学版，2003（5）．

［4］林拓．城市社会空间形态的转变与农民市民化［J］．华东师范大学学报：哲学社会科学版，2004（3）．

［5］葛正鹏．农村城市化：农民市民化研究的新视角［J］．经济问题，2007（4）．

［6］李培林．村落的终结——羊城村的故事［M］．北京：商务印书馆，2004．

［7］蓝宇蕴．都市里的村庄：关于一个"新村社共同体"的实地研究［M］．北京：三联书店，2005．

［8］谢志岿．村落向城市社区的转型：制度、政策与中国城市化进程中城中村问题研究［M］．北京：中国社会科学出版社，2005．

［9］毛丹，王燕锋．J市农民为什么不愿做市民：城郊农民的安全经济学［J］．社会学研究，2006（6）

［10］毛丹．赋权、互动与认同：角色视角中的城郊农民市民化问题［J］．社会学研究，2009（4）．

［11］路小昆，等．徘徊在城市边缘［M］．成都：四川人民出版社，2009．

［12］李一平．加强非正式制度建设，推进城郊失地农民市民化进程［J］．中共杭州市委党校学报，2005（5）．

［13］李振，鲍宗豪．市民化：浦东征地农民的角色转化［OL］．华夏社会网：现代化研究机构［2005-05-09］．http：//www.huaxia.org.cn．

［14］高云．先让农民孩子城市化［J］．城市开发，2002（11）．

［15］杨盛海，曹金波．失地农民市民化的瓶颈及对策思路[J]．广西社会主义学院学报，2005（5）．

［16］陈传锋，等．被征地农民的社会心理与市民化研究［M］．北京：中国农业出版社，2005．

［17］童星，等．交往、适应与融合［M］．北京：社会科学文献出版社，2010．

征地农转非群体市民化社会距离研究

摘要：征地农转非群体与城市居民之间的社会距离是阻碍其市民化的实质原因，全面深入地对两群体间社会距离进行测量和分析对了解与解决征地农转非群体城市融入问题具有必要性与紧迫性。本文基于实际调查数据，构建了一个相对完整的社会距离的指标体系，分别从主观和客观的角度说明了征地农转非群体与市民间社会距离存在的基本特征，接着运用科学的数据分析和处理方法阐明了影响社会距离的主要因素及征地农转非群体社会融入过程中的突出问题，最后结合社会学理论剖析问题产生的根源，探讨缩小征地农转非与市民间社会距离，促进征地农转非群体城市化融入的可行路径。

关键词：征地农转非群体　社会距离　城市化　社会融入

一、问题的提出

自 2000 年起，我国城市化水平以每年约 1 个百分点的速度提高，到 2015 年中国统计口径上的城市化率达到 56.1%。[1]中国的城市化的快速发展，一方面促进了劳动力产业转移，提高了工业生产效率，另一方面带来了社会结构转变下的农业人口社会融入的现实问题。特别是因土地全部或部分被征用的征地农转非群体，在进入城市后他们面临着社会融入的困境，受多重因素的限制，与城市居民之间产生了较大的社会距离。社会距离是理解社群融合和社群隔离的重要指标，目前学术界所使用的"社会距离"概念主要来自塔德。[2]塔德在《模仿法则》中最早使用"社会距离"来反映社会阶层之间的差异程度，他认为阶级差别就是阶级距离。[3]德国社会学家齐美尔首次将主观性色彩代入社会距离的概念，他利用距离感来分析个体在现代性都市中的日常生活。[4]国内最早进行社会距离研究的是民族学家吴泽霖教授。他借助博格达斯的社会距离量表研究了美国人对待黑人、犹太人和东方人的态度，解释了经济社会地位在社会距离中的决定性作用。[5]之后，郭星华、储卉娟等多名学者将社会距离引入对农民工与城市居民距离的研究，通过问卷调查和实地调研，发现新生代民工与城市居民的社会距离正在逐渐增大。[6]

学界与全社会对农民工城市融入的问题广泛关注的同时，另一个群体——征地农转非群体的社会距离与城市融入问题却并没有被重视起来。作为受到户籍制度和动迁政策双重影响下的典型代表，征地农转非群体的市民化已成为我国城市化进程中的伴生问题，涵盖住房、基础设施、就业、就医、就学、社保、公共文化服务多个层面。特别是离开原有居住地进入城市社区生活的征地农民，首先要面临的就是如何完成从"农民"到"新市民"的身份转变，而征地农转非群体与城市居民之间的社会距离是阻碍其市民化，真正融入城市的重要原因，全面深入地对征地农转非群体与城市居民之间的社会距离进行测量和分析对了解与解决征地农转非群体城市融入问题具有必要性与紧迫性。中国的城市化进程正在快速向前推进，随着户籍制度改革，越来越多的人实现"农转非"，这个数字会继续增加。城市化不仅是"户籍"的城市化，归根结底是"人"的城市化，只有当农转非群体实现了"市民化"，整个城市化进程才算完成。因此，明确征地农转非群体与市民之间在哪些方面存在距离以及影响社会距离的因素有哪些，是促进该群体实现市民化的第一步，也是非常关键的一步。

二、方法与样本

本课题的研究对象确定为征地农转非的新市民，即因土地全部或部分被征用而办理"农转非"手续，在户籍上实现"农转非"，且已然进入居委编制、获得相应社会保障、实现社区生活的城郊新市民。本课题主要采用非概率抽样方法选取了S市4个区城郊的264个样本作为调查对象，最后有效样本数为 233 个，选取了 20 位受调查者作为深入访谈对象，对其进行了 30—60 分钟不等的结构与非结构性访谈。运用 SPSS 软件进行定性和定量分析，提升研究的信度与效度。

三、征地农转非群体与市民间社会距离的基本特征

社会距离可以通过建立评价体系进行量化，是理解社群融合和社群隔离的重要指标。笔者在此处将"社会距离"引入对征地农转非群体与城市市民距离的研究，将"社会距离"定义为个人与个人或群体与群体之间在一定空间和时间中存在的客观差异，及呈现出的心理亲疏程度，并将其具化为收入水平、工作条件、住房环境、社区管理、社会保障、文化观念、生活习惯、人际交往等多个指标，再根据这些指标将社会距离划分为客观和主观两个层面，客观层面包括经济距离、政治距离、社交距离，主观层面包括文化距离和心理距离。具体测算结果如表 1 所示。

表 1　S 市四个区域征地农转非与市民间社会距离测算表　　　　（%）

距离	Q1	Q2	Q3	Q4	均值
收入水平	4.18	4.14	4.32	2.87	3.88
工作条件	1.80	2.28	1.32	2.72	2.03
住房环境	2.65	2.39	4.03	2.41	2.87
社区管理	3.26	3.03	3.32	3.23	3.21
社会保障	3.62	2.86	3.74	2.45	3.17
文化观念	2.85	2.78	2.94	2.14	2.68
生活习惯	2.56	2.86	2.55	2.14	2.53
人际交往	2.59	2.72	2.65	4.00	2.99
总计	3.03	2.97	3.13	2.82	2.99

（一）经济距离很大

马克斯·韦伯开辟了采用多维指标研究社会分层的先河，他认为社会分层的本质是社会资源的占有和分配，应用财富、地位和权力进行社会分层。[7]其中，财富大小直接表现为收入多少，反映人们在经济领域的不平等。经济距离实质上反映的是征地农转非群体在购买力、社会资源占有度、生活质量、工作层次等多个方面与市民之间的差距。本文通过"就业与收入""社会保障"两个方面呈现两个群体间的经济距离。

1. 征地农转非群体再就业难，收入水平低

征地农转非后，被征地农民失去了承担着养老和就业功能的土地，农转非群体迫切需要重新建立自己经济基础来保证家庭的正常生活。受到教育程度、自身技能、文化观念等因素的限制，征地农转非群体实现再就业的情况并不乐观。调查结果显示，有效的233个样本中，实现再就业的征地农转非群体的比例为39.8%，再就业群体中，又有约50%的人为商业、环境卫生业、服务业的体力劳动者，仅有不到10%的人在企业工作或是从事个体经营。这表明农转非群体由于其身份转变及自身条件的限制在劳动力市场中往往处于劣势，所在岗位普遍具有工时长、工资低、工作环境差的特点。与就业密切相关的即为收入。根据人力资源和社会保障部发布的数据，2016年，S市地区月平均工资为6378元/人，即一个普通家庭的月收入应在1.5万—2.5万元。对S市四个区的调查结果显示（如图1所示），超过95.6%的征地农转非家庭的收入水平低于S市的平均标准1.5万元，仅有8.9%的农转非家庭的月收入在1万元以上，另外，无固定月收入的家庭占1.3%。许多征地农转非家庭的生活来源由个别主要劳动力承担，他们面临着抚养子女与赡养老人的双重压力，低收入使得他们的生活质量难以保证。因此，贫困问题是征地农转非群体在城市融入过程中的最大问题。

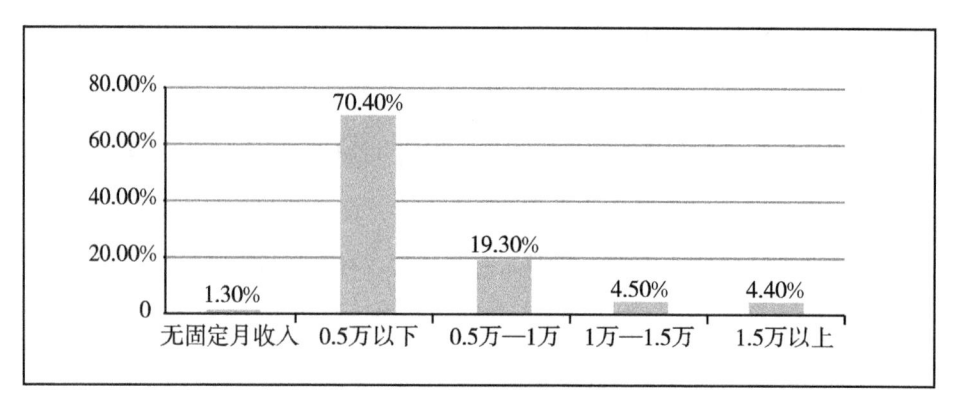

```
80.00%
                70.40%
60.00%
40.00%
20.00%               19.30%
       1.30%                    4.50%    4.40%
  0
    无固定月收入  0.5万以下  0.5万—1万  1万—1.5万  1.5万以上
```

图 1　征地农转非群体家庭月收入情况

2.征地农转非群体享受的社保待遇和标准"矮一截"

社会保障是维护社会公平和稳定的平衡器,也是征地农转非群体的生活的重要保障。根据 S 市的征地政策,2004 年以后"以土地换镇保",征地农民的户口可以实现农转非,获得社会保障,土地征用就无须支付 800 元补偿费。从 2011 年 7 月 1 日开始,镇保与 S 市城镇职工社会保障接轨,该群体可以自愿选择留在"镇保"还是"城保"体系中。新政策在确保被征地农民享受的社会保障公平度上迈了一大步,但仍是有限的公平。[①] 从调查结果来看(如图 2 所示),在 S 市能享受社会保障的征地农转非群体达到了 96.5%,基本实现了社会保障全覆盖。其中,有 80% 的征地农转非群体依然保留在"镇保"体系内,每月可以领到的数额为 1200 元,可以用于养老和医疗,另外 20%参加了城镇职工社会保险,与城镇职工的社会保障待遇的差距进一步缩小。征地农转非群体享受的社保待遇和标准"矮一截"主要表现在两个方面:一是征地农转非群体对小城镇社会保险和城镇职工社会保险的差别缺乏认识,大部分群体还没有完成从"镇保"到"城保"体系的转变;二是已经参加城镇职工社会保险的农转非群体原来的镇保缴费年限仅折合成一半,让该群体独自承担征地成本有失公平。

---

① 若加入城保,则原来的镇保缴费仅折合成一半,镇保缴费 15 年仅相当于 7.5 年,另外 7.5 年的缺口需要自己补交,这就使当初的征地成本再次转移到了农民身上。

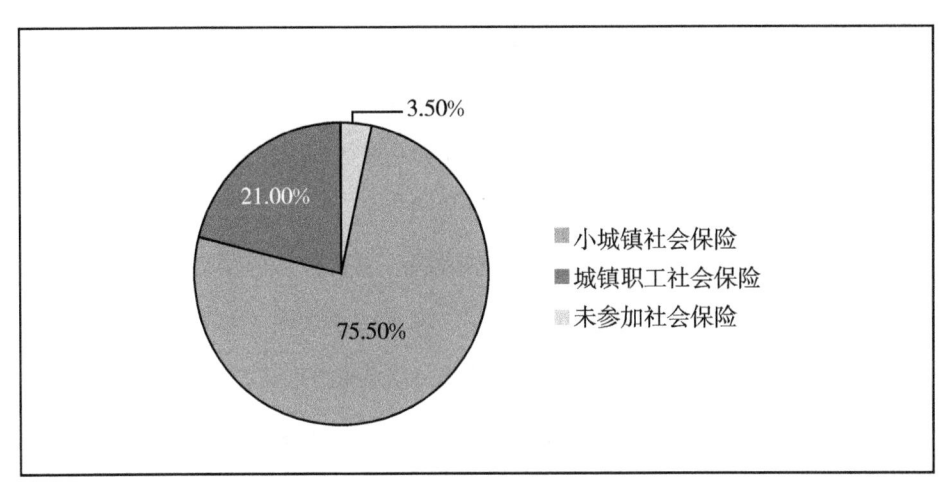

图 2　征地农转非群体社会保障情况

（二）政治距离明显

征地农转非群体进入城市社区生活，进入居委编制后，为实现基层民主自治，居民参与政治生活是非常必要的，政治权利的实现有赖于居民与社区双方的作为，笔者从行使选举权的积极性与社区政治事务通知渠道两方面考察征地农转非群体参与政治生活的情况及其与市民间的差距。

1. 征地农转非群体民主投票积极性低，政治意识薄弱

选举权是与人民主权联系最密切的权利，也是公民的基本权利之一，对于社区中的一些政策及公共事务，只有通过民主投票的形式才能确保顺利实施。原市民因为长期生活在社区，受到民主政治思想的影响，在行使选举权上呈现出积极主动的趋势。相比之下，征地农转非居民行使政治权利的积极性不高。调查结果显示，47.6%的受调查者表示在民主投票中是自己投票的，17.2%的受调查者是由家人代投票的，35.2%的受调查者表示根本没去投票。原则上，民主投票要求本人亲自投出代表自己的一票，但实际情况是半数以上的受调查者没有自己投票，1/3 以上没去投票。该现象反映出两个问题：一方面，征地农转非群体参与政治生活的意识薄弱；另一方面，社区在组织居民正确行使投票权方面的工作有待加强。在实地走访中，通过调查了解到，

在 Q1 的社区中，社区居委会会采取奖品激励的方式鼓励征地农转非居民参与投票，这样提高了居民的投票积极性，对其他地区有借鉴意义。

2. 社区信息通知形式传统，事务传递渠道闭塞

政治距离还表现在两个群体在了解政治事务渠道的差异上，居委会对社区政治事务有义务做到及时通知，有序组织政治事务传递渠道的畅通程度直接影响到社区居民政治权利的正常行使。调查结果表明（如表2所示），大多征地农转非群体所在社区采取专人通知及宣传单的方式进行政治事务的通知，只有5.4%及2.7%运用了微信平台及短信通知等电子信息化通知形式，可见征地农转非社区针对政治事务的通知方式依旧停留在传统的形式上，没有很好地与先进的信息化时代接轨。在对Q1的社区的实地走访中，许多受访者表示居委会政治事务的传递主要是通过楼道长，楼道长由熟悉社区情况的老住户担任，对消息的通知也基本局限于其较熟悉的住户，对于征地农转非居民这一类新"居民"形成了信息屏蔽的状态。部分征地农转非群体在进入社区生活后，社区居委会借应归原来的村大队管理之由将其排除在管理范围之外，但村大队则表示鞭长莫及，最终这部分征地农转非居民被置于"两不管"的真空地带，参与社区政治事务更是无从谈起。可见，与城市居民相比，征地农转非群体参与政治生活的渠道并不畅通，参与政治生活的机会也得不到保障，政治距离凸显出来。

表2 征地农转非社区政治事务通知形式

社区政治事务通知形式	频数	个案百分比
宣传单	66	35.5%
专人通知	100	53.8%
公告栏	43	23.1%
短信通知	5	2.7%
微信平台	10	5.4%
其他	24	12.9%
总计	248	133.4%

（三）社交距离较大

乡村是以血缘、亲缘及地缘为基础形成的传统社会关系网络结构，乡土社会也是个熟人社会，人们以人与人之间情感为纽带形成自己的熟人圈子，以心照不宣、约定俗成的规矩与方式进行社会交往。在土地被征收以后，他们的居住环境、邻里关系都有所改变，社会关系网络发生了一定的变化，与社区中的市民需要建立新的社交关系，由于两者思想观念、行为方式、生活习惯上的不同，不可避免会拉大社会交往的距离。社交距离可以直观反映两个群体的交往情况，是影响征地农转非群体城市融入的重要因素。

1. "同村人"社交普遍，人际关系网络重构困难

费孝通先生曾在《乡土中国》中提到"人与人之间的关系，是以亲属关系为主轴的网络关系，是一种差序格局。在差序格局下，每个人都以自己为中心结成网络。"[8]通过调查结果发现，52.8%的征地农转非居民认为人与人的交往和以前一样，变化不大；约有4%的农转非居民觉得人与人之间的交往比以前冷漠了。介于部分居民征地安置是以村为单位整体迁移，居住地改变之后，他们的情感纽带并没有就此断裂，"同村人"的认同感使得他们在城市社区形成了原本社交圈子之内的新的社交圈，依然可以互相串门、摆桌打牌。也有部分受访者表示在城市楼房之中，各行其是，邻里之间交往甚少，互相串门的现象也很少。社区住户有来自不同村子的征地农转非居民也有原市民，还有外地人租住于此，居民之间差异巨大，大部分都互不相识，征地农转非群体在社区中构建新的人际关系网络的过程也存在各种困难。

2. 新旧市民"各成一派"，社会交往浅层次

笔者对征地农转非居民与原市民的交往意愿进行了调查，结果显示征地农转非居民大多比较愿意与原市民打交道、做朋友，但部分征地农转非居民与原市民之间依然存在交往障碍。47.2%的征地农转非居民表示愿意与原市民打交道、做朋友，38.2%的征地农转非居民意愿不大。从意愿上来看，征地农转非居民对于与原市民之间的社会交往是持较为积极的态度的，但是笔

者在走访中发现征地农转非居民与原市民之间的确存在距离的，主要体现在市民更倾向于与市民交往，而征地农转非居民也更加愿意与自己生活圈子中的人交往，两者之间似乎总有无形的隔阂，征地农转非居民与市民之间的交往同时呈现出浅层次的特点，除了在公共场合的寒暄，社区的活动基本上都由原市民参加，而征地农转非居民常常是"不知道""不参加""不了解"，在他们看来，原市民更像是社区的"主人"。通过访谈了解到，在同时有农转非居民和市民居住的社区，基本上会形成两个非正式群体，除了一些必须参加的活动，很少会主动联系。农转非居民和市民的社交距离依然处于较大值。

（四）文化距离扩大

文化的力量能够使人获得自我肯定和精神提升，获得尊严感、认同感、归属感和精神愉悦。不同生活环境孕育不同的文化观念，城市和乡村在发展演进过程中各自形成了独特的文化脉络和文化特征。因此，城市农转非群体要融入城市社会就必须适应城市文化，实现从乡村文化到城市文化的亚文化跨越。

1.固守乡土生活习惯，拉大文化观念差距

征地农转非群体原本生活在农村，在乡土生活中，他们形成了其具有乡土特色的生活习惯与文化观念，在进入城市后，城市与乡村截然不同的文化氛围必然对其造成冲击。在调查过程中，大多数征地农转非群体保留着乡土社会的生活方式及文化观念，从生活习惯上看，不少农转非居民主观上保留着以往的生活习惯，如洗的衣服随便晾晒、堆放废品、在自家门前"圈"地种菜，对社区绿化及人文环境造成了不利影响。从价值观上看，一部分农转非居民完全依赖政府补贴和社会保障生活，大多安于现状，思想保守，在失去土地后更是缺乏生活重心，呈现被动的状态。从娱乐活动上看，一部分农转非居民的闲暇方式较为单一，基本停留在聊天、打麻将上。客观方面一些社区文化建设落后，并没有为居民提供文化重构的平台，这也引发了该群体的不满。在Q2金葫芦小区，一位60多岁的老人一直抱怨小区没有棋牌室、老年人活动室这样的娱乐休闲场所，加上治安不好，日子过得很不舒心。

我一个老头子，今年也60多了，也是看不惯政府做的这事儿！我现在就在自家楼下种种菜，没办法，种地种习惯了。你再看我家，正对着一条大马路，每天噪音大的不行，觉都睡不好。你说我能过得满意吗？我老头子平时想去打打牌，活动活动都没地方去，社区什么娱乐实施都没有，你再看看别的小区，什么棋牌室、健身设施、活动广场，要什么有什么，我心里真是郁闷。我要是真想动了还是想找个鱼塘打打渔，也算是活动活动身体了。[金葫芦小区 陈志康（化名）]

2. 城市文化适应难，亚文化跨越阻碍大

从乡村文化跨越到城市文化，不仅反映在征地农转非居民生活习惯和行为方式上，更关系到该群体对城市文化特征的认同感上。城市与乡村相比，拥有许多特殊的城市文化特征，快节奏的生活、高消费、无处不在的交易与竞争等，征地农转非群体要适应城市生活，对这些城市文化特征也需要逐渐适应，笔者针对其对主要的城市文化特征的适应情况进行了调查，探寻哪些城市文化是他们不能接受与适应的，结果如表3所示，农转非居民最不能接受的城市文化特征前三位分别是"人情关系淡漠""城市中流动性强，不够稳定""开放的男女关系"。征地农转非居民对"人情关系淡漠""不稳定性"等文化的不接受，隐含了对难以融入城市文化的担忧，对城市文化的不适应一定程度上成了征地农转非群体实现亚文化跨越的阻碍，同时也反映出征地农转非居民与市民之间的文化距离客观存在。

表3 征地农转非群体城市文化适应情况

不能接受与适应的城市文化	频率	个案百分比
人情关系淡漠	111	47.6%
开放的男女关系	78	33.5%

续表

不能接受与适应的城市文化	频率	个案百分比
城市中流动性强，不够稳定	97	41.6%
激烈的竞争关系	52	22.3%
紧张、快节奏的工作和生活	47	20.2%
城市的生活习惯	36	15.5%
无不适应	17	7.3%
消费水平	2	0.9%
赌博	1	0.4%
都不习惯	2	0.9%
总计	443	190.2%

（五）心理距离显著

身份认同感缺失，"量变"到"质变"转换难。

身份认同是主体对自身身份的一种认知和描述，农转非群体的身份认同感主要是指该群体自身对目前身份的主观认识。根据对S市征地农转非群体的调查发现，如图3所示，43.35%的农转非群体认为自己是"介于农民与市民之间"，即"半"个城市人；接近20%的征地农转非居民仍把自己定位为"农民"，可见S市的征地农转非群体普遍存在身份认同感缺失的情况。户籍上的改变仅实现了政策上的公平，是第一步，只有身份认同感建立起来后，一个完整的"农转非"过程才算完成了。而目前存在的问题是，征地农转非群体的社会融入情况并不乐观，一方面，征地农转非群体认为自己与市民在收入、工作、社会保障等方面仍然存在很大差距；另一方面，很多征地农转非群体还住在农村地区，保留着许多原有的生活方式和习惯，而他们行为表现是价值观和认同感的一种映射，他们在心底还没有放下"农民"的身份。

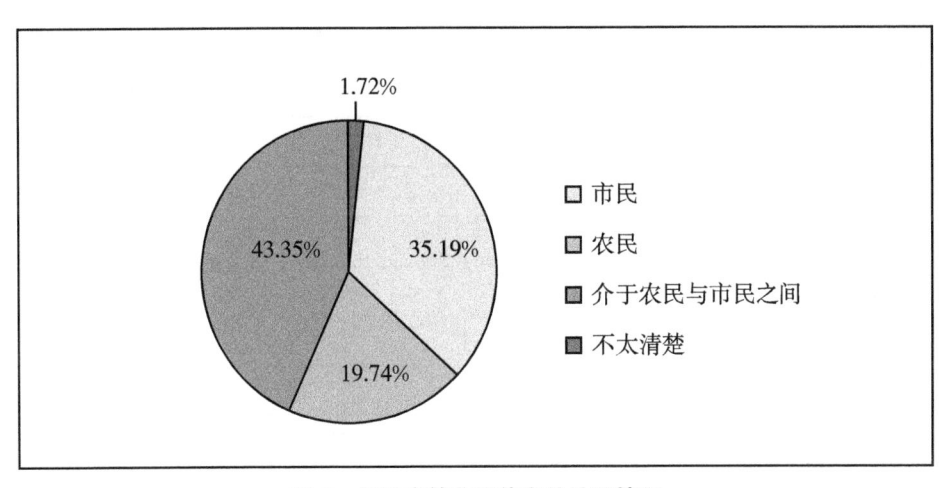

图 3 征地农转非群体身份认同情况

饼图数据：
- 市民：35.19%
- 农民：19.74%
- 介于农民与市民之间：43.35%
- 不太清楚：1.72%

2. 歧视与偏见客观存在，拉大两群体心理距离

生活在相同的城市社区，原市民对征地农转非"新市民"是否存在歧视与偏见是两者心理距离的重要表现，反映了原市民是否接纳征地农转非群体，征地农转非群体又能否从心理层面融入城市生活。原市民对征地农转非居民存在一定的偏见和歧视，这是个不容回避的事实，但也不能过分夸大，毕竟过去作为城市生活主体的城市市民也已经形成自己的一套价值体系，偏见和歧视更像是文化价值观上的冲突。因此，较为科学的方法是通过具体的数据测算出来，笔者向征地农转非群体询问了是否同意原市民对征地农转非群体没有歧视与偏见，收到了如下反馈，如表4所示，表示比较同意、一般的受访者相对较多，分别占比29.6%和27.9%，表示不同意的占比20.6%，非常同意与很不同意的分别占比12.4%与9.0%。从数据可以看出，征地农转非群体较多的认为原市民对他们没有歧视与偏见，但是依然存在部分征地农转非居民认为歧视与偏见的现象存在，这样的认知造成了征地农转非群体与市民之间的心理距离，无法在真正意义上融入城市生活。

表 4　原市民对征地农转非群体歧视与偏见情况

原市民对征地农转非群体没有歧视与偏见	频率	有效百分比
很不同意	21	9.0%
不同意	48	20.6%
一般	65	27.9%
比较同意	69	29.6%
非常同意	29	12.4%
不清楚	1	0.5%
合计	233	100.0%

四、征地农转非群体与市民间社会距离影响因素分析

（一）社会经济地位显著影响征地农转非群体市民化的社会距离

社会经济地位是对个人或家庭基于收入、教育和职业等因素相对于其他人的经济和社会地位的总体衡量。在此处，将征地农转非群体的社会经济地位具化为文化程度、就业、家庭月收入三个指标来衡量，来探究其对征地农转非群体与市民之间社会距离的影响。当然，收入是该群体社会经济地位最重要的测量指标。[9]分析结果表明（如表 5 所示），文化程度与经济距离呈负相关关系，家庭月收入与经济距离呈正相关关系，就业与经济距离存在一定的相关关系。其中，家庭月收入与经济距离的相关系数 Gamma 值最大，为 0.291，P 值为 0.003，通过了显著性检验，说明家庭月收入越高，征地农转非群体与市民之间存在的经济距离越大。就业与经济距离的相关系数 Gamma 值为 0.167，P 值为 0.006，说明就业也是经济距离的重要影响因素。

家庭月收入与经济距离呈正相关关系，这明显与假设预期相反，对于原因笔者作出了三种推想：其一，数据准确度不足，受调查者在表述时没有正确估计家庭月收入；其二，样本量较小且受调查者收入情况集中分布，影响了整体相关性检验；其三，推断性统计结果即现状，家庭月收入越高的征地农转非居民与市民之间经济距离越大。考虑到征地农转非群体身份职业的特

殊性，收入越高的往往是实现了再就业，更能从主观上感受到与城市市民之间的距离，家庭月收入较低的征地农转非群体往往是退休在家依靠社会保障的老人，他们对收入水平方面的距离没有明显感受。这从一个侧面更加论证了征地农转非群体的收入和就业对于社会距离的重要影响。征地农转非群体从依赖土地到依靠非农业活动及政府补贴，是该群体在城市融入过程中必须经历的过程。然而，受到文化程度、自身技能缺乏等因素的影响，征地农转非群体的再就业遭遇"瓶颈"，自然导致整体收入水平不高。因此，要缩小征地农转非群体与市民之间的社会距离，提高其社会经济地位是关键。

表5 征地农转非群体社会经济地位对社会距离影响的相关检验

	经济距离		社会距离（总计）	
	相关系数	P值	相关系数	P值
文化程度	-0.106	0.168	0.034	0.705
从事的工作	0.167	0.006	0.022	0.414
家庭月收入	0.291	0.003	0.182	0.144

（二）社会关系网络直接影响征地农转非群体市民化的社会距离

中国传统农业社会网络结构赖以形成和存在的基础是血缘、亲缘、地缘，成员内部互惠是中国农村居民社会网络存在的主要形式。[10]进入城市后，征地农转非群体的社会关系发生了巨大的变化，与市民的交往成为他们日常生活中重要的部分，社会关系网络震荡后的重建，将直接影响到征地农转非群体的城市融入。分析结果表明（如表6所示），参加社区公共活动的频率及是否经常感到孤独对社会距离都具有显著影响，卡方值分别为28.645和46.273。Gamma相关性检验结果显示征地农转非群体与原市民交往意愿与社交距离呈显著的负相关关系，要缩小两个群体之间的社会距离，双方需要打开心扉，互相接纳。从原市民的角度出发，原市民对征地农转非群体有无偏见和歧视与社会距离存在一定的相关关系，相关系数Gamma值为-0.182，且通过了显著性检验。

介于征地农转非群体及市民群体之间固有的隔阂，两群体内部很难通过日常生活进行深层次交往，而社区公共活动对于征地农转非群体的社会关系网络的重建起到一个促进性的平台作用，而外部环境发挥作用还要依靠群体内部的协调，其中起到决定作用的则是征地农转非群体和市民主观上的态度，只有两者共同放下偏颇和成见，表现出积极的交往意愿，才能从根本上缩小社交距离，进而缩小社会距离。

表6 征地农转非群体社会关系网络对社会距离影响的相关检验

	社交距离		社会距离（总计）	
	Pearson 卡方	P值	Pearson 卡方	P值
参加社区公共活动的频率	14.321	0.501	28.645	0.001
是否经常感到孤独	30.353	0.064	46.273	0.000
	Gamma 相关系数	P值	Gamma 相关系数	P值
与原市民的交往意愿	−0.154	0.073	−0.074	0.450
原市民有无偏见和歧视	−0.015	0.847	−0.182	0.031

（三）文化融入程度较强影响到征地农转非群体市民化的社会距离

文化的力量能够使人获得自我肯定和精神提升，获得尊严感、认同感、归属感和精神愉悦。城市农转非群体要融入城市社会就必须适应城市文化，实现从乡村文化到城市文化的亚文化跨越。这是一个文化融入的过程，可以在潜移默化中缩小征地农转非群体与市民之间的文化差距，进而缩小社会距离，可以说文化融入越好，社会距离则越小。然而，目前征地农转非群体的文化融入情况并不乐观，调查过程中发现，42.4%的征地农转非群体表示对城市中紧张快节奏的生活表示不适应，此外还有生活习惯的差距，这些因素不可避免地拉大了与市民之间的社会距离。从娱乐活动上看，一部分农转非居民的闲暇方式较为单一，基本停留在聊天、打麻将上。也有一部分居民会定期参加社区举行的一些公共活动，读书、看报、业余学习、体育锻炼的比例有所增加。笔者通过卡方检验分析参加社区文娱活动与文化距离和社会距离之间的关系，结果如表7显示参加社区文娱活动与文化距离和社会距离都具有较强的相关性，卡方值分别为40.060与28.654，均通过了显著性检验。

表7 征地农转非群体参加社区公共活动与社会距离的卡方检验

	文化距离		社会距离（总计）	
	Pearson 卡方	P 值	Pearson 卡方	P 值
参加社区公共活动的频率	40.060	0.000	28.645	0.001

（四）社会认同度直观地影响到征地农转非群体市民化的社会距离

1. 身份认同

社会认同的第一个层次是身份认同。身份认同是指由于征地实现农转非的"新市民"与原市民之间的距离，以及对自己的身份的思考和认知。一方面，征地农转非群体的身份认同在一定程度上既反映了其与市民间存在的社会距离，又决定了两者之间的社会距离，在主观态度的影响下，身份认同感的差异一定程度上会造成征地农转非群体城市生活状态的差异，通过对征地农转非的身份认同与生活距离的卡方检验的数据结果可知身份认同与生活距离具有一定的相关性。另一方面，身份认同与社会距离的相关性检验结果却与预期不同，通过对征地农转非群体的身份认同与社会距离进行卡方检验可得，如表8所示，卡方值为11.951，P值为0.216，没有通过显著性检验。说明接受调查的征地农转非群体的身份认同对其与市民之间的社会距离造成的影响很小，这与访谈的结果有出入，分析原因可知，可能有部分征地农转非群体是从户籍转变的角度来界定自己的身份，结果导致结果的偏差，也不排除样本数量少产生的影响。

表 8　征地农转非身份认同与社会距离的卡方检验

	生活距离		社会距离（总计）	
	Pearson 卡方	P 值	Pearson 卡方	P 值
身份认同	29.964	0.012	11.951	0.216

2.生活满意度

社会认同还包括对目前生活状态的认同情况，生活满意度是归属感及幸福感的重要指标，也是衡量心理距离的主要指标之一。生活满意度可以通过对社区基础设施、绿化环境、公共交通、子女教育、收入水平、社会保障、城市融入和政府工作的满意度来测量。通过测算四个区域征地农转非群体的总体生活满意度的均值，以 5 分作为上限，基本处在 2.34—3.30，说明四个地区的居民对总体生活的评价一般。

表 9　四地区征地农转非群体对生活各方面的满意度

满意度	Q1	Q2	Q3	Q4	均值
物价水平	2.53	2.17	1.68	3.13	2.38
社会保障	2.94	3.08	1.84	3.41	2.82
社区环境	3.71	2.75	3.55	3.52	3.38
人际交往	2.44	2.28	2.35	3.44	2.63
政府服务	2.62	2.81	2.23	2.83	2.62
城市融入	3.24	3.25	2.39	3.45	3.08
均值	2.91	2.72	2.34	3.30	2.82

通过征地农转非群体与市民之间的社会距离进行相关与多元回归分析，建立了两个回归模型，如表 10 模型中 R2 统计量分别为 0.428 和 0.430，说明两个模型的拟合程度一般。两个模型在 F 检验中 P 值都小于 0.05，通过了 F 检验，所以，回归方程通过了显著性检验，说明所有自变量与社会距离之间

存在显著的线性关系;在6个影响因素的回归系数中,对收入水平的满意度、对社会保障的满意度、对社区环境的满意度、对人际交往的满意度,这4个回归系数对征地农转非群体与市民之间的社会距离有影响。可见,提高征地农转非群体对收入水平、社会保障、社区环境和人际交往的满意度,是缩小两个群体之间社会距离的重要途径。生活满意度的大小,反映的是征地农转非群体对在城市生活的认同情况,生活满意度高低,在一定程度上反映了该群体适应城市生活的节奏,也只有征地农转非群体的生活满意度提高了,才说明该群体与市民之间的距离在不断缩小。

表 10　征地农转非群体社会距离的多元回归模型

自变量	模型一 B	Beta	P 值	模型二 B	Beta	P 值
（常量）	4.671	—	0.000	4.679	—	0.000
收入水平	−0.102	−0.166	0.012	−0.096	−0.156	0.019
社会保障	−0.171	−0.275	0.000	−0.167	−0.268	0.000
社区环境	−0.113	−0.164	0.003	−0.109	−0.158	0.005
人际交往	−0.202	−0.033	0.000	−0.200	−0.338	0.000
城市融入	−0.006	−0.008	0.893	0.006	0.008	0.900
政府服务	—	—	—	−0.035	−0.056	0.458
R^2 调整 R^2 F 值	0.428 0.415 33.185（P=0.000）			0.430 0.414 27.778（P=0.000）		

五、缩小社会距离,推动城市化社会融入

本文通过实证研究,对征地农转非群体与城市居民之间的社会距离进行了描述及影响因素分析,发现影响征地农转非群体与城市居民之间社会距离的主要因素包括社会经济地位、社会关系网络、文化融入、身份认同及生活满意度,征地农转非群体普遍存在收入低、就业难、文化融入不佳、生活满

意度低及缺乏身份认同感等问题,这些问题促使了征地农转非居民与城市居民间的社会距离的不断拉大,因此,缩小两个群体之间的社会距离不仅需要征地农转非群体和市民的自身努力,也需要政府和社会从促进再就业、完善社会保障、加强社区管理等方面采取可行路径,推动征地农转非群体的城市化社会融入。

（一）着力解决贫困问题,不断缩小经济距离

S市农转非群体与城市市民之间的社会距离,主要反映在收入水平、社会保障、社区管理三项指标上。其中经济距离最为突出。贫困问题是根本问题,而缓解贫困、提高收入的有效途径就是帮助农转非群体尽快实现就业转换,顺利进入城市现代职业体系。当农民进入企业,与其他人一样享受社会保障待遇,在感受城市现代工业发展和进步的同时学习和扮演城市市民的角色。现实是被征地农民受到文化程度和技能的限制,很难依靠自身力量在劳动力市场中胜出,这就需要政府为该群体提供一定的就业援助。首先,依据征地农转非群体的文化水平和技能层次,对其进行有针对性的培训。其次,为征地农转非群体多提供一些就业机会,充分发挥政府的政策领导作用,鼓励一些发展较好的企事业单位吸收该群体就业,还有社区的一些基础服务岗位也应该对该群体开放。最后,笔者建议有关部门要重点推进镇保与城镇职工社会保障合并的进程,根据区域发展程度和物价水平适度提高保障标准,解决征地农转非群体最基本的经济问题。同时,符合条件的征地农转非居民应该一样享受到城镇居民最低生活保障待遇,不能因为他们曾经得到土地补偿费用而将其排除在外。不仅要让该群体公平地享受到城镇居民最低生活保障待遇,还应该扩大该群体最低生活保障享受的范围。只有解决了贫困问题,提高了征地农转非群体的社会经济地位,才能切实提高该群体在城市中的生活质量和话语权。

（二）充分发挥社区功能,逐步缩小差异群体的社会距离

对S市的征地农转非群体来说,在土地被征用的同时,伴随着房屋的拆

迁和安置，他们大多被集中安置到某一城市社区内，至此，社区承担起政治参与、生活居住、娱乐休闲、人际交往于一体的功能。社区建设直接关系到征地农转非群体能否成功完成"市民"角色的转换，若社区建设相对完善，征地农转非居民能够尽快改变原有传统的生活方式，充分利用健身设施、老年人活动室、棋牌室进行更加有益于身心的活动；若社区建设相对落后，征地农转非居民在绿化卫生条件差、无任何娱乐活动设施的状态下生活，自然不愿意参加任何社区政治事务，生活满意度也会变低。笔者建议，社区应该在缩小社会距离中扮演积极主动的角色，主要是从精神层面入手，以加强社区建设和青年志愿者的参与为主。社区应该为征地农转非居民提供文化重构的平台：老年人活动室和棋牌室可以丰富老年人的业余生活；公益讲座、心理访谈引导居民接受城市文明与生活方式；举办书法歌唱比赛等社区活动可以加强邻里之间的互动和交往。此外，居委会应该畅通居民参与社区管理及反映自身诉求的途径，避免将农转非群体置于"两不管"的真空地带，让其拥有参与基层民主自治及表达诉求的权利，使其认识到自己是社区的一员，是城市的一员，提高农转非群体的参与意识，帮助其树立积极乐观的生活态度，提高其身份认同感，促使其达到高层次的社会融入。

（三）重点关注心理距离，提高农转非群体的身份认同

在解决农转非群体与市民差异问题的过程中，心理距离常被置于次要地位，在本研究调查中，农转非群体心理融入不佳，身份认同感低的现象十分明显，尤其在老年人、低收入群体及待业下岗或离退休人员三类群体中，这三类受调查者是农转非群体中的弱势群体，为该群体提供健全的生活保障，关注其心理融入问题，是目前促进农转非群体融入城市的关键。偏见是造成社会距离的重要原因。帕克认为，那些通常成为偏见的东西，似乎或多或少是一种本能地、自发地保持着的一种社会距离的倾向。[12]征地农转非群体与市民群体原本生活在截然不同的环境之中，形成了不同的生活习惯和文化观念。在征地农转非群体进入城市社区生活后，其需要适应与

乡土生活截然不同的城市生活，而城市居民则对于这些"后来者"的"落后"观念及生活习惯并不看好，偏见与歧视从而产生并导致征地农转非群体与市民之间社会交往不对等，社会距离不断拉大，逐步化解两群体之间的偏见与歧视，是缩小社会距离的重要前提，引导征地农转非群体融入城市文化，是促进征地农转非群体社会融入的重要方面。要实现征地农转非群体与城市居民平等交往、和谐共处的目标需要双方的共同努力。城市居民应该以尊重与理解的心态对待征地农转非群体，在心理上真正接纳他们，与征地农转非群体建立平等互助的社交关系。征地农转非群体则应该对过去的文化观念与生活习惯取精去粕，通过各种途径了解接触城市文化，不断适应城市生活与城市文化。除此之外，社区应创造促进征地农转非群体及城市居民社会交往的良好平台，积极组织社区居民参与文娱活动、志愿活动，尊重每个居民管理社区事务的群体，广泛听取不同群体居民的意见与建议，营造平等和谐的文化氛围，逐步化解群体间的偏见与歧视，提高征地农转非群体的身份认同感。

（四）树立积极向上的观念，主动融入城市生活

除了政府和社区要发挥积极的作用，征地农转非群体自身的态度也非常关键。一部分征地农转非居民由于被动放弃土地，加上政府经济补偿和住房安置工作不到位，就会采取一些比较极端的方式作为反抗，如聚众闹事、自杀。另一部分居民则是过度依赖征地补偿或者安置补助费，整天无所事事，以打麻将、赌博为主要娱乐方式，养成了懒惰的心理。还有一部分居民是没有树立正确的就业观，因为习惯了田地里自由的耕种模式，所以不能适应工厂相对严格的劳动规定和流水生产线的工作环境，既想要工作轻松，还想要高工资，自然难以找到工作。作为城市融入的主体，应该主动缩小与市民之间的差距，树立正确的就业观，保持积极向上的心态，主动去融入城市生活。首先，转变就业观念是融入城市的第一步，征地农转非居民应该充分意识到工作之于家庭和生活的意义，结合自身的受教育程度和掌

握技能的情况，积极参加政府部门举办的就业培训，主动学习和实践，工作后要遵守单位的纪律和规定，踏实工作。其次，养成市民意识，积极参加社区组织的公共活动。征地农转非居民应主动加强邻里之间的交往和沟通，努力打破与老市民之间的心理隔阂。同时，要主动地行使自己的投票权和选举权，社区的一些政治事务直接关系到居民的切身利益，不应两耳不闻。当然，社区不同于农村，居民应逐渐改变过去落后的生活习惯，遵守社区的规范进行垃圾分类，在固定区域摆放物品，不随处晾晒衣服。最后，要保持乐观积极的心态，虽然作为"新市民"，与"老市民"之间在收入水平、住房环境、社会保障等方面还存在一定的差距，但政府和社区近年来一直在积极地推动整个农转非群体的社会融入，也在不断完善征地和拆迁的相关政策，逐步打破两个群体之间的不公平，充分认识到这一点之后，以积极的心态工作和生活，唯有这样，才能提高对城市的认同感和归属感，进而融入城市。

参考文献

[1] 2015年国民经济和社会发展统计公报[R/OL].中国国家统计局网[2019-03-29]. http://www.stats.gov.cn/tjsj/zxfb/201602/t20160229_1323991.html.

[2] 史斌.社会距离：理论争辩与经验研究[J].城市问题，2009（9）.

[3] 塔德.模仿的规律[A]//周晓虹.现代社会心理学名著菁华[M].北京：社会科学文献出版社，2007.

[4] 齐美尔.货币哲学[M].陈戎女，译.北京：华夏出版社，2007.

[5] 吴永明.《美国人对黑人犹太人和东方人的态度》出版发行[J].中南民族学院学报：哲学社会科学版，1993（3）.

[6] 郭星华，储卉娟.从乡村到都市：融入与隔离——关于民工与城市居民社会距离的实证研究[J].江海学刊，2004，（3）.

[7] 白杨.社会分层理论与中国城市的类中间阶层[J].东方论坛：青岛大学学报，

2002（03）.

［8］费孝通.乡土中国［M］.北京：人民出版社，2008.

［9］罗启昱，付少平.城市化进程中城乡居民社会距离实证分析［J］.西北农林科技大学学报：社会科学版，2016（3）.

［10］王慧博.从农民到市民——城市化进程中失地农民市民化问题抽样调查研究［M］.上海：上海市社会科学院，2015.

［11］邱兴.论城市农转非新移民社区的文化重构［J］.理论与实践，2008（5）.

［12］刘易斯·A.科塞.社会学思想名家［M］.石人，译.北京：中国社会科学出版社，2007.

第二节　农民工市民化研究

新生代农民工市民化社会融入风险研究

摘要：在中国快速城市化的过程中，新生代农民工正被挟裹在融入城市、成为市民的社会大潮中。那么，新生代农民工具有怎样的时代特点、新生代农民工在市民化过程中面临着怎样的社会风险？本文从新生代农民工所面临的经济融入、社会保障融入、心理融入等系列社会风险角度进行了详细分析，并对如何化解新生代农民工的系列风险，从而尽快建立起新生代农民工城市生活的抗风险机制，使他们不再仅享有统计意义上的市民称号，而是实实在在地融入城市服务体系，当上真正的城市新市民，提出了自己的建议。

关键词：新生代农民工　市民化　社会融入　风险

2011年，中国城镇人口占总人口的比重已超过50%，这意味着中国城市化水平首次超过50%。[1]但在我国66557万[2]的城镇人口中，被统计为城镇人口而非真正市民的"农民工"就占了25278万人。[3]在这数量庞大的农民工队伍中,新生代农民工已成为主力军,已占到66.9%。随着城市化进程的不断加快,新生代农民工的总人数每年正以800万—900万人的速度快速递增,要不了10年,该群体的总人数将突破2亿甚至更多。[4]美国社会学家沃思曾在《作为一种生活方式的城市性》中指出:"城市化就是从农村生活方式向城市生活方式质变的过程。"城市化的最终目的是市民化。但在中国快速城市化的过程中,农民工市民化社会融入状况仍存在种种障碍,风险社会形象地描绘了中国新生代农民工所处的环境特征。如何让这些户籍在农村,长年在城镇务工、居住、消费的劳动力大军不再仅享受统计意义上的市民称号,而是实实在在地融入城市公共服务体系,在城市有收入、有保障、有房住、有学上,当上真正的城市新市民,逐步形成农民工与城市居民身份统一、权利统一、地位平等的社会体制,正是关系到我国工业化、城市化乃至现代化健康发展的重大战略性问题。

一、相关概念分析

(一)新生代农民工

所谓新生代农民工主要是指1980年以后出生、16周岁以上,拥有农村户籍,但主要在城镇从事非农产业的劳动力。国务院发展研究中心课题组调查表明,新生代农民工已占到66.9%。其中,16—25岁的占41.1%,26—30岁的占25.8%。[5]新生代农民工出生于国家实行严格的计划生育政策以后,大多数在家庭中倍受呵护,他们要么自出生起就跟随父母(第一代农民工)在城市中生活;要么从小就上学读书,离开学校以后就进城打工。相对来讲,一方面,他们对于农业生产并不是那么熟悉,对于土地感情也要比父辈们淡化了许多;另一方面,他们又比父辈们更渴望、更愿意主动融入城市社会,他们身上带有明显不同于传统农民工的特征和新时代烙印。

(二)社会融入及新生代农民工市民化社会融入

"社会融入"是国际移民研究中的一个重要概念,一般认为,由于迁入地与迁出地的文化差异,移民往往会出现一种非整合的现象,即移民在迁入后常表现为马赛克般的群体分割、文化多元主义和远离主体社会等三种生存状态。[6] 2003 年,欧盟在有关社会融入的报告中对社会融入定义如下:社会融入是这样的一个过程,它确保具有社会风险和社会排斥的群体能够获得必要的机会和资源,通过这些机会和资源,他们能够全面参与经济、社会和文化生活以及享受在融入的社会中应该享受的正常社会福利。[7] 中国社科院王春光研究员对于新生代农民工的城市社会融入曾做过研究,认为新生代农民工的城市社会融入是指新生代农民工在生产方式、生活方式、社会心理与价值观上整体融入城市并认同自身新的身份。[8]

借鉴以上研究,本研究认为,新生代农民工市民化社会融入,是指新生代农民工能够克服经济融入风险,在城市有立足的经济基础;能够克服社会制度融入风险,公平合理地享受市民的各种保障待遇;能够克服心理融入风险,既有强烈的融入城市的愿望,又能够被城市市民所接纳,实现身份地位的认同。

(三)风险社会和社会风险

人们对于社会风险的关注源自于"风险社会"一词的提出。德国著名社会学家乌尔里希·贝克于 1986 年出版了《风险社会》一书,为我们很好地分析了现代社会的结构特征。贝克认为,风险社会是现代化的必然产物,是伴随着现代化的出现而被发明出来的,它将工业社会中隐性的、居于次要和从属地位的威胁以显性的、居于主导地位的形式凸现出来,即工业化社会道路上所产生的威胁开始占主导地位。正是这些副作用成为风险社会发展的推动力。[9]

风险社会理论实际上向我们展示了这样一个悖论:当今社会所存在的问题是日益清楚地意识到前方的危险,但阻止这些危险或缓解其危害性的能力却在逐渐减弱。这就是拉什所说的"自反性的极限"的观点,即在反思的主观能力与世界对反思可能采用的实践手段的免疫性之间缺少认同感甚至协作。风险社会理论对自工业化社会以来一直运行的制度基础提出了挑战。[10]

在社会层面上的风险是社会风险。有学者认为,社会风险是由个人或团体反叛社会行为所引起的社会失序和社会混乱的可能性。[11]不确定性和损失性是社会风险的根本特征。本文认为，社会风险主要是由经济、政治、制度、文化等冲突所引发的危及社会稳定，导致社会失序的可能性，社会风险具有较强的累积性，社会风险的不断累积会导致灾难性的社会危机，最终损害社会秩序，破坏社会稳定。新生代农民工是有着农业户籍的产业工人，他们在融入城市、转为市民的过程中要承受种种风险，这些风险非个人、家庭之力可以化解，是群体性的系统社会风险。美国政治学家米格代尔曾指出："农民没有完全进入主流社会制度，主要是由于他们受到许多条件的限制。"同样，新生代农民工生活在城市、工作在城市，但融入城市、成为市民仍受限制，主要就是系统性的社会风险所导致的。具体而言，新生代农民工市民化社会融入的风险主要有经济融入风险、社会保障体制融入风险、心理融入风险。

二、新生代农民工市民化社会融入风险分析

（一）经济融入风险较大

经济融入是新生代农民工在城市立足的基础，其中收入和就业是其经济融入的主要指标之一。只有新生代农民工有了一定的经济实力、拥有一份稳定的工作、获得了像样的经济地位，他们才会更有信心、更有能力与流入地市民进行深层次交往，也才能更好地为当地市民接纳，从而促进其他方面的融入。[12]然而，新生代农民工的经济收入并不理想，在城市中的就业很不稳定，对于农业技能也很陌生，这导致了他们无论是进入城市还是退回农村，都将面临较大的风险。

1. 自身的人力资本较少、经济收入较低，而消费水平相对较高，使其城市融入的行为失范风险增大

舒尔茨认为，人力资本是体现在劳动者身上的一种资本类型，它以劳动者的数量和质量，即劳动者的知识程度、技术水平、工作能力以及健康状况来表示，是这些方面价值的总和。在市场经济社会中，人力资本突出体现为

知识和技能。农民工能否获取一份好的经济收入，主要取决于其自身的知识和技能水平。国家统计局关于"2011年我国农民工调查监测报告"显示，新生代农民工中"不识字或识字很少"者占0.3%，"小学"文化程度者占5.9%，初中及以上文化程度者占93.8%，这其中以"初中"文化程度为主，占了"59.8%"，"高中"占了14.5%，"中专"占了8.6%，"大专及以上"占了10.9%。而我国第六次人口普查资料显示，北京市人口平均受教育年限已达11.1年，新增劳动力平均受教育年限达到14年，每10人中有3名大学生；[13]上海市人口年龄在15到59岁的主要劳动力平均受教育年限达到11.22年，每5人中就有1个大学生。[14]在大学生就业尚困难的形势下，新生代农民工较少的人力资本，成为其增加经济收入的重要障碍。2011年，中华全国总工会发布的调查报告显示，新生代农民工的整体收入偏低，平均月收入为1747.87元，为城镇企业职工平均月收入（3046.61元）的57.4%；同时也比传统农民工低167.27元。[15]

老一代农民工给人们的印象是"一头乱发，扛着麻袋进城"，谋生是他们的第一目标。有学者把农民工这种外出动机称为"生存理性假设"，是生存策略，是"不饿死就行"的生存逻辑。而新生代农民工给人们的印象则呈现出另一番景象，他们大多能说一口标准的普通话，衣着光鲜，使用着名牌手机，拉着时尚皮箱进城。赚钱只是他们的部分目的，不愿意为了攒钱将自己变成牛马，不满足于生存理性，他们还要生活质量，还要娱乐、交友，对于工作环境、工作条件、就业行业等都有所要求。国务院发展研究中心课题组调查表明，新生代农民工就业行业以工业为主，占52.84%；其次是商业及服务业，占39.17%；第三是建筑业，占6.72%。[16]另据广东省统计局抽样调查显示，2009年第二季度，新生代农民工平均每月挣钱873元，只交回老家232元，即将近八成的工资收入被自己花掉了，或者自己留着了。其中超过一成的收入花在了文化娱乐和电话费上。甚至有些新生代农民工在追求城市生活方式的同时，还受到了一些不良风气的影响，出现了"娇子农民工""月光族"等现象。[4]更有些人在外部色彩斑斓生活诱惑与自身经济基础薄弱的双重压力夹击下，出现行为失范，尝试用非法手段去谋取不义之财，进而走上违法犯罪道路。

2. 非农职业技能较低，就业呈现短工化、水平化，而农业生产技能正在丧失，使新生代农民工进入城市和退回农村的双向风险增大

在农民工中，接受过农业技术培训的占10.5%，接受过非农职业技能培训的占26.2%，既没有参加农业技术培训也没有参加非农职业技能培训的农民工占68.8%。[3]新生代农民工参加职业培训的比例要高于老一代农民工，但也不足30%，而据中国劳动力市场网的统计，城市劳动力市场中需求量最大的是既受过专业职业教育，又具有一定技能的中专、职高和技校水平的劳动力，占总需求的60%左右，这说明新生代农民工的职业技能素质还不足以有效满足市场需求。[17]

非农职业技能的不足，使其所从事的主要是体力型和低技能高替代性的工作，层次比较低，并使就业呈现出短工化现象。主要表现在就业的高流动性和水平化，新生代农民工在城市务工时，更换工作的平均次数为1.44次，是传统农民工的2.9倍。他们更倾向于采取主动与用人单位结束合同的行为。[15]工作的高流动性产生的一个必然副作用就是工作的水平化趋向。调查显示，农民工在用工单位中获得内部升迁的空间相当有限，超过1/3的农民工在上一份工作期间薪酬、技能和管理层级均无提升，多数农民工换工作后，职业地位并未得到任何改变。[4]就业的短工化和水平化，难以有效为新生代农民工提供城市经济融入的基础。

新生代农民工中学毕业后，不需要像父辈一样继续"面朝黄土背朝天"的日子，他们可以直接进入城市打工，他们对于农村社会的认识和了解也仅限于打工前的这一段时间，而其在打工之前又主要是在学校度过的，所以，新生代农民工对于农业生产技能、农村记忆是非常贫乏的，调查发现，20世纪90年代外出务工的人口仅有39.2%称自己务过农，有些人还把自己在上学期间帮助

父母干农活当作自己的务农经历。[18]而且年龄层次越低，接受农业生产技能培训的比例也越低，这说明青年农民工正逐渐丧失从事农业生产的技能。[3]再加上新生代农民工常年在外务工，缺少与农村社会的联系，在农村社会的原有人际关系趋向于弱化甚至断裂，使新生代农民工感觉到有种疏离感而会主动脱离农村社会。此外，之前外出的新生代农民工在家乡的人眼里，是"有出息""见过世面"的人，得到了家乡人极大的肯定。这种肯定强化了外出的动机，即使在外面混不下去了也不选择回去，因为这样很没面子。[18]还有学者研究指出，新生代农民工中很大一部分人是农村的超生人口，按计划生育政策不能分得集体土地。[19]这些因素导致了新生代农民工处于极为尴尬的境地：作为农民，难以融入农村或者没有土地作为基本的生产资料；而作为工人，被用工单位稳定接纳的可能性更低，在城市中同样很难适应，处于进退两难的境地，成为生活在城市和农村的"夹缝人"。

(二) 社会保障体制融入风险重重

新生代农民工融入城市，其主要标志就是他们与市民享受相同的待遇，其中社会保障是最重要的内容，可以使新生代农民工真正在城市中扎根。然而，长期以来，他们却被社会保障体制拒之门外，新生代农民工的社会保障状况不容乐观，面临着养老、医疗、工伤、住房等系统风险，据统计，雇主或单位为农民工缴纳养老保险、工伤保险、医疗保险、失业保险和生育保险的比例分别为13.9%、23.6%、16.7%、8%和5.6%，特别是在建筑行业、住宿餐饮业的农民工，雇主或单位为其缴纳各项保险的比例更是显著低于其他行业。[3]他们无法通过个人及家庭自避或将风险转移出去，这成为阻碍新生代农民工市民化社会融入的体制障碍。然而，面对社会保障权益的缺失和劳动权益的受损，多数新生代农民工并未察觉，原因是新生代农民工整体法律意识淡薄。这更突显了新生代农民工社会保障体制融入风险的危机性。

1. 养老保障风险

每一个人都会步入老年，每一个劳动者都会在达到一定年龄的时候退出工作岗位。因此,由年老导致的劳动能力减退是一种确定性的和不可避免的风险,所以需要一个合理的养老方式提供帮助和支持,获得生活保障。农民工在城市工作了数年后,当年老体弱时,其养老保障仍面临着较大风险。

首先,农民工养老保障模式在全国并不统一,如广州、深圳的城保模式,浙江、北京的单独模式和上海、成都的综保模式。多种模式的并存,使农民工养老保险制度呈现碎片化状态,实施效果很不理想,表现为农民工的社会养老保险参保率低、退保率高。

其次,农民工参加的城乡养老保险制度间转移接续关系并不明确。《社会保险法》第16条第2款规定:"参加基本养老保险的个人,达到法定退休年龄时累计缴费不足十五年的,可以缴费至满十五年,按月领取基本养老金;也可以转入新型农村社会养老保险或者城镇居民社会养老保险,按照国务院规定享受相应的养老保险待遇。"该条款规定,农民工在城市工作时可以参加城镇职工养老保险,一旦返回农村后,还可以转为新型农村养老保险,但是,两种养老保险制度之间如何转换和接续,却有具体规定,回乡农民工的养老保险关系仍然很难在城乡保障系统之间进行顺利转移和接续。

2. 医疗保障风险

在人的一生中,疾病具有普遍性和随机性,如果严重的话会危及人的生命,导致死亡,医疗保障制度就是为了应付这种风险而设计的,它能在最大程度上保证公民在遭遇疾病风险时能恢复身体健康,使社会的财富生产得以继续。然而,在我国"二元制"社会医疗保障制度下,双重身份的农民工医疗保障问题陷入了尴尬境地:一方面,具有农民身份的农民工因长期在城市中务工,而享受不到农村的合作医疗和大病救助待遇;另一方面,农民工因为不是"城市人"被排斥在城市医疗保险体系之外。农民工处于城乡医疗保障体系的"真空区"。[20]新生代农民工生病后大多数仗着年轻、体质好硬挺过来,或找一些江湖游医诊治,甚至上当受骗或延误病情。因此,新生代农民工对医疗保障的需求是最为基本和迫切的,如何化解农民工医疗保障风险是当前亟待解决的问题。

3. 失业、工伤和生育保障风险

城市市民在失业以后，有失业保险金来维持生活。而农民工失业以后，很少有人能够享受到失业保障。新生代农民工失业后面临的风险更大，他们不愿或者无法回到农村依靠土地保障，只能向老乡或亲友借钱来维持基本生活，极少有农民工会得到地方政府或劳动单位的救助，有些人就是在这种情况下走上行为失范、违法犯罪道路的。

工伤保险是社会保障制度中保障劳动者基本生活和分散预期风险目标的重要体现，是指劳动者因工作原因受伤、患病、致残或死亡，暂时或永久丧失劳动能力时，从社会保险制度中获得法定的医疗、生活保障和必要的经济补偿，以及对职工因工死亡后无生活来源的遗属提供物质帮助的制度。工伤保险实行的是"无责任补偿"原则，即发生工伤事故后，无论谁的责任，均应依法按照规定给付工伤保险待遇。农民工在城市中从事强度大、危险性高、环境恶劣的工作，致使工伤事故和职业病发生率较高，但是一些企业为了降低成本，往往不为农民工交纳工伤保险，一旦发生事故，往往一推了之。据统计，在全国每年发生的数万起工伤事故中，农民工工伤的比例高达40%，而农民工真正得到补偿和救助的比例仅为5%。[21]河南农民工张海超的"开胸验肺"事件，集中暴露了农民工在面临工伤风险时，维权的艰难与无助。

在新生代女性农民工群体中，生育保险基本上是空白。女性农民工一旦怀孕，往往会被企业辞退，即使没有被辞退，由于企业没有为其办理生育保险，也享受不到城镇职工的生育保险待遇，这与国家的优生优育政策背道而驰。[21]

4. 住房保障风险

住房是农民工在城市生活的最基本条件，安居才能乐业，解决好新生代农民工在城市的居住问题，不仅能够促进新生代农民工市民化进程，也将大大推进我国的城市化速度。《中国新生代农民工发展状况及代际对比研究报告》显示，新生代农民工中有71.4%的女性和50.5%的男性选择"如果条件允许，会在打工的城市买房定居"。[22]但实际上，新生代农民工在城市的居住状况普遍较差。据国家统计局《2011年我国农民工调查监测报告》显示，以受雇形式从业的农民工，由雇主或单位提供宿舍的占32.4%，在工地或工棚居住的占10.2%，在生产经营场所居住的占5.9%，与他人合租住房的占19.3%，独立租赁住房的占14.3%，有13.2%的外出农民工在乡镇以外从业但每天回家居住，仅有0.7%的外出农民工在务工地自购房，有四成外出农民工的雇主或单位不提供住宿也没有住房补贴，雇主或单位不提供住宿的农民工每人月均居住支出335元，占其月均收入的16.0%。[3]这样的居住状况，仅能满足其睡觉的需要，其他的卫生、休闲、娱乐等需求都无法得到满足，而且长期住在阴暗、潮湿、卫生条件差的地方，容易患上各类疾病；此外，新生代农民工正处在青壮年时期，多是集体居住，长期与父母、子女、夫妻两地分居，带来各种赡养、抚养、婚姻、社会认知、社会生活等问题，长此以往，极易扭曲农民工的人际关系和行为规范。[23]

然而，城市中现有的住房保障制度主要是为城市居民服务的，它提供的保障都是针对城市住房困难家庭，城市户籍以外的个人或家庭住房困难问题都不在现行住房保障政策考虑范围之内。经济适用住房和廉租住房的供应对象也主要是城市居民，农民工是没有资格申请的。[24]新生代农民工既不能承担价格高昂的商品房，又被排斥在城市保障性住房范围之外。新生代农民工在城市中所面临的住房保障风险非常不利于其在城市中生存、安定和发展。

（三）心理融入风险依然存在

心理融入是新生代农民工市民化社会融入的精神层面，它既取决于新生代农民工对融入城市有强烈的意愿，又取决于城市对于农民工除了做好经济、保障等物质接纳外，还要给予农民工更多的宽容、接纳和信任，但这一层面的融入过程同样存在风险。

1. 新生代农民工对融入城市有更为强烈的意愿,但对自己身份的认知较为模糊

老一代农民工普遍存在一种"城市过客"心态,仅把城市当作挣钱的场所,对于城市中的各种福利保障不去考虑。而新生代农民工对于市民身份的认同要远远大于对于农民角色的认同,他们大多数是从学校一毕业就进入城市从事非农职业,对于农业生产并不熟悉,没有务农的经验,更没有务农的愿望,十分渴望融入城市,尽管他们在城市中并没有稳定的职业、没有较高的收入和较好的社会保障,甚至还会遭到部分城市人的白眼和歧视,但他们都愿意选择留在城市,寻求更好的发展。国务院发展研究中心课题组调查显示,新生代农民工更希望在务工地定居,选择"回农村"的仅占6.4%。[25]但同时,新生代农民工的农村户籍、收入的低微、社会保障的缺失等又在时刻提醒着他们"农村人"的实际身份。正是这种制度性身份与实际身份的矛盾使得他们在身份认同方面产生了困扰和焦虑。用社会学的"相对剥夺理论"来解释,即新生代农民工所体验到的这种相对剥夺感,使他们把自己当作城市的"边缘人"。[26]

2. 部分市民对于新生代农民工市民化仍存有偏见

城乡二元结构的长期存在,使得城市市民长期享有住房、就业、教育、保障等各方面的优惠待遇,使得城市市民从心理上具有极强的城市优越感。他们无形之中把自己看成是"一等公民"的身份,歧视和排斥外来人员,因此,很多城市市民本能地拒绝农民工。[27]他们认为,新生代农民工转为市民后会与他们争夺城市的各种资源,影响到市民的利益;会加重城市劳动力市场的竞争,抢了他们的"饭碗";新生代农民工素质不高会威胁到城市的治安;甚至有人认为农民工是城市脏、乱、差的根源,把诸如随地吐痰、偷盗、不礼貌和不文明等行为当成农民工的普遍特征,对农民工反感和歧视。[28]部分市民对农民工的偏见和抵触心理,不可避免地会影响到地方政府决策者作出不利于农民工的歧视性政策,也加大了新生代农民工市民化社会融入的风险。

三、增强新生代农民工市民化的抗风险机制，推动其尽快融入城市社会

（一）对城乡二元制度进行去利益化改革，降低新生代农民工的经济融入风险

户籍的魅力并不是区分农民和市民，不在于它划分了乡村和城市，而是隐藏于其后的权利资源分配系统。[29]城乡二元户籍制度提高了农民工市民化的成本，成为阻碍新生代农民工市民化经济融入的制度瓶颈。因此，要打破各种不公平的权利壁垒，首要任务就是改革现有的二元户籍制度，建立城乡统一的户籍管理制度。

要逐步建立起城乡统一的户口登记管理系统，用身份证取代户口簿，取消户籍人口与非户籍人口之间的不平等待遇和差距，还原户籍的人口登记功能，将户籍与福利相脱钩。同时，放宽中小城市的落户条件，只要具有稳定就业、稳定收入和一定居住年限，农民工户口即可迁入中小城市并享有与当地居民同等的权益。大城市要积极探索符合条件的农民工户籍管理办法，如有些学者提出用"积分制"逐步接纳农民工入户的管理制度。[30]

与此同时，深嵌于二元户籍制度之中的二元劳动力市场制度也是改革的重点。在二元户籍制度的基础上，为了保障城市市民的就业，许多城市都出台了地方性的法规限制农民工的就业种类，企业也针对外来农民工制订歧视性的工资和福利待遇，人为地形成二元劳动力市场。即城市市民主要在工作条件好、收入高、工作稳定、福利优厚的首属劳动力市场工作，而农民工则大部分在工作条件差、劳动强度大、工资和福利待遇低的次属劳动力市场就业。二元劳动力市场制度阻碍了新生代农民工经济收入的提高和晋升的发展。要建立起统一的劳动力市场制度，就要逐步打破户籍限制就业的政策取向，实现劳动者凭身份证和职业资格证书公平参与劳动力市场竞争、按劳分配、同工同酬的就业新格局。此外，还要加强劳动力市场的信息网络建设，做好劳动力市场供求信息的监督管理，完善劳动力价格的调查指导制度。[31]

（二）健全农民工社会保障制度，增强其对未来城市发展的抗风险能力

新生代农民工所遭遇的社会保障体制融入风险，成为阻碍其市民化的关键因素。政府应当赋予农民工社会保障权，应当承担起为农民工构建合适的社会保障安全网的责任，对于有强烈城市融入愿望的新生代农民工，更应该帮助其增强未来城市发展的抗风险能力。

1. 建立可行的农民工养老保险制度

政府应当根据农民工的流动性，建立起农民工养老保险跨地区、跨类型之间的对接与转移机制，如前所述，对于现有的城镇职工养老保险模式、城镇居民养老保险模式、新型农村养老保险模式、综保模式、单独模式等之间如何转移对接，要有详细的规定和具体的操作要求。此外，笔者认为，既然新生代农民工市民化已是大势所趋，政府可加快推动这一过程的顺利进行，即对于职业和收入稳定的农民工群体，应当纳入城镇职工的养老保险体系，而对于职业和收入不稳定的农民工群体，国家可给予适当的补贴，将其纳入城镇居民养老保险体系，让新生代农民工在养老保险模式上与城市市民享有同等的待遇。这样既可以避免新生代农民工养老保险的"碎片化"管理，又可以增强新生代农民工对于未来养老问题的心理安全感。

2. 健全农民工医疗保险体系

目前，我国的社会医疗保险体系包括城镇职工基本医疗保险、城镇居民医疗保险、城镇大病统筹医疗保险、企业补充医疗保险和新型农村合作医疗保险。要降低农民工城市生活的医疗风险，就要建立起以上几种医疗保险之间的对接和转移机制，笔者认为，可以让农民工根据自己的实际情况自由选择参加城镇职工基本医疗保险、城镇居民医疗保险还是新型农村合作医疗保险，其到达流入地的第二个月起开始在流入地进行相应的医疗保险费的缴纳，其身份证号即是其医疗保险账号，这样无论其身在何处，都可以享受到相应的医疗保险待遇，化解医疗保障风险。

3.化解新生代农民工的失业、工伤和生育保障风险

新生农民工在城市的工作呈现短工化现象，而且多数新生代农民工所从事的是工业、制造业、建筑业等工伤频发行业，新生代女性农民工又面临着"要生育不要工作"的难题。因此，失业保险、工伤保险和生育保险关系到农民工的生存和发展，应该实现应保尽保。笔者建议将农民工参加失业保险、工伤保险和生育保险的比例纳入流入地政府绩效考核范围，成为地方政府和企业发展规划的一个约束性指标。政府还应加大对于失业保险、工伤保险和生育保险的宣传力度，增强新生代农民工的维权意识，做好监督管理和举报专查工作。

4.建立农民工住房保障体系和最低生活保障制度

应分阶段、分层次建立起覆盖农民工的城镇住房保障体系，对于拥有稳定工作且在城市就业达到一定年限的农民工，应将其纳入城市公共住房政策的范围，按照市民的标准提供廉租房、经济适用房等，并鼓励金融机构为其提供低息银行贷款。同时，当农民工的基本生活难以维持时，国家应当给予救助，将其纳入城市最低生活保障范围，也可以为其提供劳动机会，即"公共劳动形式的最低生活保障制度"[32]。

（三）优化社会管理体制，营造新生代农民工市民化社会融入的良好氛围

1.媒体正确宣传引导，社区充分发挥作用，优化新生代农民工市民化的外在环境

2004年，中共中央、国务院在《关于促进农民增加收入若干政策的意见》中明确提出，进城就业的农民工已经成为产业工人的一部分，为城市创造了财富、提供了税收。因此，城市市民应该转变观念，认识到农民工的重要性及新生代农民工市民化的必然趋势。各类媒体应借助自己的舆论阵地，加强对市民的思想教育和宣传引导，使市民走出"城市病"的误区和"抢饭碗"的忧虑，了解到农民工为城市所做的贡献，通过自己的实际行动来接纳和帮助新生代农民工尽快地融入城市生活，并将社区作为新生代农民工市民化城

市融入的服务和管理平台，通过开展形式多样的社区活动，引导新生代农民工积极参与城市生活，帮助他们克服城市生活中的心理障碍，增强对农民工的服务能力，切实解决他们在城市融入中出现的各种困难，降低其城市生活的风险。

2.新生代农民工自身也要不断提升综合素质，增强在城市中生活的内在能力

新生代农民工要真正实现融入城市，就必须对自身提出更高的要求。所谓市民不难当，但要做个文明的"新市民"，做个素质高、有涵养的城市公民，似乎并不简单。观念的转变、文化的认同、技能的提升都需要他们文化水平和个人素养的提高，新生代农民工年龄较轻，虽然他们在整体文化素质上处于较低水平，但是青年人相对可塑性比较高，可以通过教育和学习提高自身素质，改变现有生活，实现社会分层中的逐步上移。此外，新生代农民工还要努力去融入所在城市的文化。每个城市都有它特有的文化氛围，这也是造成当地和外地人存在隔阂的诱因，作为外来者，也要学会主动去认识、了解和融入这个城市，逐步形成对于所住城市的认同感。同时，新生代农民工也要增强维护自身合法权益的意识，在自己的合法权益受到侵害时，要积极向所在社区、所在城市的专门法律机构寻求帮助，能够通过合法手段来保护自己和维护自己的权益。

参考文献

[1] 汝信，陆学艺，李培林.社会蓝皮书：2012年中国社会形势分析与预测［M］.北京：社会科学文献出版社，2011.

[2] 2010年第六次全国人口普查主要数据公报（第1号）［R/OL］.人民网，2011-04-28［2019-03-29］.http：//politics.people.com.cn/GB/1026/14506836.html

[3] 国家统计局.2011年我国农民工调查监测报告［R/OL］.2012-04-27［2019-03-29］.http：//www.stats.gov.cn/was40/gjtjj_detail.jsp?searchword=%C5%A9%C3%F1%B9%A

4&channelid=6697&record=1

[4] 刘杰,等"新生代农民工"百科名片[OL].百度百科,2012-06-29[2012-08-12]., http://baike.baidu.com/view/2967908.htm.

[5][16][17][23][25][30] 国务院发展研究中心课题组.农民工市民化:制度创新与顶层政策设计[M].北京:中国发展出版社,2011.

[6] 陆芳萍.征地农民"补偿安置"政策过程中的社会排斥[A]//罗国振.文军"现代意识与都市发展:社会学的视角"[M].上海:华东师范大学出版社,2006.

[7] 欧洲联盟委员会社会融入联合报告[R].欧洲联盟委员会,布鲁塞尔,2004.

[8] 王春光.新生代农村流动人口的社会认同与城乡融合关系[J].社会学研究,2001(3).

[9][10] 杨善华,谢立中.西方社会学理论[M].北京:北京大学出版社,2006.

[11] 冯必扬.社会风险与风险社会关系探析[J].江苏行政学院学报,2008(5).

[12] 杨菊华.从隔离、选择融入到融合:流动人口社会融入问题的理论思考[J].人口研究,2009(1).

[13] 蒋彦鑫.北京市第六次全国人口普查结果解读[J].新京报,2011-05-06.

[14] 张骏斓.沪每5人里就有1个大学生 平均受教育年限10.55年[R].新闻晚报,2011-11-04.

[15] 李琼.调查显示:新生代农民工收入低过父辈[R].广州日报,2011-03-07.

[18] 徐晓军,欧利.返乡青年农民工的游民化风险[J].当代青年研究,2009(5).

[19] 刘兆军.新生代无地农民工社会保障问题探析[J].武汉理工大学学报:社会科学版,2010(8).

[20][24] 徐彤.中国农民工社会保障的经济效应研究[D].西北大学博士学位论文,2011.

[21][26][27][33] 许林.湖北新生代农民工市民化的政策与体制研究[M].武汉:中国地质大学出版社,2011.

[22] 刘俊彦,吕鹏.中国新生代农民工发展状况及代际对比研究报告[R/OL].

中国青少年研究网，2008-08-03［2012-08-12］.http：//www.cycs.org/Article.asp?ID=7880.

［28］［29］黄锟.中国农民工市民化制度分析［M］.北京：中国人民大学出版社，2011.

［31］任丽新.二元劳动力市场中的农民工权益问题［J］.理论学刊，2003（7）.

［32］谢启文，安招.城乡二元社会结构体制下新生代农民工的城市社会融入［J］.中外企业家，2011（6）.

第三节 居村农民市民化研究

我国"非征地农转居"群体市民化的社会距离研究

摘要："非征地农转居"，是我国户籍政策改革后出现的一个新名词，至今，全国已有31个省份出台户籍改革方案，普遍提出取消农业户口，多个省份的公安机关户口登记中"户别"栏将原有的"农业户口"更改为"非征地农转居"户口。然而，农民在户籍上转变成了居民，仅是增加了人口统计、行政管理上的市民数目，与真正的市民化还相差甚远。非征地农转居群体向市民群体的转化还存在相当的社会距离，当这种差距超过了一定的阈值，则不仅不利于市民化进程，还会带来社会的转型混乱，要推动非征地农转居群体的市民化，需要重视并不断缩短与市民的社会距离。本文通过对非征地农转居群体市民化社会距离的研究，剖析出各维度的社会距离，并认为，政府在城乡差距问题方面应该承担起历史的责任，成为非征地农转居群体市民化的主导者和推动者。

关键词：非征地农转居　市民化　社会距离

一、引言

社会学家英克尔斯曾经指出,现代化的最终归宿在于实现人的现代化。人的现代化是伴随着高度的城市化、"农民的终结"和市民社会的形成而不断实现的。市民化是人的现代化的最终目的。我国政府高度重视并大力推动农民市民化工作,李克强总理在2014年政府工作报告中就明确提出,今后一个时期,要着重解决好"三个1亿人"问题,促进约1亿农业转移人口落户城镇,改造约1亿人居住的城镇棚户区和城中村,引导约1亿人在中西部地区就近城镇化。2014年7月,国务院又发布《关于进一步推进户籍制度改革的意见》提出,"建立城乡统一的户口登记制度,取消农业户口与非农业户口性质区分和由此衍生的蓝印户口等户口类型,统一登记为居民户口。"

"非征地农转居",正是我国户籍政策改革后出现的一个新名词,截至2016年9月,全国已有31个省份出台户籍改革方案,普遍提出取消农业户口,多个省份的公安机关户口登记中"户别"栏将原有的"农业户口"更改为"非征地农转居"户口。可见,非征地农转居群体实质上是原来的农村居民群体。然而,农民在户籍上转变成了居民,仅是增加了人口统计、行政管理上的市民数目,与真正的市民化还相差甚远。

然而,按照中国现代化的进程要求,城市化每年必须以增长1个百分点的速度稳步推进,这个速度意味着每年要有1300多万的人口进入城市,类似于每年建设十多个百万人口的大城市。如果在10年之内,不考虑其他制约条件,再转移出1.3亿农业人口进入城市,需要建设260座50万人口的城市,或者说现有的城市吸纳相当于新建如此多城市的人口,这无疑是一个十分艰巨的任务。[1]目前,我国"非征地农转居"群体的数目达到6亿多人,让如此庞大的群体走农民工市民化或失地农民市民化道路,从农村迁入城市生活,不仅成本巨大,而且城市根本就没有如此巨大的承载力,进而导致"城市病"的泛滥,其结果可能会使我国步入"拉美陷阱"的惨状。

可见，我国能否成功地实现现代化和农民市民化，完成从农民角色向市民角色的转型过渡，真正让广大农民分享城市化的利益，并最终解决三农问题，关键点在于能否顺利实现"非征地农转居"庞大群体的就地市民化。非征地农转居群体（农民群体）向市民群体的转化还存在相当的社会距离，当这种差距超过了一定的阈值不仅不利于市民化进程，还会带来社会的转型混乱，要推动非征地农转居群体的市民化，需要重视并不断缩短与市民的社会距离。本文通过对非征地农转居群体市民化社会距离的研究，剖析出各维度的社会距离，为我国的市民化和城乡一体化建设贡献一己之力。

二、非征地农转居群体市民化社会距离分析

社会距离又称社会心理距离，本是一种心理学理论，指各社会存在体之间在空间、时间和心理上的差距。但经社会学家齐美尔、帕克和伯吉斯在社会学研究中使用之后，被赋予了更广泛的社会差距内含。本文将从经济距离、政治距离、公共服务距离、文化距离多方面阐述。

（一）非征地农转居群体与市民群体的经济距离，是制约其市民化的关键性因素

1. 市民群体与非征地农转居群体（农民群体）的收入差距持续扩大

市民和农民人均收入的高低，可以反映出经济差距状况，也可以反映出市民和农民生活条件的好坏。如图1所示，一方面，从总体发展趋势上看，自从1978年改革开放以来，我国市民与农民的人均收入差距呈现出波浪形扩大趋势，从1978年的2.57倍扩大到2007—2009年的3.3倍，[2]之后虽稍有下降，但截至2015年仍高达2.7倍之多，城乡居民人均收入差距随着改革开放的深入，在21世纪已经呈现巨大的状态。另一方面，在城乡居民人均收入数值的变化上，差距数字也十分惊人，1978年我国城市居民和农村居民的人均纯收入分别为343.4元和133.6元，差距仅为209.8元。

而至 2015 年时，我国城市居民和农村居民的人均纯收入分别为 31194.8 元和 11421.7 元，差距已达到 19773.1 元。可以看出，城市居民的人均可支配收入在大幅度增加，而农村居民的人均纯收入仅是小幅度地上升了些。因此，如何缩小非征地农转居群体与市民群体的经济差距，是非征地农转居群体市民化的关键所在。

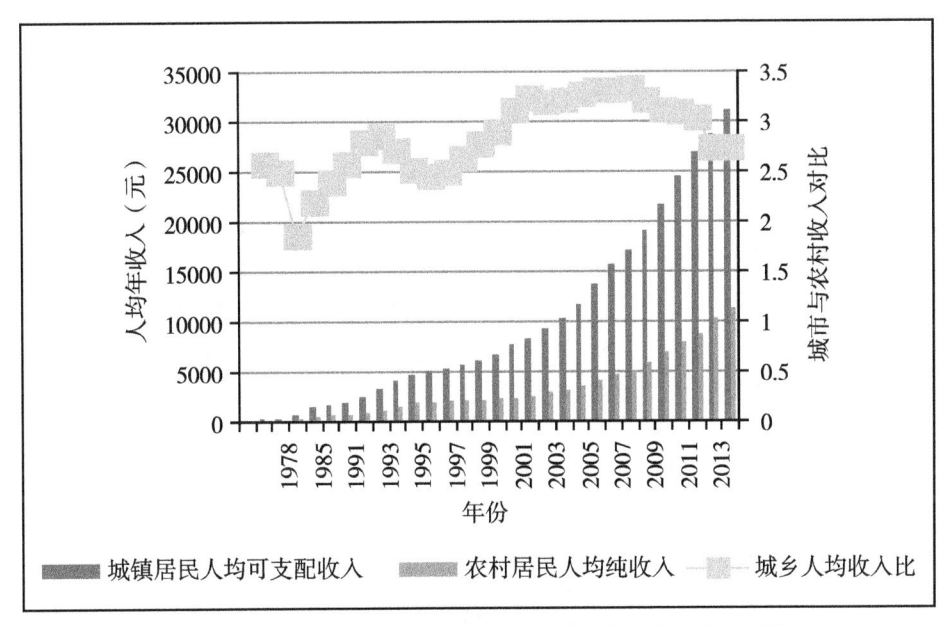

图 1　1978—2015 年我国城市与农村居民人均收入水平对比

2. 市民群体与非征地农转居群体（农民群体）的消费差距日益增大

首先，从市民和农民消费支出的角度来看，1978—2015 年，虽然中国城乡居民消费支出整体上是大幅提高的，但城乡居民消费的差距却是日益增大的。一方面，从总体发展趋势上看，我国市民与农民的消费差距从 1978 年的 2.9 倍扩大到 2000 年的 3.7 倍（如图 2 所示），其后的十多年间，均保持在 3 倍以上，直到 2014 年后才稍有下降。另一方面，在市民和农民消费水平的绝对数值变化上，农村居民的消费水平是缓慢增长，而城市居民的消费水平则呈现每年近 20% 的增长速度，例如，1978 年我国城市居民和农村居民的年均消费水平分别为 405 元和 138 元，仅相差了 267 元，而到了 2015 年时，我国城市居民与农村居民的年均消费水平分别为 27088 元和 9630 元，差距已经达到 17458 元，农村居民消费水平仅相当于城市居民消费水平的 35%。有专家测算，如果能够将农村居民的消费水平提高到城市居民年均消费水平的 60%，则新增加的消费规模会达到 3.2 万亿元。[3]

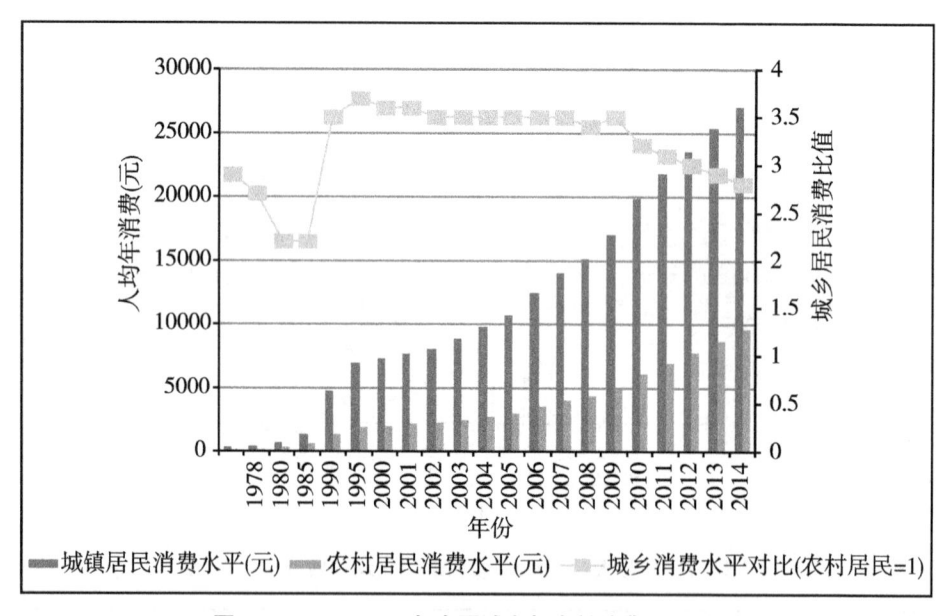

图 2 1978—2015 年中国城市与农村消费水平对比

此外，城市居民和农村居民在实际消费项目上也有很大差距，如表 1 所示，就 2015 年来看，农村居民群体在食品、居住、衣着三项上的年消费支出达到 5524.7 元，占农村总消费的 60%，而城市居民不仅在食品、居住、衣着等刚性消费上远远高于农村，而且在教育、文化、娱乐、交通通信、医疗保健等项目消费上几乎高出了农村近三倍，并且所有消费项目的差距均在日益增大。近年来，城市化率数字的提高，城市规模的简单扩张，并未使城市经济良好地辐射到农村，农村居民的消费需求仍难以扩大。

表1 2013—2015年城市与农村居民人均消费支出的项目比较　　　　（元）

比较项目	2013年 城市	2013年 农村	2013年 差距	2014年 城市	2014年 农村	2014年 差距	2015年 城市	2015年 农村	2015年 差距
食品烟酒	5570.7	2554.4	3016.3	6000	2814	3186	6359.7	3048	3311.7
衣着	1553.7	453.8	1099.9	1627.2	510.4	1116.8	1701.1	550.5	1150.6
居住	4301.4	1579.8	2721.6	4489.6	1762.7	2726.9	4726	1926.2	2799.8
生活用品及服务	1129.2	455.1	674.1	1233.2	506.5	726.7	1306.5	545.6	760.9
交通通信	2317.8	874.9	1442.9	2637.3	1012.6	1624.7	2895.4	1163.1	1732.3
教育文化娱乐	1988.3	754.6	1233.7	2142.3	859.5	1282.8	2382.8	969.3	1413.5
医疗保健	1136.1	668.2	467.9	1305.6	753.9	551.7	1443.4	846	597.4
其他用品及服务	490.4	144.2	346.2	532.9	163	369.9	577.5	174	403.5

（二）非征地农转居群体的政治权利贫困，与市民群体的政治距离较大，是制约其市民化的根本性因素

非征地农转居群体的政治权利贫困，主要是指其与市民群体相比，农民的政治参与权利贫困，即能够影响政府决策的能力较低。

1.缺乏自己的政治组织，缺少政治话语权

首先，市场经济中，形成了多维化的社会利益主体，各利益主体实现各自利益的强弱主要依赖于利益集团本身的组织化能力和博弈能力的高低。目前，我国市民中有妇联、青联、学联、社联、工会、工商联等社会利益组织，但作为人口基数最大的农民阶层却没有自己的组织，政治组织的缺乏，使农民阶层的话语权无法得到充分表达，农民阶层的利益诉求只能通过"个别农民上访"或以其他更加过激的途径表现，但实际上，缺乏组织的利益诉求仅变成了一个个的具体问题，致使大多数人的上访无果，导致政治参与形式失效，这已使农民成为经济利益改革中损失最大的阶层。

其次,农民代表数量较少。《中华人民共和国全国人民代表大会和地方各级人民代表大会选举法》第12条规定,省、自治区、直辖市的人民代表大会代表的具体名额,由全国人民代表大会常务委员会依照本法确定。设区的市、自治州和县级的人民代表大会代表的具体名额,由省、自治区、直辖市的人民代表大会常务委员会依照本法确定,报全国人民代表大会常务委员会备案。乡级的人民代表大会代表的具体名额,由县级的人民代表大会常务委员会依照本法确定,报上一级人民代表大会常务委员会备案。而在现实的政治参与中,有学者统计指出,在第十届全国人大3000名代表中,工人和农民的代表仅占18.46%,而民主党派和无党派代表占16.09%,知识分子代表占21.14%,干部代表占32.44%,[4]全国人大代表正在广泛地市民化和精英化。这种政治参与的不平等,造成了在涉及城乡利益分配的公共决策及公共资源分配时,少数的农民代表只能被迫服从于多数的市民代表。

2.农民政治参与渠道和能力欠缺

目前,我国已经进入"信息化和互联网+"时代,截至2016年12月,我国网民数量达到7.31亿人,互联网普及率达到50.3%。但是,由于城乡之间的经济发展水平、受教育程度和信息化基础设施建设的差异,城乡之间的"信息鸿沟"正日益拉大。市民们广泛利用各类网络资源,在各种舆论平台上发出自己的声音,拓展着自己的政治参与渠道。而广大农村居民,由于互联网的尚未普及,还无法在网络上表达自己的意愿,多数农民仍通过电视这一传媒手段,来了解公共信息和国家政策,电视相对于互联网的单向性和信息滞后性,限制了农民及时地进行政治参与,农民的政治参与渠道相对较窄。

政治参与能力还受到文化教育水平的影响。文化教育水平越高,人们的政治参与意识会越强烈,政治参与渠道越广泛,对政治参与的理解也越深刻。市民的受教育程度普遍高于农民,政治参与能力也高于农民。此外,农村长期以来形成的封建小农思想、封建君主思想、封建家族思想、官本位文化等也严重束缚了农民的政治参与意识，使农民的参与意识和自主意识薄弱，而服从意识强烈，很多农民认为政治参与"是当官的事，与自己无关"，习惯于被他人统治。

（三）城乡之间基本公共服务差距较大，是制约非征地农转居群体市民化的硬件条件

基本公共服务是为了保障全体国民的基本人权，由政府提供的，无论市民群体还是农民群体，都应当普遍享有的公共服务。多年来，由于受城乡二元经济结构的影响，我国城市和农村实行着差距较大的公共服务供给分权制，造成公共服务产品的严重不均衡，本文主要从义务教育服务、基本医疗卫生服务和社会保障服务方面加以论述。

1.城乡之间的义务教育服务差距较大

首先，城乡之间的义务教育经费投入不均衡。《中国教育统计年鉴》2016年数据显示，2001—2015年，城市和农村中小学生所投入的公共财政教育经费虽得到稳步增长，但农村中小学生的教育经费占城市的比例仅为40%—60%。如表2所示，以2015年为例，公共财政教育经费中对农村中学的投入仅为城市中学的42%，对农村小学的投入仅为城市小学的66.7%。城市和农村对义务教育经费投入的差距，直接导致城乡之间教育的软件、硬件条件的差距，最终导致城市和农村义务教育教学质量的失衡。

表2　2015年城乡中小学教育经费投入[5]　　　　（单位：元）

学校	类别	国家财政性教育经费	公共财政预算教育经费
中学	城市	77557191.5	68895310.8
中学	农村	31879156.8	28938530.1
小学	城市	83156537	73959824.7
小学	农村	55140791.6	49347487.2

其次，城乡之间义务教育的软件、硬件差距较大。软件差距主要是指师资数量、质量差距。2015年，中国教育统计年鉴显示，城市普通初中教师人数

是农村初中教师人数的4.39倍;城市小学教师人数是农村小学教师人数的1.7倍。从全国城乡中小学教师的学历情况来看,城市普通初中专任教师中研究生学历和本科学历的比例分别是农村初中的4.49倍和1.25倍;城市小学专任教师中研究生学历和本科学历的比例分别是农村小学的7.49倍和2.28倍。[6]从全国城乡中小学教师的职称情况来看,城市普通初中专任教师中高级职称的比例是农村初中的2.46倍;城市小学专任教师中高级职称的比例是农村小学的2.73倍。[6]

硬件差距主要是指学校物化办学条件的差距。如表3所示,以2015年为例,城市普通初中在拥有实验室、图书室、微机室、语音室、体育馆、图书数量、计算机数量上分别是农村初中的5.11倍、5.45倍、4.51倍、5.69倍、18.06倍、3.97倍和4.6倍;城市小学在拥有实验室、图书室、微机室、语音室、体育馆、图书数量、计算机数量上分别是农村小学的1.87倍、1.72倍、2倍、2.93倍、12.51倍、575.54倍和3.57倍。城乡之间在义务教育上的师资距离和物化办学条件的差距,极大地阻碍了我国城乡义务教育的均衡发展。

表3 2015年城乡中小学办学条件情况[5]

		实验室(间)	图书室(间)	微机室(间)	语音室(间)	体育馆(个)	图书(册)	计算机(台)
城市	初中	33059009.7	12751535.2	9684627.15	3427198.11	9964179	1116768759	5353745
	小学	15548084.6	13076350.8	10916923	3397767.57	8680210.5	1345437466	199575
农村	初中	6465613.19	2339210.97	2147726.77	602119.57	551783.37	281087254	1165030
	小学	8312547.21	7581872.86	5449984.41	1160939.95	693775.35	2337706	55944
城市/农村(初中)		5.11倍	5.45倍	4.51倍	5.69倍	18.06倍	3.97倍	4.6倍
城市/农村(小学)		1.87倍	1.72倍	2倍	2.93倍	12.51倍	575.54倍	3.57倍

2. 城乡之间医疗卫生服务差距较大

城乡之间的医疗卫生服务差距可以从"城乡每千人口医疗卫生机构床位

数量""城乡每千人口拥有的卫生技术人员数量""城乡人均医疗保健支出情况"三个方面来进行分析。首先，每千人口医疗卫生机构床位数量反映了公共卫生服务的硬件水平。如表4所示，2010—2015年，我国城乡每千人口医疗卫生机构床位数量均呈现出增长趋势，但两者之间的差距还是非常的明显。6年间，城市每千人口医疗卫生机构床位数量由5.94张增长到8.27张，增长了39.23%，农村每千人口医疗卫生机构床位数量由2.6张增长到3.71张，增长了42.7%。农村的增长幅度虽然超过了城市，但是城市每千人口医疗卫生机构床位数量一直是农村的2.2倍左右。

其次，城乡卫生技术人员是指在城乡从事卫生技术工作的人员，是城乡医疗机构的主力军，其数量的变化可以反映出城乡医疗卫生服务工作中人力资源队伍的变化趋势。如表5所示，2010—2015年，我国城乡每千人口所拥有的卫生技术人员数量、执业（助理）医师数量差距明显。城乡之间的卫生技术人员数量差距达到2.5倍以上，城乡执业（助理）医师数量的差距达到2.3倍以上，至2015年，城市每千人口的卫生技术人员数量达到10.2人，执业（助理）医师达到3.7人，而农村仅为3.9人和1.6人。

最后，城乡居民人均医疗保健支出状况也存在较大的差距。如表6所示，2010—2015年，城市居民人均医疗保健支出由871.8元增长到1305.6元，增长了49.8%，农村居民人均医疗保健支出由326元增长到753.9元，增长了131.2%。虽然农村居民人均医疗保健支出的增长幅度远远大于城市居民人均医疗保健支出的增长，但由于两者的基数差距较大，到2015年时两者的差距仍然达到了551.1元，城市居民人均医疗保健支出是农村居民医疗保健支出的1.7倍，医疗保健支出占消费性支出的比例反映了城乡居民的医疗负担状况，可以看出，城市居民医疗保健支出占消费性支出的比例长期稳定在6.5%左右，而农村居民医疗保健支出占消费性支出的比例却由2010年的7.4%上升到了2015年的9.2%，医疗消费负担增加了。

表4 2010—2015年全国城乡每千人口医疗卫生机构床位数量差距

年份	城市（张）	农村（张）	城市/农村
2010	5.94	2.6	2.28
2011	6.24	2.8	2.23
2012	6.88	3.11	2.21
2013	7.36	3.35	2.19
2014	7.84	3.54	2.21
2015	8.27	3.71	2.23

表5 2010—2015年全国城乡每千人口拥有的卫生技术人员数量差距

年份	城市卫生技术人员（人）	农村卫生技术人员（人）	城市/农村	城市执业（助理）医师（人）	农村执业（助理）医师（人）	城市/农村
2010	7.62	3.04	2.5	2.97	1.32	2.25
2011	6.68	2.66	2.51	2.62	1.1	2.38
2012	8.54	3.41	2.5	3.19	1.4	2.28
2013	9.18	3.64	2.52	3.39	1.48	2.29
2014	9.7	3.77	2.57	3.54	1.51	2.34
2015	10.2	3.9	2.62	3.7	1.6	2.31

表6 2010—2015年全国城乡居民人均医疗保健支出情况

年份	城市人均医疗保健支出（元）	城市医疗保健支出占消费性支出（%）	农村人均医疗保健支出（元）	农村医疗保健支出占消费性支出（%）	城市居民医疗保健支出/农村居民医疗保健支出
2010	871.8	6.5	326	7.4	2.7
2011	969	6.4	436.8	8.4	2.2
2012	1063.7	6.4	513.8	8.7	2.1
2013	1136.1	6.1	668.2	8.9	1.7
2014	1305.6	6.5	753.9	9	1.7
2015	1443.4	6.7	846	9.2	1.7

3. 城乡之间的社会保障服务的差距明显

社会保障是国家和社会通过立法实施的、通过国民收入再分配，对全体社会成员的基本生活权利提供安全保障的社会行为及其机制、制度和事业的总称。社会保障主要包括社会保险（养老保险、医疗保险、失业保险、工伤保险、生育保险）、社会救助、社会福利和社会优抚四个方面。目前，全国社会保障事业公平度不断提高、城乡社会保障出现了部分融合，例如，2014年国务院印发了《关于建立统一的城乡居民基本养老保险制度的意见》，将城乡居民养老保险合并；2016年又出台了《关于整合城乡居民基本医疗保险制度的意见》，正逐步实现城乡居民医疗保险的并轨。社会保险的覆盖面也在不断扩大，但尽管如此，城乡之间的社会保障差距仍然很大。从表7可以看出，以2014年为例，城乡人均社会保障支出还相差了4355元；城乡人均社会保障财政支出还相差了671元。每年城市人均社会保障支出都是农村人均社会保障支出的3倍以上。城乡人均社会保障的差距从图3可以清晰地反映出来。

在社会保险制度的系统性建设方面，城乡参保的种类不同。城镇职工是强制参保，采取个人缴纳个人账户、就业单位缴纳统筹账户的模式，参保率达到90%以上，普遍地享受着较高水平的养老保险、医疗保险、失业保险、工伤保险、生育保险和住房公积金制度；而农村居民则是自愿参保，只能参加养老保险和医疗保险，参保率尚不到70%，而且保障水平较低，在我国的中西部地区，很多60岁以上的农村居民每月仅能拿到55元养老保险金。

此外，在社会救助和社会福利方面，城市的保障水平也是远远高于农村。目前，我国的社会救助是以最低生活保障救助金为主体，以医疗救助、法律救助、教育救助等专项救助为辅助，以灾害救助为补充。发放最低生活保障金是我国社会救助资金支出的主要方向。从表8可以看出，历年来城市居民所享受的最低生活保障金水平均高于农村居民，差距接近50%。农村居民的社会福利也仅局限于农村养老院和五保户供养方面，相比较城市健全的社会福利体系（老年人养老和照护、残疾人教育和就业、精神病人的治疗和康复、流浪人员的救济等）则显得单一和匮乏。

表7 城乡人均社会保障支出数额情况[7]

年份	城市人均社会保障支出（元/人均每年）	农村人均社会保障支出（元/人均每年）	城市人均社会保障财政支出（元/人均每年）	农村人均社会保障财政支出（元/人均每年）
2010年	3292	520	1050	313
2011年	3826	860	1125	508
2012年	4486	1175	1208	621
2013年	5196	1378	1378	702
2014年	5876	1521	1471	800

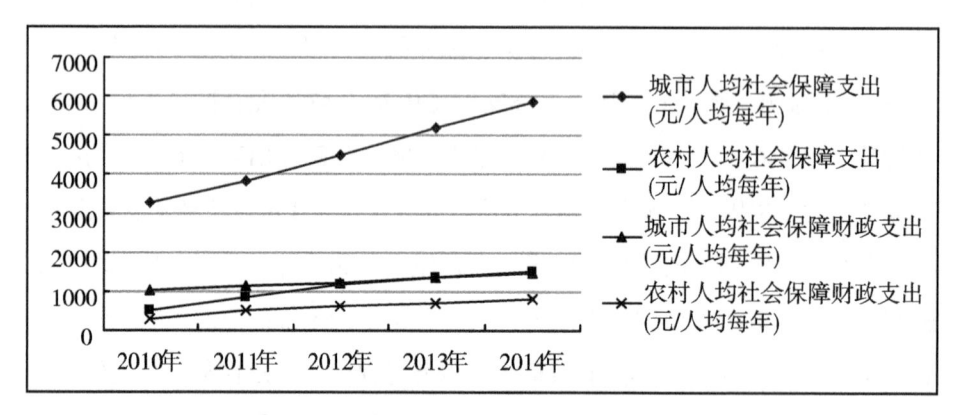

图3 城乡人均社会保障支出数

表8 城乡最低生活保障水平对比

年份	城市低保人数（万人）	城市低保标准（元/每人每月）	农村低保人数（万人）	农村低保标准（元/每人每月）
2010	2310.5	240	5214	109.7
2011	2276.8	278	5305.7	135.1
2012	2143.5	318	5344.5	164.8
2013	2064.2	362	5388	195.6
2014	1877	411.2	5207.2	231.4
2015	1701.1	439	4903.6	255

（四）城乡之间的文化差距，是制约非征地农转居群体市民化的软件

1. 城乡居民文化消费支出比例差距较大

文化消费是通过使用文化用品或服务来满足人们精神生活需求的一种消费，主要包括文化娱乐、体育健身、旅游观光等方面。人均文化教育娱乐消费支出是衡量居民文化消费水平的一个重要指标。如表9所示，2013—2015年，城市居民人均文教娱乐消费支出逐年增长，已达到每年2381元，而农村居民人均文教娱乐消费支出尚不足每年1000元，城乡居民人均文教娱乐消费额之比达到2.4倍以上。这些数据说明城乡居民文化消费支出存在显著差距。

表9 城乡居民人均文教娱乐消费支出比较[5]

年份	城市居民人均文教娱乐消费支出（元）	农村居民人均文教娱乐消费支出（元）	城乡居民人均文教娱乐消费额之比（%）
2013	1986.3	754.6	2.63
2014	2140.7	859.5	2.49
2015	2381	969.3	2.46

2. 城乡居民文化消费形式差异较大

从城乡居民平均每百户年末主要耐用消费品拥有量来看，2015年，城市居民对于计算机的拥有量达到78.5%，结合访谈可知，用电脑上网已经成为城市居民文化消费的一种主要形式；用电脑上网、看电视、看书、看报、健身、旅游等丰富多彩的文化娱乐形式在城市居民中非常普遍。而农村居民对于计算机的拥有量仅达到25.7%，对于彩电的拥有量却达到116.9%，与城市居民相比，农村居民更加偏重于广播、电视等传统的文化消费品，电脑上网在农村居民家庭中尚处于起步阶段，农村居民的文化生活仍比较单一，文化消费稍显匮乏。

表10　城乡居民平均每百户年末主要耐用消费品拥有量

年份	家用汽车（辆）		彩电（台）		空调（台）		热水器（台）		排油烟机（台）		计算机（台）	
	城市	农村	城市	农村	城市	农村	城市	农村	城市	农村	城市	农村
2013	22.3	9.9	118.6	112.9	102.2	29.8	80.3	43.6	66.1	12.4	71.5	20
2014	25.7	11	122	115.6	107.4	34.2	83	48.2	68.2	13.9	76.2	23.5
2015	30	13.3	122.3	116.9	114.6	38.8	85.6	52.5	69.2	15.3	78.5	25.7

3.城乡居民消费观念存在较大反差

受前面城乡之间经济距离、政治距离、基本公共服务差距的影响，城乡居民在消费观念上也逐渐形成了较大反差，城市居民已从追求物质消费为主向追求精神消费和服务消费为主转变，开始重视自身素质的提高，喜欢消费质优价高的名牌高档商品，重视医疗、保健、教育、文化、旅游、科技、娱乐等方面的消费支出，能够坦然接受借贷性超前消费，贷款买车买房；而农村居民的消费行为则比较保守，以追求物质消费为主，对文化、精神消费没有太多的投入，买东西注重便宜、实惠，不在乎品牌，农村居民的大部分收入仍然是花费在建造房子和子女婚嫁等方面，多数农民不敢贷款消费，奉行"先积累，后消费"的原则，忌讳超前消费行为。

三、非征地农转居群体市民化的路径探析

非征地农转居群体市民化的过程，就是城市居民与农村居民不断缩小经济、政治、公共服务、文化距离，共享城市化和现代化成果的过程。而从以上分析可以看出，城乡之间的政治距离，是非征地农转居群体市民化的根本性制约因素，它决定着城乡之间的经济距离，影响着城乡之间的公共服务距离和文化距离。政治距离的形成源自计划经济时期政府权力资源在城市和乡村之间的不平衡配置，权力资源的不平衡导致了城乡之间经济资源的不平衡

和公共服务资源的不平衡,是政府在矫正"市场失灵"时又产生了"政府失灵"的后果,例如,就具体制度和政策而言,城乡二元户籍制度、不平等的城乡产品交换制度、城市优先的资源配置制度、歧视性的城乡社会保障制度、有差别的城乡教育制度等都是政府制定并实施的。因此,过去,政府在城乡差距问题方面应该承担历史的责任;现在,政府无可推卸地应该成为非征地农转居群体市民化的主导者和推动者。[8]

(一)政府应深化城乡户籍制度和土地制度改革,不断缩小非征地农转居群体市民化的经济距离

户籍制度的改革不在于给了农民市民户口,关键是要赋予与市民同等的社会权益,突显出社会公平。在非征地农转居群体身上,已经贯彻落实了新型户籍制度,以"统一的居住证制度取代城乡二元的户口登记制度",使得非征地农转居群体与城市居民群体享有了相同的居民身份,迈出了户籍制度改革的第一步。同时,还要进一步实施城乡无差异化的养老、医疗、失业、工伤、生育等社会保险制度和劳动就业、教育、社会救助和社会福利制度,并考虑到非征地农转居群体的现实差距,采取适当地向非征地农转居群体倾斜的政策和服务。此外,更要考虑到非征地农转居群体的土地资产,推进农村土地的市场化改革,使这一群体在向市民化转换中获得更多的土地处置权、经营权抵押贷款、经营权农业参股等财产性收入,让其有更多的融资渠道,不断缩小其市民化的经济距离。

(二)政府应深化政治体制改革,畅通各群体的利益表达机制,逐步缩小非征地农转居群体市民化的政治距离

只有赋予城市和农村居民平等的政治参与机会和政治权利,各群体才能真正地表达自己的政治需求,政府应修改现行的《选举法》,赋予城乡居民同等的选举比例,提高农民群体在各层级人民代表大会中的比例,让农民群体能够发出自己的声音,能够真正参与到各层次的公共决策,拥有自己的政

治话语权。同时，政府要允许农民逐步形成自己的政治利益联盟，建立起自己的政治利益表达组织，保障农民政治权利的行使，并完善对农民的政治权利救济制度，加大政府公共财政对农村法律援助的资金投入，建立起配套的"法律援助公职律师制度"，助力农民政治权力的保护。[9]畅通的利益表达机制，是非征地农转居群体原来的臣民意识向现代市民群体的独立自由平等政治意识转变的起点。

（三）政府应加大对农村社区的公共服务均等化投入，改善非征地农转居群体市民化的软硬件环境

政府应提供的农村社区公共服务有基础设施建设类有形的公共服务和提高非征地农转居群体生产和生活条件类无形的公共服务。[10]其中，基础设施类公共服务要求政府能够为非征地农转居群体提供与城市同类建设项目水平相当的公共服务，即居住地道路，煤电水管道网络、医院、学校以及公共活动场所的设施建设水平等与城市水平相当，[10]这是非征地农转居群体能否就近真正实现市民化的硬件前提。除了有形的公共服务以外，非征地农转居群体市民化还要有与之相适应的无形公共服务，地方政府要自觉地为其提供子女教育、医疗保健、公共卫生、社会保障、就业服务、养老服务、精神文化生活、社区管理服务等活动。[10]只有当这些服务也与城市居民等值，已经实现了户籍转换的非征地农转居群体才可能逐步地、真正地转化为市民。

（四）政府应关注非征地农转居群体的精神文化建设，防止贫困文化的产生，强化其市民化的"自身增能"过程

地方政府应构建起多层次的教育培训体系，针对非征地农转居群体的特点对其开展市民文化教育，不仅要提升其人力资本，还要对其进行文明规则、长远意识、法制观念等城市意识教育，引导非征地农转居群体破除小富即安、封闭保守、自由散漫、狭隘片面的小农经济思想，帮助非征地农转居群体形

成积极、勤奋、乐观、奉献的市民观，有效防止贫困文化[①]的形成，使新居民们顺利地实现生活的适应和心理角色的跨越式转变，完成其市民化的"自身增能"过程。

参考文献

[1] 刘文纪.中国农民就地城市化研究[M].北京：中国经济出版社，2010.

[2] 笔者根据《中国统计年鉴2016》年数据整理，《中国统计年鉴2016》为中华人民共和国国家统计局官网发布数据，http://www.stats.gov.cn/tjsj/ndsj/[2019-03-29].

[3] 童海华.换个角度找找内需增长点[N].中国经济导报，2009-02-17.

[4] 谭琪，张军.我国农民阶层政治参与权利的现状分析[J].学习与实践，2010(2).

[5] 笔者根据《中国教育统计年鉴2016》数据整理，中华人民共和国教育部发展规划司.中国教育统计年鉴2016[M].北京：中国统计出版社，2016.

[6] 彭泽平，姚琳."分割"与"统筹"[J].西南大学学报，2014（5）.

[7] 杨林，薛琪琪.中国城乡社会保障的制度差异与公平性推进路径[J].学术月刊，2016（11）.

[8] 刘美平.中国城乡差距的三维解读[J].生产力研究，2009（15）.

[9] 陈凡.新农村建设背景下农民政治权利行使的现实困境及对策[D]，江西农业大学硕士学位论文，2016.

[10] 吴业苗.地方政府在居村农民市民化中的角色担当[J].中州学刊，2011（5）.

---

① 人类学家刘易斯在《贫困文化》中指出：贫困文化是一个拥有自己的结构与理性的亚文化，它表达着在既定的历史和社会脉络中穷人所共同享有的有别于主流文化的一种生活方式，也表达着在阶级化、高度个人化的社会里穷人对其边缘地位的适应与反应。有研究表明，这种"贫困文化"一旦形成，就将趋向于永恒，棚户区的孩子到6—7岁时，通常已经吸收贫困亚文化的基本态度和价值观念。因此，他们在心理上，不准备接受那些可能改变他们生活的种种变迁的条件或改善的机会。D.P.英伊尼汉在其有关贫困问题的著作中还提出了贫困文化具有恶性循环模式：(1)生活于贫困境况中的人们，由于从小就受到贫困文化的熏陶，他们缺少向上的动力，环境也使他们难以有较高的成就动机；(2)低成就动机导致低社会流动，受教育机会就少，层次较低，这使他们在就业上的竞争力薄弱；(3)低教育水平，较弱的竞争力，导致他们只能进入低收入职业，处于低的社会地位上；(4)低收入职业和低的社会地位使他们更为贫困。

参考文献

[1] 皮厄尔·布迪厄.文化资本与社会炼金术［M］.包亚明,译.上海:上海人民出版社,1997.

[2] F.普洛格,D.G.贝茨.文化演进和人类行为［M］.吴爱明,邓勇,译.沈阳:辽宁人民出版社,1988.

[3] 阿瑟·刘易斯.二元经济论［M］.施炜,等,译.北京:北京经济学院出版社,1989.

[4] 亚历山德罗·波茨.社会资本与社会发展［M］.北京:社会科学文献出版社,2000.

[5] 河南经济蓝皮书.2012—2013年河南省消费品市场形势分析与展望［OL］［2019-03-27］.http://www.ha.stats.gov.cn/hntj/ztlm/jjlps/fenxiyuce/webinfo/2013/03/1361930211884952.htm.

[6] 国家统计局商丘调查队.2012年商丘市国民经济和社会发展［OL］［2013-03-13］.http://www.ha.stats.gov.cn/hntj/ztlm/jjlps/zhuantiyanjiu/webinfo/2013/03/1363334617023546.htm.

[7] 2010年第六次全国人口普查主要数据公报(第1号)［OL］.人民网,2011-04-28［2019-03-29］http://politics.people.com.cn/GB/1026/14506836.html.

[8] 2015年国民经济和社会发展统计公报［R/OL］.中国国家统计局网［2019-03-29］http://www.stats.gov.cn/tjsj/zxfb/201602/t20160229_1323991.html.

［9］Colman.J.S.Foundation of Social Theory，Cambridge：Belknap Press of Harvard University Press，1990.

［10］Granovetter，Mark. The Strength of Weak Tie［J］. American Journal of Sociology，1973（8）.

［11］生产方式.http：//baike.baidu.com/view/43915.htm［2019-03-29］.

［12］河南省城镇化进程与消费发展研究（二）.http：//www.ha.stats.gov.cn/hntj/ztlm/jjlps/zhuantiyanjiu/webinfo/2013/03/01363334617023546.htm［2019-03-29］.

［13］http：//www.lwbst.com/viewAction.do?lunwenid=399867［2019-03-29］.

［14］http：//www.mlr.gov.cn/zwgk/zytz/201007/t20100713_724433.htm［2019-03-29］.

［15］马克斯·韦伯.经济与社会［M］.林荣远，译.商务印书馆，1997.

［16］白杨.社会分层理论与中国城市的类中间阶层［J］.东方论坛.青岛大学学报，2002（03）.

［17］柏骏.失地农民问题：成因、风险、政策、含义［M］.南京：南京大学出版社，2012.

［18］中国教育统计年鉴2016［M］.北京：中国统计出版社，2016.

［19］毕宝德.土地经济学［M］.北京：中国人民大学出版社，1991.

［20］陈凡.新农村建设背景下农民政治权利行使的现实困境及对策［D］.江西农业大学硕士学位论文，2016.

［21］陈芳，叶锋，潘林青.征地改革提速，土地"红利"如何惠及于农，新华网，2013-01-26，http：//news.xinhuanet.com/politics/2013-01-26/c_114510885.htm.

［22］陈广华.土地征用及失地农民入股安置制度研究［M］.北京：中国政法大学出版社，2012.

[23] 陈绍军.失地农民和社会保障水平分析与模式重构[M].北京：社会科学文献出版社，2010.

[24] 陈望.省政协委员：政府应引导失地农民使用征地补偿费，南海网，2013-01-27.[2019-03-26].http：//www.hinews.cn/news/system/2013/01/27/015397360.shtml.

[25] 陈锡文.试析新阶段的农业、农村和农民问题[J].宏观经济研究，2001（11）.

[26] 陈映芳.征地农民的市民化：上海市的调查[J].华东师范大学学报：哲学社会科学版，2003（3）.

[27] 陈映芳.征地与郊区农村的城市化：上海市的调查[M]，上海：文汇出版社，2003.

[28] 戴中亮.城市化与失地农民[J].城市问题，2010（1）.

[29] 窦凌.以人为本：化解失地农民问题的路径选择[J].安徽农业科学，2007（3）.

[30] 段玉婉，刘用，杨翠红.中国耕地面积变化及分区域面板数据建模分析[J].统计与决策，2012（3）.

[31] 对苏仙区失地农民合理使用征地补偿费的思考,郴州市统计信息网[OL].[2019-03-26].http：//www.czs.gov.cn/tjj/dyfx/qxfx/content_380957.html.

[32] 樊亢，宋则行.外国经济史：第1册[M].北京：人民出版社，1982//李仙娥，王春艳.国外农村剩余劳动力转移模式的比较[J].中国农村经济，2004（5）.

[33] 费孝通.乡土中国[M].北京：北京大学出版社，1998.

[34] 冯必扬.社会风险与风险社会关系探析[J].江苏行政学院学报，2008.

[35] 冯晓华.上海征地农民的养老保障安置问题研究[D].华东师范大学

硕士学位论文，2003.

[36] 葛正鹏."市民"概念的重构与我国农民市民化道路研究[J].农业经济问题，2006（9）.

[37] 辜胜阻，刘传江.人口流动与农村城镇化战略管理[M].武昌：华中理工大学出版社，2000.

[38] 广西人力资源和社会保障厅引国务院2009年发文《国务院关于开展新型农村社会养老保险试点的指导意见》[OL].[2019-03-26].http：//www.gxhrss.gov.cn/189/2012_10_24/189_14531_1351070400437.html.

[39] 郭星华，储卉娟.从乡村到都市：融入与隔离：关于民工与城市居民社会距离的实证研究[J].江海学刊，2004（3）.

[40] 郭于华."弱者的武器"与"隐藏的文本"[J].读书，2002(7)//孙鹤汀.征地纠纷的政治学分析[M].北京：知识产权出版社，2011.

[41] 国家统计局.2011年我国农民工调查监测报告[R/OL].2012-4-27.[2018-01-18].http：//www.stats.gov.cn/was40/gjtjj_detail.jsp?searchword=%C5%A9%C3%F1%B9%A4&channelid=6697&record=1.

[42] 国务院发展研究中心课题组.农民工市民化：制度创新与顶层政策设计[M].北京：中国发展出版社，2011.

[43] 韩俊.土地出让金只有5%反哺农业，中央电视台新闻频道，2010年12月27日//苏东海.西部民族地区城市化进程中失地农民问题研究[M].北京：人民出版社，2012.

[44] 何格等.合理安置失地农民的构想[J].农村经济，2005（1）.

[45] 何庆兰.农村劳动力就业问题研究[M].上海：上海人民出版社，2010.

[46] 胡学勤，李肖夫.劳动经济学[M].北京：中国经济出版社，2001.

[47] 黄安余.经济发展与劳动就业[M].北京：北京大学出版社，2008.

［48］黄朝武.用大农学理论指导"三农"工作：访全国政协委员、上海大学社会研究所所长邓伟志［N］.农民日报，2006-03-25.

［49］黄国清，李华，等.国外农民市民化的典型模式和经验［J］.南方农村，2010（3）.

［50］黄锟.中国农民工市民化制度分析［M］.北京：中国人民大学出版社，2011.

［51］黄信敬.社会网络特性对被拆迁居民行为的影响分析［J］.北京行政学院学报，2005（3）.

［52］惠宁，冯振东.劳动力投资、产业结构优化与生态产业发展研究［M］.北京：中国经济出版社，2011.

［53］刘杰，等."新生代农民工"百科名片［OL］.百度百科，2012-6-29［2012-8-12］.http：//baike.baidu.com/view/2967908.htm.

［54］蒋彦鑫.北京市第六次全国人口普查结果解读［R］.新京报，2011-05-06.

［55］金丽馥，谢素兰.新形势下失地农民社会保障制度的构建［J］.调研世界，2007（3）.

［56］克莱尔.消除贫困与社会整合：英国的立场［J］.国际社会科学杂志：中文版，2000（5）.

［57］孔祥智，王志强.我国城镇化进程中失地农民的补偿［J］.农业经济导刊，2004（9）.

［58］蓝宇蕴.都市村社共同体：农民城市化组织方式与生活方式的个案研究［J］.中国社会科学，2005（2）.

［59］蓝宇蕴.都市里的村庄：关于一个"新村社共同体"的实地研究［M］.北京：三联书店，2005.

［60］劳动部农民工和被征地农民社会保障综合调研组.被征地农民社会保

障综合调研报告［M］.北京：劳动和社会保障部农村社会保险司编印资料，2006.

［61］乐国安.社会心理学［M］.北京：中国人民大学出版社，2009.

［62］雷寰.北京市郊区城市化进程中失地农民利益问题研究［D］.中国农业大学博士学位论文，2005.

［63］李晨昱.社科院报告：城市化进入加速阶段，明年将达48%［N/OL］.上海证券报网络版，2009-12-22.［2019-03-26］.自 http：//economy.southcn.com/e/2009-12/22/content_7376156.htm.

［64］李红.2013年我省城乡居民最低生活保障"底线"划定，商丘纠风在线，2013-04-16.［2019-03-26］，http：//www.sqjfzx.com/ArticleShow.asp?ArticleId=55277.

［65］李腊云，王全兴.我国失地农民权益保障研究［M］.北京：北京大学出版社，2005.

［66］李丽辉.技术进步对劳动力流动的效应研究[M].北京:经济科学出版社，2007.

［67］李培林.村落的终结：羊城村的故事［M］.商务印书馆，2004.

［68］李平，徐孝白.征地制度改革：实地调查与改革建议[J].中国农村观察，2004（6）.

［69］李萍.论"公民"概念的本质及其历史［J］.吉首大学学报：社会科学版，2002（3）.

［70］李强.中国城市中的二元劳动力市场与底层精英问题［J］.清华社会学评论，2000（1）.

［71］李琼：调查显示：新生代农民工收入低过父辈［J］.广州日报，2011-03-07.

［72］李守经，钟涨宝.农村社会学［M］.北京：高等教育出版社，2000.

353

［73］李仙娥，王春艳.国外农村剩余劳动力转移模式的比较［J］.中国农村经济，2004（5）.

［74］李亚华.解决失地农民保障问题的几点思考［J］.武汉大学学报：哲学社会科学版，2004（3）.

［75］李一平.城市化进程中失地农民利益受损的制度分析与对策［J］.中州学刊，2004（2）.

［76］李一平.加强非正式制度建设，推进城郊失地农民市民化进程［J］.中共杭州市委党校学报，2005（5）.

［77］李蕴明.城镇居民医保或与新农合并轨［N］.医药经济报，2011-12-31.

［78］梁慧星.中国物权法研究：上［M］.北京：法律出版社，2000.

［79］刘翠霄.中国农民社会保障制度研究［M］.北京：法律出版社，2006.

［80］刘怀廉.中国农民工问题［M］.北京：人民出版社，2000.

［81］刘俊彦，吕鹏.中国新生代农民工发展状况及代际对比研究报告［R/OL］中国青少年研究网，2008-8-3［2012-8-12］.http：//www.cycs.org/Article.asp？ID=7880.

［82］刘美平.中国城乡差距的三维解读［J］.生产力研究，2009（15）.

［83］刘文纪.中国农民就地城市化研究［M］.北京：中国经济出版社，2010.

［84］刘易斯·A.科塞.社会学思想名家［M］.石人，译.北京：中国社会科学出版社，2007.

［85］刘兆军.新生代无地农民工社会保障问题探析［J］.武汉理工大学学报：社会科学版，2010（8）.

［86］楼喻刚.土地被征用农民养老保障问题研究［D］.浙江大学硕士学位论文，2002

［87］陆芳萍.征地农民"补偿安置"政策过程中的社会排斥［A］//罗国振，

文军."现代意识与都市发展：社会学的视角"[M].上海：华东师范大学出版社，2006.

[88] 陆学艺.当代中国社会阶层研究报告[M].北京：社会科学文献出版社，2000.

[89] 路小昆.徘徊在城市边缘[M].成都：四川人民出版社，2009.

[90] 吕勇，张涵.河南失地农民利益保护现状[J].农村经济，2006（1）.

[91] 罗启昱，付少平.城市化进程中城乡居民社会距离实证分析[J].西北农林科技大学学报：社会科学版，2016.

[92] 毛丹，王燕锋.J市农民为什么不愿做市民：城郊农民的安全经济学[J].社会学研究，2006（6）.

[93] 毛丹.赋权、互动与认同：角色视角中的城郊农民市民化问题[J].社会学研究，2009（4）.

[94] 孟德拉斯.农民的终结[M].李培林，译.北京：社会科学文献出版社，2005.

[95] 民进中央建议出台失地农民社会保险条例[N].法制日报，2009-03-09.

[96] 牛文元.2012中国新型城市化报告[M].科学出版社，2012.

[97] 欧洲联盟委员会.社会融入联合报告[R].欧洲联盟委员会，布鲁塞尔，2004.

[98] 潘光辉.失地农民社会保障和就业问题研究[M].广州：暨南大学出版社，2009.

[99] 彭泽平，姚琳."分割"与"统筹"[J].西南大学学报，2014（5）.

[100] 齐美尔.货币哲学[M].陈戎女，译.北京：华夏出版社，2007.

[101] 乔依德.中国的城市化：目标、路径和政策[M].上海：格致出版社，2012.

[102] 秦晖.耕耘者言：一个农民学研究者的心路[M].济南：山东教育出版社，1999.

[103] 邱兴.论城市农转非新移民社区的文化重构[J].理论与实践，2008（5）.

[104] 任丽新.二元劳动力市场中的农民工权益问题[J].理论学刊，2003（7）.

[105] 汝信，陆学艺，李培林：社会蓝皮书：2012年中国社会形势分析与预测［M］.北京：社会科学文献出版社，2011.

[106] 河南省2012年统计年鉴.商丘市2011年新农合参保率仅为6.8%［OL］.［2019-03-26］.http：//www.ha.stats.gov.cn/hntj/lib/tjnj/2012/indexch.htm.

[107] 上海市统计局.2010年上海市国民经济和社会发展统计公报［R/OL］.上海市统计局网站.［2019-03-26］.http：//www.stats-sh.gov.cn/sjfb/201103/82123.html.

[108] 上海统计年鉴2012年［OL］..http：//www.stats-sh.gov.cn/tjnj/tjnj2012.htm.［2019-03-26］.

[109] 申晓梅.四川失地农民就业与保障问题的调查思考[J].社会科学研究，2005（4）.

[110] 沈关宝，城市化进程中的失地农民问题，上海市社会科学界联合会2005年学术年会发言.

[111] 史斌.社会距离：理论争辩与经验研究［J］.城市问题，2009（9）.

[112] 苏东海.西部民族地区城市化进程中失地农民问题研究［M］.北京：人民出版社，2012.

[113] 孙鹤汀.征地纠纷的政治学分析［M］.北京：知识产权出版社，2011.

[114] 塔德.模仿的规律［A］//周晓虹.现代社会心理学名著菁华[M].北京：社会科学文献出版社，2007.

[115] 谭琪，张军.我国农民阶层政治参与权利的现状分析[J].学习与实践，2010（2）.

[116] 唐钧,王婴.城市"最低收入保障"政策过程中的社会排斥[A].//王思斌.中国社会工作研究：第一辑[M].北京：社会科学文献出版社,2002.

[117] 佟新.人口社会学[M].北京：北京大学出版社,2000.

[118] 童海华.换个角度找找内需增长点[N].中国经济导报,2009-02-17.

[119] 童星.交往、适应与融合[M].北京：社会科学文献出版社,2010.

[120] 统计局：2013年中国城镇化率为53.7%[N/OL].人民网,2014-01-20[2019-03-26].http://house.people.com.cn/n/2014/0120/c164220-24172141.html.

[121] 土地征占引发农民上访比重高,中央提3方面措施[OL].2007-01-30.[2019-03-26].http://www.sina.com.cn.

[122] 托马斯·莫尔.乌托邦[M].戴镏龄译,上海：商务印书馆,1982.

[123] 汪晖.城乡结合部的土地征用：征用权与征地补偿[J].中国农村经济,2002(2).

[124] 王春光.新生代农村流动人口的社会认同与城乡融合关系[J].社会学研究,2001(3).

[125] 王国林.失地农民调查[M].北京：新华出版社,2006.

[126] 王思斌.经济体制改革对农村社会关系的影响[J].社会科学研究,1987(6).

[127] 王直板.2011年我国耕地保有量净减少49万亩[OR].世界工厂现代农业网[2019-03-29].http://info.gongchang.com/a/nongye-2012-12-13-476869.html.

[128] 魏晨.新生代农民工的城市社会融入研究[J].湖北广播电视大学学报,2007(2).

[129] 文军.农民的"终结"与新市民群体的角色"再造"[J]//上海市社

会科学界第五届学术年会文集（2007年度）政治·法律·社会学科卷，2007.

［130］吴瑞君，等.上海城市化进程中离土农民的安置和保障问题研究［J］.农业经济导刊，2004（8）.

［131］吴业苗.地方政府在居村农民市民化中的角色担当［J］.中州学刊，2011（5）.

［132］吴永明.《美国人对黑人犹太人和东方人的态度》出版发行［J］.中南民族学院学报：哲学社会科学版，1993（3）.

［133］谢启文，安招.城乡二元社会结构体制下新生代农民工的城市社会融入［J］.中外企业家，2011（6）.

［134］谢志岿.村落向城市社区的转型：制度、政策与中国城市化进程中城中村问题研究［M］.北京：中国社会科学出版社，2005.

［135］徐彤.中国农民工社会保障的经济效应研究［D］.西北大学博士学位论文，2011.

［136］徐晓军，欧利.返乡青年农民工的游民化风险［J］.当代青年研究，2009.

［137］许林.湖北新生代农民工市民化的政策与体制研究［M］.北京：中国地质大学出版社有限责任公司，2011.

［138］杨菊华.从隔离、选择融入到融合：流动人口社会融入问题的理论思考［J］.人口研究，2009.

［139］杨林，薛琪琪.中国城乡社会保障的制度差异与公平性推进路径［J］.学术月刊，2016（11）.

［140］杨善华，侯红蕊.血缘、姻缘、亲情与利益［J］.宁夏社会科学，1999（6）.

［141］杨善华，谢立中.西方社会学理论［M］.北京：北京大学出版社，2006.

［142］杨涛,施国庆.我国失地农民问题研究综述［J］.南京社会科学,2006（7）.

［143］杨伟民.社会政策导论［M］.北京：中国人民大学出版社,2004.

［144］叶继红.生存与适应［M］.北京：中国经济出版社,2008.

［145］傅白水.解决农民失地问题的浙江模式［J］.中国改革（农村版）,2004（7）.

［146］应星."气"与中国乡村集体行动的再生产［J］.开放时代,2007（11）.

［147］于建嵘.土地问题已成为农民维权抗争的焦点［J］.调研世界,2005（3）.

［148］俞忠英.用农民市民化扩张内需［J］.探索与争鸣,2009（11）.

［149］张骏斓.沪每5人里就有1个大学生平均受教育年限10.55年［N］.新闻晚报,2011-11-04.

［150］张磊.国外农村劳动力转移的经验与启示［J］.经济纵横,2007（2）.

［151］张文宏,阮丹青,潘允康.天津农村居民的社会网［J］.社会学研究,1999（2）.

［152］赵领娣,付秀梅.劳动经济学［M］.北京：企业管理出版社,2004.

［153］折晓叶,陈婴婴.社区的实践："超级村庄"的发展历程［M］.杭州：浙江人民出版社,1997.

［154］正清美国与中国［M］.张理京,译.北京：世界知识出版社,2003.

［155］郑功成.农村社会保障的误区与政策取向［J］.理论与实践,2003（9）.

［156］郑杭生.农民市民化：当代中国社会学的重要研究主题［J］.甘肃社会科学,2005（4）.

［157］中国4000万失地农民流荡城市［N］.青年参考,2004-04-14.

［158］中国经营报.居民维权意识逐渐兴起,中国城市化进程真正开始中国经济网,2016-10-21.［2018-01-18］.http://www.ce.cn/xwzx/gnsz/gdxw/200610/21/t20061021_9066034.shtm.

［159］中国人的爱面子心理.中华心理教育网［OL］.2006-10-21.［2018-

01-18］.http：//www.xinli110.com/rjjw/xl/201206/304242.htm.

［160］新京报中国失地农民 4000 万，有 60% 生活困难［N/OL］.腾讯评论，2011-03-10.［2019-03-26］.http：//view.news.qq.com/a/20121128/000010.htm.

［161］中国统计年鉴 2012［OL］.中国国家统计局网［2019-03-26］.http：//www.stats.gov.cn/tjsj/ndsj/2012/indexch.htm.

［162］周林刚.论社会排斥［J］.社会，2004（3）.

［163］周其仁.崽卖爷田不心痛［N］.21 世纪经济报道，2002-07-22.

［164］周庆.城镇化进程中农民土地权益问题探讨［J］.湖南社会科学，2005(3).

［165］朱信凯.农民市民化的国际经验及对我国农民工问题的启示［J］.中国软科学，2005（1）.